政府采购专业系列教材 ‖ 刘　慧・主编

RESEARCH ON THE
LEGAL SYSTEM
OF PUBLIC PROCUREMENT

公共采购法律制度研究

孟　晔 / 编著

中国经济出版社
CHINA ECONOMIC PUBLISHING HOUSE
北　京

图书在版编目（CIP）数据

公共采购法律制度研究／孟晔编著.
—北京：中国经济出版社，2019.3
ISBN 978-7-5136-5447-0

Ⅰ.①公… Ⅱ.①孟… Ⅲ.①政府采购法—研究—中国 Ⅳ.①D922.204

中国版本图书馆 CIP 数据核字（2018）第 260435 号

责任编辑　伏建全　孙喆浩
责任印制　马小宾
封面设计　华子图文工作室

出版发行　中国经济出版社
印 刷 者　北京力信诚印刷有限公司
经 销 者　各地新华书店
开　　本　787mm×1092mm　1/16
印　　张　26.25
字　　数　469 千字
版　　次　2019 年 3 月第 1 版
印　　次　2019 年 3 月第 1 次
定　　价　78.00 元
广告经营许可证　京西工商广字第 8179 号

中国经济出版社 **网址** www.economyph.com **社址** 北京市西城区百万庄北街 3 号 **邮编** 100037
本版图书如存在印装质量问题，请与本社发行中心联系调换（联系电话：010-68330607）

总 序

政府采购（国际上也称公共采购），是利用财政或公共资金、按照规范获取货物、工程和服务的形式。现代国家制度要求政府采购在系统的法律、规章制度下，通过专门的机构或规范的形式运行。因而，广义的政府采购（制度）包括政府采购的法律、规章、程序和实际运行。2003年实施的《政府采购法》标志着我国现代政府采购制度的诞生。政府采购一方面是公共经济管理和公共财政制度的组成部分，通过规范运行保证公平和透明；另一方面，政府采购制度的政策功能在宏观经济和社会发展中发挥着十分重要的作用。《政府采购法》实施以来，我国政府采购规模从2002年的1000亿元迅速增长到2016年的3万亿元，在政府采购制度体系、体制机制、执行操作、政策功能、基础管理、监督检查及市场开放等方面实施了一系列具有里程碑意义的重要改革举措。在国内相关制度逐渐完善的基础上，我国于2007年底正式启动了加入世界贸易组织《政府采购协定》的谈判。2018年习近平主席在出席博鳌亚洲论坛年会开幕式并发表主旨演讲时宣布，中国将加快加入世界贸易组织《政府采购协定》进程。这标志着我国在政府采购市场对外开放方面迈出新的重大步伐，政府采购市场对外开放已经成为我国构建开放型经济新体制的重要组成部分。

与此同时，随着政府采购政策的实施和改革的深入及我国政府采购市场逐渐走向开放，实践中不断出现新情况、新问题，深层次的理论问题远比《政府采购法》出台时更加繁多也更加复杂，急需进行专门、系统地探索和研究，为中国特色社会主义政府采购制度的建设和完善提供理论支撑。此外，政府采购专业化管理和运行在我国已经形成了新的职业领域，专门人才培养不仅成为当前紧迫的任务，并且将随着制度建设和改革的发展而持续增加。特别是随着政府采购制度的不断发展，政府采购工作面临的内外部环境发生深刻变化，政府采购人员素质与采购专业化要求不相适应的矛盾更加突出。从全球范围看，各国政府采购都在向专业化采购转变。建设一支专业素质过硬、知识结构全面、满足职业化要求的高素质政府采购从业人员队伍，已经成为实现政府采购事业持续健康发展的迫切要求。

另外，政府采购研究是在经济、管理、法律等理论基础上开拓的新兴理论领域，是适应中国特色社会主义市场经济建设而创新的综合学科，非单独传统学科可以涵盖。国际关系学院前瞻时代发展需要，在理论探索和人才培养方面进行了20多年的艰苦尝试和不懈探索。早在1994年开始培养招标投标方向硕士研究生；2001年成立政府采购研究中心，2006年更名为公共市场与政府采购研究所；2008年设立政府采购本科专业，并分别于2009年和2012年获批取得高等院校本科特色专业建设点和国际公共采购学硕士专业点。经过20多年的不懈努力，国际关系学院在政府采购理论研究和学科专业建设方面取得了丰硕成果，初步摸索出政府采购专业人才培养模式，形成了一批政府采购教学科研实践基地。在持续多年专业建设的基础上，公共市场与政府采购研究所凝聚了一批跨学科的政府采购理论与实务研究的专家，积累形成了大量的教学研究成果，为课程和教材建设奠定了坚实的基础。

尤其值得称道的是，国际关系学院汇聚了一批长期关注并热心政府采购事业发展的专家、学者，他们舍弃在其他理论领域大展鸿图的机会，密切跟踪现实问题，勤于思考，静心传授，孜孜以求，朝夕不倦，为政府采购理论研究和人才培养倾注了多年的精力和心血，他们的这份执着令人钦佩。“政府采购专业系列教材”汇集了公共市场与政府采购研究所学者们理论研究和专业教学实践的精华，形成了政府采购理论、管理、实务、法规规章、国际规则、案例分析等方面研究的较为完整的体系模块，是国际关系学院多年以来坚持不懈探索和推动政府采购专业建设及教材建设丰硕成果的集中体现。

本套专业系列教材编写坚持理论前沿性和创新性原则，一方面考虑政府采购系统理论的布局，另一方面适应读者和专业学习的需要，以问题研究为导向，通过对大量实际问题的剖析，提炼原理、构建理论框架，构建起了政府采购专业系列教材全面完整的理论体系和丰富立体的知识内容。

出版在即，衷心希望这套专业系列教材能对政府采购人才培养发挥作用，对政府采购制度建设有所贡献！同时，愈是深入研究政府采购问题，愈加感到政府采购领域“海水难量”，一套系列教材难以盖全，每部著作也难以尽美。唯盼教材能够对读者有所启发，能够为政府采购理论研究和专业建设增砖添瓦。

刘 慧
于国际关系学院
公共市场与政府采购研究所
2018 年夏

前言

随着政府履行职能的多样化以及采购实践的发展，政府采购范围逐步扩展至公共采购领域已经成为国际发展趋势。由于历史和法律的现实原因，我国公共采购领域采用的是分别立法模式，并没有形式意义上的公共采购法，仅是实质意义上的公共采购法。我国公共采购法律制度是以《政府采购法》和《招标投标法》两法为主体，辅之以行政法规、部门规章及规范性文件构成的法律体系。其中《政府采购法》是以规范财政性资金使用为主要目标，货物和服务项目为主要规范对象的政府采购法律体系；《招标投标法》是以规范招投标程序为主要目标，工程建设项目为主要规范对象的招投标法律体系。

我国公共采购领域的《政府采购法》和《招标投标法》没有完全统一起来，还存在一定的交叉和冲突，这不仅使从业人员对公共采购法律产生了困惑，也导致了实践操作中的无所适从。虽然2011年出台的《招标投标法实施条例》和2015年出台的《政府采购法实施条例》对上述两法进行了协调和完善，但并未从根本上解决公共采购法律制度的统一性问题。为了便于我国公共采购领域的从业人员全面了解和掌握公共采购法律制度，同时为了满足公共采购教学和科研工作的需要，我编写了《公共采购法律制度研究》一书，从公共采购的高度和视角，全面系统地梳理了我国公共采购法律制度，超越了从招投标或政府采购单一视角所形成的对公共采购的片面认知。为了体现我国公共采购法律制度的最新发展和成果，本书对《公共采购法律导论》一书进行了较大修改，以《政府采购法》及其实施条例作为框架主线，将《招标投标法》及其实施条例的内容有机地融入其中，创设性地将相对独立又交叉重叠的两法内容进行了整合，并对两法的特点和差别进行了总结，使公共采购法律体系的脉络更加清晰，结构更加合理，内容更加完整。

《公共采购法律制度研究》重点讲述我国公共采购法的总则、采购当事人、采购方式、采购程序、采购合同、救济机制、监督机制和法律责任等内容。本书体系新颖完善，内容深入浅出，语言通俗易懂，适合高等院校政府采购专业、经贸类、管理类本科生及研究生使用，也可以作为政府管理部门和公共采购业务部门工作者的参考用书。衷心希望本书的出版对于我国公共采购法律制度的研究和实践具有一定的理论价值和参考作用。

在本书的编写过程中，为了忠实于公共采购立法本意，正确解读《政府采购法》和《招标投标法》,《政府采购法实施条例》和《招标投标法实施条例》等法律、行政法规的内容，参考并借鉴了国内权威机构对于政府采购、招标投标等法律、行政法规的释义以及专家学者的论著，在此表示诚挚的谢意！我国公共采购法律的理论与实践仍在研究和发展之中，尚在不断充实和完善。由于水平有限，书中不当之处在所难免，恳请读者批评指正。

孟　晔

2018 年 12 月 1 日

目录

绪论

第五章　公共采购合同

第六章　公共采购救济机制

第七章　公共采购监督机制

第八章　公共采购法律责任

附　录

绪　论

作用

绪论是对公共采购基础知识及立法背景的概括性介绍，目的是使读者了解公共采购和招投标的概念、特点和区别，公共采购国际立法的发展和特点，掌握我国公共采购立法背景和现状，为各章学习打下坚实的基础。

重点

公共采购概念和特点；公共采购与招投标；我国公共采购立法背景和现状

一、公共采购基础知识

（一）公共采购概念和特点

1. 公共采购概念

公共采购是从“采购”这个大范畴中分离出来的，但是本质上没有脱离“采购”这个核心。在分析公共采购之前，有必要说明采购这一经济行为的性质。首先，采购是一种获取行为。广义的采购是指通过各种途径取得资源以满足需求的活动，除了购买，还包括租赁、借贷和交换等各种途径。无论是企业采购还是公共采购，现代意义上的采购一般指的是广义的概念。其次，采购是一种选择。如果采购人只能获取一种货物或服务，就无所谓选择问题。但是，现代经济社会中可供选择的机会很多，所以采购人就面临选择的问题，即买什么、买多少、怎么买、以什么样的代价买等。因此，采购需要做出决策。最后，采购是一种管理。无论是企业采购还是公共采购，都要运用一定的技术，通过设置合理的机构、配备必要的人员，制定采购的目标和要求，了解市场信息、分析比较、讨价还价，签订合同并监督履约。总之，采购人要利用各种资源使采购效果达到最佳。

由于国情与制度的差异，各国公共采购的内涵存在着不同程度的差异。因此，国际社会对于公共采购并没有一个统一的定义，通常是用法律形式确定依法规范的范围。如联合国《公共采购示范法》规定，公共采购是指采购实体获取货物、工程或服务。采购实体是指从事采购的任何政府部门、机构、机关或其他单位，或其任何下属机构或联合体；政府中从事采购的任何部门、机构、机关或其他单位，或其任何下属机构或联合体，以及其他实体或企业。世界贸易组织的《政府采购协议》规定，政府采购是指采购实体为政府目的所进行的货物、服务或其任意组合的采购。采购实体是指每一参加方（见附录一中附件1、附件2和附件3）的中央采购实体、次中央采购实体和其他采购实体。美国《联邦采购条例》规定，采购是为政府使用的目的，通过购买或租赁等合同方式，以合理的资金获取货物或服务的行为，包括确定采购需求、采购方式选择、授予合同、合同履行和管理的各个阶段。从上述情况看，虽然国际社会尚未形成统一的公共采购定义，依法规范的公共采购范围也有所差异，但实际上有一定的共性：公共采购是公共部门为政府目的获取货物、工程和服务的行为。

在把握公共采购的概念时，需要注意采购主体的界定标准，这是各国争议较大的内容。作为公共采购主体的“政府”主要包括中央以及地方政府部门、机构或机关。随着各国政府行政职能的扩大，履行职能的方式和组织形式越发复杂和多样，政府部门的界限也变得难以确定，导致各国公共采购主体范围也存在较大差异。对此，《公共采购示范法》提出了判断公共采购主体的标准，即颁布国在决定公共采购是否涵盖某一采购实体时，应考虑以下因素：一是政府是否向该实体提供大量公共资金，是否为确保该实体支付与采购合同有关的款项而提供保证或其他担保，或以其他方式支持采购实体履行合同义务；二是该实体是否由政府管理或控制，或政府是否参加该实体的管理或控制；三是政府是否对该实体销售货物或提供服务而给予独家经销特许、垄断权或准垄断权；四是该实体是否应向政府或公共财政部门报告盈利情况；五是国家订立的国际协定或承担的其他国际义务是否适用于该实体进行的采购；六是该实体是否经由特别立法行动为开展活动、促进法定公共目的而设立，以及适用于政府合同的公法是否适用于该实体订立的采购合同。从上述规定可以看出，在确定公共采购主体时应考虑两方面的因素：其一为采购资金的来源。由于公共采购的主要目标是保证采购资金的有效使用，因此如果采购资金来自于政府财政性资金，那么采购机构当然成为公共采购主体。在西方国家，使用财政资金的机构并非只有政府部门或者公用事业单位，还有私营企业。如政府向私营企业提供的补贴、私营企业承办政府委托事项等，用这些资金或者含这些资金的采购活动，都应成为公共采购主体。其二为是否受到政府的特别授权、管理或具有特别立法目的。这类采购主体包括未使用政府财政性资金进行采购的公共机构和营利性机构。例如，有些采购实体依赖政府给予的特许权进行垄断性经营，所从事的活动涉及国计民生，政府对其管理或者生产经营活动都具有强烈的影响力，那么这类采购实体即使没有使用财政性资金而是利用私人融资进行采购，其采购活动也要受到相应的约束。

在实践中，有的国家采用政府采购概念，有的采用公共采购概念，主要是因为政府采购经历了一个范围不断扩大的过程，并由此产生了所谓传统政府采购与现代公共采购的区分。公共部门是指以增进社会公共利益为目标，依法享有公共权力，负责提供公共产品和进行公共事务管理的组织机构，除典型的政府机构之外，还包括事业单位、非营利组织和公共企业等。由于公共部门的复杂性、政府组织结构形式的多样化，公共采购涉及所有与公共利益有关的采购，强调服务社会公众的采购目标，并不局限于狭义的政府身份和资金性质的限制。因此，尽管政府采购与公共采购关系密切，在一定程度上可以相互替代，但公共采购的范围比政府采购宽泛，具有更广阔的内涵、更深远的功能意义，可以更准确地反映政府采购的现代意义。

2. 公共采购的特点

依据采购主体的不同，可将采购分为公共采购和私人采购。公共采购是以政府机构等公共部门为主体进行的采购，而私人采购是以私营部门为主体进行的采购。从本质上讲，公共采购与私人采购都是采购主体从资源市场获取资源的过程。美国著名采购专家菲朗在《采购手册》中指出了两者的一致性，即“采购之根本目标在于识别所需材料的来源，并在需要的时候以尽可能经济的方式按可接受的质量标准获得这些商品。采购部门必须能够快速有效地满足需求，并且采购政策和程序必须同商业惯例相吻合。采购部门利用专业技术和现代方法，聘用专业采购员和管理人员，以保证采购项目能完全符合使用部门的需要。”但是，与私人采购相比，公共采购有其显著的特征：

（1）采购主体的特定性和资金来源的公共性。

公共采购主体一般是各级政府部门及其他公共机构，公共采购的资金来源具有公共性，这是公共采购与私人采购最大的区别。公共采购资金主要来源于政府财政拨款，即由纳税人的税款所形成的公共资金。按照西方契约政府理论，政府为了实现政府职能和提供公共服务而向纳税人征税从而形成公共资金。政府在分配和使用公共资金资源的过程中履行的是公共托管人的角色，即政府使用公共资金采购所需的货物、工程和服务。因此，它要对公众负责，受公众监督。采购资金的公共性及政府之托管人角色是公共采购与私人采购最本质的区别，也是公共采购特点的渊源。随着公共采购主体的扩大，公共采购的资金除了税款，也会有其他公共投入资金，如社会保障基金、公益事业捐款等。

（2）采购目的的非营利性。

公共采购属于非商业性的采购活动，其目的是实现政府职能和满足社会公共利益需要，而不是以营利为目的。而私人采购通常是以营利为目的，为了实现生产、销售或转售的需要而进行的商业性采购。

（3）采购活动的规范性和公开性。

美国学者唐纳德·多布勒在其《采购与供应管理》一书中指出："公共采购部门履行的是托管人职能，受雇的管理人花费的资金来自于税收和捐助。因此非营利机构或政府的采购职能就成为一个受管制、透明的过程，受到无数个法律、规则和条例，司法或行政决定，以及政策和程序的限定和控制。"现代各国基本上都制定了公共采购法律和条例，将公共采购纳入严格的法制管理轨道，采购活动应按照法定的规则和程序规范运作。特别是公共采购的整个过程应该公开透明，包括公共采购法律、法规和政策的公布，招标信息、供应商资格、评审标准和合同授予等采购信息的公开，以便有关部门和公众的监督检查。所以，公共采购被称为"阳光下的交易"。而私人采购的方式由私营企业自主决定，没有强制公开的要求。

（4）采购对象的广泛性。

公共采购对象的范围十分广泛，为了便于管理和统计，国际上通行的做法是按其性质将采购内容分为3大类：货物、工程和服务。从一般的办公用品、专业服务、技术服务、培训、建造房屋、兴修水利、交通设施、科研成果等到军火、航空器等，只要政府愿意，都可以采购。在公共采购中，不存在限制流通物的概念。

（5）采购功能的政策性。

在市场经济条件下，市场在资源配置上起决定性作用，而政府在市场失灵时可利用分配、采购等方式对有限的资源进行调控。作为公共支出管理的重要环节，公共采购的基本功能是满足政府消费和社会公共需要，提高采购质量和效率，节省财政资金。不同于私人采购，公共采购所具有的典型公共性特征和巨大的市场影响力，使其不仅是采购公共物品与服务的重要手段，还是一种有效的政策工具。公共采购的政策功能是指公共部门在完成采购任务的同时，通过执行采购政策实现宏观经济和社会发展目标，如调控经济、保护国内产业、扶持中小企业、节能环保、促进就业等。政府通过制定采购政策、确立采购对象等，控制公共采购资金的使用，规定优先采购什么、禁止采购什么、向谁采购和由谁采购等一系列政策措施，直接影响供应商的生产和销售行为以及投资选择，促进政府多种社会经济政策的贯彻实施。

（二）招投标的概念和特点

1. 招投标的概念

招标投标，简称招投标，是商品经济高度发展的产物。作为市场经济条件下一种比较成熟和规范化的交易方式，招投标在世界范围内得以广泛地应用和推广。招投标是一种有组织地授予合同或权利的方式，即招标人事先公布招标条件和要求，邀请投标人参加投标并按照规定程序选择交易对象的一种市场交易行为。

招投标包括招标和投标两个基本环节，招标是指招标人根据采购需要，提出一定的标准或条件，向潜在投标人发出投标邀请的行为；投标是指投标人按照招标人提出的要求和条件，参加投标竞争的行为。没有招标，就不会有供应商或承包商的投标；没有投标，采购人的招标就得不到响应，形不成完整的招标过程。因此，招标与投标是一对相互对应的范畴，属于内涵和外延一致的概念。

2. 招投标的特点

招投标作为一种有效选择交易对象的市场行为，贯穿了竞争性、公开性和公平性的原则，具体如下：

（1）程序规范。

按照目前各国做法及国际惯例，招投标活动从招标、投标、评标、定标到签订合同，每个环节都有严格的程序和规则。这些招投标的程序和条件由招标机构事先设定并公开发布，对招投标双方具有法定约束效力，当事人不能随意改变。

（2）公开透明。

招投标的目的是实现最大程度的竞争，在尽可能大的范围内寻找合乎要求的中标者。一般情况下，公开招标邀请所有潜在供应商或承包商参与投标而无限制。而且招投标活动对透明度的要求非常高，招标信息、供应商资格、技术规格、评标标准和方法、中标结果等采购信息都要公开，置于社会公众的监督之下，可以有效地防止不正当交易和腐败行为。

（3）公正客观。

招投标全过程自始至终按照事先规定的程序和条件，本着公平竞争的原则进行。在招标公告或投标邀请书发出后，任何有能力或资格的潜在投标人均可参加投标，招标方不得有任何歧视某一个投标人的行为。同样，评标委员会在组织评标时也必须公平客观地对待每一个投标人。

（4）一次成交。

在一般的交易活动中，买卖双方往往要经过多次谈判后才能成交。招标采购则不同，禁止招标人与投标人就投标价格等实质性内容进行谈判。招标方掌握采购的主动权，投标人只能应邀一次性报价，不能与招标人讨价还价，招标方也只能以投标人提交的合理报价定标。

基于以上特点，招投标对于获取最大限度的竞争，使参与投标的供应商或承包商获得公平、公正的待遇，提高采购的透明度和客观性，促进采购资金的节约和采购效益的最大化，杜绝腐败和滥用职权，都具有至关重要的作用。

（三）公共采购与招投标

招投标制度与公共采购制度有着紧密的联系，招投标是公共采购最主要的采购方式。建立公共采购制度的目的是通过一种合理的、高效率的操作手段，最大限度地优化采购结果，从而节省政府开支，最终节省纳税人的钱。这就要求公共采购必须有一套严格的秩序和程序对采购人的行为加以约束。而招投标就是通过公开采购信息，吸引供应商或承包商的广泛参与，形成卖方之间的竞争，从而取得质优价廉的货物、服务或工程。因此，公共采购制度建立之初，就选择了公开招标这一手段作为公共采购的特定程序，以至于人们在观念上已经把招投标与公共采购结为一体。但二者还是有区别的，主要体现在以下方面：

1. 适用主体不同

公共采购制度所规范的是政府部门用于自身消费的采购和政府投资用于公共事业的采购。在西方国家，以上部分被划分为公共市场的范围，主要受国家公法或行政法的约束。因此，一旦公共采购制度开始施行，被划在公共部门范围内的机构就必须按照所规定的方式和程序进行采购。

招投标制度在任何国家都不对使用人进行特别限定，任何企业、组织或机构，只要认为必要、有利并可行，都可以运用这种方式。如经营性企业可以根据采购项目的特点自行选择是否适用招标采购的方式。

2. 运行过程不同

公共采购制度的运行过程与招投标制度不同，参见表1。招投标程序的起点是发出招标公告，经过投标、开标、评标和中标等环节，授予合同则标志着招投标过程的结束。而公共采购程序从审批预算开始，通过制订采购计划、确定采购方式、执行采购程序、签署采购合同、管理采购合同等环节，最终到采购结果的审查。因此，公共采购制度所涉及的范围更广，管理的流程更长，对公共采购管理部门的要求也就更高。

表1 公共采购与招投标运行过程比较

招投标程序	招标公告—投标—开标—评标—中标—授予合同
公共采购程序	预算审批—采购计划制订—采购方式确定—采购程序执行（包括招投标程序）—采购合同管理—采购审计

3. 采购方式不同

招投标虽然是公共采购的主要采购方式，但不是唯一的采购方式。公共采购涉及面广，采购情况复杂多样，要根据采购项目特点确定最经济有效的采购方式。例如，当采购金额较大，供应商较多，采购项目的规格无特殊要求时，采用公开招标就是最为合理的采购方式。因此，公共采购法律中一般规定，采购合同金额超过一定限额时，必须采用招标采购方式。但在一些情况下，由于采购对象的性质或采购形势的要求，公开招标方式并不是实现公共采购经济有效目标的最佳方法，必须采用其他采购方式予以补充。如当采购对象技术复杂或者性质特殊，不能确定详细规格或者具体要求的，可以采用竞争性谈判采购方式。对于其他采购方式，公共采购法律制度也有严格的适用条件和程序，以防止采购人借此规避招标采购方式。

4. 承担政策目标的责任不同

招投标制度虽然有诸如促进公平竞争、维护经济秩序等要求，但其实现经济和社会政策目标的作用十分有限。与招投标制度相比，公共采购制度则承担了更多实现政策目标的责任，如实现经济宏观调控，保护国内工业，促进中小企业发展，保护环境和促进就业等经济和社会政策目标。

二、公共采购国际立法

公共采购体现了政府与市场、政府与企业、行政管理权限与市场规律、法律法规等多种关系。在纷繁复杂的国际大环境和巨大的采购规模下，公共采购作为采购人、供应商、采购代理机构和监管机构等各个利益主体的一个重要联结点，其间的冲突纠纷在所难免。西方国家的公共采购实践表明，成功的公共采购制度必须建立在完善的管理体系之上，并将管理模式法律化和制度化。公共采购的管理正是依赖于一套完善的公共采购法律制度，以及在法律制度基础上建立起来的专门管理制度来进行的。所以，公共采购立法的必要性不言而喻。

公共采购立法调整的是公共采购活动中的法律关系，规范的是公共采购市场活动。正确处理和协调这些关系，就必须合理规范公共采购的方式、程序及自由裁量权的幅度，即建立起统一规范的公共采购法律体系。

（一）公共采购立法国际化

随着公共采购规模不断扩大和经济全球化进程的不断加深，公共采购成为国际贸易自由化研究的重要问题之一。公共采购作为政府管理社会经济生活的一种重要工具，在一国范围内对国民经济进行扶持时，往往在国际范围内形成非关税贸易壁垒。国际贸易自由化的重要议题就是削减这种非关税贸易壁垒，这也促使公共采购由国内法律规制走向了国际法律规制。世界贸易组织、联合国、世界银行和欧盟等都出台了公共采购相关协议或示范性法律。

开放政府采购市场的讨论始于20世纪40年代，但当时政府采购的规模及市场份额都很小，对国际贸易的影响不明显，所以《1947年关税与贸易总协定》将政府采购排除在国民待遇和非歧视待遇义务之外，形成了非关税贸易壁垒。随着经济全球化和贸易自由化的发展，政府采购活动也从国内走向国际，要求消除政府采购贸易壁垒，开放政府采购市场。于是，在关税与贸易总协定（以下简称关贸总协定）“东京回合”谈判中，启动了有关政府采购的谈判，并于1979年达成了关贸总协定《政府采购协议》。为了完善采购协议并扩大适用范围，1994年参加方达成了世界贸易组织《政府采购协议》。作为国际性的政府采购贸易权利与义务法律框架，《政府采购协议》逐步降低了各国保护国内产品和供应商的程度，减少了对外国产品和供应商的歧视，增加了政府采购透明度，建立了推动政府采购贸易的国际程序，对规范世界政府采购规则具有重要意义。

1951年，世界银行首次将国际竞争性招标的采购方式引入其采购工作。为了保证贷款资金的有效利用和管理借款国的政府采购行为，世界银行于1961年制定了《贷款采购指南》。世界银行根据《贷款采购指南》采取了一系列监管措施，强化了对招标采购的严密监管，从而在成员国范围内大大促进了政府采购的实践工作，实现了对公共资金的有效利用，并推动了借款国的经济发展。

区域一体化是全球贸易自由化的“营造物”。事实上，公共采购法律的国际化在某种程度上也是通过区域化加以实现的。为了在欧共体范围内消除贸易壁垒，促进货物、资本和人员的自由流动，1966年欧共体通过了有关公共采购的专门规定。从1971年开始，欧共体相继颁布了关于公共采购各个领域的采购指令，构成了比较完整的公共采购法律体系。这些指令可以分成两类：一类为实体法指令，涵盖公共服务、公共供应、公共工程和公用事业等领域；另一类为程序法指令，包括公共救济指令和公用事业救济指令。这些公共采购指令构成了欧盟公共采购法律体系的核心，将公共采购区域化、制度化。

1986年，联合国国际贸易法委员会考虑到政府采购与国际贸易有着密不可分的关系，在国际贸易法委员会第 19 届会议上决定对政府采购问题进行统一规范。1993 年国际贸易法委员会第 26 届会议上通过了《货物和工程采购示范法》及其《立法指南》，在 1994 年国际贸易法委员会第 27 届会议上讨论了对货物和工程采购示范法规定的补充和修改问题，并将服务采购纳入其中，随后通过了《货物、工程和服务采购示范法》。国际贸易法委员会将《货物、工程和服务采购示范法》作为各国和地区评价和完善其政府采购法参考的范本，对尚未建立政府采购法的国家和地区，则作为拟定政府采购法律时的参照范本。《货物、工程和服务采购示范法》为包括我国在内的许多国家制定政府采购法律提供了良好示范。

近年来，随着信息技术革命以及公共采购实践的发展，国际范围内的公共采购法制正面临着法律现代化改革问题。1997 年，世界贸易组织政府采购委员会开始审议和修改《政府采购协议》，期望能够推广使用信息技术、扩展协议适用范围和消除政府采购歧视性措施，并于 2012 年 3 月 30 日正式采纳修订后的《政府采购协议》。2004 年，联合国国际贸易法委员会开始对《货物、工程和服务采购示范法》进行修订和完善，对现有条款的内容进行了澄清和简化，增加了电子化手段和采购方式等新内容，并于 2011 年 7 月 8 日审议通过了《公共采购示范法》。世界银行为适应采购工作的需要，多次对《贷款采购指南》进行修订，2012 年启动了对采购政策的全面审查，提出了"世界银行投资项目采购新框架"，以帮助各国优化利用公共支出，发挥采购在提升发展效益中的战略性作用。2015 年 7 月 21 日，世界银行执行董事会批准《投资项目贷款采购规则》。2004 年欧盟对公共采购规则进行了整合和修改，为了确保采购规则简明有效，在透明与竞争的原则下为公共购买者提供"物有所值"的产品，欧洲议会与欧洲理事会于 2014 年 2 月共同通过了新修订的欧盟公共采购规则——《公共采购指令》《公用事业部门采购指令》和《特许经营合同授予指令》。

（二）公共采购国际法律制度特点

除了上述公共采购国际规则，大部分国家都建立了规范公共采购的法律制度。发达国家的公共采购立法，尽管法律体系不同，有些具体程序也不一样，但从总体上看有以下共同特征：

1. 以基本法律为准则，形成完善的法律体系

美国和欧盟在公共采购方面都制定了基本法律和实施规则，实施规则必须遵守法律确立的基本原则，形成了比较完善的公共采购法律体系。例如，美国联邦公共采购法律体系由基本法律和实施规则构成。基本法律主要包括《联邦财产与行政服务法》《联邦采购政策办公室法案》《联邦不动产管理法》《合同争议法》《小企业法》以及《购买美国产品法》等。实施规则主要包括《联邦政府采购条例》以及联邦政府各部门制定的采购规则。欧盟各成员国的公共采购法律都是以欧盟公共采购指令为基础，具体贯彻和执行的方式由各成员国确定，在某些程序性规定方面可能有所不同，但必须符合欧盟采购指令总的原则。

2. 对公共采购实行强制性招标

美国、奥地利、比利时等国家没有制定专门的招投标法律，而是在公共采购法律中对作为公共采购主要方式的招投标行为做出明确的规范。普遍的规定是，凡是政府部门及其他公共机构采购的货物、服务或工程，达到一定的金额都必须实行招标，按照法定的规则和程序进行操作。

3. 体现公平竞争和公开透明原则

在公共采购法律规定中，一般都体现了公平竞争、公开和公正的原则，包括以下内容：

（1）促进和鼓励潜在供应商和承包商参与采购过程，并将竞争机制引入采购活动中，实行优胜劣汰。同时要求采购人给予所有潜在供应商平等的机会，在公共采购活动中展开公平竞争。

（2）保证公共采购法律制度和采购信息的公开，提高采购过程的透明度，为供应商参加公共采购提供公平竞争的环境，为公众有效监督公共采购活动创造条件。

（3）公共采购要按照事先约定的条件和程序进行，对所有供应商一视同仁，不得有歧视条件和行为，尤其是在评标活动中，要严格按照统一的评标标准评定中标或成交供应商，不得存在任何主观倾向。

4. 发挥公共采购政策功能

公共采购具有典型的公共性特征和巨大的市场影响力，不仅是采购公共物品与服务的重要手段，还是一种有效的政策工具。因此，各国在公共采购法律中都对公共采购的政策功能进行了规定。如美国《购买美国产品法》规定，10 万美元以上的招标采购，必须购买相当比例的美国产品，招标人在招标文件中必须根据法律说明给予国内企业的优惠幅度；欧盟《公共采购指令》规定，欧盟内的招标采购，不得给予发展水平较低的成员国以一定的优惠，但可以在招标竞争以外的其他方面给予支持，如资金转移等，以促进其发展。在统一对外上，欧盟也采取保护政策，在招标采购中对欧盟成员国的投标人给予一定的优惠。

5. 完善的救济制度

在公共采购活动中，虽然采购人与供应商都属于公共采购当事人，在法律上享有平等的地位，但采购人有决定供应商资格、采购方式和程序、定标和签署合同等权利，与供应商的地位客观上并不平等。因此，公共采购法律制度中都建立了完善的救济制度，赋予供应商享有选择各种救济途径的权利，以保障公共采购制度的运行。例如，欧盟制定了专门的公共救济指令；日本为满足《政府采购协议》的要求并履行规定的义务，也建立了政府采购质疑机制。

从根本上来说，公共采购法律制度是围绕采购合同订立方式管理的规则，应当包括公共采购政策、采购方式和程序、公共采购管理体系和救济制度等方面。从国际公共采购法律制度来看，各国普遍形成了完善的法律体系：明确的采购目标和基本原则、公开规范的采购程序、完善有效的救济制度，保证了公共采购活动的规范运行，促进了公共采购市场的发展。

三、我国公共采购立法

纵观我国公共采购的历史，其发展经历了三个阶段：第一，招投标阶段。这一阶段也可以说是公共采购的萌芽时期，是从改革开放初期引入招投标制度到20世纪90年代中后期，以重大工程和进口设备招投标为基础的阶段。第二，招投标与政府采购并存阶段。这一阶段以招投标和政府采购法律制度建立，两者矛盾冲突显现、招投标出现负面影响而政府采购制度发展迅猛为主要特征，从20世纪90年代中后期开始至今一直存在。第三，公共采购阶段。这一阶段是将招投标与政府采购共同纳入公共采购制度管理的最终阶段。我国正处于从第二阶段向第三阶段转变的重要发展时期，招投标制度与政府采购制度为公共采购制度的发展奠定了雄厚基础，但相互制约和冲突也使两者陷入发展的瓶颈阶段，迫切需要上升到公共采购制度的高层次才能解决。通过对公共采购发展阶段的划分，有助于明确我国政府采购与公共采购的区别，更好地理解我国公共采购所包含的内容，为学习公共采购法律打下基础。

（一）我国公共采购立法背景

通过学习《招标投标法》和《政府采购法》的立法背景，有助于了解我国公共采购分散立法的历史原因。

1.《招标投标法》立法背景

世界各国招投标的立法模式有两种：一种是单独立法，即颁布独立的《招标投标法》；另一种则是在其他法律中规定招投标制度。采用单独立法的国家很少，主要是埃及和科威特，颁布有《公共招标法》，都是只规范政府的招标项目。大多数国家在招投标立法上不采取单独立法的模式，而主要是在公共采购法等其他法律中详细规定招投标制度。这种立法模式的基本理念是：国家和公众需要监督、干预的是政府采购行为，因为采购人花的是国家和公众的钱。而对于非政府采购行为如私营企业采购，国家和公众没有必要干预，采购人有权自由支配并尽量合理地使用自己的资金。

（1）招投标历史。

招投标是成熟商品经济中的一种交易方式，在我国起步较晚。1979 年我国土木建筑企业最先参与国际市场竞争，在中东、亚洲、非洲和中国香港和澳门地区的国际承包工程业务中取得了投标经验与商业信誉。1980 年国务院颁布的《关于开展和保护社会主义竞争的暂行规定》指出，对一些适宜承包的生产建设项目和经营项目，可以试行招投标的办法。1980 年世界银行提供给我国贷款，以国际竞争性招标方式在我国开展其项目采购与建设活动，招投标活动在我国境内得到了重视，并获得了广泛的应用和推广。1981 年建筑业招标采购首先在深圳试行，1984 年 11 月国家发展计划委员会（以下简称计委）、建设部发布《建设工程招投标暂行规定》，提出改变行政手段分配建设任务，实行招投标，大力推行工程招标承包制，开始探索我国建设工程的招投标管理和操作程序。1983 年机电设备招标采购在武汉试行，国内采用招标进行设备采购的方式逐步推广到全国。1985 年国务院决定成立中国机电设备招标中心，并在主要城市建立招标机构，招投标工作正式纳入政府职能。各个行业的招投标发展和完善程度有所不同，招投标制度基本上也是各自发展。在所有的行业中，建设工程领域对招投标制度的建设最为重视，并在以下方面得到了发展：

①全国成立招投标监督管理机构。全国各省、自治区、直辖市、地级以上城市和大部分县级市都相继成立了招投标监督管理机构。工程招投标专职管理人员不断壮大，全国已初步形成招投标监督管理网络，招投标监督管理水平不断地提高。

②招投标法制建设步入正轨。从 1992 年建设部第 23 号令《工程建设施工招投标管理办法》到 1998 年正式施行《建筑法》，从部分省《建筑市场管理条例》和《工程建设招投标管理条例》到各市制定的招投标政策，都对全国规范建设工程招投标行为起到极大的推动作用，特别是有关招投标程序的管理细则也陆续出台，为招投标的顺利开展提供了有力保障。

③成立建设工程交易中心。1995 年起全国各地陆续开始成立建设工程交易中心，初步形成以招投标为龙头，相关职能部门相互协作的具有“一站式”管理和“一条龙”服务特点的建筑市场监督管理新模式，为招投标制度的进一步发展和完善开辟了新道路。工程交易信息公开化和招标程序规范化，有效遏制了工程建设领域的腐败行为，为在全国推行公开招标创造了有利条件。

（2）招投标立法背景。

招投标制度在我国已推行多年，不仅积累了一定经验，也留下了很多教训。我国招投标事业与西方发达国家的历史实践相比，尚处于起步阶段，存在着许多亟待解决的问题：

①推行的力度和广度不够。我国长期处于封闭式的计划经济体制下，人们对招投标在公共采购中的作用认识不足，对招投标的知识和技巧知之甚少或出于其他一些顾虑不愿意招投标，甚至不敢采取招标采购方式。因此，当时主要在机电设备进口、成套设备采购，特别是工程建设等领域开展了一定范围的招投标。大量的政府采购活动特别是国家机关、事业单位和社会团体等的采购，继续沿用直接采购的方式，没有发挥招投标的优越性。

②招标行为不规范，扰乱了市场秩序。公共采购资金属公有性质，由于管理软约束、缺乏透明度，因此招标采购过程中权钱交易、以权谋私等腐败和不正当行为时有发生。在招投标中存在着许多违法乱纪行为，一些不法分子不惜以损失国家利益和财产为代价，虚假招标、贿赂招标、私泄标底、哄抬标价等，不仅严重扰乱了招投标市场秩序，还造成了国有资产的流失。

③政出多门，招标市场不统一。当时我国招标采购比较集中的领域有进口机电设备和工程建设等领域，分别由国务院有关部门归口管理。各地方政府也按照这种管理格局，分别设立招标机构，从事本领域的招投标。有的部门开展招投标活动往往在部门内进行，或有些省市的招投标千方百计排斥或拒绝外省市的投标者，这种部门垄断、地方保护、画地为牢的招投标管理体制，破坏了招投标的基本原则，阻碍了招投标统一大市场的形成。此外，国务院有关部门和各地方还颁布了一些招标采购方面的规章和办法。但由于这些规章和办法都出自部门或地方，往往都体现了各自的利益导向，有些规定还相互冲突，既造成了部门和地方之间的矛盾，也影响了招投标事业的健康发展。这是当时立法机关抓紧制定《招标投标法》，保证其出台的主要原因。

1994 年 6 月计委受全国人民代表大会（以下简称“人大”）常委会和国务院的委托，开始组织起草《招标投标法》。国家经济贸易委员会、建设部、对外经济贸易合作部等有关部门也参加了起草工作。在认真调查研究、广泛征求意见、总结实践经验并借鉴国外做法的基础上，草拟了《招标投标法（送审稿）》。1998 年国务院机构改革后，国务院法制办会同计委就这部法律设计的几个重要问题进一步征求了有关部门和专家的意见，在此基础上形成了《招标投标法（草案）》。1999 年 8 月 30 日，九届全国人大常委会第十一次会议审议通过了《招标投标法》，于 2000 年 1 月 1 日正式实施。

2. 政府采购立法背景

《政府采购法》作为我国市场经济体制下规范政府采购活动的一部基本性法律，它的出台具有深刻的国内和国际背景。

（1）国内背景。

国内早期对政府采购没有形成概念和认识，只停留在政府购买的层面。一般货物、工程和服务的采购由机关事务管理局或各单位自行负责，只是对于一些高档消费物品，如汽车、照相机等，才由财政部门按照控制集团购买力的制度加以控制。这种支出管理体制是与计划经济体制相适应的。在此条件下，物资极度匮乏，供应企业比较单一，生产与交易活动相对简单，通过这样的体制也能够控制乱支出等情况。政府采购概念在我国的引入，最早是源于使用国际组织的贷款项目，依贷款方的要求使用了招投标竞争方式。1993 年，党的十四大正式确立实行社会主义市场经济体制，一个基本点就是市场在社会资源配置中起基础性作用，它根本上改变了计划经济体制下形成的经济运行模式，使企业成为独立的市场主体，政府真正作为社会管理机器发挥作用。为实现充分竞争，规范竞争手段，1994 年计委起草《招标投标法》过程中的大量研讨活动使政府采购的知识和观念为更多的人所了解。

1995 年财政部进行财政支出管理体制改革时，把政府采购制度作为一项重大课题进行研究，形成了推进这项制度的总体思路，并在上海率先启动试点工作。1996 年国务院在全国范围内确定 10 个试点城市，成为政府采购工作的起点。全国性政府采购制度改革试点由此拉开序幕，我国财政行政系统有 23 个省、自治区、直辖市的 273 个地市（县）开展了政府采购工作试点。随着政府采购工作实践的深入开展，政府采购中暴露的问题也越来越多，促使人们对建立健全政府采购法律制度的认识不断提高。1998 年深圳市首次以立法的形式颁布实施了《深圳经济特区政府采购条例》，这是我国第一个政府采购地方性法规。不少省市也先后颁布了关于政府采购的地方政府规章，如云南省政府于 1998 年 11 月发布了《云南省省级国家机关事业单位政府采购制度暂行规定》，上海市人民政府于同年 12 月发布了《上海市政府采购管理办法》，北京市政府于 1999 年 4 月发布了《北京市政府采购办法》。安徽、陕西、浙江等省也分别颁布了有关政府采购的规章和规范性文件。为了规范全国的政府采购活动，财政部于 1999 年 4 月发布了《政府采购管理暂行办法》，但其制定机关、影响范围、效力等级都与法律不一样，不仅规范的对象和范围非常有限，也不能更改或抵触全国人大、国务院已确立的法律法规体系。因此，我国有必要制定政府采购法律，这是行政制度向法律制度的重大转变。

此外，政府采购法律制度保证政府清正廉洁的功能受到空前重视，也是政府采购立法的一个考虑。随着改革开放与搞活经济政策的实施，一方面经济的发展，使各单位的支出规模迅速扩大，各部门的分散采购正逐步变成政府行为的集中采购，需要加强管理和规范；另一方面企业实行自主经营后，伴随自主权扩大和一些单位不正当竞争手段的使用，在政府采购活动中也出现了一些以权谋私、权钱交易等腐败现象。运用公共资金采购货物、服务或工程是公共组织的一种公共权力，因而具有强大的诱惑力。正如法国启蒙思想家孟德斯鸠所说："一切有权力的人都容易滥用国家权力，这是一条万古不易的经验，有权力的人们使用权力一直遇到有界限的地方才休止。要防止滥用权力就必须以权力约束权力。"如果没有有效的防范措施，就难以从根本上消除腐败。通过立法规定采购的程序和强有力的监督，以及对于腐败的惩处措施，加之严格执法，就能给腐败分子以震慑力，从而从制度上消除腐败产生的温床。所以在起草工作之初，遏制腐败被作为《政府采购法》的立法宗旨之一并在相应的条款中有所体现。2001 年举行的中共十五届六中全会和 2002 年举行的中纪委第七次全会都把实行政府采购制度作为从源头上反对腐败的重要措施之一。

（2）国际背景。

我国起草《政府采购法》还有一个重要的国际背景，就是加入世界贸易组织对建立政府采购制度的影响。一些世界贸易组织成员在谈判中就政府采购对我国提出了要求。因此，2001 年我国加入世界贸易组织时在政府采购方面做了 3 项承诺：一是我国有意成为《政府采购协议》成员方；二是我国自"入世"起立即成为《政府采购协议》的观察方，并将尽快通过提交附录一出价，开始加入该协议的谈判；三是我国中央和地方各级所有政府实体，以及专门从事商业活动以外的公共实体，将以透明的方式进行政府采购，并根据最惠国待遇原则向所有外国供应商提供平等参加采购的机会。作为我国"入世"后关于政府采购的最重要立法，起草中的《政府采购法》必须将中国相关承诺落实到法律条款中，履行对世界贸易组织的承诺就成为《政府采购法》的一个新任务。

1999 年 4 月，全国人大财经委员会成立了《政府采购法》起草组，包括财政部、计委、国家经济贸易委员会、对外经济贸易合作部、国务院机关事务管理局、解放军总装备部等部门。起草工作组考察了 10 多个省、市政府采购试点及地方立法情况，搜集、整理、翻译了国内外资料，召开立法国际研讨会并赴国外立法考察，于 2000 年 9 月形成了《政府采购法（草案）》。起草工作组广泛征求了有关部门和专家学者的意见，对草案稿进行反复修改完善，于 2001 年 9 月上报全国人大常委会。2002 年 6 月 29 日，九届全国人大常委会第二十八次会议审议通过了《政府采购法》，于 2003 年 1 月 1 日起正式实施。

（二）我国公共采购立法意义

1. 招投标立法意义

《招标投标法》的制定意味着我国招投标活动将会在法制的轨道上进入一个规范和公平竞争的新阶段。这种重要意义主要体现在：

（1）有利于推行采用招投标交易方式。

《招标投标法》的制定使招投标活动以法律为保障，这将有力地推行采用招投标的交易方式。因为在这部法律中不但做出了进行招投标活动要适用《招标投标法》的基本规定，而且明确了必须招标的范围，这就为推行招投标的方式提供了法律保证，并可在这个基础上逐步扩大必须招标的范围，使招投标制度发挥更大的作用。这样，也会吸引非强制招标范围的一些项目自愿地采用招投标的方式，引入市场机制，对社会经济发展也有积极意义。

（2）有利于提高招投标活动的规范化水平。

《招标投标法》的制定将大大提高招投标活动的规范化水平，使招投标方式的优越性在法律保障下更有效地发挥作用。按照法定的规则进行招投标，能够保证众多的市场主体有机会进入招标项目的竞争行列，并在竞争中遵循公开、公平和公正的原则，提高经济效益和保证项目质量。这不仅体现了社会主义市场经济的基本要求，也是经济体制改革逐步深入的反映。

（3）有利于促进社会经济发展。

《招标投标法》的制定对促进社会经济发展有很强的现实意义。我国正在进行现代化建设，各项事业在发展过程中需要有效地使用建设资金、提高经济效益，防止腐败现象，保护国家利益、社会公共利益，而规范的招投标正是适应这种需要的一种行之有效的制度。招投标通过最大程度的竞争，可以实现资金的有效和节约使用。而招投标活动具有相当高的透明度，可以防止腐败现象，公平公正地选择有竞争能力的供应商和承包商，为保证质量创造必要的条件，这也是维护国家利益、社会公共利益所需要的。《招标投标法》能使招投标制度有效地发挥作用，也将使众多招标人的合法利益获得保护，并可从中获得更好的经济效益，促进社会经济的发展。

（4）有利于为招投标活动提供法律保障。

《招标投标法》的制定为招投标活动提供有利的法律环境，同时也是为经济领域的这项改革提供法律保障。招投标制度是一种充分发挥市场机制作用的制度，必须以法律形式体现出权威性，才能更有效和规范地运用这种竞争性很强的交易方式。《招标投标法》通过鼓励和保护竞争，确立以效率、质量取胜的机制，限制不利于公平竞争的行政干预，排除地方和部门的保护主义，加大了对干扰破坏招投标秩序行为的惩罚力度。这些法律规定都是完善市场机制，深化改革的重要保障。

2. 政府采购立法意义

《政府采购法》的制定对于规范我国政府采购行为，推动政府采购制度的健康发展具有重要的现实意义。

（1）有利于贯彻依法行政方针，推进政府采购规范管理。

《政府采购法》的制定有利于确保政府采购工作有法可依，将有力地促进政府采购的规范建设和财政支出管理水平的提高。通过《政府采购法》可以明确管理职能与采购职能，一方面要使政府采购受市场规则和法律的约束，使交易行为平等；另一方面又要保证政府可通过采购政策调控经济，维护市场秩序，真正形成管理职能与采购职能相分离的管理机制。

（2）有利于加强采购资金管理，提高资金使用效益。

建立健全政府采购法制，将政府采购方式和程序以及资金拨付办法法律化，可以充分发挥政府采购的积极效应，有利于提高财政资金的使用效益。《政府采购法》颁布后，资金预算和支付管理更加规范，事前、事中监控得到强化。

（3）有利于政府采购调控宏观经济政策功能的发挥。

政府采购对经济发展的宏观调控作用主要体现在保护国内企业、扶持中小企业发展、打破地区封锁等方面。《政府采购法》明确了这些政策功能，为政府采购宏观调控作用的发挥创造了有利的法律环境。

（4）有利于规范市场经济秩序，推动企业经营发展。

在政府采购活动中，政府作为市场最大的买方，对建设公平竞争的市场环境起着重要的示范和促进作用。同时，供应商为了取得在政府采购中的份额，必须执行政府采购法律规定，改善经营管理，为政府提供品质优良、价格合理的产品以满足政府需求，实现自身发展。

（5）有利于强化财经纪律和促进反腐倡廉。

从1999年开始，中国共产党中央纪律检查委员会（以下简称中央纪委）就把推行政府采购制度作为从源头上预防和治理腐败的重要措施之一。政府采购纳入法制管理后，对采购全过程公开透明，接受各方面监督做了法律性规定，强化对采购行为的约束力，为有效抑制政府采购中腐败现象的滋生和惩处腐败行为提供了法律依据和手段。

（6）有利于维护国家利益和保护国内企业。

政府采购向国际化发展是必然趋势，特别是加入世界贸易组织后，我国面临着开放政府采购市场的新形势。在全面开放政府采购市场之前，《政府采购法》的实施为扶持国内产业发展等政策提供了法律保障。我国可以充分发挥政府采购的贸易壁垒作用，保护和支持国内产业的发展，增强国内企业的自我发展能力和国际竞争力。

（三）我国公共采购立法现状

目前世界各国普遍采用公共采购单一立法模式，建立起一套在公共采购中应遵守的基本准则和程序。公共采购法中通常规定招标采购是公共采购的主要采购方式，并对招投标的具体程序进行了规范。由于历史原因，我国对于公共采购的管理形成了《招标投标法》主导的以规范招投标程序为主要目标，工程建设项目为主要规范对象的招投标管理体系；以及《政府采购法》主导的以规范财政性资金使用为主要目标，货物和服务项目为主要规范对象的政府采购管理体系。

我国颁布的《招标投标法》和《政府采购法》时间有先后，分属不同部门立法，都是全国人大常委会出台的法律，具有同等的法律效力。我国《政府采购法》规范的采购主体主要限于国家机关、事业单位和社会团体，属于严格意义上的政府范围之内，而采购对象不包括进行招投标的工程。公共工程是公共采购的重要内容，其采购规模超过货物和服务采购，通常占公共采购总规模的40%～60%。而我国公共采购所涵盖的工程招标采购则由《招标投标法》管辖。这两套法律体系相对独立但又不乏交叉重叠，给理论研究和采购实践带来了障碍与困惑。可以说，我国并没有形式意义上的公共采购法，仅是实质意义上的公共采购法，是以《政府采购法》和《招标投标法》两法为主体，辅之以众多法规、规章及规范性文件构成的法律体系。

1. 招投标立法现状

2000年1月正式实施的《招标投标法》标志着我国招投标工作正式步入了法制轨道。为配合《招标投标法》的实施，我国政府各部门相继发布相关实施细则和规定，具体包括：国务院于2000年3月颁布《关于国务院有关部门实施招投标活动行政监督的职责分工意见》；计委于2000年连续发布了《工程建设项目招标范围和规模标准规定》《招标公告发布暂行办法》《工程建设项目自行招标试行办法》和《国家重大建设项目稽察办法》，2002年发布《国家重大建设项目招标投标监督暂行办法》；计委、建设部等7部委于2001年7月发布了《评标委员会和评标办法暂行规定》；国家发展和改革委员会（以下简称发改委）于2003年2月发布《评标专家和评标专家库管理暂行办法》。此外，建设部、商务部、交通部、铁道部、水利部、信息产业部以及各省、市结合各部门和地区的实际情况，陆续发布了部门和地区的招投标管理办法和实施办法，主要涉及以下内容：一是明确部门内各级管理机构监管的职责；二是本部门强制招标范围的具体规定以及邀请招标的限制条件；三是对部门招标程序的特别规定；四是制定招标代理机构资质管理、部门行业评标细则等专门规定。

随着实践的不断发展，出现了许多新情况和新问题，为了增强招投标法律制度的可操作性，促进招投标规则统一，2011 年 11 月国务院第 183 次常务会议通过《招标投标法实施条例》，自 2012 年 2 月 1 日起施行。为落实《国务院办公厅转发发展改革委法制办监察部关于做好招标投标法实施条例贯彻实施工作意见的通知》关于全面清理与招投标有关规定的要求，发改委和财政部等 9 部门于 2013 年 3 月发布第 23 号令，对《招标投标法》实施以来发改委牵头制定的规章和规范性文件进行了全面清理，自 5 月 1 日起废止《关于抓紧做好标准施工招标资格预审文件和标准施工招标文件试点工作的通知》，修改《招标公告发布暂行办法》和《工程建设项目施工招标投标办法》等 11 件规章、1 件规范性文件的部分条款；为了规范电子招标投标活动，促进电子招标投标健康发展，发改委和工业和信息化部等 8 部门于 2013 年 2 月发布《电子招标投标办法》，自 2013 年 5 月 1 日起施行；为鼓励和引导社会资本参与基础设施和公用事业建设运营，提高公共服务质量和效率，发改委和财政部等 6 部门于 2015 年 4 月发布《基础设施和公用事业特许经营管理办法》，自 2015 年 6 月 1 日起施行；为贯彻落实《国务院办公厅关于印发整合建立统一的公共资源交易平台工作方案的通知》，规范公共资源交易平台运行、服务和监督管理，发改委和财政部等 14 部门于 2016 年 6 月发布《公共资源交易平台管理暂行办法》，自 2016 年 8 月 1 日起施行；为规范招标公告和公示信息发布活动，进一步增强招标投标透明度，发改委于 2017 年 11 月发布《招标公告和公示信息发布管理办法》，自 2018 年 1 月 1 日起施行；为了确定必须招标的工程项目，规范招标投标活动，发改委于 2018 年 3 月发布《必须招标的工程项目规定》，自 2018 年 6 月 1 日起施行。

2. *政府采购立法现状*

2003 年 1 月 1 日正式实施的《政府采购法》是我国规范政府采购行为的基本法律规范。为贯彻落实《政府采购法》，财政部和监察部于 2003 年 11 月发布《政府采购评审专家管理办法》和《集中采购机制监督考核管理办法》；财政部于 2004 年相继颁布《政府采购货物和服务招投标管理办法》《政府采购信息公告管理办法》和《政府采购供应商投诉处理办法》，于 2007 年 1 月颁布《中央单位政府集中采购管理实施办法》；为实现政府采购的社会经济功能，财政部、国家发展和改革委员会于 2004 年 12 月发布《节能产品政府采购实施意见》，财政部和环保总局于 2006 年 10 月发布《环境标志产品政府采购实施的意见》，财政部于 2007 年陆续发布

《自主创新产品政府采购预算管理办法》《自主创新产品政府采购合同管理办法》《自主创新产品政府采购评审办法》《自主创新产品政府首购和订购管理办法》《政府采购进口产品管理办法》，财政部、工业和信息化部于 2011 年 12 月发布《政府采购促进中小企业发展暂行办法》等部门规章和规范性文件。各省市根据各地区的采购规模和实际情况，陆续发布了各地区的政府采购管理或实施办法。

针对政府采购实践中出现的新形势和新问题，相关的政府采购法规、规章和规范性文件陆续出台。为了规范政府采购行为，加强对采用非招标采购方式采购活动的监督管理，财政部于 2013 年 12 月发布《政府采购非招标采购方式管理办法》，自 2014 年 2 月 1 日起施行；为了深化政府采购制度改革，适应推进政府购买服务、推广政府和社会资本合作模式等工作需要，财政部于 2014 年 12 月发布《政府采购竞争性磋商采购方式管理暂行办法》和《政府和社会资本合作项目政府采购管理办法》；为解决《政府采购法》缺乏行政配套法规、可操作性不强的问题，2014 年 12 月国务院第 75 次常务会议通过《政府采购法实施条例》，自 2015 年 3 月 1 日起施行；为加强政府采购评审活动管理，规范政府采购评审专家评审行为，财政部 2016 年 11 月发布了新的《政府采购评审专家管理办法》，自 2017 年 1 月 1 日起施行；为加强对政府采购货物和服务招标投标活动的监督管理，财政部于 2017 年 7 月发布了新的《政府采购货物和服务招标投标管理办法》，自 2017 年 10 月 1 日起施行；为了推进政务信息系统政府采购工作规范高效开展，财政部于 2017 年 12 月发布《政务信息系统政府采购管理暂行办法》，自从 2018 年 1 月 1 日起施行；为加强政府采购代理机构监督管理，促进政府采购代理机构规范发展，财政部于 2018 年 1 月发布《政府采购代理机构管理暂行办法》，自 2018 年 3 月 1 日施行。

我国招投标制度与政府采购制度为公共采购制度的发展奠定了雄厚的基础，但由于历史和法律现实原因导致公共采购分散立法的模式。一方面，随着公共采购法制实践的深入展开，法律体系中两部主体法律的内在矛盾和冲突日益彰显，已经影响到我国公共采购事业的健康发展。在当前的形势下，需要对国内公共采购法律制度进行改革，以推动我国公共采购法律体系的统一、协调和完善，寻求一个更好的理念或模式来统领招投标和政府采购工作，形成有利于决策、监督和执行的有效机制；另一方面，我国公共采购市场法治建设正面临着与国际接轨的挑战。随着经济开放的进一步扩大，我国政府采购范围也将不断扩展，朝向世界贸易组织《政府采购协议》的发展给我国公共采购法制自身带来了巨大挑战，统一公共采购立法也代表着未来法律改革和发展的方向。

本章小结

1. 公共采购是指公共部门为政府目的获取货物、工程和服务的行为，具有以下法律特征：采购主体的特定性和资金来源的公共性，采购目的的非营利性，采购活动的规范性和公开性，采购对象的广泛性和采购功能的政策性。

2. 政府采购经历了一个范围不断扩大的过程，并由此产生了所谓传统政府采购与现代公共采购的区分。由于公共部门的复杂性，政府组织和结构形式多样化，公共采购涉及所有与公共利益有关的采购，强调服务社会公众的采购目标，并不局限于狭义的政府身份和资金性质的限制。因此，公共采购范围比政府采购更宽泛，具有更广阔的内涵和更深远的功能意义，可以准确地反映政府采购的现代意义。对于政府采购和公共采购的区分可以更好地理解我国《政府采购法》与公共采购法的关系。

3. 招投标作为一种制度，是一种有组织地授予合同或权利的方式，即招标人事先公布招标条件和要求，邀请投标人参加投标并按照规定程序选择交易对象的一种市场交易行为。它包括招标和投标两个基本环节，具有程序规范、公开透明、公正客观、交易双方一次成交等特点。

4. 招投标制度与公共采购制度有着紧密的联系，招投标是公共采购最主要的采购方式。但二者是有区别的，主要体现在适用主体、运行过程、采购方式和承担社会政策目标的责任等多方面。

5. 欧美发达国家的公共采购立法具有以下共同特征：以基本法律为准则，形成比较完善的法律体系；对公共采购实行强制性招标；在法律规定中体现公平竞争、公开和公正的原则；发挥公共采购政策功能；完善的救济制度等。

6. 我国招投标制度与政府采购制度为公共采购的发展奠定了雄厚基础，但由于历史和法律现实原因导致了公共采购分散立法的模式。我国对于公共采购的管理形成了《招标投标法》主导的以规范招投标程序为主要目标、工程建设项目为主要规范对象的招投标管理体系，以及《政府采购法》主导的以规范财政性资金使用为主要目标、货物和服务项目为主要规范对象的政府采购管理体系。

思考题

1. 什么是公共采购？它的主要特点是什么？

2. 如何理解政府采购与公共采购的关系？

3. 什么是招投标？它的主要特点是什么？
4. 简述公共采购与招投标的联系与区别。
5. 公共采购国际法律体系有哪些共同特征？
6. 我国公共采购法包括哪些内容，现状如何？

第一章　公共采购总则

作用

本章是对公共采购法总则内容的介绍，目的是使读者了解和把握公共采购法的立法宗旨、适用范围、基本原则、采购政策以及监管机构等内容，熟悉公共采购法律的价值取向和重点内容，有助于理解和把握公共采购法的具体规则。

重点

立法宗旨；适用范围；基本原则；采购政策；监管机构

在立法文件的布局上，“总则”是我国立法文件的一种立法技术和表达习惯，已被多部法律采用和接受。法律文件的总则部分一般规定对法律有普遍意义或不适宜安排在其他部分的内容，主要包括立法宗旨、适用范围、基本原则和其他有关事项。《政府采购法》总则共 13 条，对立法宗旨、适用范围、基本原则、采购市场的统一、组织形式、预算管理、政策取向、信息管理和监督管理部门等多方面内容进行了规定。《招标投标法》总则共 7 条，对立法宗旨、适用范围、禁止行为、基本原则以及监督管理部门等内容进行了规定。

第一节　立法宗旨

立法宗旨是立法所要达到的目的和制度设计与规则订立的出发点，也可以说是立法初衷。立法宗旨是一部法律的核心，法律的各项具体规定都是围绕立法宗旨展开的。因此，一部法律必须开宗明义地明确立法宗旨。《政府采购法》和《招标投标法》都通过立法宗旨确立了各自的法律定位和性质。

一、政府采购法

政府采购制度是市场经济条件下加强财政支出管理，规范政府机构采购行为，发挥对国民经济宏观调控作用的一项制度。虽然各国在政府采购立法宗旨的表述上不尽相同，但基本精神和内容是一致的，主要有：加强对政府采购行为的规范化管理，提高政府采购活动的透明度；努力节约采购支出，提高效率；保证给予供应商公平的待遇，鼓励供应商参与采购活动，促进充分竞争；政府采购要保护社会公共利益，做到诚实守信，提高公众对采购活动的信任度。

改革开放后，我国计划经济体制不断改革，社会主义市场经济体制逐步建立。由于没有及时进行适应市场经济体制要求的政府采购制度改革，政府采购行为缺乏相应的约束，采购活动基本处于分散、自由的状态，政策目标单一，采购资金使用效益不高，采购活动中行为不规范甚至行贿、索贿等腐败现象经常发生，政府采购工作遇到了许多难以克服和解决的困难和问题，在一定程度上阻碍了政府采购制度的进一步发展。与此同时，世界经济一体化进程加快，我国所面临的开放政府采购市场的压力越来越大，必须尽快建立起与国际规则接轨的政府采购制度。根据政府采购的实际情况，我国确立了政府采购立法的指导思想，即按照建立和完善社会主义市场经济体制、公共财政体制和推进财政支出管理改革的要求，坚持立足当前，着眼未来，既考虑我国实际，也要与国际通行做法相衔接的原则，将政府采购纳入法制化管理，维护政府采购市场的竞争秩序，并依法实现政府采购的各项目标，建立健全我国的政府采购制度。因此，我国《政府采购法》第一条从5个方面提出了应遵循的立法宗旨：

（一）规范政府采购行为

规范政府采购行为是建立我国社会主义市场经济体制和依法行政的需要。市场经济的基本特征之一是公平竞争，通过公平竞争实现资源的合理配置。在政府采购制度运行中，政府行为具有双重性。在采购交易时，作为采购的一方，政府是市场的参与者；而政府在从事管理时，是代表国家履行管理职责。所以，政府的采购行为对市场和宏观经济运行有着举足轻重的影响，与单纯的商业行为是有本质区别的。但这种双重性在实际采购中常常被混淆，如果缺乏法律规范和刚性约束，则容易出现一些部门凭借手中的权力，凌驾于市场规则之上，损害市场秩序和政府采购制度。《政府采购法》的建立，可以明晰采购职能与管理职能，一方面要使政府采购受市场规则和法律的约束，实现交易行为平等；另一方面要保证政府通过采购政策调控经济，维护市场秩序，真正形成管理职能与采购职能相分离的管理机制。同时，规范政府采购行为也是提高依法理财水平的客观要求。政府采购资金都是财政性资金，采购过程实际上是财政支出的使用过程。从硬化预算约束，加强财政支出管理，提高财政资金使用效益的要求出发，必然要求采购行为规范。因此，采购行为规范化管理，体现了依法理财的客观要求。

《政府采购法》将规范政府采购行为作为立法的首要目标，目的是要求法律调整范围内的政府采购主体在采购货物、工程和服务时，必须按照《政府采购法》制定的规则开展采购活动。要通过这些规则，将政府采购纳入法制化轨道，实行政府采购的法制化和规范化管理，改变原来政府采购行为无法可依、自由分散、随意采购的局面，有效解决或抑制现行采购中存在的各种问题和弊端，维护政府形象。

（二）提高政府采购资金的使用效益

政府采购资金主要是指财政性资金，也就是预算资金。长期以来，我国受传统经济体制的制约，在财政管理中存在重预算安排、轻支出管理，重货币分配、轻实物购买等问题，严重影响了财政管理的均衡发展。推行政府采购制度，制定法律规范，就是使财政管理不仅重预算，也要重视支出分配及其使用，将财政监督管理延伸到使用环节，从货币形态延伸到实物形态，增强财政履行分配职能的力度和水平，保证政府采购资金按预算目标使用，做到少花钱、多办事，从而降低采购成本，提高财政资金的使用效益。

《政府采购法》提出的提高政府采购资金使用效益宗旨，是在政府采购交易中对市场规则的应用，在理论上可以称为“物有所值”。讲求效益宗旨，要求在采购市场上以合理的价格获得质量优良的货物、工程和服务。它的意义和作用是将商业标准作为衡量供应商资格和评判政府采购正当性的主要标准。我国《政府采购法》确定了讲求效益的立法宗旨，并为这一宗旨的实现进行了必要的制度安排，如要求采购合同的授予实行竞争制度等。

（三）维护国家利益和社会公共利益

政府采购不同于私人采购的一个重要特征，就是要体现国家利益和政策要求。一国政府可以通过政府采购制度的实施，发挥宏观调控作用。换句话说，就是政府采购有着维护国家利益和社会公共利益的责任和义务，其行为要符合人民大众的意愿，应当在维护国家利益和社会公共利益方面做出贡献。因此，要通过制定《政府采购法》，将政府采购的政策性作用法律化，为发挥政府采购的宏观调控作用，维护国家利益和社会公共利益提供法律依据和保障。

政府采购中利益保护的重要问题，就是政府采购人和供应商两者与国家和社会公共利益的关系。作为供应商的企业是以营利为目的的商业性经济组织，它在交易中的义务是按照商业性法律规定和合同约定的条件提供合格的货物、工程和服务，不得违反法律的禁止性规定从事损害国家和社会公共利益的活动，但是并不负有维护国家和社会公共利益方面的专门责任。但政府采购人不同，不仅享有一个政府采购当事人的权利和利益，而且在相当大的程度上还是国家利益和社会公共利益的代表者，所以政府采购人不得在政府采购中从事危害国家和社会公共利益的活动，而且负有积极维护国家和社会公共利益的责任。就此而言，政府采购人在与国家和社会公共利益的关系上，不同于普通的民事商事关系当事人，在法律上承担不同于供应商的法律责任。

（四）保护政府采购当事人的合法权益

政府采购当事人包括采购人、供应商以及采购代理机构。政府采购活动在进入采购交易时，采购人和供应商都是市场参与者，其行为属于商业性行为，并且各当事人之间是平等的。但是在实际工作中，由于采购人都是处于强势的国家机关、事业单位和团体组织等政府部门，容易出现政府采购人将政府行为和行政权限带到交易活动中，个别采购人甚至受利益的驱动，出现串通、权钱交易、不按合同履约等行为，给一方或多方当事人造成损失，造成事实上的不平等。

制定《政府采购法》的目的之一，就是要规定政府采购必须遵循公开透明、公平竞争、公正和诚实信用原则，建立政府采购各当事人之间平等互利的关系和按规定的权利和义务参加政府采购活动的规则。从保护弱者的角度考虑，还特别赋予供应商对采购活动质疑和投诉的权利，加强监督和制约，在保护采购机构合法权益的同时，也要保护供应商和中介机构的合法权益。

（五）促进廉政建设

由于政府采购项目多、规模大，其采购合同成为各供应商的竞争目标，采购活动中也容易出现采购人将政府行为与商业行为混淆的现象，如果缺乏完善的监督机制，就极容易出现索贿行贿、钱权交易等贪污腐败问题。从1999年开始，中央纪委就把推行政府采购制度作为从源头上预防和治理腐败的重要措施之一加以执行，中共十五届六中全会通过的《中共中央关于加强和改进党的作风建设的决定》中明确提出，推行政府采购制度是党风建设的一项重要内容。政府采购纳入法制范围后，强化了对采购行为的约束力，增强了有效抑制政府采购中各种腐败现象滋生的可行性，进而有助于上述措施和决定的落实，净化交易环境，使政府采购成为名副其实的“阳光下的交易”，从源头上抑制腐败现象的发生，促进廉政建设。同时，为惩处腐败提供了法律依据和手段。

为了维护国家和社会公共利益，维护公共物品消费者的安全，《政府采购法》将促进廉政建设防范腐败作为立法宗旨之一。《政府采购法》中规定的强制竞争、透明度原则、权利救济、监督检查和法律责任制度等，都从不同角度体现着防治腐败、倡导廉洁诚实的立法宗旨。廉政建设的宗旨是《政府采购法》立法的一大特点，也是政府采购交易不同于普通民事商业交易的重要标志。政府利用市场机制在采购中获取商业利益的同时，也面临着政府工作人员腐败行为的巨大风险。克服这种腐败风险的意义，并不仅限于防范和惩治从事腐败行为的政府采购工作人员或者确保节约采购资金，更重要的是要保证政府采购项目的质量。

《政府采购法》的立法宗旨简明扼要地阐述了政府采购立法的原因和目的，指出了建立我国政府采购制度的方向，其他各项条款都是围绕实现这些目标而制定的。在政府采购实践中，各个方面的行为必须做到有利于立法宗旨的实现，《政府采购法》中有规定的要按照规定执行，没有规定或者规定不够明确的，在采取具体措施时不得违背立法宗旨的规定。

二、招标投标法

《招标投标法》第一条规定“为了规范招投标活动，保护国家利益、社会公共利益和招投标活动当事人的合法权益，提高经济效益，保证项目质量，制定本法”，从6个方面提出了《招标投标法》应遵循的立法宗旨：

（一）规范招投标活动

招投标是在市场经济条件下进行大宗货物的买卖、工程建设项目的发包与承包，以及服务项目的采购与提供时所采用的一种交易方式。采用招投标方式进行交易活动的最显著特征是将竞争机制引入了交易过程。与采用供求双方“一对一”直接交易等非竞争性的采购方式相比，招投标具有明显的优越性，主要表现在：一是招标方通过对各投标竞争者的报价和其他条件进行综合比较，从中选择报价低、技术力量强、质量保障体系可靠、具有良好信誉的供应商或承包商作为中标者，与其签订采购合同，这显然有利于节省和合理使用采购资金，保证采购项目的质量。二是招投标活动要求依照法定程序公开进行，有利于堵住采购活动中行贿受贿等腐败和不正当竞争行为的“黑洞”。三是有利于创造公平竞争的市场环境，促进企业间的公平竞争。采用招投标的交易方式，对于供应商或承包商来说，只能通过在质量、价格、售后服务等方面展开竞争，以尽可能充分满足招标方的要求取得商业机会，体现了在商机面前人人平等的原则。

采用招投标的交易方式在国外已有200多年的历史，市场经济国家的大额采购活动，特别是使用财政资金等公共资金进行的采购活动，较多地采用了招投标方式。

我国改革开放前，实行的是高度集中统一的计划经济体制，产品购销和工程建设任务都按照指令性计划统一安排，也不存在能够引起卖方竞争的买方市场。我国 20 世纪 80 年代初开始逐步推行招投标制度，取得了明显成效，但也存在一些突出的问题。例如，工程建设单位按规定应当招标而不进行招标，在确定供应商或承包商的过程中采用“暗箱操作”，不通过公平竞争程序直接指定供应商或承包商；招投标程序不规范，违反公开、公平和公正的原则；甚至有些招标人与投标人进行权钱交易，行贿受贿，搞虚假招标；投标人串通投标，进行不公平竞争；一些地方和部门在招投标问题上搞地方保护和部门封锁，做出违反公平竞争原则的规定等。《招标投标法》以法律的形式规范招投标活动，确立我国招投标必须遵守的基本规则和程序，要求参与招投标活动的各方都必须遵循，对违反《招标投标法》规则和程序的行为依法追究法律责任，保证了招投标制度在我国的顺利实施，充分发挥其在我国社会主义市场经济中的重要作用。

（二）保护国家利益

制定《招标投标法》，对保护国家利益所具有的重要意义主要体现在：一是保障国有资金的节约和有效使用。按照《招标投标法》第三条的规定，属于全部或部分使用国家资金投资或者国家融资的建设项目，以及使用国际组织或者外国政府贷款、援助的建设项目，必须采用招标采购方式。通过依法进行招投标，按照公开、公平、公正的原则，在投标竞争者中选择在报价、技术和质量保障等方面最具优势的供应商或承包商作为中标者，这对于节约和合理使用国有建设资金，包括由我国政府统借统还或由财政提供还款担保的国际组织或外国政府的贷款，具有重要意义。二是有利于反腐倡廉，防止国有资产流失。在使用国有资金进行采购活动中，经常发生行贿受贿、吃回扣、“拿好处费”等腐败行为。一些握有国家建设项目发包权、设备采购权的负责人和采购的经办人员与承包商或供应商相互勾结，进行权钱交易、损公肥私、侵占国有资产，造成相当数量的国有采购资金流入不法分子的腰包，严重损害国家利益，同时也败坏了党风和社会风气，损害了党和政府的形象，还严重扰乱了市场经济秩序。这种情况在使用国有资金进行的工程建设领域尤为严重，有些地方行贿受贿方面的经济犯罪发生在工程建设领域的比例高达 40% 多，有人将这种现象形容为“楼房盖起来，干部倒下去”。解决这类问题，需要从多方面采取杜绝腐败的有效措施。在国有资金采购中依法实行招投标制度，使采购活动在公开、公平、公正的透明环境中运作，参与者多、竞争性强，规则和程序由法律规定，这对于有效消除工程发包和其他采购活动中的幕后交易，以及少数人进行“暗箱操作”等现象，从源头上抑制国有资金采购中的腐败行为，具有重要意义。三是有利于创造公平竞争的市场环境。社会主义市场经济体制是使市场在国家宏观调控下对资源配置起决定性作用的经济体制。它使经济活动遵循价值规律的要求，通过价格杠杆和竞争机制，把资源配置到效益最好的环节中，并使企业实行优胜劣汰。招投标制度可以创造公平竞争的环境，有利于促进市场经济的健康发展，这也是国家的利益之所在。

（三）保护社会公共利益

社会公共利益是全体社会成员的共同利益。制定《招标投标法》对保护社会公共利益的作用主要体现在：一方面，国有资金主要来自于纳税人的贡献。保障国有资金的合理使用，不仅是保护国家利益的需要，也是全社会成员的共同要求。通过制定《招标投标法》，以保障国有资金和其他公共资金的合理、有效和节约使用，杜绝腐败，防止国有资产的流失，这既是对国家利益的保护，也是对社会公共利益的保护。另一方面，将大型基础设施、公用事业等关系社会公共利益、公众安全的建设项目，无论其资金来源，都纳入《招标投标法》的范围，以充分运用招投标制度的竞争作用，确保这类与公众利益直接有关的建设项目质量，更体现了《招标投标法》保护社会公共利益的宗旨。

（四）保护招投标活动当事人的合法权益

在招投标活动中，各方当事人的合法权益都受到法律的保护。针对实践中存在的一些侵犯招投标活动当事人合法权利的主要问题，《招标投标法》对招投标各方当事人应当享有的基本权利做了规定。例如，依法进行的招投标活动不受地区或者部门的限制，任何单位和个人不得以任何方式非法干涉招投标活动；招标人可以自主决定委托具有法定资格的招标代理机构办理招标事宜，具备自行招标能力的招标人也可以自行办理招标事宜，任何单位和个人不得以任何方式强制招标人委托招标代理机构办理招标事宜，不得以任何方式为招标人指定招标代理机构；招标人有权依法自行组织开标、评标和定标，任何单位和个人不得非法干预、影响评标的过程和结果；法人或其他组织有权自主决定是否参加投标竞争，有权与其他法人或其他组织组成联合体共同投标；任何单位和个人不得以任何方式限制或者排斥本地区、本系统以外的法人或者其他组织参加投标；投标人和其他利害关系人认为招投标活动不符合法律规定的，有权向招标人提出异议或者向有关行政部门投诉等。

（五）提高经济效益

经济效益是投入与产出的比较。对国家投资、融资建设的生产经营性项目实行招投标制度，有利于节省投资、缩短工期、保证质量，从而有利于提高投资效益以及项目建成后的经济效益。从我国建设工程领域推行招投标制度实践情况看，通过招标，一般可节约建设资金1% ~3%，缩短工期10%左右。

（六）提高项目质量

在工程项目和货物等的采购中实行招投标制度，依照法定的招投标程序，通过竞争选择技术强、信誉好、质量保障体系可靠的投标人中标，对于保证采购项目的质量是十分重要的。从实践来看，一些本应进行招标采购的项目不进行招投标或者不按规定的规则和程序进行招投标，是导致其发生严重质量事故的一个重要原因。

第二节　适用范围

法律的适用范围是指法律在什么范围内发生效力，它所规范的对象是什么。明确法律的调整范围，是法律最基本、最重要，也是最核心的内容，它直接涉及法律的管辖范围和管理力度。

一、政府采购法

国际组织及发达国家对公共采购范围的规定有两个共同特点：第一，在确定公共采购的范围时都未涉及资金问题，也就是说，只要属于公共采购事权范围内的采购，无论资金和来源，一律实行公共采购。国外法律不涉及资金来源的主要原因是公共采购属于财政支出管理范围，公共采购机构主要是公共部门，而公共部门的资金主要来源于财政拨款，不需要另行规定。虽然有时公共部门不直接使用财政性资金而获得采购项目，但其途径是行使政府特权，如特许权、资产转让权、政府担保等，目的是履行政府职能，权利也是政府的间接支出，其形成的采购活动自然要受到法律约束。第二，公共采购的范围由3个要素构成：采购实体范围、采购形式范围及采购对象范围。采购实体范围主要指公共部门，这是确定公共采购范围的前提条件。采购实体既有政府部门又有公用事业机构；采购形式既包括购买，也包括租赁等方式；采购对象既包括货物和服务，也包括工程。

政府采购制度在我国是一项新制度，适用范围应当根据我国的条件，按照循序渐进、逐步规范的原则确定。因此，《政府采购法》第二条从地域、采购人、采购资金、采购对象、采购形式和适用例外6方面确定了适用范围。凡是同时符合这些要素的采购项目，都属于政府采购项目，必须依照《政府采购法》开展采购活动。

（一）地域范围

《政府采购法》的地域范围有两层含义：

1. 只限于我国境内进行的政府采购

《政府采购法》只限于在中华人民共和国境内进行的政府采购。所谓“中华人民共和国境内”是指中华人民共和国主权所及的全部领域。在我国境内发生的政府采购活动，统一按照《政府采购法》的规定进行，而在我国境外进行的政府采购活动，则不受《政府采购法》的管辖和约束。需要注意的是，由于我国香港和澳门地区实行的是“一国两制”，根据《香港特别行政区基本法》第十八条和《澳门特别行政区基本法》第十八条，全国性法律除列入“基本法”附件三者外，不在特别行政区实施。所以香港、澳门两个特别行政区的政府采购不适用《政府采购法》。

2. 全国统一的政府采购市场和政策

《政府采购法》要求在我国建立全国统一的政府采购市场和政策，而不主张分级立法。主要是基于以下考虑：一是政府采购市场应当全国统一，分级立法容易造成市场分割，不利于生产要素的自由流动，阻碍全国统一市场的形成。二是政府采购政策必须统一。政府采购是一种宏观调控手段，各级政府都必须围绕调控对象通力合作，实现调控目标。如果分级立法，不仅难以形成合力，而且会造成政策不统一、政出多门，降低政府采购制度效力。三是我国政府采购市场迟早要开放，而且开放是以全国为基础的，不可能以地区为单位开放。所以政府采购市场一旦开放，其影响是全国性的，必须统一规则并适用于各级政府采购当事人。

统一立法并不是搞“一刀切”，既要有统一性，还要有灵活性。根据《政府采购法》规定，政府采购的目标、范围、政策、方式和程序等都是统一的，但有关的具体实施方法如限额标准的制定、集中采购目录的确定等，由不同级次的政府因地制宜地做出规定。当然，地方政府在做出这些规定时，不能与《政府采购法》的有关规定相违背。

（二）采购人范围

《政府采购法》规定的采购人是指各级国家机关、事业单位和团体组织。国际组织以及很多国家确定的采购人范围不仅限于政府层面，还将采购人范围扩展至政府控制或影响的公共实体或国有企业。相比较而言，我国采购人范围比国际组织和其他国家的范围要小，没有将国有企业和国有控股企业进行的采购纳入政府采购，主要是考虑到政府采购工作处于起步阶段，全面推行的条件还不成熟，不宜将采购范围定得过宽。特别是国有企业面广量大，将其采购全面纳入政府采购范围的条件还不成熟。为了稳妥地推进政府采购，同时有利于更好地保护我国的政府采购市场和民族产业，没有将国有企业纳入政府采购的适用范围。因此，《政府采购法》确定的采购人，都是采购资金主要来源于财政性资金的预算单位。

（三）采购资金范围

采购资金的性质，也是确定适用《政府采购法》的重要标准之一。根据我国《宪法》，财政资金的使用者有向公众和纳税人说明其使用正当性的法律义务，使用财政性资金的行为应当受到专门的法律规范。因此，采购资金的财政性和公共性，是制定《政府采购法》的理由和出发点之一。在确定《政府采购法》管辖范围时，不仅要明确采购人，也要看采购项目的资金来源。采购人按照《政府采购法》规定开展采购活动的采购项目，其项目资金应当为财政性资金。

在《政府采购法》制定时，根据当时的财政管理制度，《政府采购法》的释义将财政性资金解释为包括财政预算资金和预算外资金。财政预算资金，是指年初预算安排的资金和预算执行中财政追加的资金；预算外资金，是指政府批准的各类收费或基金等。随着行政事业性收费等政府非税收入实行“收支两条线”管理改革的深入，财政部逐步将未纳入财政预算管理的行政事业性收费纳入财政预算管理。2010 年财政部发布的《关于将预算外资金管理的收入纳入预算管理的通知》规定，从 2011 年 1 月起中央各部门各单位的全部预算外收入纳入预算，收入全额上缴国库，支出通过公共财政预算或政府性基金预算安排。地方各级财政部门也要将全部预算外收支纳入预算管理。《政府收支分类科目》取消了全部预算外收支科目，“预算外”一词成为历史。《政府采购法》立法之初的解释已难以适应现在的情况。因此《政府采购法实施条例》对“财政性资金”做出了解释：“财政性资金是指纳入预算管理的资金。以财政性资金作为还款来源的借贷资金，视同财政性资金。国家机关、事业单位和团体组织的采购项目既使用财政性资金又使用非财政性资金的，使用财政性资金采购的部分，适用政府采购法及本条例；财政性资金与非财政性资金无法分割采购的，统一适用政府采购法及本条例。”

《政府采购法实施条例》将财政性资金明确为“纳入预算管理的资金”，以此判断是否纳入政府采购管理。政府采购预算是部门预算的组成部分，因此政府采购的管理范畴应当与预算的管理范畴相一致、相衔接。预算管理的具体范围则由《预算法》和《预算法实施条例》等相关法律法规规定。2015 年 1 月 1 日实施的新《预算法》规定，政府的全部收入和支出都应当纳入预算。预算包括一般公共预算、政府性基金预算、国有资本经营预算和社会保险基金预算。《行政单位财务规则》和《事业单位财务规则》进一步对单位预算管理做出了规定，明确行政单位、事业单位的各项收入和各项支出应当全部纳入单位预算，统一核算，统一管理。行政单位依法取得的非偿还性资金为行政单位的收入，包括财政拨款收入和其他收入。事业单位为开展业务及其他活动依法取得的非偿还性资金收入为事业单位的收入，包括财政补助收入、事业收入、上级补助收入、附属单位上缴收入、经营收入和其他收入。在预算单位所有收支全部纳入部门预算管理的情况下，《政府采购法实施条例》对“财政性资金”的解释实际上淡化了对资金来源的要求，即只要是预算单位进行的采购活动，都应依法纳入政府采购范围。如此既便于操作和管理，也有利于进一步扩大政府采购的适用范围和规模。从发展方向上来看，我国的政府采购范围应当逐步与国际惯例相衔接。在实践中，采购项目与使用财政性资金的对应关系情况比较复杂，存在着使用混合资金来源的情况。执行中应首先判断采购项目是否能够按资金来源不同进行分割。能够分割的，则将使用财政性资金采购的部分适用《政府采购法》及其实施条例，使用非财政性资金的部分则可以不适用；不能分割的，无论资金比例如何，只要使用了财政性资金，则整个采购项目都必须统一适用《政府采购法》及其实施条例。此外，以财政性资金作为还款来源的借贷资金，最终为预算支出，实质上相当于使用财政性资金，也应当纳入政府采购范围。

（四）采购对象范围

采购人使用财政性资金组织采购活动，是否适用《政府采购法》，还要视采购对象范围而定。《政府采购法》规定的采购对象是“依法制定的集中采购目录以内的或者采购限额标准以上的货物、工程和服务”。

1. 限定范围

我国《政府采购法》对采购对象范围进行了限定，只有集中采购目录以内或者采购限额标准以上的货物、工程和服务才受《政府采购法》管辖。对于不属于集中采购目录或者没有达到采购限额标准的采购标的可以不执行《政府采购法》规定。采取这一立法措施，主要是基于以下理由：第一，使政府采购的竞争制度具有经济性。由于政府购买的项目品种很多，性质各异，大到工程项目小到铅笔，既有采购公务用车，又有因公临时和随时购买支出，不可能将所有购买性支出项目都列入《政府采购法》适用范围，要通过设定科学标准予以界定。商业竞争是实现政府采购目标的核心制度，但是竞争制度的使用也要考虑成本。将采购效益高于采购成本的项目纳入适用范围，符合《政府采购法》关于讲求效益的立法宗旨。第二，照顾政府采购制度实施的渐进性。即将《政府采购法》的适用人为地限制在一定范围，在条件更为成熟的时候再逐步扩大其适用范围。《政府采购法》对制定集中采购目录和采购限额标准采取授权制度，体现了统一性和灵活性相结合的原则。

（1）确定目录和限额的机构。

《政府采购法》第七条明确了集中采购目录和采购限额标准由国务院或者省级人民政府和授权机构确定并公布，即“属于中央预算的政府采购项目，其集中采购目录由国务院确定并公布；属于地方预算的政府采购项目，其集中采购目录由省、自治区、直辖市人民政府或者其授权的机构确定并公布”。第八条规定：“政府采购限额标准，属于中央预算的政府采购项目，由国务院确定并公布；属于地方预算的政府采购项目，由省、自治区、直辖市人民政府或者其授权的机构确定并公布。”以中央本级为例，国务院办公厅每两年公布一次集中采购目录和采购限额标准，同时公布公开招标数额标准。

集中采购目录和采购限额标准与经济发展水平、政府职能、政府采购管理水平，特别是集中采购的规模、效率等密切相关，其确定的合理与否，直接关系到政府采购的规模和财政资金的使用效益。我国各地区经济发展水平和管理水平不同，财力状况不平衡，使得各地区的政府采购发展水平各异，由于各级政府的职能、采购规模或采购对象结构不同，在同一省级地域内采购范围也不尽一致。因此，在确定集中采购目录和采购限额标准时，应当考虑我国各级地方政府采购的实际情况，既要有一定程度的统一性，又要有灵活性。《政府采购法实施条例》规定，“省、自治区、直辖市人民政府或者其授权的机构根据实际情况，可以确定分别适用于本行政区域省级、设区的市级、县级的集中采购目录和采购限额标准”。在实际工作中，一般是由省级以上人民政府财政部门拟订，报本级人民政府批准并由本级人民政府颁布。在全省地域范围内可不分级次实行统一的集中采购目录和采购限额标准，也可以分省、设区的市、县三级分别实施不同的集中采购目录和采购限额标准，实施不同的集中采购目录和采购限额标准的，还可以将设区的市、县按实际情况分为几类。需注意的是，设区的市级、县级人民政府或者其授权的机构不得自行确定集中采购目录和采购限额标准。

（2）目录和限额的关系。

集中采购目录和采购限额标准都是确定《政府采购法》适用范围的标准，但二者使用的方法不同。集中采购目录涉及的是纳入集中采购目录内的采购标的，采购限额标准是指未纳入集中采购目录但达到采购限额标准的项目，涉及的是采购标的金额，二者没有交叉，是互补关系。在确定集中采购目录时，应注意以下事项：

①集中采购目录应按年度颁布。集中采购机构的建立和完善有个过程，其业务范围应当根据其能力逐步拓宽。集中采购的范围不是一成不变的，随着社会发展会不断出现新的产品和服务项目。这些情况表明，集中采购目录不是固定的，应当根

据实际情况定期调整。

②集中采购目录应按照组织主体分类编列。根据《政府采购法》规定，我国集中采购分为集中采购机构采购和部门集中采购，其采购范围都由同一个集中采购目录确定。为了便于实施，集中采购目录应按照组织主体分开编列，分为集中采购机构项目目录和部门集中采购项目目录，以此明确各自的采购范围。根据《政府采购法实施条例》，集中采购机构采购项目是指技术、服务等标准统一，采购人普遍使用的项目。这些项目主要是跨部门的通用货物及日常服务项目，如计算机、打印机、复印机、扫描仪等办公设备，单独的装修、修缮、拆除等工程，车辆的维修、保养、加油、保险，会议，工程监理、物业管理等服务。部门集中采购项目是指采购人本部门、本系统基于业务需要有特殊要求，可以统一采购的项目。这类项目跨部门的通用性低于集中采购机构采购项目，但在本部门、本系统内又有一定的通用性，可以统一采购，形成规模效益、降低成本、统一采购需求标准。以中央预算单位2017—2018年部门集中采购项目目录为例，包括公安部采购的警车、防护防爆装备和指纹采集仪，水利部采购的泵、排灌机械和特种作业船，气象局采购的气象仪器和地面气象雷达等，这些都是需要有关部门或系统统一配置的专用项目。部门集中采购项目也不是固定的，需要根据相关部门的业务需求、采购能力、市场情况等进行调整，并与集中采购机构采购项目相衔接，共同发挥集中采购优势。

③应科学确定集中采购机构项目目录。实践中，各地在确定集中采购机构采购项目时，掌握的尺度不同、标准不一。有的地方为了片面扩大集中采购规模，没有按照“通用性”要求并兼顾集中采购机构人员状况统筹考虑，而是将部分非通用的项目也列入了集中采购机构采购项目。如需要定制的或者二次开发的软件、专用打印机、专用扫描仪等。同时为了便于操作和如期完成采购任务，又大量采取协议供货、定点采购等方式将本应集中采购的项目分散化，导致集中采购饱受“质次价高”的诟病，失去了集中采购的优势和特点。各省级财政部门应严格按照《政府采购法实施条例》的要求，科学、合理地确定集中采购机构采购项目，充分发挥集中采购的规模优势。

在确定采购限额标准时，要考虑到采购项目金额的差异性。虽然各地采购项目基本相同，但采购项目金额差别很大。如中央政府负有国家宏观调控职能，财力较为充足，机构规模大，大型投资项目多，限额标准可以定得高一些。但市县一级财力非常有限，大型采购项目非常少，限额标准不可能定得太高。因此，采购限额标准的确定权应当尽量下放，由各级政府根据自身情况来确定。

2. 采购标的

根据《政府采购法》，上述限定范围内的货物、工程和服务都属于法律管辖的采购标的，在采购对象方面明确了法律适用的范围。

（1）货物。

货物是指各种形态和种类的物品，包括原材料、燃料、设备、产品等。其中，“原材料”是指可以用于加工某种生产所需的各种原料和材料，包括固体、液体、气体的物质，如水泥、木材、钢材、矿石等；设备指可以用来生产加工产品的各种机械设施，包括机床、起重机、零件的组合设施；产品是指可以直接用于政府履行职能的生产加工物品，包括各种形态的产品，如计算机、汽车、办公用品等。

（2）工程。

政府采购工程相对复杂，既涉及工程的概念，也涉及工程的法律适用问题。

①工程的概念。《政府采购法》规定，工程是指建设工程，包括建筑物和构筑物的新建、改建、扩建、装修、拆除、修缮等。政府采购工程不是泛化意义的工程，专指与土建有关的建设工程，不包括网络工程和信息工程等。根据现行的国家标准，建筑物是用于居住或者办公的房屋，构筑物是不用于居住和办公但需通过土建等来完成建设的物体，如水塔、围墙等。需要说明的是，建设工程并不限于构筑物和建筑物。根据《建设工程质量管理条例》和《建设工程安全生产管理条例》，建设工程是指土木工程、建筑工程、线路管道工程和设备安装工程及装修工程。从这一定义可以看出，工程是指所有通过设计、施工、制造等建设活动形成的有形固定资产。《政府采购法实施条例》对工程的概念进行了微调，并与《招标投标法实施条例》作了相同表述，即“工程，是指建设工程，包括建筑物和构筑物的新建、改建、扩建及其相关的装修、拆除、修缮等；与工程建设有关的货物，是指构成工程不可分割的组成部分，且为实现工程基本功能所必需的设备、材料等；与工程建设有关的服务，是指为完成工程所需的勘察、设计、监理等服务”。为了清晰界定与工程建设有关的货物和服务范围，《政府采购法实施条例》所提及的“建设”的概念起的是时间节点的作用，只有工程建设过程中与工程有关的货物和服务，才属于工程的范围。工程竣工验收完成后，再采购与工程有关的货物和服务，则不属于工程的范围。所谓不可分割，是指离开了建筑物或构筑物主体就无法实现其使用价值的货物，如门窗属于不可分割，而家具等就属于可分割。所谓基本功能，是指建筑物、构筑物达到能够投入使用的基础条件，不涉及其附加功能。如在学校教学楼建设中，教学用的教学家具、仪器设备等就不属于教学楼的基本功能。与工程建设有关的服务是指该服务应当是完成整个工程所必不可少的服务。

②工程的法律适用。工程属于政府采购范围，但先实施的《招标投标法》已将政府采购工程纳入其管辖的强制招标项目中。为了做好两法的衔接，避免政府通过招标方式采购工程在适用法律时产生混乱，《政府采购法》第四条规定，“政府采购工程进行招标投标的，适用《招标投标法》”。对此，《政府采购法实施条例》第七条做了补充规定，“政府采购工程以及与工程建设有关的货物、服务，采用招标方式采购的，适用《招标投标法》及其实施条例；采用其他方式采购的，适用《政府采购法》及本条例”。上述规定以是否采用招标方式为标准，明确了两法对政府采购工程及相关货物、服务的管辖范围。此外，招投标只是政府采购管理的环节之一，政府采购的监督管理环节与过程要多于和宽于招投标程序。为防止其他环节处于监管空白状态，《政府采购法实施条例》规定“政府采购工程以及与工程建设有关的货物、服务，应当执行政府采购政策”。实践中，政府采购工程管理涉及多个部门，但在管理上各有侧重，不可相互替代，有关部门应当共同加强对政府采购工程的管理。

（3）服务。

《政府采购法》未对“服务”直接定义，而是采用了兜底式定义，即“除货物和工程以外的其他政府采购对象”，可以说“服务”的含义十分广泛。《政府采购法》采用排除法确定服务的范围，主要是考虑服务的内容繁多，很难用简要的法律语句表述，这是国际通行做法。

国务院办公厅《关于政府向社会力量购买服务的指导意见》（2013）和财政部《关于推进和完善服务项目政府采购有关问题的通知》（2014）中均规定政府购买服务按照《政府采购法》的规定执行。根据上述文件，服务项目按照受益对象可分为三类：第一类为保障政府部门自身正常运转需要向社会购买的服务，如公文印刷、物业服务、公车租赁、系统维护等；第二类为政府部门为履行宏观调控、市场监管等职能需要向社会购买的服务，如法规政策、发展规划、标准制定的前期研究和后期宣传、法律咨询等；第三类为增加国民福利、受益对象特定，政府向社会公众提供的公共服务，包括公共设施管理服务、环境服务、专业技术服务等以物为对象和教育、医疗卫生和社会服务等以人为对象的公共服务。其中，第一、二类服务项目是政府自身需要的服务，第三类服务项目属于政府向社会公众提供的公共服务。因此，《政府采购法实施条例》按照服务的直接对象不同，将服务分为政府自身需要的服务和政府向社会公众提供的公共服务，进一步明确了向社会购买公共服务属于政府采购范围。

（五）采购形式范围

我国《政府采购法》规定，采购是指以合同方式有偿取得货物、工程和服务的行为，包括购买、租赁、委托、雇用等。该项规定有三个要点：

1. 政府采购活动必须以签订的合同形式来体现

政府采购行为必须以签订的合同形式来体现，政府采购人和供应商经协商一致确定双方的权利和义务。合同的形式，是指作为合同内容的合意的外观方法和手段，是合同当事人意思表示一致的外在表现形式。

2. 政府采购必须以支付对价的形式取得标的

政府采购活动必须是有偿的，确切地讲就是以支付对价的方式在市场交易中获取资源，不包括以无偿方式获得货物、工程和服务的行为。例如，接受外国或社会的救灾捐赠物资，无偿调剂，征收或其他强制方式的获得，不受《政府采购法》的规范。

3. 政府采购属于广义的采购

政府采购合同的类型灵活多样，可根据采购项目的需求特点采取购买、租赁、委托、雇用等合同方式。从上述规定可以看出，政府采购是广义的采购，是通过各种途径取得资源以满足需求的活动，既包括获得标的物所有权的购买行为，也包括租赁和委托等其他途径。

（六）适用例外

按照立法惯例，对于法律的适用范围，在规定了若干正面条件后，还有必要以明文排除的方式规定例外事项。例外事项是指虽然在《政府采购法》规定的适用范围内，但相关条款明确规定不受《政府采购法》约束的事项。鉴于政府采购客观上存在一些特殊情况，《政府采购法》在附则中的第八十四至八十六条规定了例外事项。

1. 使用国际组织和外国政府贷款进行政府采购

《政府采购法》第八十四条对使用国际贷款进行政府采购的法律适用问题做出规定："使用国际组织和外国政府贷款进行的政府采购，贷款方、资金提供方与中方达成的协议对采购的具体条件另有规定的，可以适用其规定，但不得损害国家利益和社会公共利益。"

改革开放以来，我国政府通过借用外债等多种形式，吸收国外资金，支持国内经济建设和其他各项事业。目前，比较常见的外债借用形式主要有：一是国际金融组织贷款，包括世界银行贷款、国际农业发展基金组织贷款、亚洲开发银行贷款等；

二是外国政府及其政府机构贷款，包括日本、英国、瑞士、加拿大、德国、法国、美国等国提供的贷款，日本海外经济协力基金和日本能源输出入银行等外国政府机构提供的贷款。从1986年开始，我国政府统借国外贷款全部纳入了财政预算管理，国际金融组织和外国政府贷款属于财政性资金。因此，各级国家机关、事业单位和团体组织使用国际组织和外国政府贷款进行的政府采购，应当按照《政府采购法》的规定执行。但是，国际组织和外国政府贷款的使用和管理，都有一套比较完整和严格的规定，如世界银行制定的《贷款采购指南》、亚洲开发银行制定的《贷款采购准则》等，借款人在使用贷款资金采购时必须遵守相关的采购规则。为解决法律适用问题，使用国际组织和外国政府贷款进行的政府采购，可按规定不适用《政府采购法》。

2. 严重自然灾害实施的紧急采购和涉及国家安全采购

《政府采购法》第八十五条对因严重自然灾害等因素实施的紧急采购和涉及国家安全和秘密采购的法律适用问题做出规定，即“对因严重自然灾害和其他不可抗力事件所实施的紧急采购和涉及国家安全和秘密的采购，不适用本法”。

各级国家机关、事业单位和团体组织使用财政性资金采购货物、工程和服务时应严格执行《政府采购法》的规定。但在两种特殊情况下可不适用《政府采购法》：第一种是紧急采购的情况，主要是指发生了不能预见、不能逆转也无法克服的严重自然灾害和其他不可抗力事件。在发生地震、水灾、火灾、战争等非常紧急的情形下，如果仍然按照法定的方式和程序进行采购，无法及时满足实际需要。第二种是涉及国家安全采购的情况，主要指涉及需要保守国家安全和秘密的采购项目，不宜按照《政府采购法》规定的方式和程序进行公开采购。考虑到严重自然灾害实施的紧急采购和涉及国家安全采购的特殊性，可作为例外不适用《政府采购法》。

3. 军事采购

《政府采购法》第八十六条对军事采购法律适用问题做出明确规定：“军事采购法规由中央军事委员会另行制定。”我国立法时考虑各级军事机关使用财政性资金采购军事装备和军用物资涉及国家安全和机密，其采购过程不可完全遵循公开透明的原则，也不能完全按照《政府采购法》规定的方式和程序进行采购。因此，《政府采购法》未将军事采购纳入其调整范围，而由中央军事委员会另行制定军事采购法规。

我国实行国家军事订货制度，保障武器装备和其他军事物资的采购供应。军队武器装备采购由总装备部负责，军队物资采购由总后勤部负责。2002年10月中央军委颁布《中国人民解放军装备采购条例》。2003年12月总装备部下发《装备采购计划管理规定》《装备采购合同管理规定》《装备采购方式与程序管理规定》《装备承制单位资格审查管理规定》和《同类型装备集中采购管理规定》等配套规章，构成了装备采购新的法规体系。2005 年 12 月，中央军委批准下发了《关于深化装备采购制度改革若干问题的意见》。总装备部加强了装备采购方式的审定，逐步扩大了竞争性采购范围。[①] 2002 年 2 月以来，总后勤部根据中央军委批转的《深化军队物资、工程、服务采购改革总体方案》，相继颁布《军队物资采购管理规定》《军队物资招标管理规定》《军队物资采购合同管理规定》《军队物资采购机构审价工作管理规定》《军队物资、工程、服务集中采购资金支付暂行办法》和《军队物资、工程、服务采购审计规定》。军队物资采购遵循政府采购的基本原则，结合军队建设管理实际，全面实行分级管理体制和集中采购为主的模式。[②] 2004 年 10 月，总参谋部、总政治部、总后勤部联合下发《关于进一步推进军以下部队物资采购改革的通知》。军队现已基本建立总部、大单位、部队后勤三级物资采购管理体制和集中采购模式。

二、招标投标法

《招标投标法》主要从地域范围、适用对象和例外规定三个方面对管辖范围进行了规定。

（一）地域范围

《招标投标法》第二条规定："在中华人民共和国境内进行招投标活动，适用本法。"《招标投标法》对于我国境内进行的招投标活动都具有效力，但香港、澳门两个特别行政区的招投标活动属于例外，不适用《招标投标法》。

（二）适用对象

我国进行招标的项目有强制招标和自愿招标两种，所谓强制招标项目，是指在法律规定的范围内达到一定金额的项目，必须采用招标方式进行采购。自愿招标项目是指当事人自愿采用招标方式进行采购的项目。《招标投标法》主要以招投标活动中的关系为调整对象，凡在我国境内进行的招投标活动，无论法定强制招标项目，还是自愿招标项目，其招投标活动均适用《招标投标法》。为了体现区别管理，《招标投标法》针对强制招标项目制定了必须适用的程序性及实体上的法律规制，而自愿招标项目可以自主选择是否适用。

---

① 国务院新闻办公室：《2006 年中国的国防》白皮书.

② 国务院新闻办公室：《2004 年中国的国防》白皮书.

《招标投标法》第三条明确了法定强制招标的范围，从项目性质和资金来源两个方面，对必须进行招标的工程建设项目做了界定。

1. 工程建设项目

《招标投标法》规定，“工程建设项目，包括项目的勘察、设计、施工、监理以及与工程建设项目有关的重要设备、材料等的采购，必须进行招标”。根据《招标投标法实施条例》第二条的规定，工程建设项目不仅包括工程，也包括与工程建设有关的货物和服务。我们需要把握以下两点：

（1）工程的界定。

所谓工程，是指建设工程，包括建筑物和构筑物的新建、改建、扩建及其相关的装修、拆除、修缮等。如各类房屋建筑工程项目，铁路、公路、机场、港口、矿井、水库、通信线路等专业工程建设项目，土建工程项目，有关的设备、线路、管道的安装工程项目等。要避免对工程作扩大化理解，如将“希望工程”和“系统工程”等概念化的协作活动理解为建设工程，防止将不适当的政府采购货物和服务纳入《招标投标法》的调整范围。

（2）与工程建设有关的货物和服务界定。

所谓与工程建设有关的货物，是指构成工程不可分割的组成部分，且为实现工程基本功能所必需的设备、材料等。如用于工程建设项目本身的各种建筑材料、设备的采购，项目所需的电梯、空调、消防等设施设备的采购，工业建设项目生产设备的采购等。构成与工程建设有关的货物需要同时满足“与工程不可分割”和“实现工程基本功能所必需”两个要件。如果出现难以判断的情况，也可以从设计施工上进行判断。需要与工程同步整体设计施工的货物属于与工程建设有关的货物，与工程分别设计、施工或者不需要设计、施工的货物属于与工程建设无关的货物。所谓与工程建设有关的服务，是指为完成工程所需的勘察、设计、监理等服务。由于不同地区、不同行业情况各异，《招投标法实施条例》没有列举与工程建设有关的其他服务，如工程项目评估、融资、项目管理、工程造价、招标代理等。

需要注意的是，强制招标的范围不限于工程建设项目。《招标投标法》同时规定：“法律或者国务院对必须进行招标的其他项目的范围有规定的，依照其规定。”近年来，有关法律行政法规和国务院规定已将强制招标范围扩大到科研课题、特许经营权、药品采购等领域。例如，《收费公路管理条例》规定，转让收费公路权益的，应当向社会公布，采用招标投标的方式，公平、公正、公开地选择经营管理者，并依法订立转让协议。

2. 强制招标范围

以招标方式进行采购，虽然有利于提高透明度和竞争性，但由于需要履行一系列严格的程序，客观上存在一定的效率损失。因此，强制招标的范围要合理适度，并非越大越好。确定强制招标的项目范围：一是要考虑项目是否具有公共性。从采购资金来源看，是否属于财政性资金或者国有资金；从项目功能定位看，是否关系到公共利益、公众安全。具有公共性的项目，采购人在节约成本、提高质量等方面通常缺乏足够的动力，有必要将其纳入强制招标范围。二是要考虑成本因素。即便是具有公共性的项目，也不意味着一律要进行招标。由于招标耗时较长，会增加一定的成本支出，只有达到一定的规模时，通过招标节约的资金才能弥补因为招标增加的成本。三是要考虑市场发育程度。对于具有公共性的项目，如果成本、质量、效益、工期等约束机制比较健全，也可以不纳入强制招标范围，发挥市场机制的作用即可。所以，《招标投标法》规定只有在下列情形之一，并属于国务院有关部门所制定的具体范围和规模标准以内的工程建设项目，才属于强制招标的范围。

（1）大型基础设施、公用事业等关系社会公共利益或公众安全的项目。

大型基础设施、公用事业项目的建设质量，关系到公众的安全和社会公共利益。为发挥招投标制度在保证项目质量方面的重要作用，《招标投标法》规定大型基础设施和公用事业项目，无论其建设资金来源如何，都必须依照该法规定进行招投标。

（2）全部或部分使用国有资金投资或国家融资的项目。

全部或部分使用国有资金投资或国家融资的项目包括使用各级政府的财政拨款建设的项目，铁路建设基金、三峡工程建设基金、电力建设基金和水利建设基金等各种政府性基金建设的项目，国家发行债券所筹资金的项目，国家政策性银行贷款建设的项目等。国家的资金来自于各项税收和政府性收费，保证国家资金合理、有效地使用，涉及全体纳税人和全社会成员的共同利益。鉴于招标采购制度在保证采购资金的合理有效使用和保证项目采购质量方面具有明显的优越性，并且其采购程序公开，便于社会监督。因此，许多国家都在公共采购法律中规定，对使用财政资金和其他公共资金的采购项目，必须采用招投标制度。我国20世纪80年代初开始在工程建设领域推行招投标制度，实践证明招投标制度对保障国有建设资金的合理有效使用，提高投资效益，保证工程建设质量，堵塞腐败黑洞，起到了十分重要的作用。而当时政府采购才处于初创阶段，其制度优越性还没有充分发挥作用，政府采购立法也没有提上议事日程。因此，基于当时历史原因和经济管理模式，我国在制定《招标投标法》时，将国家投资、融资的建设项目采购纳入法定强制招标的范围，受到《招标投标法》的管辖。

（3）使用国际组织或者外国政府贷款、援助资金的项目。

改革开放以来，我国开始利用包括世界银行、亚洲开发银行、日本海外经济协力基金等一些国际金融组织和外国政府的贷款和援助资金，规模也逐渐扩大。一些国际金融组织和外国政府的贷款，通常是由我国政府有关部门作为对外借款的“窗口”单位，由国家实行统借统还，或者由国家财政承担还款担保责任的。因此，这类国际金融组织和外国政府的贷款，实际上已成为我国广义国有资金的一部分，与国家投资、融资的建设项目一样，也应将其纳入法定强制招投标的范围，适用《招标投标法》的有关规定。对于国际组织或外国政府援助资金的项目，我国有责任保证这些援助资金得到合理有效的使用，因此《招标投标法》将其纳入强制招标的范围。

虽然《招标投标法》作了上述原则性规定，但在实际执行中对这一范围还需要进一步具体化。例如，对“大型基础设施”“公用事业项目”应当如何加以界定等，这些都需要有更为具体的规定，以便于操作。同时，由于招投标程序比较复杂，所需时间较长且费用也较高，不能不分项目大小、不分有无必要而一律实行强制招标，也需要从采购资金数额和项目建设规模两方面对强制招标的范围做出限定。考虑到强制招标项目的具体范围和规模标准问题情况比较复杂，也需要根据经济发展和币值变化适时进行必要调整，因此《招标投标法》及其实施条例授权由国务院发展改革部门会同国务院有关部门制定强制招标项目的具体范围和规模标准，报国务院批准执行。

（三）适用例外

《招标投标法》第六十六条和第六十七条规定了不适宜进行强制招标的情形，即按照《招标投标法》规定必须招标的项目有下列特殊情况之一的，可以不进行招标：

1. 涉及国家安全、国家秘密的项目

招投标活动要求公开进行，要求招标人将招标项目的技术、质量要求及实施地点等通过招标公告和招标文件予以公布。而涉及国家安全、国家秘密的项目，

例如，有关国防设施项目的选址、规划、建设等事项均有严格的保密及管理规定。招投标的公开性要求与保密规定之间存在着无法回避的矛盾。因此，凡涉及国家安全和秘密确实不能公开披露信息的项目，除适宜招标的可以邀请符合保密要求的单位参加投标外，其他项目只能采取非招标的方式组织采购。

2015 年 7 月实施的《国家安全法》规定：“国家安全是指国家政权、主权、统一和领土完整、人民福祉、经济社会可持续发展和国家其他重大利益相对处于没有

危险和不受内外威胁的状态，以及保障持续安全状态的能力。”2010 年 10 月实施的《保守国家秘密法》规定：“国家秘密是关系国家安全和利益，依照法定程序确定，在一定时间内只限一定范围的人员知悉的事项。”

2. 抢险救灾的项目

采用招标方式进行采购，须严格按照法定的程序进行招投标活动，所需的时间往往较长。而发生地震、风暴、洪涝、泥石流、火灾等异常紧急灾害情况，需要立即组织抢险救灾的项目时限性强，如必须及时抢修因灾害损毁的道路、桥梁、隧道、供水、供电、通信等设施，以及紧急排除水利设施、堰塞湖等项目。这些抢险救灾项目无法按照规定的程序和时间组织招标，否则将对国家和人民群众的生命财产安全造成巨大损失。因此，这些项目可以不进行招标。不适宜招标的抢险救灾项目需要同时满足以下两个条件：一是在紧急情况下实施，不能满足招标所需时间；二是不立即实施将会造成人民群众生命财产的损失。

3. 利用扶贫资金实行以工代赈的项目

按照《国家扶贫资金管理办法》规定，国家扶贫资金是指中央为解决农村贫困人口温饱问题、支持贫困地区社会经济发展而专项安排的资金，包括支援经济不发达地区发展资金、农业建设专项补助资金、新增财政扶贫资金、以工代赈资金和扶贫专项贷款等。国家扶贫资金中的以工代赈资金，重点用于修建县、乡公路和为扶贫开发项目配套的道路，建设基本农田，兴修农田水利，解决人畜饮水问题等。以工代赈是现阶段的一项农村扶贫政策，是由国家安排以工代赈资金建设与农村贫困地区经济发展和农民脱贫致富相关的乡村公路、农田水利等小型基础设施工程，受赈济地区的农民通过参加以工代赈工程建设获取劳务报酬，增加收入，以此取代直接救济的一种扶贫政策。因此，使用以工代赈资金建设的工程，实施单位应组织工程所在地的农民参加工程建设，并支付劳务报酬，而不适宜通过招标方式选择承包单位。

4. 因其他特殊情况不适宜进行招标的项目

《招标投标法》未对其他特殊情况做出具体规定。为了严格控制免于招标的范围和条件，《招标投标法实施条例》第九条规定有下列情形之一的，可以不进行招标：

（1）采用专利或专有技术。

该项条件是指需要采用不可替代的专利或者专有技术。根据《专利法》，专利是指对发明创造包括发明、实用新型和外观设计经申请并通过审查后所授予的一种权利。专有技术是指先进、实用但未申请专利权保护的产品生产技术秘密，包括产品设计图纸、生产工艺流程、配方、数据公式，以及产品质量控制和管理等方面的技术知识、经验等。需要使用专利或专有技术的项目不适宜招标，要同时满足以下三方面的条件：

①项目功能的客观定位决定必须使用指定专利。项目功能的客观定位决定必须使用指定的专利或专有技术，而非招标人的主观要求。如果因为项目技术复杂或技术难度大，则不能作为免于招标的理由。

②项目使用的专利具有不可替代性。项目使用的专利或专有技术具有不可替代性，是指项目功能定位必须使用特定的专利或专有技术，且没有可以达到项目功能定位同样要求的其他替代技术方案。如某项目电梯工程招标，要求电梯运行的速度、稳定、安全和节能等技术经济指标满足功能需求目标。尽管市场上各个品牌及型号的电梯都拥有几项不同的专利或专有技术，但大多数专利和专有技术能够相互替代并实现相同或相似的功能需求目标时，就应当通过招标选择供应和安装单位。

③项目使用的专利无法由其他单位分别实施或提供。大部分产品或生产工艺的专利或专有技术具有独占性，这种独占性决定了特定的专利或专有技术只能由一家或少数几家特定的单位提供，而无法通过招标选择项目供应或承包人。

（2）采购人自行建设。

该项条件是指采购人依法能够自行建设、生产或者提供的，可以不进行招标。在理解该规定时，需要注意以下三个要点：

①自行建设的采购人不包括其关联公司。采购人指符合民事主体资格的法人或其他组织，不包括与其相关的母公司和子公司，以及与其具有管理或利害关系的具有独立民事主体资格的法人或其他组织。如某水电集团公司是某水电站项目法人的股东，虽然水电集团公司具有水电站施工的相应资质能力，但因水电站项目的采购人是独立组建的水电站项目法人，该项目法人不能未经招标而将该项目直接发包给水电集团公司。

②采购人具有自行建设的资格和能力。采购人自身具有工程建设、货物生产或者服务提供的资格和能力。例如，某房地产开发公司除具有房屋开发资质外，还具有相应的房屋建筑工程施工总承包一级资质，其开发的商品房就可以按有关规定自行组织施工，而不需要招标。

③采购人自行建设要符合法定要求。采购人不仅要具备自行建设、生产或者提供的资格和能力，还应当符合法定要求。对于法定采购人不能自己同时承担的工作事项，采购人仍应进行招标。例如，根据《建设工程质量管理条例》及有关规定，工程监理单位与被监理工程的施工承包单位以及建筑材料、建筑构配件和设备供应

单位有隶属关系或其他利害关系的，不得承担该项建设工程的监理业务。因此，采购人如果自行提供了工程监理服务，则不能同时承包工程施工以及建筑材料、建筑构配件和设备的供应。

（3）招标选定的特许经营项目投资人自行建设。

该项条件是指已通过招标方式选定的特许经营项目投资人依法能够自行建设、生产或者提供。所谓特许经营项目，是指政府将公共基础设施和公用事业的特许经营权出让给投资人并签订特许经营协议，由其组建项目公司负责投资、建设、经营的项目。适用本条规定需要满足两个条件。

①特许经营项目投资人通过招标确定。政府采用招标方式选择了项目的投资人，中标的项目投资人组建项目公司法人，并按照与政府签订项目特许经营协议负责项目的融资、建设、特许经营。由于已经通过招标竞争确定了项目投资人，并据此确定了公共产品或服务的价格，或者项目建成后的资产转让价格及有关权利、义务和责任，允许特许经营项目法人将其工程、货物或服务直接发包给具备能力的投资人，不仅不会影响公共利益，而且可以降低特许经营项目的建设成本，吸引更多的市场主体积极参与提供公共服务。

②特许经营项目投资人依法能够自行建设、生产和提供。对这一规定的理解和适用，参照对“采购人自行建设”的释义。需要说明的是，特许经营项目的投资人可以是法人、联合体，也可以是其他经济组织和个人。其中，联合体投资的某个成员只要具备相应的资格能力，无论其投资比例大小，经联合体各成员同意就可以由该成员自行承担项目建设、生产或提供。

（4）施工或功能配套要求。

该项条件是指需要向原中标人采购工程、货物或者服务，否则将影响施工或者功能配套要求。对于追加采购，应当把握以下三个方面：

①因客观原因向原合同中标人追加采购。原项目通过招标确定了中标人，因客观原因需要向原合同中标人追加采购工程、货物或者服务。追加采购的内容必须是原项目招标时不存在，或因技术经济客观原因不可能包括在原项目中一并招标采购，而是在原项目合同履行中产生的新增或变更需求，或者是原项目合同履行结束后产生的后续追加项目。

②不向原中标人追加采购会影响施工或功能配套要求。如果不向原项目中标人追加采购，必将影响工程项目施工或产品使用功能的配套要求。例如，原建设工程变更用途需要追加供热管道安装或主体工程需要加层等，因受技术、管理、施工场地等限制，只能由原中标人施工承包；再如，原生产机电设备需要追加非通用的备

品备件或消耗材料，为保证与原货物和服务的一致配套，只能向原中标人追加采购。因实际需求情况复杂，没有对追加采购的数量做出规定。实践中应当从严掌握，合理界定范围，而不能无限制地追加。

③原项目中标人具有履行新增项目合同的资格能力。如果是原中标人破产、违约、涉案等造成终止或无法继续履行新增项目合同的，应按规定重新组织招标选择原有项目或新增项目的中标人。

由于符合以上条件的追加采购没有竞争性，有可能增加采购成本，形成规避招标，产生腐败交易。例如，招标人故意将原招标项目化整为零，先招小项目后送大项目，或不具备条件启动招标，形成追加采购的事实等。为此，必须加强监督，严格该项规定的适用。

除了上述列举的特殊情形，还有国家规定的其他情形，主要有全国人大及其常委会制定的法律、决议，国务院制定的行政法规、决定、规范性文件以及国务院有关部门制定的规章等。

5. 国际组织或者外国政府等贷款项目

根据《招标投标法》，国际组织或者外国政府等贷款方、资金提供方对招投标的具体条件和程序有不同规定的，可以适用其规定。在实践中，国际组织或外国政府等贷款方通常都对使用贷款的项目招标提出了要求。世界银行和亚洲开发银行还分别制定了各自的采购规则，其中有些招标条件和程序与我国《招标投标法》的规定有所不同。在这种情况下，可以优先适用提供贷款或援助资金的有关国际组织或外国政府的规定。但如果其规定违背我国社会的公共利益，如有损我国政治制度、社会稳定或国家统一，与社会道德观念相悖等，则不予适用。

第三节　基本原则

基本原则是法律规则产生的基础，也是解释法律规则的重要依据，体现了立法宗旨的要求。公共采购法的基本原则是公共采购法的指导性准则，既要体现在公共采购法的制度设计上，亦应贯彻公共采购活动的全过程。

一、政府采购法

国际上，政府采购的法律原则表述方式很多，大致分为三个方面：一是核心原则，即公平竞争，它是建立政府采购制度的基石。二是通用原则，主要是透明度原则、物有所值原则和公正原则等。三是涉外原则，即开放政府采购市场应遵循的原则，主要是非歧视原则。其基本含义是指一成员方在实施某种优惠和限制措施时不得对其他成员方实施歧视，造成差别待遇。非歧视原则通过最惠国待遇原则和国民待遇原则来实现。其中最惠国待遇原则是指一成员方将给予任何其他国家的优惠待遇，立即和无条件地给予其他各成员方。国民待遇原则是指成员方之间相互保证给予对方的自然人、法人在本国境内享有与本国自然人、法人同等的待遇。政府采购的涉外性原则，只有在本国政府采购市场开放后才应当遵循。目前我国尚未签署有关政府采购市场开放的多边或双边协议或条约。因此，《政府采购法》是在政府采购市场尚未对外开放的形势下制定的，其立法思路是以封闭政府采购市场为前提确定我国政府采购工作应当遵循的基本原则。

《政府采购法》第三条规定了政府采购应当遵循的四项基本原则，其精神贯穿全法。在这些原则中，公平竞争是核心，公开透明、公正和诚实信用是保障。

（一）公平竞争原则

《政府采购法》要求按照公平竞争原则建立政府采购的运行机制。公平竞争原则是市场经济运行的重要法则，是政府采购的基本规则。公平竞争要求在竞争的前提下公平地开展政府采购活动。首先，开展政府采购活动要以竞争为前提。一般来说，政府采购的目标是通过促进供应商之间最大程度的竞争来实现的。将竞争机制引入采购活动中，实行优胜劣汰，让采购人通过优中选优的方式，获得价廉物美的货物、工程或者服务，提高财政性资金的使用效益，促进企业提高竞争力和自我发展能力。其次，政府采购的竞争必须公平，不能设置妨碍充分竞争的不正当条件。公平竞争是指政府采购的竞争是有序竞争，要开展公平交易活动，公平地对待每一个供应商。要通过公平竞争，让所有符合条件的供应商都有机会参与政府采购活动，保障政府采购的正常运行，以实现政府采购的立法宗旨。

为此，政府采购法律制度必须按照充分竞争的要求确定采购方式，尤其是强制性推行公开招标方式，使用其他采购方式必须事前获得财政部门的批准。政府采购人应给予所有供应商平等的机会和待遇，不能在供应商之间造成歧视，或搞行业垄断和地区封锁。通过这套政府采购的运行机制，可以确保财政资金按照既定规则使用，提高资金的使用效率，推进我国政府采购市场朝竞争更为充分、运行更为规范、交易更为公平的方向发展。

（二）公开透明原则

《政府采购法》要求按照公开透明原则，保障政府采购制度的运行。公开透明是政府采购必须遵循的基本原则之一，政府采购被誉为“阳光下的交易”即源于此。政府采购的资金来源于纳税人缴纳的各种税金，采购人有义务公开有关使用公共资金进行采购的情况，接受公众和政府有关部门的监督。只有坚持公开透明，才能为供应商参加政府采购提供公平竞争的环境，为公众对政府采购资金的使用情况进行有效的监督创造条件。透明度高的采购法律制度具有可预测性，供应商可以权衡参加采购活动的代价和风险，从而判断是否参加某一项采购活动。公开性原则还有助于防止采购人及其上级主管做出随意或不正当的行为或决定，从而增强潜在供应商参与采购活动的信心。

公开透明要求政府采购的信息和行为不仅要全面公开，而且要完全透明。仅公开信息但仍搞“暗箱操作”属于违法行为。依《政府采购法》精神，公开透明要求做到政府采购的法律和规章制度公开，以便于有关当事人了解参与政府采购活动的规则；在财政预算中安排的采购项目及其预算要公开，让社会公众了解政府对其缴纳的税收是如何安排的，让所有供应商了解政府提供的商业机会；招标信息要公开，向社会公告采购单位、采购项目及数量、采购时间等信息，为供应商决定是否参与提供充足信息；采购结果要公开，公布中标人及中标价格；投诉处理或司法裁决结果要公开，向社会表明政府依法行政的立场，保护有关当事人的合法权益。为此，建立完善的政府采购制度，必须加强透明度机制建设，促使政府采购活动在完全透明的状态下运作，全面、广泛地接受监督。

（三）公正原则

公正原则要求政府采购要按照事先约定的条件和程序进行，对所有供应商一视同仁，不得偏袒和歧视任何供应商，任何单位或个人无权干预采购活动的正常开展。尤其是在评标活动中，要严格按照统一的评标标准评定中标或成交供应商，不得存在任何主观倾向。为了实现公正，《政府采购法》提出了对评标委员会以及有关小组人员必须要有一定数量的要求，要有各方面代表，而且人数必须为单数，相关人员要回避，同时规定了保护供应商的合法权益和方式。这些规定都有利于实现公正原则。

（四）诚实信用原则

《政府采购法》要求按照诚实信用原则，约束政府采购当事人行为。诚实信用原则要求政府采购当事人在政府采购活动中，本着诚实、守信的态度履行各自的权利和义务，讲究信誉、兑现承诺，是发展市场经济的内在要求。

政府采购法律制度要求遵循诚实信用的原则，明确采购人、供应商和社会中介机构的权利和义务，不得散布虚假信息，不得有欺诈、串通、隐瞒等行为，不得伪造、变造、隐匿、销毁需要依法保存的文件，不得规避法律法规，不得损害第三人的利益。要建立供应商以及社会中介机构政府采购市场准入制度，禁止缺乏诚信的供应商参与政府采购活动，采取各种有效措施促使政府采购当事人自觉履行义务，增强公众对资金使用和采购过程的信任。

二、招标投标法

招投标制度是市场经济的产物，并随着市场经济的发展而逐步推广，其必然要遵循市场经济活动的基本原则。因此，《招标投标法》第五条规定招投标活动应当遵循公开、公平、公正和诚实信用的原则。

（一）公开原则

公开原则，即“信息透明”，要求招投标活动必须具有高度的透明度，招标活动信息、开标的程序、评标的标准和程序、中标结果等信息都要公开，使每个投标人能够及时获得有关信息，从而平等地参与投标竞争，依法维护自身的合法权益。同时将招投标活动置于公开透明的环境中，也为当事人和社会各界的监督提供了重要条件。

（二）公平原则

公平原则，即“机会均等”，要求招标人一视同仁地给予所有投标人平等的机会，使其享有同等的权利并履行相应的义务，不歧视或者排斥任何一个投标人。按照这个原则，招标人不得在招标文件中要求或者标明特定的生产供应者以及含有倾向或者排斥潜在投标人的内容，不得以不合理的条件限制或者排斥潜在投标人，不得对潜在投标人实行歧视待遇，否则将承担相应的法律责任。

（三）公正原则

公正原则，即“程序规范，标准统一”，要求所有招投标活动必须按照规定的时间和程序进行，以尽可能保障招投标各方的合法权益，做到程序公正。按照这个原则，《招标投标法》及其配套规定对招标、投标、开标、评标、中标、签订合同等都规定了具体程序和法定时限。如评标委员会必须按照招标文件事先确定并公布的评标标准和方法进行评审、打分、推荐中标候选人，招标文件中没有规定的标准和方法不得作为评标和中标的依据。

（四）诚实信用原则

诚实信用原则，即“诚信原则”，它是民事活动的基本原则之一。这是市场经济中诚实信用的商业道德准则法制化的产物，是以善意真诚、守信不欺、公平合理为内容的强制性法律原则。招投标活动本质上是市场主体的民事活动，必须遵循诚信原则，也就是要求招投标当事人应当以善意的主观心理和诚实守信的态度来行使权利、履行义务，不能故意隐瞒真相或弄虚作假，不能言而无信甚至背信弃义，应遵循平等互利原则达成交易。如招标人不得以任何形式搞虚假招标，投标人递交的资格证明材料和投标书的各项内容都要真实，各方都要严格履行合同等。

第四节　采购政策

一般而言，公共采购法律会对公共采购制度中具有普遍性意义的采购政策做出规范。《政府采购法》偏重实体性规范，采购政策的内容全面而丰富，而《招标投标法》更注重程序性规定，采购政策的内容较少。

一、政府采购法

《政府采购法》总则对政府采购的一些重要政策做出规定，这些采购政策主要包括采购市场统一、采购预算执行、采购模式、政策功能、信息公开、回避制度和电子化采购等方面的内容。

（一）采购市场统一

政府采购市场是指因政府消费而形成的一个特殊市场，市场规模为政府财政支出中政府消费和政府投资的总和，通常占一个国家年度 GDP 的 10% 以上，是国内市场的重要组成部分。我国的政府采购市场还是一个新兴市场，交易规则和管理体制尚不完善，市场意识普遍不强，市场处于分割状态，主要表现为：一是实行地区封锁。一些地区规定采购人必须采购当地供应商或承包商提供的货物、服务或工程，将外地产品和供应商排除在外。二是实行行业垄断。一些行业主管部门对进入本行业的产品或供应商做出限制性规定，限制其他产品和供应商的进入。三是人为干预。按照个人偏好确定产品或供应商。这种局面极不利于全国政府采购市场的形成，限制了生产要素的自由流动，不能形成充分竞争，难以实现政府采购制度的目的。

为了消除国内有关政府采购的歧视行为，促进依法采购，建立统一的政府采购大市场，《政府采购法》第五条规定“任何单位和个人不得采用任何方式，阻挠和限制供应商自由进入本地区和本行业的政府采购市场”。其规定的含义主要包括三个方面：一是我国政府采购市场是一个全国统一的市场，供应商有权利自由进入；

二是任何机构和个人都无权阻挠和限制供应商自由进入全国政府采购市场；三是要逐步打破地区封锁和行业垄断，消除供应商自由进入各地区、各行业政府采购市场的障碍。《政府采购法》要求建立统一的国内政府采购市场，其法律途径是保护供应商进入政府采购市场的自由权，打破区域和行业对统一政府采购市场的分割，克服区域保护主义和行业保护主义。这一法律禁止的行为特征是以区域和行业关系为理由，限制和阻挠供应商自由进入政府采购市场。这种行为在实践中主要表现为，将区域和行业关系作为选择供应商的必要标准和条件，以达到将某些供应商排挤出本地和本行业政府采购市场的目的。

（二）采购预算执行

政府采购制度与原体制下采购的根本区别就是要加强采购的计划性管理，以解决过去随意采购、监督缺乏依据、不能形成规模采购效益等问题。预算是经过法定程序批准的资金计划，在政府采购中具有重要作用：一是政府采购资金是国家财政预算资金，预算资金的支出使用必须要有预算，这就决定了政府采购也必须实行预算管理，与预算资金的执行有机地结合；二是国库集中收付制度改革客观要求政府采购要有预算，以便为实行财政直接拨付办法提供支付依据；三是为了有效地全过程监督政府采购行为，必须要编制政府采购预算。依照批准的预算进行采购是政府采购制度的基础。要规范政府采购行为，必须从源头开始，从严格采购预算着手。因此，《政府采购法》第六条对此做出规定，即政府采购应当严格按照批准的预算执行。其具体含义包括以下方面：

1. 政府采购项目必须列入财政预算

政府采购资金主要来源于财政性资金，部门预算中就包含政府采购预算内容。按照市场经济条件下的公共财政管理要求，没有列入预算的活动，政府不得拨款，没有资金保证的项目不能开展采购活动。因此，采购人拟采购的项目，首先要编入本部门预算，报财政部门审核，最后报同级人大审批。只有经批准后的采购项目，才有资金保障，具有履行采购合同的支付能力。没有预算根据，采购人不得开始采购活动，不得与供应商订立采购合同。采购人也不得先订立采购合同，再以已经订立的合同为由增加预算。供应商有义务注意采购人的采购活动是否有预算根据。没有预算根据的政府采购合同，其法律效力将受到影响，并且会因此影响采购人对采购债务的清偿能力。

2. 政府采购项目必须按规定用途使用

政府采购项目必须按照人大批准的预算执行。经人大批准预算的采购项目，都明确了用途，这些项目和用途通常不是孤立的，体现了一些宏观政策导向，会成为国民经济和社会发展计划的重要组成部分。长期以来，我国对财政支出使用监管不够，通常情况是预算批复后，预算单位按预算申请拨款，财政部门按照预算单位的拨款申请书拨款，库款拨出后，采购资金的使用权完全由预算单位支配。因此，经常发生截留、挪用采购资金的行为，无预算采购、重复采购、盲目采购、超标准采购等现象也时有发生，导致政府确定的目标难以实现，采购质量得不到保证，采购资金的使用效益低下，还容易滋生腐败。为此，要严格采购项目的执行，从事前、事中和事后进行全过程的监督管理，确保采购项目按规定用途使用，提高财政资金的使用效益，实现预定目标。

3. 采购项目不得超过预算定额

批准的采购预算通常考虑到了确保该采购项目质量的各项费用，在执行中不应当突破。否则，采购人应当调整采购需求，或者调整本部门的支出预算，总之要自求平衡，按照采购合同约定履行付款义务。

在执行中，采购人要增强预算意识，按照规定编制并执行预算。一方面要增强采购的计划性，将拟采购的项目全面、详细地在部门预算相应的科目中反映出来；另一方面要严格按照批准的预算开展采购活动，不得擅自改变资金用途，也不得超标准采购。

（三）采购模式

采购模式是指政府采购的执行模式，即政府采购的组织实施形式。从国际上看，政府采购模式一般分为集中采购、分散采购以及集中采购与分散采购相结合的三种模式。集中采购是指由政府设立的职能机构统一为其他政府机构提供采购服务的一种采购组织实施形式。一个部门统一组织本部门、本系统的采购活动，也称为集中采购。实行集中采购有利、有弊，有利之处是能形成批量、取得规模效益，减少重复采购、降低采购成本，统一采购和配置标准便于维修和管理，容易培养一支专业化采购队伍保证采购质量，方便管理和监督，有利于政府采购有关政策取向的贯彻落实；其弊端主要是容易滋生官僚习气、采购效率不高，难以满足用户多样性的需求，以及采购周期较长等。分散采购是指由各预算单位自行开展采购活动的一种采购组织实施形式。与集中采购相比，分散采购的有利之处在于增强了采购人的自主权，能够满足采购人对及时性和多样性的需求；不利之处是失去了规模效益，加大了采购成本，不便于落实政府采购政策和监督管理等。集中采购与分散采购相结合是指一级政府的采购组织实施形式既有集中采购，也有分散采购，二者并存可发挥各自的优势，这是当前国际上的主流组织形式。《政府采购法》第七条以法律形式明确了我国政府采购模式，并规定了集中采购的范围。具体含义如下：

1. 集中采购和分散采购相结合模式

根据我国的实际情况，《政府采购法》规定“政府采购实行集中采购与分散采购相结合”的执行模式，主要考虑我国政府采购制度正处在一个建设和完善阶段，高度集中或高度分散都不符合实际情况，更不是改革要实现的目的。因此，应当采取二者结合的形式。根据《政府采购法实施条例》，集中采购是指采购人将列入集中采购目录的项目委托集中采购机构代理采购或者进行部门集中采购的行为。分散采购是指采购人自行采购或者委托采购代理机构代理采购达到采购限额标准以上而未列入集中采购目录的项目的行为。

有一种错误观点，认为政府采购是指集中采购，分散采购不是政府采购。根据《政府采购法》，集中采购和分散采购都是法定的采购执行模式。因此，采购人的分散采购活动也需要遵循政府采购法律制度规定，政府采购的监督管理部门对集中采购和分散采购都要依法实施监督管理。根据财政部发布的数据，在 2013 年和 2016 年全国政府采购规模中，集中采购机构代理采购规模分别占总规模的 65.6% 和 52.9%，部门集中采购规模分别占总规模的 20.4% 和 19.7%，分散采购规模分别占总规模的 14% 和 27.4%。

2. 集中采购和分散采购的范围

集中采购和分散采购都是政府采购，只是组织实施的主体不同。《政府采购法》规定“集中采购的范围由省级以上人民政府公布的集中采购目录确定”，结合第十八条规定，集中采购的具体形式视采购项目特点，由集中采购机构采购或者由部门组织集中采购。而集中采购目录以外、采购限额标准以上的项目，则属于分散采购。分散采购的组织主体是各采购人，采购人可以自己组织开展采购，也可以委托采购代理机构代为采购。

实践中集中采购制度在执行中出现了偏差。一方面，集中采购目录膨胀趋势明显，分散采购项目不足，社会中介代理机构恶性竞争现象较为普遍；另一方面，集中采购机构因力量不足等原因将本应集中采购的项目通过协议供货、定点采购和网上竞价分散出去，不但集中采购的规模效益得不到充分发挥，也带来了广受诟病的协议供货高价采购和利用协议供货拆分项目规避公开招标等问题。为此，《党政机关厉行节约反对浪费条例》第十二条明确提出，列入政府集中采购目录范围的项目，应当委托集中采购机构代理采购，并逐步实行批量集中采购。严格控制协议供货采购的数量和规模，不得以协议供货拆分项目的方式规避公开招标。《政府采购法实施条例》第二十四条规定，列入集中采购目录的项目，适合实行批量集中采购的，应当实行批量集中采购，但紧急的小额零星货物项目和有特殊要求的服务、工程项目除外。

（四）政策功能

公共采购制度是加强财政支出管理的一项制度，也是在市场经济条件下政府运用财政支出实施宏观调控的一种手段。国外经验表明，公共采购制度越完善，其宏观调控作用也越明显，这也是各国重视公共采购制度的原因所在。公共采购发挥宏观调控作用的基础是将政府机构作为消费者对待，使采购资金具备规模，通过政策引导使之在实现国家的经济和社会发展政策等方面发挥合力作用。公共采购作为政府的宏观调控手段，与市场经济的特点是紧密相关的。在市场经济条件下，市场在资源配置中起决定性作用，社会资源虽然很多，但政府真正能调控的非常有限。为了弥补市场缺陷，最大限度地发挥有限资源的力度，政府在配置资源时除了依靠分配，通过政府采购进行引导也是主要方面之一，以采购的形式在资金上给予支持。

公共采购的公共政策目标，是指政府通过立法所确立的，通过其采购活动所推行的经济、社会和环境等体现社会公共利益的政策目标。在国际上，利用政府采购实施的经济和社会政策目标有很多，主要包括：购买国货，支持本国产业发展。如美国1933年颁布的《购买美国产品法》规定“扶持和保护美国工业、美国工人和美国投资资本”，该法规定联邦政府在进行铁、钢和制成品等物资采购和公共建设项目时，必须承担购买美国制造产品的义务；促进就业，要求获得一定规模采购合同的企业必须安排一定数量的失业人员；保护环境，实现绿色采购，如欧盟利用绿色采购推动环境保护，公共采购指令规定在确定技术规格、供应商资格、合同履行条件时都要考虑环境因素；支持中小企业发展，通过价格优惠方式对中小企业给予照顾；保护妇女权益，对妇女经营的企业给予支持，对歧视妇女就业的企业给予禁止准入政府采购市场的处分；还有保护残疾人兴办的企业等。我国政府采购关注具体采购行为多，缺乏整体目标，主要是政府采购还很不完善，尤其是忽视了政府采购的宏观调控职能。随着我国社会主义市场经济建设的逐步深入，市场作用日益强化，政府采购也应当发挥其应有的作用。为此，《政府采购法》规定了处理政府采购与公共政策关系的基本准则，第九条规定：“政府采购应当有助于实现国家的经济和社会发展政策目标，包括保护环境，扶持不发达地区和少数民族地区，促进中小企业发展等”；第十条规定：“政府采购应当采购本国货物、工程和服务。”

1. 采购国货

我国正处于转轨期间，政府与企业的关系还没有完全理顺，国内企业整体上竞争能力不强，在成为世界贸易组织成员后，利用关税和行政手段保护国内企业的力度逐步弱化，迫切需要利用政府采购手段给予支持。长远来看，我国最终要签署

《政府采购协议》。我国应利用好这个时间差，最大限度地发挥政府采购对国内企业的保护和促进作用，为国民经济的持续稳定发展做出贡献。因此《政府采购法》将采购国货作为一条重要条款专门做出规定。采购国货条款的核心要求是政府采购应以货物、工程和服务的中国产地或中国国籍作为第一根据，货物、工程和服务的价格、质量及其经济因素居于次要地位。其政策性表现在两方面：第一，在对外贸易关系上，实行不开放中国政府采购市场的保护主义政策；第二，在政府采购的标准选择上，以保护主义的对外贸易政策，而不是以政府采购的经济效益作为依据。法律结构上“国货条款”分为原则规定与例外事项两个部分。

（1）原则规定。

政府采购人应当采购本国的货物、工程和服务，这一规定有三个要点：

①适用的范围。除法定例外事项，所有政府采购都应当购买“国货”。政府采购人不得自己设立不买“国货”的事项和理由。

②适用的根据。购买“国货”的根据是关于货物、工程和服务的国别规则，包括货物的原产地规则、工程和服务提供者的注册地规则，或者自然人的国籍规则。上述规则由国务院的有关部门负责制定。

③强制的法律规定。该条款属于强制性法律规定，任何采购人和采购代理机构都应当依法办理，不得以采购人与供应商之间的协议来对抗。根据《合同法》有关“违反法律、行政法规强行性规定的合同无效”的规定，违反“采购国货”规定的采购合同无效，该合同内容没有法律约束力。

（2）例外事项。

《政府采购法》也规定了“国货条款”的例外事项，确定了不购买“国货”的法律标准和界限，包括三方面内容：

①境内无法获取。在获取条件方面，包括在中国境内无法获取和无法以合理的商业条件获取。这两个“无法获取”，是指不能以合同方式在市场上获取。前一个“无法”是指客观上的不可能，即在整个中国境内市场不存在这种交易对象，不能进行相关交易；后一个“无法”是指主观上的不可能，即采购交易的商业条件不具有“合理性质”。“合理”的确定需要建立在可以反映普通交易的可比交易之上，如价格的可比，而不能是主观上的任意和武断。

②境外使用。在使用地点方面，是指为了在中国境外使用而进行的政府采购，即为了满足在中国境外履行政府和其他公共职能的需要而进行的采购。

③保留事项。是指其他法律、行政法规另有规定的情形。这一决定权只是保留给全国人大以法律的形式、国务院以行政法规的形式来决定和发布，其他的机构和

人员无权决定这一事项。

《政府采购法》没有规定本国货物、工程和服务的界定标准，而是依照国务院有关规定执行。国务院目前还没有这方面的规定。财政部在1999年颁布的《政府采购管理暂行办法》中，用认定外国货的办法从反面规定了国货标准："外国货物，是指最终货物为进口货物，或者最终货物虽在我国境内生产或组装完成，但其增加值含量不足总价值50%的货物。"新出台的《政府采购法实施条例》没有就国货标准做出规定。

2. 保护环境

这一目标是要求政府采购要有利于促进产品制造环境的改造，并采购符合环境保护要求的产品。也就是说，政府采购不能采购制造环境不合格企业生产的产品，也不能采购不符合环境保护要求的产品。政府采购要考虑环保要求，通过将政府采购形成的商业机会向符合环境保护要求的企业或产品倾斜，鼓励和支持这类企业的发展。

3. 扶持不发达地区和少数民族地区的发展

不发达地区和少数民族地区的经济发展水平不高，企业竞争实力普遍不强，促进这些地区的发展，是实现国家经济均衡发展的客观要求，完全靠市场经济作用很难实现这一要求。再者，对上述地区只靠直接向这些地区政府或企业提供财政资金的老办法，扶持也不能进行延续，必须通过规范的机制，政府采购就是其中之一。政府采购可以将政府采购形成的商业机会尤其是中央单位的政府采购向这些地区倾斜，在竞争的前提下，将采购合同优先授予相对有实力的不发达地区和少数民族地区的供应商，支持企业发展，提高企业的竞争实力，从而达到促进企业发展与财源增长的良性循环，逐步改变不发达的状况。

4. 促进中小企业的发展

中小企业是中国数量最大、最具创新活力的企业群体，在促进经济增长、推动创新、增加税收、吸纳就业、改善民生等方面具有不可替代的作用。[①]在政府采购活动中，中小企业因规模小、竞争力不强，处于弱势地位，所以通常难以拿到相应的采购合同。但是，中小企业也是纳税人，有权利享受到政府采购带来的商机。同时，中小企业是社会就业的主要渠道，对维护社会稳定起着至关重要的作用，应当给予必要的扶持。因此，政府采购应当将一定限额以下的采购项目或在适合中小企业承担的基础上，适度向中小企业倾斜，甚至可以规定将年度政府采购总额的一定比例留给中小企业，以此扶持中小企业发展。

---

① 国家统计局 .2016 年中国中小企业运行报告 . http：//www. lwzb. gov. cn/pub/gjtjlwzb/sjyfx/201705/t20170524_ 3750. html.

《政府采购法》没有规定落实政府采购政策的具体措施，采购政策实施效果不甚理想。对此，《政府采购法实施条例》第六条规定，“国务院财政部门应当根据国家的经济和社会发展政策，会同国务院有关部门制定政府采购政策，通过制定采购需求标准、预留采购份额、价格评审优惠、优先采购等措施，实现节约能源、保护环境、扶持不发达地区和少数民族地区、促进中小企业发展等目标”。上述规定明确了政府采购政策的制定主体和实现措施，政府采购政策的制定依据是国家经济和社会发展目标及党中央国务院相应的政策要求，由国务院财政部门牵头会同国务院有关部门制定，各部门、各地方不得自行制定政府采购政策。政府采购政策的实施措施具体包括：一是制定采购需求标准，通过对采购产品或服务的技术或质量标准的规定实现政府采购政策目标。一般说来，政府采购政策在支持节能环保，鼓励技术创新、支持本国产品等方面对政府采购的产品都大量采用明确需求标准的方式实施。二是预留采购份额，是指采购人在某一采购项目或者全部采购项目中预留出一定的份额，专门面向特定供应商如中小企业开展采购，以支持、促进该类型企业通过政府采购市场获得更好的发展。2011 年财政部发布的《政府采购促进中小企业发展暂行办法》规定，在满足机构自身运转和提供公共服务基本需求的前提下，应当预留本部门年度政府采购项目预算总额的 30% 以上专门面向中小企业采购，其中预留给小型和微型企业的比例不低于 60% 。三是价格评审优惠，是指在价格作为评审因素的政府采购评审过程中，对某类特定供应商的报价给予一定比例的价格扣除优惠，用扣除后的价格作为其参与评审的价格，使其报价在与其他供应商报价相比时获得评审优势，进而提高胜出的机会。《政府采购促进中小企业发展暂行办法》规定，对于非专门面向中小企业的项目，采购人或者采购代理机构应当在招标文件或者谈判文件、询价文件中做出规定，对小型和微型企业产品的价格给予 6% ~10% 的扣除，用扣除后的价格参与评审。四是优先采购，是指在政府采购过程中优先采购某类特定供应商的货物、工程或者服务，使得该类供应商获得更多的政府采购市场份额，帮助其持续发展。我国要求对列入优先采购清单内的产品由采购人设定加分或同等条件优先采购。如财政部和环境保护部定期发布“环境标志产品政府采购清单”，环保清单所列产品为政府优先采购产品。财政部和发改委定期发布“节能产品政府采购清单”，节能清单所列产品为政府优先采购和强制采购产品。国外采购政策实施中对需要政府部门强制使用某类别产品的，一般都是采用强制标准来实现，而不采用强制购买产品清单的做法，所以《政府采购法实施条例》在采购措施中未列出强制采购。

（五）信息公开

政府采购信息是指与政府采购制度和实践活动有关的所有规定、决定、公告等，包括有关政府采购的法律、法规、政策，招标公告及中标、成交公告，投诉处理决定，司法裁决结果，统计资料等。政府采购信息公开是政府采购公开透明的基本要求及主要表现方式。政府采购要做到公开透明，首先要做到政府采购信息公开，既便于潜在供应商掌握商机或全面了解采购活动的动态，也便于政府采购活动接受社会公众的监督。其次，政府采购信息公开要体现公平。要统一披露政府采购信息，使社会公众在同一时间内获得同样的信息内容。政府采购信息公开也要方便社会公众获取，减少获得政府采购信息的负担，尤其是要避免供应商为获得政府采购信息投入过多的财力和人力。

我国行政事业单位经常开展采购活动，但由于政府预算编制不细，而且具体预算不公开，具体的采购活动情况只有当事人知悉，外界无从得知。这种状况给供应商带来了诸多不便，也容易导致“暗箱操作”，从而产生一系列问题。在推行政府采购制度的初期，一些地方只在本地区的报纸上发布采购公告，费用很高，也给其他地区供应商及时了解信息带来了困难，致使供应商反映强烈。为了提高政府采购活动的透明度，《政府采购法》第十一条规定了政府采购信息公开的途径及有关要求。具体而言，信息公开的要求包括以下内容：

1. 信息发布渠道

政府采购的信息发布渠道必须是政府采购监督管理部门指定的媒体。采购信息应当是公众易于获得和可能获得的，这是公开透明原则的基本内容。指定采购信息的发布媒体，是以政府的名义和权威确保信息发布的公开性和可获取性的措施。之所以要指定媒体，一是使信息披露具有一定的权威性；二是信息载体相对固定，方便社会各界了解；三是能体现公益性，费用较低。《政府采购法实施条例》第八条规定，“政府采购项目信息应当在省级以上人民政府财政部门指定的媒体上发布。采购项目预算金额达到国务院财政部门规定标准的，政府采购项目信息应当在国务院财政部门指定的媒体上发布”。财政部指定的全国政府采购的信息发布媒体包括《中国财经报》《中国政府采购》杂志和“中国政府采购网”（ www. ccgp. gov. cn），在这些媒体上刊登法定的政府采购信息，全部免费。

2. 信息发布范围

政府采购信息发布的对象应当是“社会”。《政府采购法》中这一要求的含义是信息发布应当达到尽可能大的范围，不应当限制信息发布的对象。如不应当使信息发布的范围限于一个地区、一个行业系统或者一部分特定的人。

3. 信息发布方式

政府采购的信息要及时向社会公开发布。政府采购信息直接影响到政府采购活动的公开、公正和公平，应当及时向社会公开发布，使社会公众及时了解政府采购制度的发展变化、商业机会、采购要求以及采购活动的进展情况，提高政府采购的透明度，广泛接受社会公众的监督。法律规定的这一要求，是信息发布应当具有最大的公开化，不允许只公开一部分，如只公布标题或者提要。信息发布的时间，应当具有法律要求的及时性。及时是一般性要求，具体到一个采购项目，需要根据特定的规则来确定其具体时间要求。

4. 信息发布例外

法律原则上禁止将采购信息列为秘密事项，纳入秘密范畴的只能是法定的商业秘密事项。政府采购的信息原则上都要求及时向社会公布，但当其中有关信息涉及供应商的商业秘密时，《政府采购法》规定不应当公开，以保护供应商的合法权益。商业秘密是企业的财产权利，它关乎企业的竞争力，对企业的发展至关重要，有的甚至直接影响到企业的生存。根据《反不正当竞争法》的规定，商业秘密是指不为公众所知悉，能为权利人带来经济利益，具有实用性并经权利人采取保密措施的技术信息和经营信息。如管理方法、产销策略、客户名单、货源情报等经营信息，以及生产配方、工艺流程、技术诀窍、设计图纸等技术信息都属于商业秘密。

（六）回避制度

由于政府采购涉及多方经济利益，为保证政府采购交易过程和交易结果的公平公正，充分保护政府采购当事人的合法权益，《政府采购法》第十二条规定：“在政府采购活动中，采购人员及其相关人员与供应商有利害关系的，必须回避。供应商认为采购人员及相关人员与其他供应商有利害关系的，可以申请其回避。前款所称相关人员，包括招标采购中评标委员会的组成人员，竞争性谈判采购中谈判小组的组成人员，询价采购中询价小组的组成人员等。”《政府采购法》对回避制度进行了原则性规定，但没有界定“利害关系”的外延，出现了实践中回避制度难以操作的问题。《政府采购法实施条例》第九条对回避制度的适用情形和申请程序进行了细化规定。

1. 回避适用情形

在政府采购活动中，采购人员及相关人员与供应商有下列利害关系之一的，应当回避：

（1）参加采购活动前 3 年内与供应商存在劳动关系。

根据《劳动法》，劳动关系是指劳动者与所在单位之间在劳动过程中发生的关系。具体来说，劳动关系是指用人单位与劳动者个人之间依法签订劳动合同，劳动者成为用人单位的成员，接受用人单位的管理并从事安排的工作，从用人单位领取报酬和受劳动保护所产生的法律关系。在实际生活中，用人单位没有与劳动者签订劳动合同的现象也普遍存在，但只要形成事实上的劳动关系也属于约束的情形。需要注意的是，劳动关系不同于劳务关系。劳务关系是劳动者与用工者根据口头或书面约定，由劳动者向用工者提供一次性的或者特定的劳动服务，用工者依约向劳动者支付劳动报酬的一种有偿服务的法律关系。如果劳务关系可能影响政府采购活动公平、公正地进行，则适用于第（5）种情形。

（2）参加采购活动前 3 年内担任供应商的董事、监事。

根据《公司法》的规定，董事、监事由股东选出或委派，代表股东利益对公司的重大经营事项进行决策和监督。董事、监事产生的依据是股东的委派，而非公司本身的聘用，其任务也并非在公司的管理下参与劳动。因此，通常情况下，董事、监事与其任职公司之间建立的关系不属于“劳动关系”。

（3）参加采购活动前 3 年内是供应商的控股股东或者实际控制人。

根据《公司法》规定，控股股东是指其出资额占有限责任公司资本总额 50% 以上或者其持有的股份占股份有限公司股本总额 50% 以上的股东；出资额或者持有股份的比例虽然不足 50%，但依其出资额或者持有的股份所享有的表决权已足以对股东会、股东大会的决议产生重大影响的股东。条例所称“控股”包括绝对控股和相对控股两种情况。实际控制人，是指虽不是公司的股东，但通过投资关系、协议或者其他安排，能够实际支配公司行为的人。简言之，实际控制人就是实际控制上市公司的自然人、法人或其他组织。

（4）与供应商的法定代表人或者负责人有夫妻、直系血亲、三代以内旁系血亲或者近姻亲关系。

夫妻、直系血亲、三代以内旁系血亲或者近姻亲关系，在很多法律法规中都属于应当回避的利害关系，具体可以参照中组部、人力资源和社会保障部《公务员回避规定（试行）》第五条的规定。直系血亲关系包括祖父母、外祖父母、父母、子女、孙子女、外孙子女等；三代以内旁系血亲，包括兄弟姐妹、堂兄弟姐妹、表兄弟姐妹，叔伯姑舅姨、侄子女、甥子女等；近姻亲关系，包括配偶的父母、配偶的兄弟姐妹及其配偶、子女的配偶及子女配偶的父母、三代以内旁系血亲的配偶。

（5）与供应商有其他可能影响政府采购活动公平、公正进行的关系。

主要是指虽然不属于上述四种情形的范围，但与供应商有其他影响或者可能影响政府采购公平、公正进行的关系。如同学、战友、老乡、朋友等，如果其关系实际上影响或者可能影响到政府采购活动公平、公正进行的，采购人员及相关人员也应当回避。

2. 回避申请程序

《政府采购法实施条例》对供应商提出回避申请的程序及如何处理回避申请作了规定，便于实践操作。供应商提出有效的回避申请要符合两点要求：一是认为采购人员及相关人员与其他供应商有利害关系，但采购人及相关人员没有主动回避；二是应向采购人或者采购代理机构书面提出回避申请，并说明理由。采购人或采购代理机构负责处理回避申请，如果采购人及相关人员没有主动回避，经核实确认情况属实的，应当要求其回避，相关人员应依法回避；对回避申请有异议或事实清楚但拒不回避的，应记录在案并报财政部门依法处理。需要指出的是，所称“相关人员”包括政府采购评审专家。采购人或采购代理机构应当在评审活动开始时，首先向评审专家告知回避事项，由评审专家做出书面承诺。

（七）电子化采购

电子化采购是政府采购发展的趋势，有利于促进采购的公开、公平、公平和信息透明，也有利于提高政府采购效率，降低采购人和供应商成本。《政府采购法实施条例》第十条为电子化采购的发展作了原则性规定，即“国家实行统一的政府采购电子交易平台建设标准，推动利用信息网络进行电子化政府采购活动”。

1. 实行统一的电子交易平台建设标准

电子化采购是一项涉及面广、技术性强、社会关注度高的庞大工程，是对政府采购管理制度、操作模式的重大改革。就目前的实际情况而言，我国电子化政府采购在建设过程中还存在一些亟待解决的问题，如政府采购业务需求不规范、信息资源难共享、重复建设严重等问题。电子化政府采购平台建设的目标是建立起全国互联互通的政府采购管理交易系统，实现政府采购业务的全流程、全电子化操作。如果电子化政府采购平台建设的标准不统一，就会使全国或区域内联网、财政内部互联互通产生障碍。因此，需要国家实行统一的政府采购电子交易平台建设标准。2009 年国务院办公厅《关于进一步加强政府采购管理工作的通知》明确要求“各地区要积极推进政府采购信息化建设，利用现代电子信息技术，实现政府采购管理和操作执行各个环节的协调联动。财政部门要切实加强对政府采购信息化建设工作的统一领导和组织，科学制订电子化政府采购体系发展建设规划，以管理功能完善、交易公开透明、操作规范统一、网络安全可靠为目标，建设全国统一的电子化政府采购管理交易平台，逐步实现政府采购业务交易信息共享和全流程电子化操作”。2011 年财政部发布《政府采购工作要点》，要求按照“统一规划、分级建设、基础数据共享”的目标要求，加快推进政府采购信息化建设。2012 年 3 月国务院第五次廉政工作会议提出，要加快建设全国统一的电子化政府采购管理交易平台，实现政府采购业务全流程电子化操作。2013 年 11 月中共中央、国务院印发的《党政机关厉行节约反对浪费条例》也提出，要加快政府采购管理交易平台建设，推进电子化政府采购。

2. 推进电子化采购工作

为了推进电子化采购工作，2013 年财政部发布了《关于印发（全国政府采购管理交易系统建设总体规划）和（政府采购业务基础数据规范）的通知》，明确了全国政府采购管理交易系统建设指导思想、建设目标和主要内容：一是以信息化技术为支撑，全面提高政府采购科学化精细化管理水平，实现政府采购监督管理与执行交易各环节的协调联动；二是建成中央与地方系统相对独立运行、全国基础数据统一集中共享的大型网络化信息管理系统；三是建设的主要内容是一个标准化体系、两个业务处理平台、四个共享基础数据库、八个主要子系统。目前，财政部和不少地方都在按照《全国政府采购管理交易系统建设总体规划》及数据标准推进政府采购电子化工作，特别是要适应当前互联网商业模式的发展，积极探索电子卖场等采购新业态在政府采购中的应用。

二、招标投标法

《招标投标法》总则对招投标的一些重要政策做了规定，主要包括不得规避招标和不得非法干涉招投标活动两方面内容。而《招标投标法实施条例》则对招标投标交易场所及电子招标进行了规范。

（一）不得规避和非法干涉招投标活动

1. 不得规避招标

《招标投标法》规定，属于国务院有关主管部门制定的具体范围以内和规模标准以上的工程建设项目及有关的重要设备、材料等采购都必须进行招标。但从我国招投标领域的实践看，规避招标的现象时有发生。如有些采购单位采取将整体采购项目划分为多个采购项目，分别签订多个采购合同的办法，化整为零，使每一采购合同的金额都低于法定强制招标的金额标准，以达到规避招标采购的目的；又如，一些采购单位对技术并不特别复杂的采购项目，借口其有特殊的技术要求，只能交由某一承包商或供应商承担为由，规避招标采购。为保证所有法定强制招标项目都能做到依法招投标，维护法律的严肃性，《招标投标法》第四条对规避招标的行为作了禁止性规定，对依法应当强制招标的项目，禁止以任何方式规避招标。即任何单位和个人都不得将依法必须进行招标的项目化整为零或者以其他任何方式规避招标。如有违反规定的行为，将依法追究其法律责任。

2. 不得非法干涉招投标活动

我国大力推行招投标制度，就是为了充分发挥市场竞争机制在公共采购中的作用。但招投标领域中地方保护和行业垄断的现象时有发生，成为影响我国招投标健康发展的一个突出问题。如一些行业主管部门或地方政府，采取对本系统或本地区以外的承包商和供应商不给予资格认定、不发放有关许可证、收取高额的管理费等方式，排斥、限制本地区或本系统以外的法人或其他组织参加投标竞争；有的行业主管部门或地方政府甚至直接要求采购单位只能将采购项目交给属于本地区或本系统的单位，其他单位不得参与该采购项目的投标；有些部门或地方政府的工作人员则在项目采购中搞权钱交易，以权谋私，收受不法供应商和承包商的好处，利用手中的权力干预正常的招投标活动，要求所属的采购单位将采购项目交给其指定的供应商和承包商。上述干涉招投标活动的做法，破坏了市场的统一性，违反了公平竞争的原则，严重影响招投标活动的正常开展，也给腐败行为留下了可乘之机。为此，《招标投标法》第六条规定，“依法必须进行招标的项目，其招投标活动不受地区或者部门的限制。任何单位和个人不得违法限制或者排斥本地区、本系统以外的法人或者其他组织参加投标，不得以任何方式非法干涉招投标活动”，通过法律明确禁止在招投标活动中搞行业垄断、地方保护，以及以任何其他形式非法干预招投标活动。

考虑到国家工作人员利用职权非法干涉招投标活动的问题更为突出，《招标投标法实施条例》第六条规定：“禁止国家工作人员以任何方式非法干涉招标投标活动。”国家工作人员包括国家机关工作人员和国有企业、事业单位中依法从事公务的人员。国家工作人员是否非法干涉招投标活动，主要从两个方面判断：一是国家工作人员的行为是否有法律、法规和规章依据，国家工作人员对招投标的管理行为，应严格依照《招标投标法》及其实施条例的规定进行，法规没有规定的管理事项，国家工作人员不得做出影响公民、法人和其他组织权利义务的决定；二是被管理的事项是否属于市场主体或评标委员会成员自主决策的范围。根据《招标投标法》及其实施条例，是否进行资格预审、是否编制标底、招标人是否允许联合体投标、是否进行总承包、何时开标、选择什么样的评标标准和方法等，属于招标人自主决策的事项；潜在投标人是否投标、是否组成联合体投标、以何种方式对招标文件做出响应，是投标人自主决策的事项；在评标过程中，是否需要对投标文件进行澄清说明、根据招标文件依法对投标文件进行独立评审等，是评标委员会成员自主决策的事项。对于应当由当事人自主决策的事项，国家工作人员不得以任何方式，包括直接或间接、明示或暗示等方式加以干涉。

（二）招投标交易场所及电子招标

《招标投标法实施条例》第五条对招投标交易场所及鼓励电子招标进行了规范，主要包括以下内容：

1. 招投标交易场所

2002 年 3 月国务院办公厅转发了建设部、国家计委、监察部《关于健全和规范有形建筑市场的若干意见》，要求促进有形建筑市场健康发展。各地先后建立了有形建筑市场、建设工程交易中心、公共资源交易中心等各类有形市场，交通、水利、铁道等部门也建立了本行业的有形市场。这些招投标交易场所的建设和发展，对提高招投标透明度，加强招投标行政监督起到了一定作用，但也存在着管办不分、乱收费用、重复设置等问题。针对上述问题，中央《关于开展工程建设领域突出问题专项治理工作的意见》要求建立统一规范的工程建设有形市场。《招标投标法实施条例》对招投标交易场所进行了规范：

（1）名称使用“招投标交易场所”。

使用“招投标交易场所”而非“有形建筑市场”的名称，主要考虑是公共资源交易中心等综合性交易场所已经成为有形市场发展的新趋势，一些地方已经或正在推进综合性交易场所建设，将工程建设项目招投标、土地使用权出让招标拍卖、政府采购、产权交易等纳入统一的交易平台操作，实行集中交易、集中监管。

（2）定位是为招投标活动提供服务。

交易场所应当按照公共服务、公平交易的原则，为招投标活动提供场所和信息服务，为政府监管提供便利。招投标交易场所不能代行行政监督职责，也不能扮演招标代理机构的角色。

（3）运行上应统一规范。

所谓统一，就是要解决资源分散的问题，对各类交易场所进行整合，建立相对集中的招投标交易场所。所谓规范，就是要立足服务这一定位，规范运行，切实解决政企不分、政事不分、管办不分等问题。

（4）设立主体是设区的市级以上地方人民政府。

在设立主体上，建立交易场所的主体应是设区的市级以上地方人民政府。建立集中统一的招投标交易场所，不仅要对不同类型的交易中心进行重组整合，在设立交易场所的政府层级上也不宜过多。目前，有形市场在数量上占绝大多数的是县级人民政府建立的交易中心，由于县级行政区域辖区范围相对较小，招标项目规模和数量有限，不但造成了重复建设和资源浪费，在客观上也加剧了市场分割，不利于扩大竞争、优化资源配置。

（5）关系上应独立于行政监督部门。

在与行政监督部门的关系上，交易场所应当独立于行政监督部门。要实现政事分开、政企分开，就必须做到交易场所与政府部门及其所属机构脱钩，做到人员、职能分离。

（6）收费不得以营利为目的。

在收费上，招投标交易场所不得以营利为目的，切实解决不合理收费问题，这也与其公共服务的定位是一致的。

2. 鼓励电子招投标

电子招投标是指利用现代信息技术，以数据电文形式进行的无纸化招投标活动。推行电子招投标有利于提高招投标的公开透明和效率、节约资源、预防腐败、规范行政监督行为等。为此，《招标投标法实施条例》规定，“国家鼓励利用信息网络进行电子招标投标”。

我国一些地方和行业积极推行电子招投标，使之具备了较好的实践基础，但当前也存在电子招标无法可依、无章可循，缺乏技术标准、安全无保障，监管不到位和信息不共享等诸多问题，推行电子招投标必须加快制度建设。为贯彻落实《招标投标法实施条例》的规定，有效解决当前电子招投标领域存在的突出问题，2013 年发改委会同国务院有关部门发布了《电子招标投标办法》及其附件《电子招标投标系统技术规范》，对电子招标投标交易平台，电子招标，电子投标，电子开标、评标和中标，信息共享与公共服务，监督管理，法律责任等内容进行了规范。

第五节　监管机构

一般而言，明确立法事项的主管部门是一种立法惯例，主要是为了依法确定执法主体。公共采购法明确了公共采购的监督管理机构，赋予其对公共采购活动的监督管理职责，以便更好地贯彻和落实公共采购法。

一、政府采购法

为了保障政府采购监督机制充分发挥作用，政府采购法确定了以财政部门为主导，其他部门承担有关职责的行政监管体制，对政府采购活动进行有效的行政监督。

（一）财政部门负责政府采购监督管理

从国际惯例来看，政府采购的主管部门主要是财政部门，因为政府采购与政府预算和财政性资金以及支付联系紧密，属于财政支出管理事务。考虑到我国财政部门在政府采购中既有管理，又有监督，因此，《政府采购法》第十三条规定各级人民政府财政部门是负责政府采购监督管理的部门，依法履行对政府采购活动的监督管理职责。各级人民政府其他有关部门依法履行与政府采购活动有关的监督管理职责。这一规定的内容主要是划分各级人民政府有关部门对政府采购的监管职权，确定对政府采购的监管关系。其基本要求是，各级人民政府的财政部门在监管方面承担“负责”的职责。

1. 政府采购的监督管理部门为各级人民政府财政部门

将各级人民政府财政部门规定为政府采购的监督管理部门，主要考虑到财政部门具备相应的职能和监督管理条件。

（1）政府赋予的职能。

在1998年的机构改革中，国务院赋予了财政部“拟定和执行政府采购政策”的职能，确立了财政部门为政府采购监督管理部门的地位。

（2）财政部门应有的职能。

政府采购是财政支出管理的一项制度。政府采购资金主要来源于财政支出，可以说没有财政支出就没有政府采购行为。政府采购行为是财政支出由货币形态向实物形态的转变过程。因此，实行政府采购制度是财政管理职能由预算分配延伸到支出使用的过程，由货币形态延伸到实物和其他形态，通过采购资金的管理规范采购行为，通过采购行为的规范促进采购资金的管理，提高采购资金的使用效益。政府采购与财政支出管理是一个事物的两个方面，不可分割，不可替代，是财政部门的内在职能。

（3）财政部门具有推动政府采购工作的手段。

政府采购是对采购项目的全过程管理，包括编制采购预算、选择采购方式、执行采购程序、拨付采购资金等，其中的预算编制、采购资金拨付等事务是财政部门的职能，其他部门不可替代。而且采购资金的支付也是推动政府采购工作的有力手段。采购单位不按政府采购法规定开展采购活动，财政部门可以拒绝支付采购资金，从而促进政府采购工作全面、规范地开展。

2. 财政部门的监督管理职责

财政部门的监督管理职责主要有：一是预算管理。如编制政府采购预算、支付采购资金等。二是政府采购的信息管理。如指定政府采购信息发布媒体等。三是政府采购方式管理。主要是审批采购人因特殊情况需要采用公开招标以外的采购方式。政府采购监督管理部门还可认定其他采购方式。四是政府采购合同管理。包括制定合同必备条款和受理合同备案。五是受理供应商投诉。供应商提出投诉的，要受理并及时做出处理。六是规定政府采购专业岗位任职要求。包括对政府采购人员的任职要求、资格认证和业务培训。七是监督检查。包括对政府采购活动及集中采购机构的监督检查。监督检查的主要内容有：有关政府采购的法律、行政法规和规章的执行情况；采购范围、采购方式和采购程序的执行情况；政府采购人员的职业素质和专业技能。八是处理违法违规行为。对采购人、采购代理机构和供应商的违法行为进行处理。当事人对监督管理部门的处理不服申请复议的，还应办理行政复议事项。当事人对监督管理部门的处罚不服到人民法院起诉的，还应办理应诉事项。除此之外，财政部门还将依法参与制定或单独制定有关实施或监督管理办法。

（二）其他行政部门承担有关的政府采购监督管理

根据政府采购监管职权的划分，其他部门在监管方面承担“有关”的职责。“其他部门”主要是指国务院有关负责招投标活动行政监督的部门以及审计机关和监察机关。

1. 行业主管部门

国务院有关负责招投标活动行政监督部门的监督职责，在2000年3月颁布的《国务院办公厅印发国务院有关部门实施招标投标活动行政监督的职责分工的意见的通知》（以下简称《通知》）中有明确规定。《通知》是根据《招标投标法》制定的，其中规定计委负责指导和协调全国招投标工作，工业（含内贸）、水利、交通、铁道、民航、信息产业等行业和产业项目的招投标活动的监督执法，分别由经贸、水利、交通、铁道、民航、信息产业等行政主管部门负责；各类房屋建筑及其附属设施的建造和与其配套的线路、管道设备的安装项目和市政工程项目的招投标活动的监督执法，由建设行政主管部门负责；进口机电设备采购项目的招投标活动的监督执法，由外经贸行政主管部门负责。有关行政主管部门须将监督过程中发现的问题及时通知项目审批部门，项目审批部门根据情况依法暂停项目执行或者暂停资金拨付。《通知》中还规定，从事各类工程建设项目代理业务的招标代理机构的资格，由建设行政主管部门认定；从事与工程建设有关的进口机电设备采购招标代理业务的招标代理机构的资格，由外经贸行政主管部门认定；从事其他招标代理业务的招标代理机构的资格，按现行职责分工，分别由有关行政主管部门认定。计委负责组织国家重大建设项目稽查特派员，对国家重大建设项目建设过程中的工程招投标进行监督检查。

2. 审计机关

审计机关主要负责对政府采购监督管理部门、政府采购各当事人有关政府采购活动进行审计监督。审计监督属于事后监督，监督重点是采购资金使用的合法性及有关财经纪律问题。

3. 监察机关

监察机关主要负责对参与政府采购活动的国家机关、公务员和国家行政机关任命的其他人员实施监察。监察机关的监督也属于事后监督，监督重点是政府采购及公职人员的行为。

二、招标投标法

《招标投标法》第七条主要对招投标活动中依法监督原则和监督管理职权划分等内容进行了规范。

（一）依法监督原则

《招标投标法》确立了招投标活动依法监督的原则，包括两层含义：

1. 招投标活动及其当事人应依法接受监督

法律一经颁布实施，各方就必须遵守执行，这除了要求当事人自觉依法办事，还要建立相应的监督制约机制，依靠国家的强制力来保证法律的贯彻实施。制定《招标投标法》，是为了确定招投标活动必须遵守的基本规则和程序，规范招投标活动当事人的行为。招投标活动的当事人除了要自觉执行《招标投标法》中的强制性规范，还要接受有关行政监督部门对招投标活动依法实施的行政监督管理。对行政监督部门依法对招投标活动实施的监督管理，有关当事人应当服从与配合，包括如实提供资料、接受依法进行的检查等。

2. 行政监管部门依法对招投标活动监督检查

有关部门对招投标活动监督管理必须依法进行，包括监督管理职权必须符合法律、行政法规和国务院的规定，监督管理的内容、监督管理的措施以及对违法行为实施行政处罚的种类和幅度等都必须遵守法律、行政法规的规定，不能自行其是。

对法律、行政法规规定应当进行监督管理的事项，有关行政监督管理部门必须依法实施监督管理，否则就是失职；对不属于行政监督管理范围内，而应由招投标活动当事人自主决定的事项，行政机关不得凭借其行政权力违法进行干预，否则就是越权或滥用职权。对行政机关工作人员违法失职或者滥用职权的，将依法追究其法律责任。当事人认为行政机关的行政行为违法，侵害其合法权益的，可以依照《行政复议法》的规定向上级行政机关申请行政复议，或者依照《行政诉讼法》的规定向人民法院提起行政诉讼。

（二）监督管理职权划分

我国招投标行政监督职责分工的特点是由法律授权，分级管理。由于招投标涉及领域众多，职责分工比较复杂，《招标投标法》作了原则性授权规定："对招投标活动的行政监督及有关部门的具体职权划分，由国务院规定。"根据法律授权，国务院办公厅印发的《通知》具体规定了国务院各部门的职责分工，①同时又授权"各省、自治区、直辖市人民政府可根据《招标投标法》的规定，从本地实际出发，制定招投标管理办法"。目前，各省级地方政府的有关职责分工基本上都是参照国务院规定而确定的，只是在机构设置和具体分工方面各有特色。招投标行政监督职责分工与行政管理层级相对应，中央和地方各级政府有关部门按照各自的权限分级负责有关招投标活动的监督工作。根据相关的行政法规和规范性文件，招投标的行政监督部门主要包括：

1. 指导协调部门

根据《通知》，计委负责指导和协调全国招投标工作。《招标投标法实施条例》第四条进一步规定，国务院发展改革部门②指导和协调全国招标投标工作，对国家重大建设项目的工程招标投标活动实施监督检查。县级以上地方人民政府发展改革部门指导和协调本行政区域的招标投标工作。

2. 行业主管部门

《通知》确定了行业主管部门对有关招投标活动的监督职责。《招标投标法实施条例》也明确了国务院工业和信息化、住房城乡建设、交通运输、铁道、水利、商务等部门，按照规定的职责分工对有关招投标活动实施监督。县级以上地方人民政府有关部门按照规定的职责分工，对招标投标活动实施监督，依法查处招标投标活动中的违法行为。县级以上地方人民政府对其所属部门有关招标投标活动的监督职责分工另有规定的，从其规定。

3. 财政部门

《招标投标法实施条例》规定，财政部门依法对实行招标投标的政府采购工程

---

① 具体内容见政府采购法有关国务院负责招投标活动行政监督部门的介绍。

② 国家发展与改革委员会的前身是国家计划委员会，成立于1952年。原国家计划委员会于1998年更名为国家发展计划委员会，又于2003年将原国务院体改办和国家经贸委部分职能并入，改组为国家发展和改革委员会，简称发改委。

建设项目的预算执行情况和政府采购政策执行情况实施监督。

4. 监察机构

《招标投标法实施条例》明确规定，监察机关依法对与招标投标活动有关的监察对象实施监察。

（三）监督管理的事项

1. 对依法必须招标项目是否进行招标监督

《招标投标法》规定的工程建设项目及有关的重要设备、材料的采购，达到国务院有关部门制定的规模标准以上，必须依照规定进行招投标。对这些法定强制招标项目是否依法进行了招投标，有关行政监督部门应依法进行监督。如强制招标项目是否存在化整为零或以其他方式规避招标等违法行为。

2. 对必须招标项目是否依法定程序招标监督

凡属法定招标的项目，必须依照《招标投标法》规定的规则、程序进行招投标，以确保招投标符合公开、公平、公正的原则，发挥其应有的优越性。有关行政监督部门应对法定强制招标项目是否依照法定规则和程序进行招投标实施监督，包括对招标人是否采用适当的招标方式进行监督；对招标代理机构是否具有法定代理资格以及是否依照法律和招标人的委托进行招标代理活动进行监督；对招标人是否依法提供招标信息，接受投标人的投标，进行开标、评标和定标，直至与中标人签订合同进行监督；对投标人是否依法参加投标活动，进行正当竞争实施监督等。

本章小结

1.《政府采购法》的立法宗旨是为了规范政府采购行为，提高政府采购资金的使用效益，维护国家利益和社会公共利益，保护政府采购当事人的合法权益，促进廉政建设。《招标投标法》的立法宗旨是为了规范招投标活动，保护国家利益、社会公共利益和招投标活动当事人的合法权益，提高经济效益，保证项目质量。虽然两法立法宗旨略有差别，但其立法初衷是一致的，都是为了规范各自领域的行为，提高经济效益，保护国家利益、社会公共利益和当事人的合法权益。

2. 在适用范围方面，《政府采购法》与《招标投标法》密切联系，主要涉及对政府采购工程招投标的法律管辖问题。与此同时，两法又有较大的区别，主要体现在适用主体、适用对象、资金来源和规范的行为等方面。

3. 在基本原则方面，《政府采购法》和《招标投标法》都确立了公开透明、公平竞争、公正和诚实信用等原则。

4. 就采购政策而言，《政府采购法》属于实体法，偏重于规范管理事项，所以政府采购政策内容较丰富，涉及采购市场的统一、采购预算执行、采购模式、政策功能、信息公开和回避制度等多方面内容。《政府采购法实施条例》新增了电子化采购的内容。而《招标投标法》属于程序法，偏重于规范程序，涉及管理的事项较少，只包括不得规避招标和不得非法干涉招投标活动两方面内容。《招标投标法实施条例》新增了招投标交易场所及鼓励电子招标的内容。

5. 就监管机构而言，我国《政府采购法》明确实行财政部统一管理，行政主管部门、监察部门和审计部门分工监督的体制。而《招标投标法》明确实行发改委协调指导，各行业行政主管部门归口监督的体制。《招标投标法实施条例》明确了财政部门对政府采购工程项目预算和采购政策执行情况的监督职责，以及监察机关的监察职责。

思考题

1. 论述《政府采购法》的适用范围。
2. 简述《招标投标法》的适用范围。
3. 如何理解政府采购工程与《政府采购法》和《招标投标法》的关系？
4. 《招标投标法》强制招标的项目包括哪些？
5. 简述《政府采购法》基本原则的内容。
6. 论述《政府采购法》规定的政策功能。
7. 政府采购的采购执行模式是什么？
8. 《政府采购法》对信息公开有什么要求？
9. 招投标的监督管理机构有哪些，管理权限是如何划分的？

第二章　公共采购当事人

作用

公共采购当事人是指在公共采购活动中享有权利和承担义务的各类主体。本章主要是对采购人、采购代理机构和供应商进行介绍，目的是使读者了解公共采购当事人的概念和条件，掌握公共采购当事人的权利、义务和责任。

重点

采购人的职责和义务；招标人禁止行为；集中采购机构的设置与责任；招标代理机构的性质；供应商资格条件；联合体供应商

所谓公共采购活动，是指一个具体的采购项目从准备采购到履行合同完毕整个过程中的各项活动，以及与此相关的事后活动，包括管理、组织实施、纠纷处理等活动。公共采购行为包括公共采购的管理行为和执行行为，二者都是公共采购法规范的内容。要规范执行行为，首先要明确各执行主体，以便根据不同主体的行为特征做出相应规定。公共采购当事人是指在公共采购活动中享有权利和承担义务的各类主体，具体包括公共采购人、供应商和采购代理机构，①不包括公共采购的监督管理部门。公共采购法对公共采购当事人的规定，其目的就是规范公共采购当事人参加公共采购活动的权利、义务和责任，从而提高公共采购活动的规范性、公平性和透明性，最大限度地保护公共采购当事人的合法权益。

第一节　采购人

公共采购的具体购买行为属于商业性交易活动，作为交易活动就有需方与供方之分。公共采购人是货物、工程和服务的需求方和购置方，在国际上一般统称为采

① 公共采购当事人专指公共采购法律明确规定的当事人，但广义上的当事人还应当包括评审专家、政府采购的监督管理部门、行政复议机关、社会公众等。

购实体或者采购机构。目前，在我国现行有关公共采购的规章制度中类似的名称有采购机关、采购单位、采购机构、招标人、用户等，一直没有统一起来。在此，将公共采购的需求方统一界定为“采购人”。采购人应当依照公共采购合同积极地对供应商主张债权，要求供应商及时地提供货物、服务和工程。采购人也有义务履行对供应商的债务，作为买受人支付价款。“采购人”是法律对公共采购需求方性质和地位的概括表达，但是在具体采购形式中还要依法分别确定法律主体的资格。采购人在买卖采购中是买受人，在租赁采购中是承租人，在承揽采购中是定作人，在建设工程的采购中就是发包人，这些都需要相应的法律规定来确定。

一、政府采购法

《政府采购法》第十五条明确了采购人的概念，《政府采购法实施条例》第十一条对采购人的职责和义务、禁止行为进行了规范。

（一）采购人概念和界定

根据《政府采购法》，采购人是指依法进行政府采购的国家机关、事业单位、团体组织，确定的根据是关于其公共职能的组织法和经过政府核准的章程。

1. 国家机关

国家机关是指从事国家管理和行使国家权力的机关，包括权力机关、行政机关、审判机关、检察机关等，不包括军事机关。如全国人大、国务院、人民法院、检察院等。这些国家机关的法律特征应当根据《宪法》和相关国家机关组织法确定。

2. 事业单位

事业单位是指国家以社会公益为目的，由国家机关举办或者其他组织利用国有资产举办的，从事教育、科技、文化、卫生等活动的社会服务组织。[①]如教育机构、科学研究机构、广播电台、电视台、报社、图书馆和博物馆等。事业单位接受政府领导，不属于公共行政权力机关，其所从事的事业多是政府职能所派生出来的具体事务，基本法律特征是不以营利为目的和不专门从事商业活动。

3. 团体组织

社会团体是当代中国政治生活的重要组成部分，是指为一定目的而由一定数量的社会成员所组成的并取得法人资格的社会组织，包括人民群众团体、社会公益团体和学术研究团体。如中华全国学生联合会、中华全国总工会、中国消费者协会、

---

① 《事业单位登记管理暂行条例》国务院第252、411号令。

中国法学会和中国红十字会等。《社会团体登记管理条例》规定，成立社会团体必须提交业务主管部门的批准文件。业务主管部门是指县级以上各级人民政府有关部门及其授权的组织。社会团体实际上附属在业务主管部门之下。社会团体组织是《政府采购法》上一个特殊的概括表达，其内涵丰富，基本含义是国家机关和事业单位以外的执行社会公共职能的组织。

在界定政府采购人时，需要注意三方面的问题：首先，政府采购人不包括自然人和企业。根据《政府采购法》的规定，采购人是指依法进行政府采购的国家机关、事业单位、团体组织。因此，自然人和企业一律不得作为政府采购人，也不受《政府采购法》的约束。不管它们的单位性质和进行的采购是否具有公共性质，也不论它们在采购中是否使用了财政性资金。其次，政府采购人不包括集中采购机构，但应当包括部门内设的部门集中采购机构。集中采购机构是一个采购代理机构，其职能是代理采购人开展采购活动，享有的权利和义务与采购人有所不同，应当单独予以规范。而部门集中采购机构虽然与集中采购机构的采购都属于集中采购，但部门集中采购机构的性质是为本部门进行集中采购的采购人，而不是采购代理机构。最后，确定政府采购人基本单位的依据。政府采购人的基本单位，是指在具体的政府采购交易关系中独立承担义务和享有权利的政府采购人。例如，在属于事业单位的高校中，可否将学校内部设置的“学院”或者“系”作为采购人的基本单位。对此可以根据两方面进行判断：一是政府采购人是否具有《民法通则》和其他民事法律规定的民事合同主体资格，即该主体必须具有相应的民事权利能力和民事行为能力；二是政府采购人在一级政府上的单列地位和与一级国家预算有经费的直接领拨关系。

（二）采购人职责和义务

《政府采购法》只规定了采购人是政府采购活动中享有权利和承担义务的主体之一，但没有明确采购人在政府采购活动中应承担的具体义务和责任。为此，《政府采购法实施条例》第十一条对采购人在政府采购活动中应承担的责任和义务进行了规范。

1. 维护国家利益和社会公共利益，执行政府采购政策

不同于一般意义上的商业采购活动，政府采购有着维护国家利益和社会公共利益的责任和义务。而采购人作为政府采购活动的重要主体，在政府采购活动中必须把维护国家利益和社会公共利益，执行政府采购政策作为应尽的义务。

在政府采购政策功能的运用方面，我国已经建立并在逐步完善政府采购政策功能体系，包括通过制定需求标准贯彻节能、环保、安全等采购政策，通过拟定供应

商的资质条件落实购买本国产品和信息安全等政策，通过预留份额贯彻促进中小企业发展、支持监狱企业发展的采购政策，通过价格评审优惠和优先采购贯彻节能、环保、促进中小企业发展、支持监狱企业发展的采购政策。但在实践中，少数采购人执行政府采购政策的自觉性还有待加强。有些采购人确定采购需求时未充分考虑如何执行政府采购政策方面的问题，没有把维护国家利益和社会公共利益放在首位，一味地强调采购单位自身的需要，导致政府采购政策在实际政府采购工作中得不到落实，如不经批准随意采购进口产品等，这些都应加以改进。

2. 建立政府采购内部管理制度

采购人是政府采购行为的主体，对政府采购活动全过程负总责。主管预算单位对本系统政府采购工作负有重要的管理责任，要指导协调本系统政府采购工作。主管预算单位和采购人要通过建立内部管理制度将其责任分解落实。2012 年财政部印发了《行政事业单位内部控制规范（试行)》，对建立政府采购单位内部管理制度的有关内容、控制机制进行了规范。政府采购涉及面广、政策性强、技术复杂、廉政风险高。为保证工作目标的实现，节约财政资金和防止政府采购领域的腐败，单位内部应建立健全政府采购预算与计划管理、政府采购活动管理、验收管理等政府采购内部管理制度，明确相关岗位的职责权限，确保政府采购需求制定与内部审批、招标文件准备与复核、合同签订与验收、验收与保管等不相容岗位相互分离，具体要求包括：建立预算编制、政府采购和资产管理等部门或岗位之间的沟通协调机制；加强对政府采购申请的内部审核，按照规定选择政府采购方式、发布政府采购信息；加强对政府采购项目验收的管理；加强对政府采购业务质疑投诉答复的管理；加强对政府采购业务的记录控制；加强对涉密政府采购项目安全保密的管理等。

3. 公正廉洁，诚实守信

公开、公平、公正和诚实信用原则是政府采购的重要基础，是政府采购当事人各方都应遵守的原则。我国《公务员法》和《党政机关厉行节约反对浪费条例》对国家公职人员廉洁从政也有着明确的规定。政府采购是政府施政行为的体现，政府在采购活动中的行为诚信与否将直接影响到政府的公信力，采购人员在政府采购活动中应当做到公正廉洁，秉持平等守信的契约精神。特别是采购人在政府采购活动中处于强势地位，进一步强化采购人坚持诚实信用的原则尤为重要。实践中，采购人为了本部门、本单位甚至个人的利益违反诚实信用原则，损害供应商利益的情况不在少数，突出表现在无正当理由不依法确认采购结果、拒绝签订采购合同、单方面要求修改采购合同或不及时按合同要求支付采购资金等方面。这些行为违反了相关法规政策，也与当事人应当遵循的契约精神相悖。

4. 厉行节约，科学合理确定采购需求

《党政机关厉行节约反对浪费条例》第十二条规定："政府采购应当依法完整编制采购预算，严格执行经费预算和资产配置标准，合理确定采购需求，不得超标准采购，不得超出办公需要采购服务。"实践中，采购人违反有关政策规定超标准采购、"豪华采购"的情况经常发生，不仅浪费了财政资金，而且严重影响政府的形象。为了从根本上遏制上述行为，采购人要建立预算执行全过程动态监控机制，完善执行管理办法和绩效管理体系，增强预算执行的严肃性并提高执行准确率；根据可用和够用的原则，严格制定本系统或本部门有关货物和服务的需求标准，并建立标准调整机制，定期根据市场价格变动情况调整相关需求标准。通过以上措施，从源头上遏制"天价采购"和"豪华采购"等问题的发生。

（三）采购人禁止行为

1. 不得相互串通或排斥其他供应商参与竞争

《政府采购法》第二十五条规定了政府采购当事人的一般禁止性行为，即政府采购当事人不得相互串通损害国家利益、社会公共利益和其他当事人的合法权益；不得以任何手段排斥其他供应商参与竞争。所谓"串通"指的是政府采购活动中当事人之间暗中联系，相互合谋，损害国家利益、社会公共利益和其他当事人合法权益的行为。政府采购当事人相互串通和排斥其他供应商的行为多种多样，下列行为应当属于禁止之列：采购人员向某些供应商泄露标底；采购人员在报价前帮某些供应商撤换标书或修改报价，或泄露其他供应商的投标信息；采购人员为了使某个供应商在投标中处于优势地位，利用行政手段或在招标文件中制定歧视性的技术规格，排斥其他供应商；采购人员与供应商或采购代理机构串通抬、压报价等。这些行为极易滋生腐败，如索贿、吃回扣、行贿等，导致国家利益、社会公共利益和其他当事人的合法权益受损。因此，必须坚决予以禁止。

2. 禁止索要或接受赠品、回扣或与采购无关的其他商品

《政府采购法实施条例》明确禁止采购人向供应商索要或者接受其给予的赠品、回扣或者与采购无关的其他商品、服务。采购人索要或接受赠品、回扣或与采购无关的其他商品、服务的行为是对政府采购公平交易原则的一种伤害，破坏了政府采购制度的规范性和严肃性。其中，采购人向供应商索要赠品等是一种主动行为，突出表现是采购人在采购文件中要求供应商在采购项目之外增加部分与采购项目相同的产品和服务，或提供与采购项目无关的其他产品和服务；而采购人接受供应商给予的赠品等则是一种被动行为，主要表现在供应商在投标或响应文件中主动提出增加部分与采购项目相同的产品或服务，或提出在中标或成交金额的基础上给予采购

人一定比例的回扣，以及赠送与采购项目无关的货物和服务。从表面上看，接受与索要有着较大的区别，但是从所产生的结果来看都会损害国家利益和社会公共利益。一是违反了政府采购公平和公正原则，没有反映出采购价格与采购标的在数量、质量等影响成本因素上严格的对价关系；二是赠品和回扣一般都会反映在采购的货物和服务的最终价格上，导致采购价格高于市场价格；三是采购人索要或接受的赠品、回扣或者与采购无关的其他商品、服务一般是采购人没有纳入采购计划且当时并不急需的商品，一般也没有纳入单位财务和资产管理，容易产生浪费和腐败。

需要注意的是，采购人为了验收以及产品后续维修工作的需要，在采购活动中要求或接受供应商提供的与采购货物相同的商品和相关的其他商品，以及相关的服务，不能视同为禁止的索要行为，如采购一批家具，要求供应商在供货时多提供一套相同的家具进行破坏性实验以证明交付的货物是否符合合同要求，或要求供应商提供一些相关配件保证及时进行维修，但这些要求一般应在采购文件中提出。

二、招标投标法

《招标投标法》第八条对招标人的基本条件进行了规范，确立了招标人的主体资格，《招标投标法实施》第四十一条对招标人禁止行为进行了补充规定。

（一）招标人的基本条件

根据《招标投标法》："招标人是依照本法规定提出招标项目、进行招标的法人或其他组织。"具体而言，招标人的基本条件有两项：

1. 依法提出招标项目

招标项目，是指采用招标方式进行采购的工程、货物或服务项目。招标人要有可以依法进行招标的项目，也就是要有可以进行交易的对象才能形成交易。招标人依法提出招标项目，是指招标人提出的招标项目必须符合《招标投标法》规定的基本条件，主要包括：

（1）履行审批手续。

《招标投标法》第九条规定："招标项目按照国家有关规定需要履行项目审批手续的，应当先履行审批手续，取得批准。"依法必须进行招标的项目，包括大型基础设施、公用事业等关系社会公共利益和公众安全的项目，全部或部分使用国有资金投资或国家融资的项目，以及使用国际组织或外国政府贷款、援助资金的项目。这些项目大都关系国计民生，涉及全社会固定资产投资规模。因此，多数项目根据国家有关规定需要立项审批。该审批工作应当在招标前完成。《招标投标法实施条例》第七条对招标项目的审批进行了细化规定：

①审核主体是项目审批、核准部门。《国务院关于投资体制改革的决定》在项目管理方式上进行了改革，由不分投资主体、资金来源、项目性质，一律按投资规模大小分别由各级政府及有关部门进行“审批”，调整为区分政府投资项目和企业投资项目，分别采用“审批”“核准”和“备案”。对政府投资项目继续实行审批制，对重大项目和限制类项目从维护社会公共利益的角度实行核准制，其他项目无论规模大小，均改为备案制。按照“谁审批，谁核准”的原则，招标内容审核由审批、核准部门负责。项目审批、核准部门是指负责审批项目建议书、可行性研究报告、资金申请报告，以及核准项目申请报告的国务院和地方人民政府有关部门。审批、核准部门审核的招标内容既是招标人开展招标工作的依据，也是有关行政监督部门依法对招标人的招投标活动实施监督的依据。因此，项目审批、核准部门应及时将其审核确定的招标内容通报有关行政监督部门。

②审核项目限于需审批或核准的依法招标项目。审核项目限于需要履行审批或核准手续的，依法必须进行招标的项目。审核项目需要满足履行审批或核准手续，以及依法必须进行招标两个条件才审核招标内容。据此，不属于依法必须招标的项目，即使是审批类或核准类的项目，也不需要审核招标内容；不需要审批、核准的项目，即使属于依法必须进行招标的项目，也不需要审核招标内容。对于不需要审核招标内容的项目，由招标人依法自行确定是否需要招标以及招标方式和招标组织形式。

③审核内容为招标范围、招标方式、招标组织形式。审核内容为招标范围、招标方式、招标组织形式。招标范围是指项目的勘察、设计、施工、监理、重要设备、材料等内容，招标方式分为公开招标和邀请招标两种，招标组织形式分为委托招标和自行招标两种。是否可以不招标，应公开招标的强制招标项目是否可以邀请招标，招标人是否可以自行招标，由项目审批、核准部门根据《招标投标法》及其实施条例相关规定判断。拟招标的项目应当合法，这是开展招标工作的前提。依据国家有关规定应批准而未经批准的项目，或违反审批权限批准的项目均不得进行招标。在项目审批前擅自开始招标工作，因项目未被批准而造成损失的，招标人应当自行承担法律责任。对于国家未规定必须进行审批的项目，招标人可以自行决定招标时间。

（2）落实资金来源。

招标人是否具有合格的招标项目，关键在于是否具有与项目相适应的资金或可靠的资金来源，没有资金的招标项目可能是一个虚拟的项目或是容易产生纠纷的项目。招标项目所需的资金是否落实，不仅对投标人利益关系重大，而且关系到招标项目能否顺利实施并按期完工。由于我国近年来建设市场一直属于买方市场，长期处于“僧多粥少”的状态，投标人为获得招标项目，通常会进行大量的准备工作并投入较多的资金，甚至一些招标单位利用投标人急于找到施工项目的心理迫使投标人垫资施工，中标后如果没有资金保证造成不能开工或开工后中途停工，势必会损害投标人的利益。如果是涉及大型基础设施、公用事业等工程，还会给公共利益造成损害。

针对现实中存在的资金不落实，招标纠纷多以及招标项目难以实施的问题，《招标投标法》将招标项目的资金保障作为衡量招标人的法定条件，要求招标人应当有进行招标项目的相应资金或者资金来源已经落实，并应当在招标文件中如实载明。其中资金来源已经落实，是指资金虽然没有到位，但其来源已经落实，如银行已经承诺贷款。在招标文件中如实载明，是为了投标人了解掌握这方面的真实情况，作为其是否参加投标的决策依据。因此，招标人在招标时必须确实拥有相应的资金或有能证明其资金来源已经落实的合法性文件为保证，并应在招标文件中如实载明。从目前的实践来看，招标项目的资金来源一般包括：国家和地方政府的财政拨款、企业的自有资金及包括银行贷款在内的各种方式的融资，以及外国政府和有关国际组织的贷款。

2. 法人或其他组织

《招标投标法》明确规定招标人包括法人和其他组织两类。

（1）法人。

我国《民法通则》规定，法人是具有民事权利能力和民事行为能力，依法独立享有民事权利和承担民事义务的组织。法人应当具备依法成立，有必要的财产或者经费，有自己的名称、组织机构和场所，能够独立承担民事责任等条件。

按照《民法通则》的规定，法人主要分为企业法人与非企业法人两大类。企业法人是以营利为目的、独立从事商品生产和经营活动的经济组织，因此企业法人相当于传统类型中的营利法人。企业法人包括具有法人资格的公司制企业和非公司制企业，如有限责任公司和股份有限公司，国有企业和集体所有制企业，以及中外合作经营企业和外资企业等，都具有作为招标人参加招投标活动的权利能力。非企业法人包括机关、事业单位和社会团体法人。机关法人是指依法享有国家赋予的行政权力，以国家预算作为独立的活动经费，具有法人地位的中央和地方各级国家机关。事业单位法人是指从事非营利性的、社会公益事业的各类法人，包括从事文化、教育、卫生、体育、新闻出版等公益事业的单位。社会团体法人是指由自然人或法人自愿组成，主要包括各种政治团体、人民群众团体、社会公益团体、文学艺术团体、学术研究团体等。依法取得法人资格的非企业法人也都具有作为招标人参加招投标活动的权利能力。

（2）其他组织。

其他组织，是指合法成立、有一定组织机构和财产，但又不具备法人资格的组织。如依法登记领取营业执照的合伙企业、个人独资企业以及企业的分支机构等。这些企业和机构也可以作为招标人参加招投标活动。

鉴于招标采购的项目通常标的大、耗资多，影响范围广，招标人责任较大，为了切实保障招投标各方的权益，《招标投标法》未赋予自然人成为招标人的权利。但这并不意味着个人投资的项目不能采用招标的方式进行采购。个人投资的项目，可以成立项目公司作为招标人。

（二）招标人禁止行为

《招标投标法实施条例》第三十二条和第四十一条对招标人的禁止行为进行了规范，包括：

1. 不得以不合理条件限制和排斥潜在投标人或投标人

《招标投标法实施条例》对招标人限制和排斥潜在投标人或投标人进行了细化规定，为行政监督部门依法查处提供了明确的依据。

（1）向潜在投标人或投标人提供有差别的项目信息。

向投标人一视同仁地提供项目信息，是保证公平竞争的前提。实践中，一些招标人在招标公告发布、现场踏勘、投标预备会、招标文件的澄清修改以及投标文件的澄清说明等环节，通过提供差别化的信息排斥、限制潜在投标人。例如，招标人在两个以上媒介发布的同一招标项目的招标公告内容不一致；招标人单独或分别组织潜在投标人踏勘项目现场和举行投标预备会；招标人向所有获取招标文件的潜在投标人有差别地介绍需求目标或提供招标文件的澄清与修改内容，评标委员会有差别地提供投标文件的澄清和说明机会。这些有差别的信息会导致各投标人竞争基础的不平等，影响和限制投标人之间的公平竞争。

（2）设定的资格、技术、商务条件与招标项目的具体特点和实际需要不相适应或与合同履行无关。

招标人可以在招标公告、投标邀请书和招标文件中要求潜在投标人具有相应的资格、技术和商务条件，但不得脱离招标项目的具体特点和实际需要，随意和盲目地设定投标人要求，否则既可能排斥合格的潜在投标人，也可能导致社会资源的浪费。例如，某冶金系统的办公大楼施工招标，却要求投标人具有冶金专业项目的类似业绩；某货物招标项目，按照某投标供应商拥有的条件“量体裁衣”，将本来无关紧要的普通技术指标设定为必须响应的实质性指标，或要求项目负责人近几年内没有违反交通安全的行政处罚记录。所有这些均脱离了招标项目的具体特点和实际需要。

（3）依法必须招标项目以特定行政区域或特定行业的业绩、奖项作为评标加分条件或中标条件。

投标人来自不同地区和行业，其所积累的业绩和获得的奖项通常具有地域性和行业性，如果以特定行政区域和特定行业的业绩、奖项作为评标加分条件，则会限制或排斥本地区、本行业之外的潜在投标人。此处的“加分”泛指评标中各种形式的优惠、倾斜等特殊待遇。例如，某招标项目规定投标人获得项目所在地区的产品质量或企业信誉奖励，或项目负责人是项目所在地区的劳动模范，给予评标加分；某招标项目规定投标人拥有本行业项目业绩的，将给予评标加分等。这些都是地方保护和行业封锁的典型表现，应当禁止。如果招标项目需要以投标人的类似项目业绩、奖项作为评标加分条件，则可以设置全国性的奖项作为评标加分条件，也可以从项目本身具有的技术管理特点需要和所处自然环境条件的角度对潜在投标人提出类似项目业绩要求或评标加分标准。例如，要求具有100万千瓦燃煤机组安装业绩，危情水库的除险加固业绩，高海拔、冻土、沙漠等特殊自然条件下的工作业绩等。同时，还应注意考虑具有类似项目业绩条件的潜在投标人数量，以保证足够的竞争性。

（4）对不同的潜在投标人或投标人采取不同的资格审查或评标标准。

这种情形通常表现为招标人在资格预审文件和招标文件中载明的资格审查标准和评标标准模棱两可或内外有别，在具体资格审查和评标过程中，通过另行制定倾向性或排斥性的操作细则，对本地区和本行业之外或意向中标人之外的投标人采取更加苛刻的资格审查或评标标准，达到限制排斥潜在投标人的目的。例如，要求本地区和本行业外的投标人必须经过本地工商部门或行业主管部门注册、登记、备案等。

（5）限定或指定特定的专利、商标、品牌、原产地或供应商。

这种情形通常发生在货物招标中。招标人在招标公告、资格预审文件或招标文件中限定或指定特定的专利、商标、品牌、原产地或供应商，倾向和保护意向中的投标人，限制或排斥其他潜在投标人。根据《招标投标法》和有关规定，招标文件中规定的各项技术标准应当满足项目技术需求，保证公平竞争，不得指定、标明某一个或某几个特定的专利、商标、品牌、设计、原产地或生产供应商，不得含有倾向或排斥潜在投标人的其他内容。如果必须引用某一品牌或生产供应商才能准确清楚地说明招标项目的技术标准和要求，则应当在引用的品牌或生产供应商名称前加上“参照或相当于”的字样。

（6）依法必须招标项目非法限定潜在投标人或投标人所有制或组织形式。

潜在投标人的所有制形式分为公有制和非公有制两种，其中公有制又可以分为国家所有制和集体所有制，非公有制包括个体、私营企业和外商投资企业。此外，随着企业股份制改革的推进，产生了混合所有制经济，即一个企业包含国有、集体、个体、私营、外资等不同所有制的投资主体。投标人的组织形式，除依法招标的科研项目允许个人参加投标外，一般指法人或其他组织。其中，法人主要是依法组建的公司，包括有限责任公司和股份有限公司。其他组织指不具备法人资格、能够独立承担民事责任的组织，如合伙企业、个体工商户等。除法律法规对工程承包人和货物、服务供应商的所有制形式或组织形式提出要求外，招标人不得限定潜在投标人或投标人的所有制形式或组织形式，不得歧视、排斥不同所有制性质、不同组织形式的企业参加投标竞争。

（7）以其他不合理条件限制、排斥潜在投标人或投标人。

实践中可能出现的情形有：资格预审公告或招标公告中获取资格预审文件或招标文件的要求不合理的；以各种借口阻挠潜在投标人取得资格预审文件或招标文件的；资格预审文件和招标文件的发售期限、投标截止时间和招标文件澄清或修改的通知时间不符合规定的；要求投标人递交超过规定比例的投标保证金等。

2. 禁止招标人与投标人串通投标

《招标投标法实施条例》禁止招标人与投标人串通投标，这些行为主要包括：

（1）提前开启投标文件并将有关信息泄露给其他投标人。

根据《招标投标法》，投标文件应在开标时经过投标人、其推选的代表或者招标人委托的公证机构检查密封情况后当众拆封，以确保文件内容不被提前泄露，保证招投标活动的公正和公平。

招标人在开标前开启投标文件将由此获得的应予保密的有关信息泄露给其他投标人，使其调整投标策略从而赢得更多的中标机会，不仅违背了公平原则，也损害了投标文件被提前开启的投标人合法权益。因此，上述行为违反了《招标投标法》的规定，属于禁止行为。

（2）招标人直接或者间接向投标人泄露标底、评标委员会成员等信息。

根据《招标投标法》，标底、评标委员会成员的名单、已获取招标文件的潜在投标人名称和数量等均属于应当保密的信息，以防止串通投标，维护招投标活动的公正和公平。

招标人在开标前向投标人泄露标底，使得获得标底信息的投标人可以据此调整自己的投标报价，影响招投标活动的竞争效果。招标人在中标结果确定前向投标人泄露评标委员会成员信息，使得投标人有可能根据掌握的信息干预和影响评标结果，损害其他投标人的合法权益。因此，招标人直接或间接地向投标人泄露标底、评标委员会成员等信息违反了《招标投标法》的规定，属于禁止行为。所称的“间接”，是指招标人将有关信息泄露给第三人，经由第三人泄露给投标人，或以投标人主动求证和招标人默认等方式泄露有关的信息，或故意将有关信息放置在投标人能够看到的地方。

（3）招标人明示或暗示投标人压低或抬高投标报价。

投标报价是投标文件的核心内容，应当由投标人根据招标文件的要求、投标人自身技术经济实力和市场竞争状况自主报价，充分发挥市场竞争机制的作用，提高资金使用效益。

招标人明示或暗示投标人压低或抬高投标报价，属于招标人操纵投标活动，由此形成的招投标结果必然背离市场竞争规律，损害国家利益、社会公共利益或投标人的合法权益。

（4）招标人授意投标人撤换、修改投标文件。

根据《招标投标法》及其实施条例，在招标文件规定的提交投标文件截止时间前，投标人可以撤换、修改已经提交的投标文件。招标人应当拒收逾期送达的投标文件，也不允许投标人在提交投标文件截止时间后撤换或修改投标文件。招标人和中标人应根据招标文件和中标人的投标文件签订合同。

投标人在提交投标文件截止时间前可以自主决定是否撤换或修改已经提交的投标文件，如果招标人授意投标人撤换或修改投标文件，不但构成对其他投标人的不公平，一般还伴随着招标人利用自己掌握的信息，使特定投标人通过修改或撤换投标文件获得更高的中标机会，或操纵各个投标人的投标以帮助某一投标人中标；而招标人授意投标人在提交投标文件截止时间后撤换或修改投标文件并接收的，则构成串通投标；招标人允许投标人在签订合同前撤换或修改投标文件的，不仅违反了上述规定，而且可能损害国家利益、社会公共利益或者其他投标人的合法权益。

（5）招标人明示或暗示投标人为特定投标人中标提供方便。

在实践中一般表现为由招标人主导，以直接或相对隐晦的表达方式与其他投标人串通，要求为特定投标人中标提供帮助。例如，授意其他投标人按照其拟定的价格确定投标报价，使特定投标人的投标报价最符合招标文件规定的评价标准；以威胁或利诱方式向其他投标人明示或暗示其内定的中标人，要求其他投标人按内定中标人的要求投标报价，形成所谓的“围标”态势，以保证特定投标人中标。

招标人与投标人串通投标形式多样，不断翻新。例如，招标人在开标后和评标前故意损毁、篡改特定投标文件内容，在资格预审活动中损毁、篡改特定资格预审申请文件等，不一而足。因此，“招标人与投标人为谋求特定投标人中标而采取的其他串通行为”是兜底条款。需要说明的是，构成招标人与投标人串通投标需要存在主观意图和客观行为，但不以是否谋取中标为构成要件。串通投标是共同行为，所列情形以招标人主动发起为主，但也包括投标人主动发起的情形。

第二节 采购代理机构

公共采购代理机构是指在公共采购活动中根据采购人的委托代理公共采购事宜的机构。作为专职机构，公共采购代理机构拥有专业的人才和丰富的采购经验，为采购人提供采购代理服务，对促进我国公共采购事业发展起到了积极的推动作用。

一、政府采购法

《政府采购法》关于政府采购委托和代理的规定，对集中采购体制进行了重大改革，将隶属于政府采购管理机构的集中采购机构改为独立的事业单位，根据采购人的委托从事代理活动。这一改革的目的是提高采购的经济效率和保证采购活动监管机关的中立性。

（一）政府采购的委托

采购人是采购项目的所有者，可以依法委托采购代理机构在委托的范围内办理政府采购事宜。

1. 委托类型

政府采购的委托可分为强制委托和自愿委托两种。

（1）强制委托。

强制委托是指法律规定采购人只能委托集中采购机构代理采购的制度，可以通过“合零为整”发挥集中采购的优势。《政府采购法》规定：“采购人采购纳入集中采购目录的政府采购项目，必须委托集中采购机构代理采购；纳入集中采购目录属于通用的政府采购项目的，应当委托集中采购机构代理采购。”

集中采购目录的通用政府采购项目是一个相对于部门特殊项目和单位特殊项目的法律范畴，也是确定是否实行强制委托代理采购的法律界限。强制委托的集中采购项目必须由集中采购机构代理采购，部门和单位不允许自行采购。政府采购人对强制委托的采购项目进行自行采购，是超越采购权限和采购程序的违法行为，应当承担相应的法律责任。

（2）自愿委托。

自愿委托是指采购人自由决定是否委托代理机构采购和自主选择代理机构采购的制度。采购人可自行组织采购的项目包括3类：

①部门集中采购的项目。《政府采购法》规定："纳入集中采购目录属于本部门、本系统有特殊要求的项目，应当实行部门集中采购。"部门集中采购是指由主管部门根据业务需要统一组织实施纳入集中采购目录以内的部门特殊采购项目。目前，有部门集中采购项目的中央单位有外交部、公安部、海关总署和税务总局等17个部门。[①]地方是否列部门集中采购项目，由各省、自治区、直辖市人民政府在确定集中采购目录时根据本省的实际情况决定。

②个别单位有特殊要求的项目。《政府采购法》规定："属于本单位有特殊要求的项目，经省级以上人民政府批准，可以自行采购。"这种情形是纳入集中采购目录的采购项目属于个别单位的特殊需求，而且不具备批量特征，可以由该单位自行组织采购，也不必委托集中采购机构采购，但事前必须得到省级以上人民政府的批准。否则，属于违法行为。

③分散采购项目。分散采购项目是指集中采购目录之外，达到限额标准以上的采购项目。《政府采购法》规定："采购人采购未纳入集中采购目录的政府采购项目，可以自行采购，也可以委托集中采购机构在委托的范围内代理采购。"

采购人可以自行采购上述项目，也可以将部门集中采购项目和分散采购项目自愿委托采购代理机构代理采购。其中，根据《中央单位政府集中采购管理实施办法》，"部门集中采购项目的招投标事务，中央单位可以自行选择采购代理机构（集中采购机构或社会代理机构）代理，并签订委托代理协议"；而采购人可将分散采购项目部分或全部委托给包括集中采购机构在内的采购代理机构采购。

2. 委托代理协议

委托代理协议是采购人与采购代理机构在开展政府采购活动中履行各自权利和义务的依据。但在实践中，委托方与被委托方未签订委托代理协议的现象时有发生，有些即使签订了委托代理协议，协议的委托范围、权限和期限也不明确，导致在委

① 国务院办公厅：《关于印发中央预算单位2017—2018年政府集中采购目录及标准的通知》，2016年12月21日。

托事项具体实施中，双方的权利和义务界定不清。一方面，采购人干预委托事项或违反政府采购法律制度规定的情况时有发生，如干预采购文件的售卖、不按规定的时间确认采购结果、无故不与中标或成交供应商签订采购合同等；另一方面，被委托方有时难以准确把握委托方的要求，有的超越委托权限行事，如未经采购人同意随意修改采购文件的实质性内容和发出中标、成交通知书等，有的不履行应有义务等。当委托事项不能达到预期效果时，因缺乏书面依据，双方往往相互推卸责任，难以有效解决争端。

为了维护委托行为的严肃性，保护当事人的合法权益，防止口头委托可能产生的法律纠纷，《政府采购法》第二十条对政府采购的委托行为从法律上予以规范，“采购人依法委托采购代理机构办理采购事宜的，应当由采购人与采购代理机构签订委托代理协议，依法确定委托代理的事项，约定双方的权利义务”。《政府采购法实施条例》对委托代理协议的内容做出了规定：“委托代理协议，应当明确代理采购的范围、权限和期限等具体事项。采购人和采购代理机构应当按照委托代理协议履行各自义务，采购代理机构不得超越代理权限。”无论强制委托还是自愿委托，采购人与采购代理机构都必须以书面协议形式明确地规定委托方的需求和代理方的义务，在发生纠纷时也便于及时查明事实。

（1）委托代理协议的区别。

采购人强制委托项目与自愿委托项目的委托代理协议在范围、权限和期限上有一定的区别。强制委托的采购人普遍使用的项目，也就是应当实行批量集中采购的项目，在实际执行过程中采购人必须将采购需求的制定，公告的发布，采购文件的编制、印刷、发售和澄清，接收投标、响应文件，组织开标和评审以及定标权全部委托给集中采购机构；对于自愿委托采购的项目，涉及采购程序有关事项时必须进行委托，其他内容由采购人根据情况自行决定是否委托，如采购需求的制定权、定标权、签订合同和履约验收等。

（2）委托代理协议的内容 。

一般来说，委托代理协议的主要内容应包括：采购项目的基本情况；采购范围和方式；采购人和采购代理机构在采购需求制定，公告发布，采购文件的编制、印刷、发售和澄清，接收投标、响应文件，组织开标和评审以及确定中标成交供应商，项目采购完成的期限，签订合同，履约验收，以及答复供应商的疑问、质疑等方面的权利和义务；违约责任；纠纷的解决途径等。在签订委托代理协议时应注意，《政府采购法》及其实施条例中明确由采购人承担的法律责任，不因采购人将相关事项委托出去而转移。

（二）采购代理机构

采购代理机构是国家设立或认可的独立法人，主要从事政府采购代理业务，包括政府依法设立的集中采购机构和集中采购机构以外的采购代理机构两类。《政府采购法》及其实施条例就采购代理机构的性质和职能、执业水平和要求、禁止行为等进行了规范。

1. 性质和职能

（1）集中采购机构。

①集中采购机构的性质和体制。《政府采购法》对集中采购机构的性质和体制进行了规范。从国际经验来看，集中采购机构的设置主要有政府独立设置和财政部门设置两种形式。我国实行政府采购制度初期，将集中采购机构设置在财政部门有其合理性，但是随着我国政府采购工作的深入开展，这种设置形式不利于监督。因此，集中采购机构宜独立设置。《政府采购法》第十六条对集中采购机构的性质、设立和体制做出了规定，具体包括以下内容：

一是集中采购机构的性质。集中采购机构的性质是根据政府采购人的委托办理采购事宜的采购代理机构，不具备政府采购的行政管理职能。从法定的“管采分离”的要求看，集中采购机构作为采购交易的直接参与者，不能同时拥有政策制定权和对采购人、供应商、评审专家等其他参与者的监督管理权，否则容易产生“既当运动员又是裁判员”的问题。

二是集中采购机构的设立。设置集中采购机构是政府职能，为此《政府采购法》提出了下列设置原则：首先，地域性原则。设区的市、自治州以上的人民政府，根据本级政府采购项目组织集中采购的需要进行。这里的需要主要是指采购规模。是否设置和设置多少，都要根据采购规模等采购的实际需要来决定，要符合本地区的实际情况。其次，非强制性原则。集中采购机构的设立不是强制性的，可以设，也可以不设。如果有必要设立，则可以设一个，也可以是多个。对于市县级的人民政府是否设立集中采购机构，应当根据集中采购规模具体确定。如果集中采购的规模不大，也可以不设立专门的集中采购机构。最后，独立设置原则。《政府采购法》规定：“集中采购机构不得设立在政府采购监督管理部门，采购代理机构与行政机关不得存在隶属关系或者其他利益关系。”换句话说，集中采购机构不得设立在行政机关内，没有主管部门，应当独立设置。目前，各地在整合建立统一规范的公共资源交易平台，其目的在于整合和利用公共资源，但集中采购机构具备相关条件的，不得强制要求集中采购机构入场交易。已经进入公共资源交易平台的，也应当依法保留集中采购机构独立的法人地位和法定代理权。2014 年 10 月财政部印发了《关于公共资源交易中心开展政府采购活动有关问题的通知》，要求各地应规范集中采购机构的运行。

三是集中采购机构的预算体制。集中采购机构是非营利事业法人。所谓非营利事业法人，是指集中采购机构为事业单位，并且不能以营利为目的，表明集中采购机构或全额财政拨款，或财政差额补助，无论采取什么预算体制，其收费等各项收入都要上缴国库，实行“收支两条线”管理。集中采购机构预算体制将由省级以上人民政府统一规定。

②集中采购机构的职能定位。《政府采购法实施条例》明确了集中采购机构的职能定位——代理集中采购项目的执行机构。

一是根据采购人委托制定集中采购项目实施方案。采购人可以采取“一单一委托”或“一年一委托”的方式。从集中采购实践看，目前集中采购机构编制的实施方案主要集中在批量集中采购，以及协议供货和定点采购两类。一般来讲，实施方案主要包括以下内容：集中采购项目详细的采购需求，包括供应商的资格条件，产品的技术、服务要求等，以及商务条件。集中采购项目的采购需求应事前征求采购人、相关供应商、专家等方面的意见；根据所采购货物、服务和工程的需求特点和集中采购目录实施计划，选择合适的采购方式；依法确定评审方法和制定评审细则；采购进度计划；政府采购政策要求；项目的合同文本或者合同草案；确定具体的采购时间和完成时间。

二是明确采购规程和组织采购活动。国务院办公厅《关于进一步加强政府采购管理工作的意见》规定：“集中采购机构要严格按照《政府采购法》规定组织采购活动，规范集中采购操作行为，增强集中采购目录执行的严肃性、科学性和有效性。要建立健全内部监督管理制度，实现采购活动不同环节之间权责明确、岗位分离。要重视和加强专业化建设，优化集中采购实施方式和内部操作程序，实现采购价格低于市场平均价格、采购质量优良和服务良好。”由此可见，采购规程是指集中采购机构综合内控要求、内部机构设置和业务规模等因素而制定的规范内部操作的程序。组织采购活动是指集中采购机构应当严格按照政府采购法律、法规以及相关制度规定组织采购活动。

三是集中采购机构不得将集中采购项目转委托。实践中，有些集中采购机构出于专业性、人员力量等方面的考虑，将部分采购人委托的集中采购目录以内的项目转委托给社会中介机构代理采购。此种做法违背了设立集中采购机构的初衷，违反了《政府采购法》有关“强制委托”和国务院办公厅有关“不得转委托”的规定。当然，集中采购机构也不得以购买服务的形式委托社会代理机构实施采购。因集中采购目录的采购项目过多导致集中采购机构确实无法完成或采购效率极其低下的，应当调整集中采购目录中集中采购机构采购项目。

（2）社会中介机构。

由于政府采购的政策性和技术性都很强，专业水平要求高，在政府采购试点初期，各采购单位普遍缺乏规范的操作能力，对采购技术和程序掌握不够全面，难以按照政府采购制度的要求开展采购活动。为了规范政府采购行为，财政部门要求各采购单位要扬长避短，充分利用社会资源，发挥招标公司等社会中介机构的优势，允许并鼓励采购人将采购项目或招标事项委托有资格的采购代理机构承办。《政府采购法》第十九条对此做出了规定："采购人可以委托经国务院有关部门或者省级人民政府有关部门认定资格的采购代理机构，在委托的范围内办理政府采购事宜。采购人有权自行选择采购代理机构，任何单位和个人不得以任何方式为采购人指定采购代理机构。"具体包括以下含义：一是采购代理机构不仅包括集中采购机构，也包括取得招标代理资格的招标公司等社会中介机构。二是采购人有将采购事务委托社会中介机构承办的权利。采购人可以将自行组织采购的分散采购项目全部或部分委托给具备资格的采购代理机构承办。三是选择采购代理机构是采购人的权利。如果采购人决定将采购项目委托采购代理机构，则可以不受其他组织或个人的影响自行选择符合规定的采购代理机构。任何单位和个人不得以任何方式为采购人指定采购代理机构，剥夺采购人应有的权利。

2014 年 8 月修订后的《政府采购法》取消了原由省级以上人民政府财政部门负责实施的"从事采购代理业务的社会中介机构资格认定"行政许可事项。《政府采购法实施条例》与修订后的《政府采购法》做了衔接，明确规定"集中采购机构以外的采购代理机构，是从事采购代理业务的社会中介机构"。为了保障从事采购代理业务的社会中介机构的信息发布、专家抽取等业务工作需要，同时便于采购人选择代理机构和政府采购监管部门加强业务监管，2014 年 9 月财政部印发了《关于做好政府采购代理机构资格认定行政许可取消后相关政策衔接工作的通知》，按照"自愿、免费、一地登记、全国通用"的办法，对取消资格认定后从事采购代理业务的社会中介机构实行网上登记管理。2015 年 1 月 1 日起，代理机构只要有意从事政府采购代理业务，都可在中国政府采购网或其工商注册所在地省级分网站进行网上免费登记，一地登记，全国通用。采购人在选择采购代理机构时，不再根据资格等级，而是着重看采购代理机构的专业水平、采购能力，以及信誉状况等条件，选择优质的采购代理机构委托采购。

集中采购机构和集中采购机构以外的采购代理机构的区别在于：一是设立的主

体和机构的性质不同。集中采购机构是设区的市、自治州以上人民政府根据本级政府采购项目组织集中采购的需要设立的，单位性质是非营利事业法人。而集中采购机构以外的采购代理机构，则是由其自愿依法申请成立，单位性质是社会中介机构。二是两者所代理的政府采购业务范围有所不同。集中采购机构实行的是法定强制委托代理，即纳入集中采购目录中的通用采购项目，必须委托集中采购机构代为采购。而集中采购机构以外的采购代理机构则是根据采购人自愿委托，可以代理集中采购机构目录内的部门集中采购项目和分散采购项目。

2. 执业条件和工作要求

（1）执业条件和专业水平。

《政府采购法实施条例》第十三条对包括集中采购机构在内的采购代理机构的执业条件和提高专业化水平做出了规定。

①执业条件。采购代理机构的执业条件应包括：一是建立完善的政府采购内部监督管理制度。根据《政府采购法》，"集中采购机构应当建立健全内部监督管理制度。采购活动的决策和执行程序应当明确，并相互监督、相互制约。经办采购的人员与负责采购合同审核、验收人员的职责权限应当明确，并相互分离"。该条规定与中共十八届四中全会决定"对财政资金分配使用、国有资产监管、政府投资、政府采购、公共资源转让、公共工程建设等权力集中的部门和岗位实行分事行权、分岗设权、分级授权，定期轮岗，强化内部流程控制，防止权力滥用"的要求高度契合。政府采购事关政府公信力，一旦因内控不严出现问题，将直接影响政府的形象。因此，《政府采购法实施条例》将建立内部互相配合、互相监督和互相制约的内控制度体系，作为采购代理机构开展政府采购代理业务的必备条件提出。

二是具备开展政府采购业务所需的评审条件和设施。采购代理机构具备独立的办公、开标、评标的场所并具有录音录像、门禁系统等电子监控设备是开展政府采购活动最基本的硬件条件和基本保障。由于目前公共资源交易中心的职能和性质还没有确定，各地进入公共资源交易中心实施政府采购业务交易的形式多种多样。在国家出台统一的规定之前，采购代理机构仍需要具备独立的开标、评标的场所并具有录音录像、门禁系统等电子监控设备。这不但是保证政府采购代理采购工作顺利开展和保障公开、公平和公正的竞争环境的客观需要，也是为财政、审计、监察等监管部门开展监督检查提供技术支撑的必然要求。

②专业水平。据统计，目前我国县级以上共设立集中采购机构2000多家，从业人员超过1.5万人，社会代理机构3000多家，从业人员约4.8万人。但我国仍未实行政府采购从业人员职业资格制度，政府部门从事采购工作的公职人员专业性普遍

不足，各级政府设立的集中采购机构普遍缺乏专业化的发展定位，社会代理机构也普遍在低水平上代理采购业务。这些机构人员的现状，在较大程度上制约了我国政府采购制度有效性的发挥。从国际政府采购发展经验看，提高行政效能关键是要在操作执行上实现从“重程序的合规性采购”向“重需求的专业化采购”转变。我国实行采购代理机构采购人员的职业化和专业化势在必行，为此，《政府采购法实施条例》要求“采购代理机构应当提高确定采购需求，编制招标文件、谈判文件、询价通知书，拟订合同文本和优化采购程序的专业化服务水平，根据采购人委托在规定的时间内及时组织采购人与中标或者成交供应商签订政府采购合同，及时协助采购人对采购项目进行验收”。在推进政府采购行业向职业化、专业化发展方面，下一步主要是做好以下三方面的工作：

一是推动采购代理机构加强需求研究管理。制定完整、明确的采购需求是采购代理机构专业化的主要内容，采购需求应当按照“物有所值”原则，与项目成本测算和产品的生命周期结合，同时要考虑产品的服务质量。在政府购买服务上，应结合国务院《关于向社会力量购买服务的指导意见》要求，开展对政府购买公共服务品目的需求标准制定工作。

二是推动采购代理机构的专业化发展定位。要按照国务院《关于进一步加强政府采购管理工作的意见》要求，在集中采购业务代理活动中适当引入竞争机制，促进集中采购机构加强对通用类货物和服务需求标准及招标文件的研究，改进服务，提高效率，不断提高集中采购机构的专业化水平。

三是鼓励社会代理机构走差异化的发展道路，推动社会代理机构根据本单位人员的专业特点，确定重点代理领域，提高细分领域代理的专业化水平，真正做大做强。

（2）工作要求。

国际经验表明，集中采购机构容易产生官僚主义作风、责任心不强、工作效率不高、服务意识淡薄等弊端。为加强对集中采购机构的管理，《政府采购法》第十七条对集中采购机构提出了4项工作要求：

①采购价格要低于市场平均价格。这里的价格是指特定采购对象的价格，市场平均价是指特定采购对象的成本加上合理利润。集中采购机构开展的采购活动必须低于市场平均价，这是推行政府采购制度的基本要求。由于集中采购机构有规模优势，具有实现这一目标的条件。这项工作要求就是要促进集中采购机构发挥采购规模优势，采用充分竞争的采购方式，获得规模效益，降低采购成本，体现实行政府采购在节约财政资金、提高财政资金使用效益方面的优越性。

②采购效率更高。采购效率包括采购次数要少，采购周期要短，目标是要及时满足采购人的需要。这项工作要求旨在促进集中采购机构加强内部管理，提高采购业务水平，增强采购的计划性，缩短采购周期，按照与采购人签订的采购委托协议书要求，及时完成受委托的采购项目，保证采购人相关工作的正常开展。

③采购质量优良。采购质量是指对采购对象的规格、性能、安全等方面的要求，采购质量不仅指采购对象本身，还涉及售后服务水平。政府采购对象的质量直接关系到政府提供公共服务的水平，因此必须保证采购质量，实现物有所值的目标。这就要求集中采购机构在人员构成上要有质量管理等方面的人才，要全面提高人员素质，熟悉市场，准确掌握采购人的采购需求，确定科学的评标标准，强化检验和验收工作，替采购人把好质量关。

④服务良好。集中采购机构是采购人的采购代理机构，其中心工作是为采购人做好服务。为此，集中采购机构要加强自身建设，提高工作人员的政治思想水平，强化服务意识，抑制商业气息，克服官僚作风，始终要把采购人的利益放在第一位，当好采购人满意的采购员。

上述四项工作要求是对集中采购机构的基本要求，它们不是孤立的，而是一个有机整体，质高、价低、效率高、服务周都必须全部做到。集中采购机构能否做到，直接关系到集中采购范围的大小，甚至关系到集中采购机构的发展前景。为了落实好《政府采购法》规定的四项工作要求，集中采购机构要加强自身建设，加强采购人员管理，增强责任心，提高服务水平。政府采购监督管理机构要对这四项工作要求制定具体的考核标准，督促集中采购机构依法开展集中采购活动，对不符合考核标准的机构和人员，要依法予以严肃处理。

3. 禁止行为

《政府采购法》第二十五条规定："政府采购当事人不得相互串通损害国家利益、社会公共利益和其他当事人的合法权益；不得以任何手段排斥其他供应商参与竞争。采购代理机构不得以向采购人行贿或者采取其他不正当手段谋取非法利益。"《政府采购法实施条例》第十四条对采购代理机构禁止行为的规定进行了补充和完善。

（1）不得以不正当手段获取采购代理业务或牟取非法利益。

《政府采购法》实施之前，我国政府采购的规模和范围都很小，采购工作基本上由集中采购机构代理完成，从事政府采购的社会代理机构非常少，竞争也不激烈，所以政府采购立法时对社会代理机构的有关规定涉及不多。随着政府采购规模和范围的扩展和社会代理机构日益增多，为获取代理业务，社会代理机构之间的竞争日益激烈。加上多数社会代理机构仍处于政府采购程序代理的低水平代理层次，职业素质和专业化水平不高，同质化发展问题严重，社会代理机构以各种手段拉拢采购人，包括以行贿、回扣等其他不正当的手段来获取采购代理业务或谋取非法利益的行为时有发生。例如，假借劳务费、咨询费、佣金等名义，或者以报销各种费用等方式，给付采购人或个人现金、实物以及提供各种名义的旅游、考察等利益。因此，应禁止采购代理机构向采购人行贿或者采取其他不正当手段获取采购代理业务或谋取非法利益。为了避免此类情况的发生，有些地方采用抽签的办法来确定委托的社会代理机构这一错误做法，不仅违反了《政府采购法》有关采购人有权自行选择采购代理机构，任何单位和个人都不得以任何方式为采购人指定采购代理机构的规定，也违背了市场竞争优胜劣汰的规则，不利于提高采购代理机构的业务和服务水平。

（2）不得与采购人、供应商恶意串通操纵政府采购活动。

恶意串通是指在政府采购活动中，双方以损害他人利益为目的，弄虚作假的违法行为。例如，采取泄露报名供应商名单、设定供应商准入的歧视性规定、设定苛刻的采购时限要求、串通报价，履约与验收过程中相互勾结、签订“阴阳合同”等弄虚作假的形式，以达到排斥与限制其他供应商的目的。实践中，一是采购代理机构与采购人恶意串通操纵政府采购活动，建立利益共同体，主要目的是获得采购代理业务，帮助采购人实现部门、单位或个人不正当利益；二是采购代理机构与供应商恶意串通操纵政府采购活动，主要是为了实现本身的经济利益，与供应商进行利益分成等。

（3）工作人员不得接受采购人和供应商的礼物或报销费用。

采购代理机构工作人员不得接受采购人或者供应商组织的宴请、旅游、娱乐，不得收受礼品、现金、有价证券等，不得向采购人或者供应商报销应当由个人承担的费用。这种禁止行为在实践中表现为：一是采购代理机构工作人员接受采购人的宴请、礼品、礼金等情况主要发生在集中采购机构。由于集中采购目录之内的项目必须委托集中采购机构代理采购，采购人为实现部门、单位的利益需要，存在着宴请集中采购机构工作人员或赠送礼品、礼金等情况。而社会中介机构工作人员出现上述情况主要是采购人的工作人员为了谋取自己的不正当利益或为了完成单位领导特定的“指示”要求以达到指定的供应商中标或成交的目的。二是采购代理机构工作人员接受供应商的宴请、礼品、礼金等情况经常发生。如供应商为达到采购代理机构工作人员在编制采购文件时为其“量身定做”的目的，使其在参加采购活动中处于有利位置；要求工作人员泄露其他供应商名单、报价及商业秘密等情况，利用不正当手段谋取中标或成交。

二、招标投标法

为了保证代理招标的质量，形成规范的代理关系，维护招标人自主权，《招标投标法》及其实施条例对招标代理机构进行了规范，主要涉及招标代理机构性质、资格条件和认定、行为规范等方面的内容。

（一）委托代理招标

1. 招标组织形式

招标组织形式分为自行招标和委托代理招标。

（1）自行招标。

所谓自行招标，就是招标人自己办理招标公告、资格预审公告、投标邀请、编制资格预审文件和招标文件、对资格预审文件和招标文件进行澄清说明、组织开标、组建评标委员会评标、定标等全过程招标事项。根据《招标投标法》第十二条规定，招标人自行招标，应当具有编制招标文件和组织评标的能力，并向有关行政监督部门备案。

招标项目管理人员的专业能力结构是决定招标工作质量、效率和规范化程度的基本因素。因此，招标人是否具有自行招标能力应依据其拥有的专业人员判断。招标人具有编制招标文件和组织评标的能力，是指具备与招标项目规模和复杂程度相适应的技术、经济等方面的专业人员。这里所说的专业人员，包括项目投资咨询师、项目管理师、工程造价师、招标师、专业工程师、会计师或具有相同专业水平和类似项目工作经验业绩的专业人员。在具体招标项目中，招标人自行组织招标配备的技术、经济专业人员的专业结构、数量和专业能力水平应当与招标项目所属行业、专业特性、项目规模以及复杂程度相适应，以满足项目实施管理的要求，适应项目组织、技术、财务、招标采购、合同等管理的需要，适应项目质量、进度、成本、安全、环境、法律风险等控制的需要。

（2）委托代理招标。

招标是一项复杂的系统化工作，有完整的程序、环节多、专业性强，组织工作繁杂。招标代理机构由于其专门从事招标活动，在人员力量和招标经验方面有得天独厚的条件，国际上一些大型招标项目的招标工作通常由专业招标代理机构代为进行。委托招标代理机构组织招标，符合专业化发展要求，有利于提高招标工作的质量、效率和规范化程度。不具备自行招标能力的招标人应当委托招标代理机构办理招标事宜，具备自行招标能力的招标人也可以将全部或部分招标事宜委托招标代理机构办理，但任何单位和个人都不得为招标人指定招标代理机构。

2. 委托代理合同

《招标投标法实施条例》对招标委托代理合同提出了规范要求，主要包括：

（1）招标人与招标代理机构应当签订书面委托合同。

招标人与招标代理机构签订的委托代理合同，不属于即时结清合同，合同履行期比较长，且必须明确约定招标、投标、开标、评标、中标、签订合同等过程中双方的权利、义务。由于涉及第三人投标人利益，还必须接受行政监督部门的监督。因此，招标人与招标代理机构应当签订书面委托代理合同，约定委托代理招标工作的范围和权限，一般包括以下工作内容：委托招标项目的招标方案，招标公告（投标邀请书），资格预审文件和招标文件编制、印刷、发售和澄清，组织和协助资格审查，接收投标文件，组织开标和评标，协助签订中标合同和合同管理等。

（2）合同约定的招标代理服务收费应遵守国家有关规定。

因为大多数依法必须进行招标的项目涉及社会公共利益，关系国有投资的有效利用以及招投标各方利益，需要政府实施必要的指导和监督。现行招标代理收费标准依据《国家计委关于印发〈招标代理服务收费管理暂行办法〉的通知》《国家发展和改革委办公厅关于招标代理服务收费有关问题的通知》以及《国家发展改革委关于降低部分建设项目收费标准规范收费行为等有关问题的通知》。

根据政府指导价的要求和上述有关规定，招标代理服务收费应在规定的收费标准内上下浮动幅度不得超过20%。招标代理服务收费标准为同一内容一次招标投标全流程的基准价格，但不含工程量清单、工程标底或工程招标控制价的编制费用，此项费用按有关规定另行计算和收取。双方应以各标段或标包中标金额为基准额，分别适用代理服务费用标准，并采用差额定率累进法计算代理收费额，当相同内容一次全流程招标代理服务合计收费额分别超过最高限额，即工程代理450万元、货物代理350万元、服务代理300万元的，则按照超过限额的比例降低各标段代理服务费用。招标人与受托招标代理机构在规定的收费标准和浮动幅度内协商确定招标项目具体代理收费标准和金额，委托代理业务范围超出相关规定的工作内容和标准的，委托代理双方可就增加的工作量另行协商确定服务费用。招标代理服务费用一般应由招标人支付，招标人、招标代理机构另有约定的，从其约定。依法必须招标项目的代理双方不遵守招标代理服务收费标准的，构成违法。《价格法》规定，经营者不执行政府指导价、政府定价以及法定的价格干预措施、紧急措施的，责令改正，没收违法所得，可以并处违法所得五倍以下的罚款；没有违法所得的，可以处以罚款；情节严重的，责令停业整顿。

（二）招标代理机构

近年来，我国招标代理业务有了长足的发展，招标代理机构的专业工作对保证招标质量，提高招标效益起到了有益作用。但是招标代理工作中也存在着一些不容忽视的问题，特别是招标代理机构的法律性质不明确，长期政企不分，处于无序竞争的状态。一些招标代理机构为承揽项目无原则地迁就招标人的无理要求，从而损害了投标人的合法权益，违反了招标的公正性原则，影响了招标的质量，甚至给国家和集体财产造成损失。因此，实践中迫切需要明确招标代理机构的法律地位，加强对招标代理机构的管理。《招标投标法》第十三条明确规定了招标代理机构的性质和设立条件，《招标投标法实施条例》就招标代理机构的行为规范进行了规定。

1. 招标代理机构性质

《招标投标法》规定："招标代理机构是依法设立、从事招标代理业务并提供相关服务的社会中介组织。"招标代理机构的性质，既不是一级行政机关，也不是从事生产经营的企业，而是以自己的知识、智力为招标人提供服务，独立于任何行政机关之外的组织。作为社会中介组织，招标代理机构需依法登记设立。依法设立是指招标代理机构设立的目的和宗旨符合国家和社会公共利益的要求，其组织机构、设立方式、经营范围、经营方式符合法律的要求，依照法律规定的审核和登记程序办理有关成立手续。招标代理机构可以多种组织形式存在，如有限责任公司或合伙企业等。从我国目前的情况看，自然人一般不能从事招标代理业务。根据《招标投标法实施条例》第十一条，招标代理机构的设立不需有关行政机关的审批，但其从事有关招标代理业务的资格需要依照法律和国务院的规定由有关部门认定。国务院住房城乡建设、商务、发展改革、工业和信息化等部门，按照规定的职责分工对招标代理机构依法实施监督管理。

实践中，招标代理机构存在弊端，尚不规范，如有的是行政机关的下设机构，有的是事业单位，有的是企业但行使行政职能，不少都隶属于行政主管部门，政企不分，缺乏统一规范。为了保证招标代理工作公正、客观、有效地进行，也为了依法纠正目前实际中存在的某些招标代理机构依附于行政机关，借用行政权力实行强制代理，损害招标人利益，有关行政机关也借此谋取不正当利益的现象，《招标投标法》第十四条规定了招标代理机构与行政机关的关系，即招标代理机构与行政机关和其他国家机关不得存在隶属关系或者其他利益关系。这一规定主要指招标代理机构一经法定程序设立，便成为独立从事招标代理业务及相关服务的中介组织，其依法开展业务活动不受任何行政单位的干涉。其中其他国家机关，包括各级国家权力机关和司法机关。隶属关系是指招标代理机构与行政机关或其他国家机关的直属上下级关系。其他利益关系主要是指经济上的利益关系，如有的招标代理机构将其业务收入的一部分上交给其依附的行政机关，作为其“小金库”收入等。根据《招标投标法》和有关规定，国务院和有关地方行政主管部门对招标代理机构有按照分工对其专业代理资格进行认定和对其业务活动进行监督的权利，对招标代理机构没有领导权。招标代理机构应当完全按照市场规律运作，财务独立、人事独立、自主经营、自负盈亏。

2. 招标代理机构资格条件和认定

招标代理机构是依法设立、从事招标代理业务并提供相关服务的社会中介组织，应当满足《招标投标法》规定的条件，并遵守资格认定与监督管理的规定。

（1）资格条件。

根据《招标投标法》，招标代理机构应当具备下列条件：

①有从事招标代理业务的营业场所和相应资金。招标代理机构拥有固定的营业场所，是与招标人和投标人进行联系的必要条件，也是自身开展代理业务必需的物质基础。招投标是一种经济活动，招标代理机构为开展业务的需要，还应具有一定的资金支持。

②具备编制招标文件和组织评标的相应专业力量。招标代理机构编制招标文件和组织评标的专业力量主要体现在人员和业绩两个方面。因此，《招标投标法实施条例》第十二条要求招标代理机构应当拥有一定数量的取得招标职业资格的专业人员。为了依法推进简政放权、放管结合、优化服务改革，2016 年 6 月国务院发布《关于取消一批职业资格许可和认定事项的决定》，取消了招标师的职业资格许可和认定事项。2017 年 3 月修改的《招标投标法实施条例》将上述规定改为“招标代理机构应当拥有一定数量的具备编制招标文件、组织评标等相应能力的专业人员”。

需要注意的是，2017 年 12 月修改的《招标投标法》删去了“招标代理机构应有符合本法第三十七条第三款规定条件、可以作为评标委员会成员人选的技术、经济等方面的专家库”的内容，这意味着招标代理机构无须自建专家库。从目前各地的实际情况来看，专家库已由相关部门统一建设、统一管理，以确保专家评审的客观公正性。

（2）资格认定。

《招标投标法》第十四条规定，“从事工程建设项目招标代理业务的招标代理机构，其资格由国务院或者省、自治区、直辖市人民政府的建设行政主管部门认定。具体办法由国务院建设行政主管部门会同国务院有关部门制定。从事其他招标代理业务的招标代理机构，其资格认定的主管部门由国务院规定”。根据上述规定，我国对招标代理机构实行资格认定制度，由有关行政监督部门按照《招标投标法》和有关规定明确的认定标准和办法，对申请从事招标代理业务的机构组建成立、注册资金、专业人员结构数量及其代理服务业绩、社会信用等要素条件进行评审论证，对符合相关资格条件的机构赋予其招标代理资格。如工程建设项目招标代理机构资格，由住房和城乡建设部负责认定；从事中央投资项目招标代理机构资格，由发改委负责认定；从事通信设备招标代理机构资格，由工业和信息化部负责认定等。

考虑到招标方自主选择代理机构属于市场行为，代理机构可以通过市场竞争、发挥行业自律作用予以规范，发展改革、建设等行政主管部门可以通过强化事中事后管理措施进行监督，不需要以行政许可的方式设定准入门槛。因此，2017 年修改后的《招标投标法》删除了上述资格认定条款。2018 年 4 月修改的《招标投标法实施条例》也删除了 3 处与资格认定相关的内容，包括第十一条“招标代理机构的资格依照法律和国务院的规定由有关部门认定”，第十三条招标代理机构在其资格许可和招标人委托的范围内开展招标代理业务中的“资格许可”，以及“招标代理机构不得涂改、出租、出借、转让资格证书”。

3. 招标代理机构行为规范

招标人和招标代理机构之间在法律上是委托代理关系。因此，代理权是招标代理机构代理活动的基础，代理权限范围是代理机构以被代理人名义进行活动的全部业务范围。《招标投标法》及其实施条例规定了招标代理机构的行为规范：

（1）在委托的范围内开展业务。

招标代理机构应当在招标人委托的权限范围内从事招标代理业务。《民法通则》第六十三条规定：“公民、法人可以通过代理人实施民事法律行为。代理人在代理权限内，以被代理人的名义实施民事法律行为。被代理人对代理人的代理行为，承担民事责任。”据此，招标代理机构应在招标人委托的职责范围内，以招标人的名义依法办理相关招标事宜，其行为后果由招标人承担；招标代理机构在没有代理权、超越代理权或代理权已终止的情况下的任何行为都不是代理行为，其所造成的后果应由招标代理机构自行负责。招标代理机构因其无权代理或超越代理权的行为给招标人造成损失的，还应当对招标人承担赔偿责任。实践中有的代理合同规定得过于粗泛，比如只规定招标代理机构负责组织评标活动而未涉及定标的权限问题，导致代理机构在合同未规定的情况下自行定标，引起招标人的不满并容易引发纠纷。为了减少招标代理工作的风险，保证招标工作顺利进行，应提倡在招标代理合同中尽量充分考虑各种可能发生的情况，将代理权限范围规定得更加具体和明确，以保证招标人和招标代理机构都能在合同规定的范围内行使各自的权利，避免出现无权代理或越权代理的情况。

招标代理机构在招标人委托的范围内开展招标代理业务，任何单位和个人不得非法干涉。实践中非法干涉主要表现为：一是非法限制外地和外部门招标代理机构。有些地方和部门采用各种方式限制外地和外部门的招标代理机构开展招标代理业务。例如，外省市招标代理机构必须先到招标项目所在地有关部门进行注册、登记、备案后才能从事招标代理活动，或者招标代理机构的从业人员必须取得当地有关部门的考试合格证书才能从业等。二是非法干涉招标代理机构的正常业务。招标代理机构在招标人委托权限内，有权依法自主开展招标代理业务，不受任何单位和个人的非法干涉。非法干涉招标代理业务的情形有：强制进行资格预审或资格后审，指定资格审查委员会成员；干预资格预审文件、招标文件的编制，特别是资格审查标准和方法，以及评标标准和方法的编制；授意或强令招标代理机构从事违法违规行为等。

（2）严格遵守有关招标人的规定。

既然招标代理机构以招标人的名义办理招标事宜，《招标投标法》及其实施条例关于招标人的规定，自然适用于招标代理机构。考虑到并非所有招标项目都委托招标代理机构进行代理，以及为了避免重复，从立法技术上作了处理，即明确招标代理机构代理招标业务应当遵守关于招标人的规定。这些规定主要有：资格预审文件和招标文件发售期不得少于5日；不得以不合理的条件限制或排斥潜在投标人，资格预审文件和招标文件不得含有倾向或者排斥潜在投标人等违法内容；不得向他人透露已获取招标文件的潜在投标人的名称、数量以及可能影响公平竞争的情况；应当保证评标在严格保密的情况下进行；应当接受有关行政监督部门的监督管理等。

（3）防止利益冲突。

《招标投标法实施条例》规定："招标代理机构不得在所代理的招标项目中投标或者代理投标，也不得为所代理的招标项目的投标人提供咨询。"主要是指有利益冲突的行为。作此限定的主要考虑是：招标代理机构在代理工作中，熟悉和掌握了本项目的相关情况，如果在所代理的招标项目中投标或者代理投标，将影响投标人之间的公平竞争。如果为所代理的招标项目的投标人提供咨询，则可能导致串通投标。招标代理机构在所代理的招标项目中投标或代理投标，构成了自己代理和双方代理，不符合代理权行使的要求。

第三节　供应商

供应商是指参加公共采购市场的合法供应主体，是公共采购活动的重要当事人之一。我国公共采购法主要对供应商资格、联合体供应商和对供应商的禁止行为等内容进行了规范。

一、政府采购法

《政府采购法》第二十一条规定，供应商是采购人所需货物、工程和服务的提供方，在法律上是指法人、其他组织和自然人。例如，政府采购人可以向企业法人商业公司购买公用车辆和其他货物，向事业法人高等学校购买干部培训服务，向社会团体法人购买专业咨询服务等。只要符合法律规定的供应商资格条件，任何法人、其他组织和自然人都可以成为政府采购的供应商。

（一）供应商资格

1. 资格条件

政府采购的透明度原则要求所有感兴趣的供应商都能够及时获得政府采购的相关信息，但并不是所有感兴趣的供应商都有能力或资格参与政府采购活动，供应商参加政府采购活动必须具备相应的资格。首先，政府采购项目都是为了满足政府机构更好地提供社会公共服务的需要，必须保证效率和质量，有必要对供应商提出能力要求，包括生产、制造、供货和提供服务能力等。其次，政府采购人多为政府机构，是法律和制度的制定和执行者，在采购活动中应当维护国家利益和社会公共利益，为社会公众起到示范和带头作用。如在资格条件中对供应商履行基本社会义务有所要求，鼓励遵纪守法和诚信的供应商参与政府采购活动。在我国政府采购活动中，对供应商应当具备的资格，尤其是政策性要求普遍重视不够。采购人关注的重点是商品，至于商品的原产地，生产企业是否遵纪守法，普遍关注不够。为了保证采购的效率和质量，促进公平竞争，《政府采购法》第二十二条规定了供应商参加政府采购活动应当具备的条件：

（1）基本条件。

供应商的基本条件，是指法律直接规定和适用于所有采购项目的供应商应当具备的必要条件，直接体现着政府采购的政策和宗旨，是供应商制度的关键内容。《政府采购法》规定了供应商的 5 项基本条件，涉及法律责任能力、商业信誉和财务管理、设备和技术能力等履行商业义务方面的条件，以及纳税、社会保险和守法经营等履行基本社会义务方面的条件。

①具有独立承担民事责任的能力。《政府采购法》规定供应商要具备独立承担民事责任的能力，是供应商参加政府采购活动必须具备的最基本条件，目的是保护

采购人的合法权益。如果供应商不具备独立承担民事责任的能力，则很难保证采购合同的履行，而且一旦出现违约等问题，采购人将面临无法要求赔偿和追责的法律风险，最终会损害采购人的利益。

为证明供应商具备独立承担民事责任的能力，《政府采购法实施条例》第十七条规定："参加政府采购活动的供应商应当提供法人或者其他组织的营业执照等证明文件，自然人的身份证明。"如要求事业单位提供事业单位法人证书，企业提供在工商部门注册的企业法人营业执照等。需要注意的是，尽管其他组织可以参加政府采购活动，但法人的分支机构由于不能独立承担民事责任，不能以分支机构的身份参加政府采购，只能以法人身份参加。但银行、保险、石油石化、电力、电信等有行业特殊情况的，采购人、采购代理机构可按照其特点在采购文件中做出专门规定。

②具有良好的商业信誉和健全的财务会计制度。良好的商业信誉是指供应商在参加政府采购活动以前，在生产经营活动中始终能做到遵纪守法，诚实守信，有良好的履约业绩，通俗地讲就是用户信得过的企业；健全的财务会计制度，是指供应商能够严格执行现行的财务会计管理制度，财务管理制度健全，账务清晰，能够按规定真实、全面地反映企业的生产经营活动。在市场经济条件下，政府应鼓励讲信誉、善管理、经营良好的企业进入政府采购市场。

《政府采购法实施条例》规定："参加政府采购活动的供应商应当提供财务状况报告。"财务状况报告包括经审计的财务报告、银行出具的资信证明，能够清晰准确地反映供应商的商业信誉情况，间接反映供应商是否有健全的财务会计制度。为了促进中小企业发展，财政部在《财政部关于开展政府采购信用担保试点工作方案》中规定："专业担保机构对供应商进行资信审查后出具投标担保函的，采购人和采购代理机构不得再要求供应商提供银行资信证明等类似文件。"因此，在政府采购招标活动中，供应商可提供财政部门认可的政府采购专业担保机构出具的投标担保函。

③具有履行合同所必需的设备和专业技术能力。供应商具备履行合同必需的设备和专业技术能力是保质保量完成政府采购项目必备的物资和技术基础。例如，有着装要求的部门在统一换装时，服装的批量很大，而且有限定的交货时间，这就要求中标的服装厂必须具有足够数量的制衣设备和技术人员，否则合同规定的服装数量和质量就难以保证。

《政府采购法实施条例》规定："参加政府采购活动的供应商应当提供具备履行合同所必需的设备和专业技术能力的证明材料。"在前述例子中，为了证明供应商具有足够数量的制衣设备和技术人员，可以要求供应商提供相关设备的购置发票以及服装专业设计与加工技术人员的职称证书和用工合同等证明材料。

④具备依法纳税和缴纳社会保障资金的良好记录。作为供应商，依法纳税和缴纳社会保障资金是应尽的义务，是起码的社会道德要求。如果连这一点做不到，则说明供应商已经丧失了最基本的信誉。《政府采购法》的这一规定是为了抑制一些供应商依靠偷逃税款、逃避缴纳社会保障资金等手段降低成本的行为，是从源头上促进公平竞争的措施之一。

《政府采购法实施条例》规定："参加政府采购活动的供应商应当提供依法缴纳税收和社会保障资金的相关材料。"供应商缴纳税收的证明材料主要是指供应商税务登记证和参加政府采购活动前一段时间内缴纳增值税、营业税和企业所得税的凭据；供应商缴纳社会保障资金的证明材料主要是指社会保险登记证和参加政府采购活动前一段时间内缴纳社会保险的凭据。依法免税或不需要缴纳社会保障资金的供应商，也应提供证明免缴的相应文件。

⑤参加政府采购活动前三年内，在经营活动中没有重大违法记录。该项条件表明是否有重大违法记录，是衡量一家企业正常经营的重要标准。由于政府采购是使用财政性资金，采购目的是为社会公众提供服务，从对社会发展和国家负责的角度也需要对供应商提出经营良好的要求。《政府采购法实施条例》对"重大违法记录"进行了明确，是指供应商因违法经营受到刑事处罚或者责令停产停业、吊销许可证或者执照、较大数额罚款等行政处罚。供应商受到刑事处罚，是指供应商在经营活动中违法，如采取假报或虚报资格等手段骗取政府采购合同等与经营活动有关的行为而受到的刑事处罚，也包括因在与政府采购无关的经营活动中的违法行为而受到的刑事处罚，如《刑法》中的生产、销售伪劣商品罪、走私罪、破坏金融管理秩序罪、金融诈骗罪、危害税收征管罪、侵犯知识产权罪、扰乱市场秩序罪等各项破坏社会主义市场经济秩序罪。供应商受到行政处罚，是指行政管理部门按照《行政处罚法》的规定，对供应商处以责令停产停业、暂扣或者吊销许可证或者执照、较大数额的罚款等行政处罚的情形。警告和数额较小的罚款等其他行政处罚不列入重大违法记录范围，主要是其行政违法行为未造成严重后果，属于轻微违法范畴，故仍然给予这类供应商参与政府采购活动的机会。如果政府采购监督管理部门明确禁止供应商在一定期限内参加政府采购活动，对供应商的违法行为做出了惩戒，考虑到法律后果竞合的问题，就不必再从供应商资格上限制其参加政府采购活动。因此，《政府采购法实施条例》规定："供应商在参加政府采购活动前三年内，因违法经营被禁止在一定期限内参加政府采购活动期限届满，可以参加政府采购活动。"

在政府采购活动中如何证明供应商是否有重大违法记录，可以采取供应商自行承诺并承担后果的做法，主要是要求供应商提交参与采购活动前三年内在经营活动中没有重大违法记录的书面声明函。一旦发现供应商提供的声明函不实时，应按照《政府采购法》有关提供虚假材料的规定给予处罚。

《政府采购法》对供应商基本条件还有一个保留款项，只有全国人大及其常委会发布的法律和国务院发布的行政法规可以规定上述五项以外的其他条件。这一保留款项也说明上述五个方面是政府采购供应商的基本条件，禁止法律和行政法规以外的任何规定随意增加或减少供应商的条件，以防止改变《政府采购法》确定的采购政策和宗旨。《政府采购法实施条例》规定，参加政府采购活动的供应商应当提供具备法律、行政法规规定的其他条件的证明材料。这种情况是指国家对一些产品的生产和销售，以及银行、保险、证券等服务有专门的法律、行政法规的规定，要求必须取得国家有关主管部门的行政许可。如第二、三类医疗器械采购项目，按照《医疗器械监督管理条例》和《医疗器械注册管理办法》的规定，供应商应提供“医疗器械注册证书”“医疗器械生产许可证”或“医疗器械经营许可证”等。

（2）特定条件。

除了上述供应商的基本条件，还涉及政府采购人就具体采购项目为供应商设定特定的资格条件。至于这些特定条件，应根据采购项目的特殊性而定，有的项目对供应商有资质要求，有的项目有特种设备要求，有的项目有财务状况要求或者特殊专业人才要求等。《政府采购法实施条例》规定：“采购项目有特殊要求的，供应商应当提供其符合特殊要求的证明材料或者情况说明。”设定特定条件不应当是采购人的任意行为，因此，《政府采购法》对采购人设定供应商特定条件规定了两个重要界限。其一，设定特定条件的根据是该采购项目的特殊要求。采购人规定的特定条件要与项目特殊要求之间有内在联系，也就是设定特定条件的正当性和合理性。这些特殊要求应当是满足采购需求所必需的要求。其二，采购人可以对供应商提出特定条件，但不得以不合理的条件对供应商实行差别待遇或者歧视待遇。

根据《政府采购法实施条例》，采购人或者采购代理机构有下列情形之一的，属于以不合理的条件对供应商实行差别待遇或者歧视待遇。

一是就同一采购项目向供应商提供有差别的项目信息。在实践中，采购人或采购代理机构出于本部门、本单位利益要求，往往通过对供应商提供有差别的信息，排斥、限制潜在供应商，主要表现在采购公告的发布、采购文件或有关资料的提供、现场踏勘、采购文件的澄清修改等方面。例如，公告内容与采购文件内容不一致，公告内容不完整，变更内容不详细；采购人单独或分别组织潜在供应商踏勘项目现场和项目答疑，有差别地向潜在供应商介绍需求目标和采购文件的澄清与修改内容等。信息不透明以及差别化，会导致供应商在参与政府采购过程中竞争基础的不平等，妨碍供应商之间的公平竞争。

二是设定的资格、技术、商务条件与采购项目的具体特点和实际需要不相适应或与合同履行无关。采购人可在采购公告和采购文件中要求潜在供应商具有相应的资格、技术和商务条件，但不得脱离采购项目的具体特点和实际需要。不得随意、盲目和出于不正当利益设定某一供应商特定的资格、技术、商务条件，排斥合格的潜在供应商。如在采购非系统集成的信息化硬件产品时，要求供应商必须具有系统集成资质。需要注意的是，促进中小企业发展是政府采购一项重要的政策功能，《政府采购促进中小企业发展暂行办法》规定："政府采购活动不得以注册资本金、资产总额、营业收入、从业人员、利润、纳税额等供应商的规模条件对中小企业实行差别待遇或者歧视待遇。"因此，采购人或采购代理机构不得将供应商的规模条件设定为资格条件。

三是采购需求中的技术、服务等要求指向特定供应商、特定产品。实践中，少数采购人或采购代理机构在设定技术、服务要求时，按照自身的喜好或者不正当利益关系设定某一特定供应商或特定产品独有的技术或服务要求，从而达到排斥其他潜在供应商的目的。这种做法是典型的限制或排除竞争的行为，应当坚决予以禁止。

四是以特定行政区域或特定行业的业绩、奖项作为加分或中标、成交条件。如果以特定行政区域或特定行业的业绩和奖项作为加分或中标、成交条件，将会限制或排斥特定行政区域和特定行业之外的潜在供应商。例如，将某省的业绩或某行业的奖励作为参与采购活动的资格条件或加分因素，这是地方保护或行业封锁的具体表现，应予以禁止。为保证项目实施的质量和效果，采购人可以从项目本身具有的技术管理特点和实际需要，对供应商提出类似业绩要求作为资格条件或评审加分标准，如由于医疗机构物业服务必须具有医疗污染物处理经验的特点，可以要求物业服务供应商提供类似医疗机构服务的业绩。但要保证具有类似业绩条件的潜在供应商数量，以确保采购项目的竞争性。

五是对供应商采取不同的资格审查或评审标准。主要表现是采购人或采购代理机构在资格预审文件和采购文件中载明的资格审查标准和评标标准模棱两可，在实际资格审查和评审过程中，通过另行制定倾向性或排斥性的评审细则，或者掌握的宽严尺度不一，对不同供应商采取不同的资格审查或评审标准。如对本地区或本行业之外的供应商采取更加苛刻的资格审查或评审标准；对合作过的供应商和新参与竞争的供应商采用不同的资格审查或评审标准等。

六是限定或指定特定的专利、商标、品牌或供应商。主要表现在采购人或采购代理机构在采购公告、资格预审文件或采购文件中限定或指定特定的专利、商标、品牌或供应商。这是典型的以不合理条件限制或排斥其他潜在供应商的行为。采购文件中规定的各项技术标准、资格条件、商务要求，在满足项目实际需要的基础上要保证公平竞争，不得标明某个或某几个特定的专利、商标、品牌或生产供应商，不得有倾向或排斥潜在供应商的其他内容。如果必须引用某一品牌或生产商才能准确清楚地说明采购项目的技术标准和要求，则应当在引用某一品牌或生产供应商名称前加上“参照或相当于”的字样，而且所引用的货物品牌或生产供应商在市场上应具有可替代性。

七是非法限定供应商的所有制形式、组织形式或所在地。我国所有制形式分为公有制和非公有制。供应商的组织形式，分为法人、其他组织或自然人。中共十八届三中全会提出，建立统一开放、竞争有序的市场体系。我国市场体系的这些特征和要求，决定了政府采购不得以所有制形式、组织形式或所在地来非法限定、排斥、歧视潜在的供应商。所禁止的是“非法限定”，按照《保守国家秘密法》及其实施条例等法律法规的精神以及政府购买公共服务项目的特点等，为了维护国家的安全利益或保证公共服务的质量和便利性等，对于特定政府采购项目，有可能依法设定供应商的所有制形式、组织形式或所在地。

八是以其他不合理条件限制或者排斥潜在供应商。实践中，以其他不合理条件限制或排斥潜在供应商的情形还有：资格预审公告或采购公告中获取资格预审文件或采购文件的要求不合理的，如在获取资格预审文件或采购文件前，要求经采购人同意或与采购人签订协议；以各种借口阻挠潜在供应商取得资格预审文件或采购文件；资格预审文件和采购文件的发售期限、投标截止时间和采购文件澄清或修改的通知时间不符合规定；要求供应商缴纳各种不合理参与采购活动费用以及超过规定比例的保证金等。

2. 资格审查

对供应商资格的审查，是采购人对供应商资格条件的检查和确认。在我国推行政府采购期间，财政部颁布的《政府采购管理暂行办法》规定，供应商参加政府采购活动的资格由财政部门负责审核。但在政府采购立法时，考虑到采购人是采购活动的直接组织者，了解采购项目的特殊性，能够更好地确定供应商的特定条件，尤其是对供应商资格进行审查，有利于增强针对性，提高审查效率。因此，《政府采购法》第二十三条规定：“采购人可以要求参加政府采购的供应商提供有关资质证明文件和业绩情况，并根据本法规定的供应商条件和采购项目对供应商的特定要求，对供应商的资格进行审查。”根据上述规定，供应商资格审查主体为采购人，即各采购人负责审查或确认供应商资格。审查内容既包括供应商参加政府采购活动所应具有的基本条件，也包括参加具体采购项目所要求的特定条件。在具体采购活动中，采购人可以要求供应商提供证明其履约能力的文件，如资质证明和业绩情况等。供应商有义务按照采购人的要求提供有关文件和材料，以备审查或确认。例如，涉及资质要求的，供应商应提供由有关行政主管部门颁发的资质证书；涉及业绩情况的，供应商应提供以前在相关领域的业绩，包括项目名称、效果及用户意见等。

作为采购程序中的一个独立环节，资格预审可适用于除单一来源采购外的其他采购方式，具体由采购人或采购代理机构酌情决定。《政府采购法实施条例》第二十一条对供应商资格预审进行了规范，主要包括以下内容：

（1）发布资格预审公告。

采购人或采购代理机构对供应商进行资格预审的，资格预审公告应当在省级以上人民政府财政部门指定的媒体上发布。政府采购信息公开是政府采购公开透明的基本要求及主要表现方式，以便于接受社会公开监督，也便于潜在供应商和采购当事人掌握商机或全面了解采购活动的动态。政府采购信息发布渠道必须是政府采购监督管理部门指定的媒体，使信息披露具有一定的权威性，方便社会各个方面了解，也能体现公益性。资格预审公告的内容包括：采购人和采购项目名称、采购需求、对供应商的资格要求，以及供应商提交资格预审申请文件的时间和地点。资格预审公告内容信息是否全面、公开直接影响政府采购活动的公开、公平和公正。资格预审公告的采购项目名称应当完整准确，采购需求要详细，资格要求应具体明确。

（2）不再对供应商资格进行审查。

已进行资格预审的，评审阶段可以不再对供应商资格进行审查。由于所有参加的供应商均已通过了资格预审，所以在评审过程中不需要对供应商的资格条件重新进行审核，以缩短评审时间，提高评审效率。当然，此项规定不是强制性要求，采购人或者采购代理机构仍然可以在评审中对已通过资格预审的供应商重新进行资格审查。

（3）预审合格供应商的通知义务。

通过资格预审的供应商在评审阶段资格发生变化的，应当通知采购人和采购代理机构。主要原因是某一供应商在资格预审阶段符合采购项目有关资格条件，但是在投标、响应阶段资格条件发生了变化，可能会导致变化后的资格条件不能满足采购项目资格条件要求，如不及时通知采购人或采购代理机构，一是在邀请3家供应商的情况下将会导致实质上符合资格条件的供应商不满足3家，不能达到在同等条件下的充分竞争；二是对其他符合资格预审条件但未被随机邀请的供应商不公平；三是一旦在隐瞒的情况下中标或成交，供应商又不符合资格条件，既对采购人不公，也容易引起质疑和投诉，严重影响采购效率。对资格条件发生变化不符合采购项目资格条件又未通知采购人和采购代理机构的供应商，一经发现，如中标、成交应取消其中标、成交资格；导致实质性响应的供应商不足 3 家的，应当重新组织采购活动。

（4）提交资格预审申请文件时间。

提交资格预审申请文件的时间自公告发布之日起应不少于 5 个工作日。主要是体现公开、公平和公正的需要，使所有潜在的供应商都能够尽可能地获得采购信息，并给供应商较为充足的时间准备资格预审申请文件。采购是在一个较大范围内进行的，供应商又比较分散，获得采购信息有一个时间过程，如果公告发布时间不足，不仅不利于供应商及时提交资格预审申请文件，而且容易带有歧视倾向，客观上造成机会的不均等和不公平；如果公告发布时间过长，又会影响采购效率。

（二）联合体供应商

联合体供应商是供应商构成的一种特殊形式，是由两个以上具有独立资格的供应商组成的一个联合型供应商，其法律特征是该联合体只能以一个供应商的身份与采购人形成权利义务关系，无论参加该联合体的成员是多少。在实践中，政府采购项目多为批量性项目或大型项目，规模较大，一个供应商难以独立完成或少数供应商容易形成垄断，允许供应商组成联合体可以适度分散商业机会，让更多的企业受益。特别是有利于扶持中小企业，允许中小企业成立一个联合体，壮大实力，可以在能力上互补，从而提高竞争能力。供应商以联合体形式参加政府采购活动涉及的主体较多，为了保证政府采购活动的顺利进行，《政府采购法》及其实施条例对此做出了规定，具体包括以下内容：

1. 赋予供应商以联合体形式参加政府采购活动的权利

两个以上自然人、法人或者其他组织可以组成一个联合体，以一个供应商的身份共同参加政府采购。采购人或采购代理机构可根据采购项目实际情况和潜在供应商数量决定是否允许联合体参加政府采购活动。如一些大型、复杂的项目对供应商的资格能力要求较高或履约时间紧，能够满足要求的单个潜在供应商较少，可由具备一定资格能力的潜在供应商组成联合体。采购人或采购代理机构应在采购公告中载明是否接受以联合体形式参加采购项目，以便有意参加采购活动的潜在供应商能够综合采购项目的具体要求和自身能力，有足够的时间决定是否参加政府采购活动，以及是否与其他潜在供应商组成联合体参加政府采购活动。

2. 联合体各方的资格条件

（1）确定资质等级。

联合体中有同类资质的供应商按照联合体分工承担相同工作的，应当按照资质等级较低的供应商确定资质等级。在确定同类资质且承担相同工作的供应商联合体资质等级时，采取了“就低不就高”原则，这主要是为了保障采购质量和效果，也便于实现与《招标投标法》及其实施条例的相关规定衔接。同时，还可防止资质低的供应商“拿项目”，防止资质高的通过联合体向资质低的供应商进行利益输送等腐败行为的发生。

（2）限制性规定。

为了避免供应商滥用联合体，以多重身份参与政府采购活动，导致不公平竞争或发生围标、串标等行为，联合体各方不得再单独参加或者与其他供应商另外组成联合体参加同一合同项下的政府采购活动。联合体各方以自己的名义参加同一合同项下政府采购活动的，联合体及联合体各方的投标或者响应均无效；联合体各方又与其他供应商组成新的联合体，参加同一合同项下政府采购活动的，相关联合体投标或者响应均无效。

3. 联合体各方的相互关系

为了规范政府采购联合体各方的权利和义务，联合体各方在参加政府采购活动时，应当以书面形式向采购人提交由各方签字的联合协议，明确联合体各方应承担的工作以及各自的权利和义务，并且将这一联合协议提交给政府采购人。这一联合协议是确定和处理联合体各方相互关系的准则。如果拿到采购合同后，联合体内部发生纠纷，可以依据共同签订的协议予以解决。采购人对未按规定时间提供书面联合协议的联合体，或者联合协议对联合体各方权利和义务规定不够明确的，其投标应当作无效处理。

4. 联合体各方与采购人之间的关系

以联合体中标或成交的，联合体各方应当共同与采购人签订采购合同，不能以联合体的一方代表其他各方与采购人签订合同。在履行合同时，联合体的各方就合同约定的事项对采购人承担连带责任。所谓连带责任，一是指在同一类型的债权、债务关系中，联合体的任何一方均有义务履行采购人提出的债权要求；二是指采购人可以要求联合体的任何一方履行全部的义务，被要求的一方不得以“内部订立的权利义务关系”为由而拒绝履行。当然，就联合体的内部关系上来讲，代他人履行义务的一方，仍有求偿权，即依据内部约定，要求他人承担其按照联合协议的约定应当承担的义务。

（三）对供应商的限制和禁止

《政府采购法》对包括供应商在内的政府采购当事人禁止行为进行了规范，《政府采购法实施条例》则对限制相关供应商参与采购进行了明确规范。

1. 参与采购的限制

《政府采购法》要求参加政府采购活动的供应商应遵守公平竞争原则。财政部《关于多家代理商代理一家制造商的产品参加投标如何计算供应商家数的复函》中就政府采购竞争也作了原则上的解释，即政府采购的竞争是指符合采购人采购需求的不同品牌或不同生产制造商之间的竞争，原则上同一品牌同一型号只能有一家投标人，但应当在招标文件中对此作出明确规定。可见，鼓励竞争不是绝对的，并不意味着所有供应商均可参加政府采购活动进行竞争。《政府采购法实施条例》对关联供应商及利益冲突供应商不得参加同一合同项目政府采购活动的情形作了细化规定。

（1）关联供应商。

为保障供应商之间的公平竞争，提高采购效益，加强廉政建设，单位负责人为同一人或者存在直接控股、管理关系的不同供应商，不得参加同一合同项下的政府采购活动。该规定不适用于资格预审，关联供应商可以在同一合同项下的采购活动中参加资格预审，但只能选择其中一家符合资格条件的单位参加采购活动。单位负责人为同一人或存在控股、管理关系的两个单位参与同一合同项下的采购活动，容易发生事先沟通、私下串通及围标等违反政府采购法律法规的情况，不利于采购活动的公平竞争，损害国家利益、社会公共利益以及其他供应商的合法权益。所谓单位负责人，是指单位法定代表人或者法律、行政法规规定代表单位行使职权的主要负责人。如依照公司章程担任公司法定代表人的董事长、执行董事或经理，全民所有制企业法定代表人的厂长，个人独资企业的投资人，执行合伙企业事务的合伙人等。所谓控股关系，是指单位或个人股东的直接控股关系。所谓管理关系，是指不具有出资持股关系的其他单位之间存在的直接管理管理与被管理关系，如一些上下级关系的事业单位和团体组织。

（2）利益冲突供应商。

除单一来源采购项目外，存在利益冲突的供应商不得再参加该采购项目的其他采购活动。存在利益冲突的供应商包括：

①提供整体设计、规范编制服务。为采购项目提供整体设计、规范编制服务的供应商，不仅在理解及把握采购内容方面具有一定优势，如果允许其参加该项目的其他采购活动，则其在进行整体设计、规范编制时可能暗含有利于自身参加竞争的内容。因此，此类供应商与其他供应商不是处于同等条件下的竞争，违反了公平竞

争的原则。如信息系统集成项目就是典型的例子。

②提供项目管理、监理、检测等服务为采购项目提供项目管理、监理、检测等服务的供应商，如参加该采购项目的其他采购活动，并成为该项目的中标或成交供应商，那么该项目的管理、监理、检测和项目的提供者都为同一供应商，使得为保证项目质量而引入的管理、监理、检测等项目实施的制约和监督措施无法发挥其应有的作用。

为了防止利益冲突，限制供应商参与政府采购活动不限于规定的两种情形。如采购代理机构不得参与其代理项目的采购活动，与采购代理机构负责人为同一人或存在直接控股和管理关系的供应商不得参与其代理项目的政府采购活动。所谓“参加”，一般是指有合同关系的商业行为。所谓其他，不包括为该项目提供整体设计、规范编制或项目管理、监理、检测等服务内容。需注意的是，在采用单一来源采购方式时，为采购项目提供整体设计、规范编制等服务的供应商不受上述限制，可以参加该采购项目的其他采购活动。主要原因是按照法律规定，单一来源采购的适用情形是只能从唯一供应商处采购，不存在与其他供应商进行竞争的问题。

2. 不得以不正当手段谋取中标或成交

《政府采购法》规定，政府采购当事人不得相互串通损害国家利益、社会公共利益和其他当事人的合法权益；供应商不得向采购人、采购代理机构、评标委员会组成人员、竞争性谈判小组的组成人员、询价小组的组成人员行贿或者采取不正当手段谋取中标或成交。供应商是市场主体，以营利为目的，应当严格按照《政府采购法》规定的正当渠道获得商业机会。供应商不能与采购人、采购代理机构或其他供应商相互串通损害国家利益、社会公共利益和其他当事人的合法权益，也不能采取不正当手段谋取中标或成交。对于供应商找关系、跑路子，拉拢腐蚀直接影响政府采购合同授予的有关机构和人员的行为要坚决予以制止。

二、招标投标法

《招标投标法》第二十五条规定：“投标人是响应招标、参加投标竞争的法人或其他组织。依法招标的科研项目允许个人参加投标的，投标的个人适用招标投标法有关投标人的规定。”考虑到进行招标的通常为采购规模较大的建设工程、货物或服务的采购项目，通常只有法人或其他组织才能完成，而个人通常是难以保证完成多数招标采购项目的，所以《招标投标法》将投标主体主要规定为法人或其他组织，只允许个人参加某些科研项目的投标。同时，法人或其他组织必须具备响应招标和参与投标竞争两个条件，具体表现为按照招标文件的要求向招标人递交了投标文件。《招标投标法》及其实施条例主要对投标人的资格条件、联合体投标、重大变化告知义务以及参与投标的限制等内容进行了规范。

（一）投标人资格条件

投标人资格条件的规定，有助于保证招标项目质量和维护招标人的利益，也可以使潜在投标人判断自己有无资格参加投标以避免支出不必要的费用。《招标投标法》第二十六条对投标人应具备的资格条件做出了规定，投标人必须满足相关条件才有资格成为合格投标人，否则招标人有权拒绝其参与投标。

1. 资格条件的原则性规定

《招标投标法》规定："投标人应当具备承担招标项目的能力。"这里指的是，投标人在资金、技术、人员、装备等方面，要具备与完成招标项目需要相适应的能力或者条件。例如，高速公路建设施工项目的投标人，应当具备承担高速公路施工的相应能力。

2. 资格条件的具体性规定

投标人资格条件还要看国家和招标文件的具体规定：一类是国家有关规定确定的资格条件，包括《招标投标法》和其他有关法律、行政法规、国务院有关行政主管部门的规定。例如，根据《工程建设项目施工招标投标办法》，投标人参加工程建设项目施工投标应具备以下条件：具有独立订立合同的权利；具有履行合同的能力，包括专业、技术资格和能力，资金、设备和其他物质设施状况，管理能力，经验、信誉和相应的从业人员；没有处于被责令停业，投标资格被取消，财产被接管、冻结，破产状态；在最近3年内没有骗取中标和严重违约及重大工程质量问题；国家规定的其他资格条件。另一类是招标文件规定的投标人资格条件，一般应包括国家规定的条件和招标人根据招标项目要求规定的其他特殊条件。

（二）联合体投标

联合体投标是招投标活动中一种特殊的投标人形式，常见于技术特别复杂的大型项目。对投标人而言，组成联合体能够增强投标竞争力和中标后的履约能力，弥补联合体有关成员技术力量的相对不足，达到强强联合和优势互补的效果。对招标人而言，允许联合体投标能够吸引更多有实力的投标人参与投标，提高招投标活动的竞争性，顺利实现招标目的。为了防止以组织联合体为名，低资质的充当高资质、不合格的混同合格、责任不明和关系不清等弊端，《招标投标法》第三十一条对联合体投标进行了严格的规范，涉及联合体的组成形式、联合体资格条件、联合体内外关系等方面。《招标投标法实施条例》第三十七条针对实践中经常出现的联合体成员变化、投标不唯一等问题作了补充规定。

1. 联合体的组成形式

为了便于投标和合同执行，联合体所有成员共同指定联合体一方作为联合体的牵头人或代表，并授权牵头人代表所有联合体成员负责投标和合同实施阶段的主办、协调工作。这种方式常见于工程施工和设计招标项目中，联合体牵头人应向招标人提交由所有联合体成员法定代表人签署的授权书。

（1）联合体各方为法人或其他组织。

联合体组成形式可以是两个以上法人、两个以上其他组织或者法人与其他组织组成的联合体。联合体以一个投标人的身份共同投标，就是将联合体作为一个整体，是一个独立的投标人，而不能以其中一个或两个主体的名义进行。联合体为共同投标并在中标后共同完成项目而组成的临时性组织，不具有法人资格。如果属于共同注册并进行长期经营活动的“合资公司”等法人形式的联合体，则不属于《招标投标法》所称的联合体。

（2）联合体的组成属于各方自愿的法律行为。

投标人是否组成联合体，如何组成联合体由有关投标人自己决定，招标人不得强制投标人组成联合体共同投标，不得限制投标人之间的竞争。“强制”组成联合体的做法与市场经济的法则相悖，难以体现招标中的平等竞争原则。被招标人“强制”组成联合体，也往往会被招标人内定作为中标人，这对其他投标人显然是不公平的。对此，世界银行《贷款采购指南》也规定：“银行不接受强制要求联合投标或者由本国和外国企业组成的其他强制性联合形式的投标条件。”

2. 联合体的资格条件

（1）联合体各方均应具备规定的资格条件。

《招标投标法》要求“联合体各方均应具备承担招标项目的相应能力；国家有关规定或者招标文件对投标人资格条件有规定的，联合体各方均应当具备规定的相应资格条件”。不能因为是联合体投标就降低对投标人的要求，这一规定对招标人和投标人均具有约束力。

（2）联合体资质等级采取“就低不就高”原则。

由同一专业的单位组成的联合体，按照资质等级较低的单位确定资质等级。联合体的资质等级采取“就低不就高”的原则，可以促使资质优等的投标人组成联合体以保证招标项目的质量，防止投标联合体以优等资质获取招标项目，而由资质等级差的供应商或承包商来实施项目，造成中标后不能保证建设工程项目质量的问题。

(3) 联合体成员不得在同一招标项目中同时投标。

为了避免投标人滥用联合体，以多重身份参与投标，导致不公平竞争。《招标投标法实施条例》规定，联合体各方在同一招标项目中以自己名义单独投标或者参加其他联合体投标的，相关投标均无效。也就是说，联合体各方签订共同投标协议后，不得再以自己的名义单独投标，也不得参加其他联合体在同一项目中投标。需要说明的是，本条规定并没有限制联合体成员在其他标段投标。

3. 联合体成员的变更

由于联合体属于临时性的松散组合，在投标过程中可能会发生联合体成员变更的情形。《招标投标法实施条例》规定："招标人接受联合体投标并进行资格预审的，联合体应当在提交资格预审申请文件前组成。资格预审后联合体增减、更换成员的，其投标无效。"如果实行资格预审，只有通过资格审查的潜在投标人才具备参与投标竞争的资格。因此联合体应当在提交资格预审申请文件前组成。资格预审后增减或更换联合体成员有可能影响联合体的资格条件和履约能力，也可能影响招标公正性，其投标应当无效。上述规定主要是考虑变化后的联合体可能会削弱竞争，如含有事先未经过资格预审或资格预审不合格的法人和其他组织，或者使联合体的资质降到资格预审文件中规定的最低标准以下，如果允许成员发生变化的联合体投标将会使资格预审失去意义，也会为不正当竞争行为提供方便，使公平竞争失去保障。因此，招标人有权拒绝。

4. 联合体的内外关系

投标联合体应明确各方的内部关系，以及与招标人的外部关系，可以使法律关系清楚、责任明确，有效地保护招投标各方的利益。

(1) 内部关系以协议形式确定。

联合体各方在确定组成共同投标的联合体时，应签订共同投标协议。协议内容应明确：一是约定联合体各方拟承担的具体工作；二是约定联合体各方应承担的责任，也就是在中标后对中标项目有什么样的权利、义务和违反义务后应当承担的责任等内容。如果中标的联合体内部发生纠纷，则可以依据共同签订的协议加以解决。联合体各方应以书面形式订立共同投标协议，并将其连同投标文件一并提交招标人。

(2) 联合体对外承担连带责任。

联合体中标的，联合体各方应共同与招标人签订合同，就中标项目向招标人承担连带责任。一方面，中标的联合体各方均应参加合同的订立，并应在合同书上签字或者盖章；另一方面，中标的联合体各方应就中标项目向招标人承担连带责任，主要指招标人可以要求联合体的任何一方履行全部义务，联合体的任何一方均有义务履行招标人提出的债权要求，不得以“内部订立的权利义务关系”为由而拒绝履行。

（三）重大变化告知义务

招投标活动需要经历一定的时间阶段，在此过程中投标人可能会发生合并、分立、破产等影响其资格条件或者招标公正性的变化，危害招标人的利益。为保证招投标活动的顺利进行及其公正性，《招标投标法实施条例》第三十八条要求投标人应当将其重大变化书面告知招标人。

1. 履行告知义务的主体是通过资格预审的申请人或投标人

具体履行告知义务的主体取决于招投标活动所处的阶段：提交资格预审文件截止时间后到资格预审结束前，是提交资格预审申请文件的申请人；资格预审结束后和提交投标文件截止时间前履行告知义务的是通过资格预审的申请人。在此阶段，要求通过资格预审的申请人及时将重大变化告知招标人，有利于招标人提前做好相关准备，避免因投标人少于3个而导致招标失败；在提交投标文件截止时间后履行告知义务的主体是投标人。该阶段从投标截止后一直延续到合同签订前，投标人发生可能影响其资格条件和招标公正性的重大变化，都应当告知招标人。合同签订后一方当事人的重大变化，按照《合同法》的相关规定处理。

2. 告知的对象是招标人

招标人是招投标活动的组织者，是根据中标结果签订合同的当事人，招标人组织招投标活动不仅应遵循公开、公平和公正原则，而且要保证所订立合同的可执行性，因此资格预审申请人和投标人发生可能影响其资格条件和招标公正性的重大变化时，应当将有关情况通知招标人。这些重大变化会导致竞争格局的改变，甚至影响中标结果，属于招投标活动中的重大事项，因此必须采用书面形式及时告知招标人。所谓告知及时，是指规定的重大变化一旦发生，资格预审申请人和投标人应当在第一时间通知招标人，以便招标人可以采取相应措施。如招标人可以通过复核确认是否需要邀请其他参与资格预审的潜在投标人投标，或及时告知评标委员会，由评标委员会对投标人的资格条件进行复核，并对是否影响招标的公正性进行评估。

3. 告知的内容是投标人的重大变化

投标人的重大变化包括合并、分立和破产等情形。合并是指两家以上的法人或其他组织依照法律规定，归并为一个法人或其他组织的行为。分立是指一个法人或其他组织依照法律的规定，分成两个以上的法人或其他组织的行为。破产一般是指债务人不能清偿债务的事实状态，也称事实上的破产。法律意义上的破产是指债务人不能清偿债务时所适用的偿债程序和该程序终结后债务人的身份地位受限制的法律状态。如投标人与受委托编制该招标项目标底的中介机构、招标代理机构或参与该项目设计咨询的其他机构合并，投标人被招标人收购成为招标人子公司等都属于影响招标公正性的重大变化。除合并、分立、破产之外，影响资格条件的重大变化还有投标人的重大财务变化、项目经理等主要人员的变化、被责令关闭、被吊销营业执照、一定期限内被禁止参加依法必须招标项目的投标等情形。上述情形一旦发生，投标人也应依照规定履行通知招标人的义务。联合体投标的，联合体任何成员发生上述规定情形的，也应履行通知招标人的义务。

投标人发生重大变化，不再具备资格预审文件、招标文件规定的资格条件或者其投标影响招标公正性的，其投标无效。上述重大变化是否影响投标人资格条件或招标公正性，应当区别招标阶段分别由资格审查委员会（限于国有资金占控股或主导地位的依法必须招标项目）或评标委员会进行评判并做出认定。

（四）参与投标的限制

为了维护投标的公正性，《招标投标法实施条例》第三十四条对限制特定投标人参与投标进行了规范，主要包括：

1. 存在利害关系投标人

与招标人存在利害关系可能影响招标公正性的法人、其他组织或者个人，不得参加投标。考虑到我国经济体制改革还需要进一步深化，各行业、各地区经济社会发展水平不一，以及产业政策与竞争政策的协调，该项规定没有一概禁止与招标人存在利害关系的法人、其他组织或者个人参与投标，构成规定情形需要同时满足“存在利害关系”和“可能影响招标公正性”两个条件。即使投标人与招标人存在某种“利害关系”，但如果招投标活动依法进行、程序规范，该“利害关系”并不影响其公正性的，就可以参加投标。

2. 关联投标人

单位负责人为同一人或者存在控股、管理关系的不同单位，不得参加同一标段投标或者未划分标段的同一招标项目投标。无论单位负责人为同一人，还是存在控股或管理关系的两个单位在同一标段或者同一招标项目中投标，容易发生事先沟通、私下串通等现象，影响竞争的公平，因此有必要加以禁止。

存在上述规定情形的投标均无效。所谓无效，是指自始无效。无论于何时发现，相关投标均应作无效处理。具体说来，在评标时，评标委员会应当否决其投标；中标公示后，招标人应当取消其中标资格；合同签订后，相关合同无效，应当恢复原状，不能恢复原状的中标人应当赔偿因此造成的损失。为防止利益冲突，限制投标人参与投标不限于上述情形。例如，《招标投标法实施条例》规定，招标代理机构不得在所代理的招标项目中投标或代理投标，也不得为所代理的招标项目的投标人提供咨询；接受委托编制标底的中介机构不得参加受托编制标底项目的投标，也不得为该项目的投标人编制投标文件或提供咨询；联合体各方在同一招标项目中以自己名义单独投标或参加其他联合体投标的，相关投标均无效；投标人发生合并、分立、破产等重大变化的，应当及时书面告知招标人。投标人不再具备资格预审文件、招标文件规定的资格条件或其投标影响招标公正性的，其投标无效。

本章小结

1. 公共采购当事人是指在公共采购活动中享有权利和承担义务的各类主体，具体包括采购人、供应商和采购代理机构，不包括公共采购监督管理部门。

2. 我国《政府采购法》确定的采购人是指依法进行政府采购的国家机关、事业单位、团体组织，不包括企业和自然人。《政府采购法实施条例》对采购人的职责和义务，以及禁止行为进行了规范。《招标投标法》明确规定招标人是依法提出招标项目、进行招标的法人或其他组织，不包括自然人。《招标投标法实施条例》对招标人的禁止行为进行了规范。

3. 《政府采购法》根据集中采购目录确定了强制委托项目和自愿委托项目的实施主体。其中，强制委托项目是指集中采购目录中的通用政府采购项目，必须由集中采购机构代理采购；自愿委托项目是指集中采购目录中的部门特殊采购项目，以及集中采购目录之外、采购限额标准之上的分散项目，采购人可以自行采购，也可以自愿委托采购代理机构代理采购。

4. 政府采购代理机构分为政府依法设立的集中采购机构和集中采购机构以外的采购代理机构两类。《政府采购法》及其实施条例就采购代理机构进行了规范，主要包括性质和职能、执业水平和要求、禁止行为等。《招标投标法》及其实施条例对招标代理机构进行了规范，主要涉及招标代理机构性质、资格条件和认定、行为规范等方面内容。

5. 《政府采购法》及其实施条例主要对供应商资格、联合体供应商、对供应商的限制和禁止等内容进行了规范。《招标投标法》及其实施条例主要对投标人的资格条件、联合体投标、重大变化告知义务以及参与投标的限制等内容进行了规范。

思考题

1. 根据《政府采购法》及其实施条例，采购人在政府采购活动中应承担哪些职责和义务？

2. 根据《政府采购法》及其实施条例，政府采购人的禁止行为有哪些？

3. 简述《招标投标法》对招标人基本条件的要求。

4. 根据《招标投标法》及其实施条例，招标人的禁止行为有哪些？

5. 简述集中采购机构的性质和责任。

6.《政府采购法》及其实施条例对采购代理机构的执业条件和专业水平有何要求？

7. 根据《政府采购法》及其实施条例，采购代理机构的禁止行为有哪些？

8.《招标投标法》及其实施条例对招标代理机构行为规范有哪些要求？

9. 论述供应商参加政府采购活动应具备的基本条件。

10. 根据《政府采购法实施条例》，哪些情形属于以不合理的条件对供应商实行差别待遇或者歧视待遇？

11. 简述《政府采购法》对联合体供应商的要求。

12. 根据《政府采购法实施条例》，对供应商的限制和禁止行为包括哪些？

13. 简述《招标投标法》及其实施条例对联合体投标的要求。

14. 简述《招标投标法实施条例》对投标人重大变化告知义务的要求。

15. 简述《招标投标法实施条例》对投标人参与投标的限制。

第三章　公共采购方式

作用

公共采购方式是指公共采购合同的订立方式。本章是对公共采购方式的介绍，目的是使读者掌握我国公共采购方式的适用条件和要求，在公共采购活动中依法使用正确的采购方式。

重点

公开招标；邀请招标；竞争性谈判；询价；单一来源采购

公共采购方式是指公共采购合同的订立方式。按照是否具备招标性质，可将公共采购方式分为招标采购和非招标采购两类采购方式。法律设立专章规定公共采购方式的重要意义是，公共采购合同订立方式属于法律强制性规定事项，不属于当事人自由选择和自由约定的范围。法律直接和强制性地规定合同订立方式，是公共采购合同区别于普通民事合同的重要方面，表现了公共采购与实现国家政策和公共目的的密切关系。公共采购方式制度的核心，是强制实行公平竞争原则。考虑到竞争方式的使用是有条件和成本的，立法者根据公共采购宗旨的要求，以及采购市场供应和交易的具体情形，规定了竞争程度不同的合同订立方式。我国《政府采购法》按照是否具有竞争性和竞争的程度规定了公开招标、邀请招标、竞争性谈判、询价和单一来源采购五种采购方式，而《招标投标法》规定了公开招标和邀请招标两种招标采购方式。

第一节　招标采购方式

招标采购是指通过招标的方式，邀请所有或一定范围的潜在供应商参加投标，采购人根据事先确定并公布的标准，从所有投标中评选出中标供应商并与之签订合同的一种采购方式。从招标活动的基本性质出发，结合招投标活动的实际，我国将招标采购方式分为公开招标和邀请招标两种基本形式，并体现在公共采购立法中。

所谓公开招标，是指招标人按照法定程序发布招标公告，所有符合条件的潜在投标人都可以平等参加投标竞争，从中择优选择中标者的招标方式。所谓邀请招标，是指招标人以投标邀请书的方式邀请特定的潜在投标人参加投标的招标方式，没有接到邀请的潜在投标人则被排除在招标竞争之外。这两种招标采购方式各有优缺点，如公开招标竞争性强，能够为潜在投标人提供均等的机会，有利于从广泛的竞争者中选择合适的中标人并获得最佳的竞争效益；而邀请招标则具有招标时间短，招标费用低等优点。由于公开招标从程序和操作方式上能够充分体现公开透明、公平和公正原则，是公认的最能体现公共采购优越性的采购方式，在公共采购制度中广为施行。

一、政府采购法

（一）公开招标

《政府采购法》及其实施条例主要对公开招标的地位，禁止规避公开招标，货物和服务公开招标采购范围等内容进行了规范。

1. 公开招标的地位

《政府采购法》第二十六条规定公开招标应作为政府采购的主要采购方式，确立了公开招标在政府采购方式中的“主要”地位。“主要”是指公开招标在政府采购方式中首要、主导和普遍的地位，其他采购方式都是其次、从属和例外的地位。只要具备采用公开招标条件的采购，都应当使用公开招标的方式，否则采购人和采购代理机构应当承担相应的法律责任。

2. 禁止规避公开招标

公开招标作为政府采购的主要采购方式，在《政府采购法》中得到了确认，采购人有义务认真遵照执行，依法进行政府采购活动。但由于政府采购管理不尽完善，一些单位受集团利益或其他驱动，甚至为实现与特定供应商串通的目的，往往将达到数额标准以上的采购项目化整为零或者以其他方式回避公开招标采购。为了保证所有应当以公开招标方式采购货物和服务的项目都能做到依法公开招标采购，防止损害国家利益和公共利益现象的发生，《政府采购法》第二十八条对规避公开招标方式的行为作了限制性规定，即“采购人不得将应当以公开招标方式采购的货物或者服务化整为零或者以其他任何方式规避公开招标采购”。

（1）“化整为零”的界定。

所谓“化整为零”，是指采购人把达到法定公开招标数额的政府采购项目分割为几个小项目，使每个项目的数额都低于法定的公开招标数额标准，以此来达到逃避公开招标采购方式的目的。实践中，部分单位或采购经办人员受利益或其他原因驱动，为达到向某特定供应商直接采购的目的，往往将达到数额标准以上的项目进行拆分后再开展采购活动。在具体表现形式上，既有采购人多次直接向某一特定供应商采购，也有采购人多次通过协议供货、定点采购或者网上竞价进行采购。《政府采购法实施条例》第二十八条对以化整为零方式规避公开招标行为进行了界定，即“在一个财政年度内，采购人将一个预算项目下的同一品目或者类别的货物、服务采用公开招标以外的方式多次采购，累计资金数额超过公开招标数额标准的，属于以化整为零方式规避公开招标”。

（2）例外情形。

例外情形包括项目预算调整或者经批准采用公开招标以外的方式采购。所谓项目预算调整的除外情形，是指因预算调整原因，导致在同一财政年度内，一个预算项目下的同一品目或类别的货物、服务采用公开招标以外的方式实施多次采购，累计资金数额超过公开招标数额标准的，不属于所规定的以化整为零方式规避公开招标的情形；所谓经批准的除外情形，是指经财政部门批准同意，某一预算项目下的同一品目或类别的超过公开招标数额标准的部分货物、服务采用公开招标以外的方式实施采购，其他部分未超过公开招标数额标准的同一品目或类别的货物、服务采购人依法通过非招标方式采购，虽然两者累计资金数额超过公开招标数额标准，也不属于所规定的以化整为零方式规避公开招标的情形。

除将项目化整为零以外，还有其他一些规避公开招标方式的做法，如故意拖延采购实施时间，使采用公开招标的时间难以满足采购需求，只得采取其他采购方式。因法律无法一一列举，所以用其他任何方式来概括。所谓规避，是指以躲避履行法律强制性义务为目的、事实上不进行公开招标采购的行为，它会使法律关于进行公开招标的规定形同虚设，必须严格禁止。

3. 货物和服务公开招标采购范围

虽然公开招标是政府采购的主要方式，但由于政府采购项目多、品目繁杂，规模大小不一，而且时效性要求也不相同，再加上地区间经济发达水平不均衡，基于成本和经济效率的考虑不可能都采用公开招标方式。因此，有必要从法律上规定公开招标数额标准和审批管理权限。关于工程招投标招标问题，《政府采购法》第四条规定应适用《招标投标法》。所以，《政府采购法》第二十七条只对货物和服务公开招标范围作出了规定，其具体内容如下：

（1）公开招标数额标准按照预算管理体制确定。

数额标准是界定是否采用公开招标的方式的界线，此标准是强制性的，凡达到公开招标数额标准的货物和服务采购，都必须采取公开招标的方式。公开招标数额标准，按照预算管理体制确定，属于中央预算的政府采购项目由国务院规定，属于地方预算的政府采购项目由省级人民政府规定。在确定货物和服务采购公开招标的范围时，依据的是数额标准或者“门槛”，即只有达到一定数额的采购项目才是法律强制要求的公开招标采购。对于数额，《政府采购法》没有作出直接的规定，而是将规定数额标准的权力授予有关国家机关并且划分了这些机关的权限范围。具体数额标准实行由中央、地方两级人民政府规定的管理体制，是由我国现行财政体制所决定的。政府采购是执行预算和加强财政支出管理的一种重要办法，与预算管理体制有着紧密联系，一级政府一级预算，进而一级政府采购，所以政府采购实行统一政策、分级管理体制。具体数额标准也正是遵守了这一管理体制，如果其他机关在国务院和省级人民政府规定的标准以外确定了另外的标准，，则属于超越职权的行为，在法律上没有效力。

实践中，公开招标数额标准往往和集中采购目录、采购限额标准一同制定并定期发布。省级人民政府在规定地方政府采购公开招标数额标准时，可以参照确定集中采购目录和采购限额标准的规定，确定分别适用于本行政区域省、设区的市、县级的公开招标数额标准，并考虑本行政区域各级政府的采购规模、财政支出水平等实际情况。实践中，有的地方为了片面追求扩大公开招标的比例，设定的公开招标范围非常广泛，有些自身特性不适合公开招标的项目，从资金使用的规范性方面考虑也采用了公开招标；某些设区的市级、县级人民政府自行设定了公开招标数额标准，由于受采购规模和项目金额所限，公开招标数额标准越设越低，成本与效益不匹配，供应商参与的积极性不高，进而导致采购活动失败率较高、采购效率低下等问题，既扭曲了政府采购制度设计本意，也影响了政府采购工作形象。为此，省级人民政府确定公开招标数额标准后，设区的市级、县级人民政府不得再自行确定，尤其是不得自行降低公开招标数额标准。

（2）采用公开招标以外的采购方式应获批准。

《政府采购法》规定：“采购人采购货物或服务应当采用公开招标方式的，因特殊情况需要采用公开招标以外的采购方式的，需要在采购活动开始前获得设区的市、自治州以上人民政府采购监督管理部门的批准。”《政府采购法实施条例》第二十三条对上述“特殊情况”进行了补充规定，即采购人采购公开招标数额标准以上的货物或服务，可依法采用公开招标以外采购方式的情况包括：

①符合其他采购方式的适用情形。具体指符合邀请招标、竞争性谈判、单一来源采购、询价 4 种采购方式的适用情形。在我国政府采购实践中，公开招标已成为

绝对主导方式，但其存在的周期长、效率低、成本高、程序单一、不够灵活等缺点带来的局限性也越来越明显。各级人民政府及采购监督管理部门过于强调公开招标在政府采购中实现公开、公平和公正的作用，忽略了采购效率对提高政府行政效能的影响和实现“物有所值”的价值目标，与政府行政体制改革的效能要求严重不适应。随着我国政府采购实践经验的成熟和政府采购范围的扩大，特别是政府向社会力量购买公共服务工作的推进，政府采购标的日趋复杂多样，需要根据采购项目的具体情况和需求特点，灵活运用各种采购方式实现采购目的。如某些技术复杂或者性质特殊、需要供应商提供设计方案、解决方案的采购项目或某些公共服务采购项目就不适合采用公开招标的方式。

②需要执行政府采购政策。政府采购政策是国家实施宏观调控的重要手段，根据项目采购需求特点灵活运用不同的采购方式，实现支持中小企业发展、促进科技创新等政府目标是国际社会的普遍做法。特别是对于采购前无法详细描述采购需求的项目，如我国大力推行的政府购买公共服务、政府和社会资本合作项目工作，其采购需求在采购前无法详细描述，从采购技术上看也无法通过招标方式进行采购，如强行采用招标方式采购则无法保证采购目标的落实，影响国家推进事业单位改革、化解政府存量债务防范财政金融风险等目标的实现；又如科技创新项目，在科技成果转化阶段就需要政府通过非招标方式进行定向扶持等。

需要注意的是，达到公开招标数额标准以上，符合以上变更采购方式情形的，采购人应结合采购项目自身的需求特点来决定是否申请变更采购方式。《政府采购非招标采购方式管理办法》第五条规定，申请采用非招标采购方式采购的，采购人应当向财政部门提交以下材料并对材料的真实性负责：采购人名称、采购项目名称、项目概况等项目基本情况说明；项目预算金额、预算批复文件或者资金来源证明；拟申请采用的采购方式和理由。同时，在竞争性谈判、单一来源采购、询价采购方式的具体规定中细化了每一种采购方式的申请材料。此外，申请采用竞争性磋商采购方式应提供的材料，财政部《政府采购竞争性磋商采购方式管理暂行办法》中亦有明确规定。此外，《政府采购法实施条例》第七十八条对变更采购方式的报批也进行了调整。实行省直接管理县财政体制改革以来，“获得设区的市、自治州以上人民政府采购监督管理部门的批准”这一规定与实际财政管理体制不符，难以操作。为此，《政府采购法实施条例》规定：“财政管理实行省直接管理的县级人民政府可以根据需要并报经省级人民政府批准，行使《政府采购法》和实施条例规定的设区的市级人民政府批准变更采购方式的职权。”

（二）邀请招标

邀请招标是招标的一种方式，在一定程度上能够弥补公开招标的缺陷，而且能相对发挥招标优势，特别是在投标供应商数量不足的情况下作用尤其明显。因此，邀请招标也是一种政府采购方式。《政府采购法》第二十九条对邀请招标采购方式的适用条件进行了规范，即符合下列条件之一的货物或服务，可依法采用邀请招标方式采购：

1. 供应商的客观有限性

适用条件之一是具有特殊性，只能从有限范围的供应商处采购。由于采购人对货物或者服务的技术和其他规格的特殊要求，使得有能力提供的供应商有限，客观上没有必要使用公开招标方式。如因项目复杂的专业性和特殊要求等因素使提供产品的潜在供应商数量较少，公开招标与不公开招标都不影响提供产品或服务的供应商数量。但应注意的是，邀请招标的有效投标供应商不能少于3家，否则无效。

2. 竞争成本所占比例过高

适用条件之二是采用公开招标方式的费用占政府采购项目总价值比例过大。采购人在采购一些价值较低的采购项目时，采用公开招标方式所需时间和费用与拟采购的项目总金额不成比例，不符合提高政府采购资金使用效益的宗旨，采购人只能通过邀请招标方式来达到经济和效益的目的。

邀请招标采购方式的适用条件，概括起来就是潜在供应商数量不多，或考虑采购的经济效益。上述两个条件都是公开招标方式的例外情形，采购人只有在符合两种适用条件之一的情形下，才可以采用邀请招标的采购方式。

二、招标投标法

《招标投标法》规定，招标采购方式分为公开招标和邀请招标。根据两种招标形式的特点及在我国使用的情况，本着既有利于保证竞争的广泛性，又有利于节约、省时并能基本保证招标质量的原则，除“对国家和地方重点项目采用公开招标”强制性规定外，允许招标人对上述两种招标方式自行选择。也就是说，采购人可以根据采购项目的特点和性质，自主决定采用公开招标或邀请招标方式，只要不违反法律强制性规定即可。

（一）公开招标

1. 公开招标的定义

《招标投标法》第十条规定，公开招标是指招标人以招标公告的方式邀请不特定的法人或者其他组织投标。因此，公开招标需符合如下要求：

（1）招标人向不特定的法人或其他组织发出投标邀请。

招标人应当通过为全社会所熟悉的公共媒体公布其招标项目、拟采购的具体设备或工程内容等信息，向不特定的人提出邀请。任何认为自己符合招标人要求的法人或其他组织都有权向招标人索取招标文件并届时投标。采用公开招标的，招标人不得以任何借口拒绝向符合条件的投标人出售招标文件，依法必须进行招标的项目，招标人不得以地区或者部门不同等借口违法限制任何潜在投标人参加投标。

（2）招标人采取公告的方式发出投标邀请。

公开招标须采取公告的方式向社会公众明示其招标要求，使尽量多的潜在投标人获取招标信息，前来投标，从而保证了公开招标的公开性。招标公告的发布有多种途径，如可以通过报纸、网络等公共媒体。

2. 必须公开招标的项目

（1）国家和地方重点项目。

《招标投标法》第十一条规定，“除非有不适宜公开招标的情况，国家和地方重点项目必须采用公开招标采购方式”，这是对公开招标的强制性规定。由国家发展改革部门确定的国家重点项目，是从国家大中型基本建设项目中确定的对国民经济和社会发展有重大影响的骨干项目，具体包括：基础设施、基础产业和支柱产业中的大型项目，高科技并能带动行业技术进步的项目，跨地区并对国民经济发展或者区域经济发展有重大影响的项目及对社会发展有重大影响的项目等；地方重点项目包括由各省级地方人民政府根据当地具体情况确定的对当地经济和社会发展有重大影响的项目。

这些项目绝大部分使用国有资金，项目的质量和进度直接影响人民的生活和国民经济的发展。为了最大限度地保证项目质量，节约国有资金，提高资金的使用效益，有必要尽可能采用公开招标的方式以求最充分的竞争。一些大型的技术尖端的国家重点项目，还需要通过国际竞争性招标的方式征集投标人。为此，依法必须进行招标的国家重点项目和地方重点项目，一般应采用公开招标的方式进行招标。

（2）国有资金占控股或主导地位的依法招标项目。

《招标投标法实施条例》第八条对公开招标的项目范围做了补充规定，即“国有资金占控股或者主导地位的依法必须进行招标的项目，应当公开招标”。所谓国有资金”，根据《工程建设项目招标范围和规模标准规定》第四条规定，包括各级财政预算资金、纳入财政管理的各种政府性专项建设基金，以及国有企事业单位自有资金；所谓控股或主导地位，是指国有资金占有限责任公司资本总额50%以上或国有股份占股份有限公司股本总额50%以上，国有资金或国有股份的比例虽然不足50%，但依出资额或者所持股份所享有的表决权已足以对股东会、股东大会的决议产生重大影响的，或国有企事业单位通过投资关系、协议或者其他安排，能够实际支配公司行为的，也属于国有资金占控股或主导地位。

需要说明两点：一是国有资金的比例应当是项目资金来源中所有国有资金之和，国有企事业单位的自有和自筹资金均属于国有资金；二是依法必须公开招标项目的范围，不限于上述规定。例如，《土地复垦条例》第二十六条规定，政府投资进行复垦的，有关国土资源主管部门应当依照招标投标法律法规的规定，通过公开招标的方式确定土地复垦项目的施工单位；《国务院关于促进节约集约用地的通知》明确要求，土地前期开发应通过公开招标的方式选择实施单位。

（二）邀请招标

1. 邀请招标的定义

《招标投标法》规定，邀请招标是指招标人以投标邀请书的方式邀请特定的法人或者其他组织投标。因此，邀请招标需符合如下要求：

（1）招标人向特定的法人或其他组织发出投标邀请。

邀请招标不用向不特定的人发出邀请，但为了保证招标的竞争性，邀请招标的特定对象也应当有一定的范围，根据《招标投标法》第十七条的规定，招标人应当向3个以上的潜在投标人发出邀请。

（2）招标人采取投标邀请书的方式发出投标邀请。

邀请招标不用发布公告，招标人只要向特定的潜在投标人发出投标邀请书即可。接受邀请的人才有资格参加投标，其他人无权索要招标文件，不得参加投标。应当指出，邀请招标虽然在潜在投标人的选择上和通知形式上与公开招标有所不同，但其所适用的程序和原则与公开招标是相同的，其在开标、评标标准等方面都是公开的，因此，邀请招标仍不失其公开性。

2. 公开招标项目采用邀请招标的条件和审批

《招标投标法》第十一条规定："国务院发展计划部门确定的国家重点项目和省、自治区、直辖市人民政府确定的地方重点项目不适宜公开招标的，经国务院发展计划部门或者省、自治区、直辖市人民政府批准，可以进行邀请招标。"其主要含义是，对不适于公开招标的国家和地方重点项目，经批准可以采用邀请招标的方式。《招标投标法实施条例》明确了公开招标项目采用邀请招标应当具备的条件和审批程序。

（1）邀请招标的条件。

邀请招标条件，是对依法必须公开招标的项目而言的。对于不是必须公开招标的项目，由招标人自主确定采用公开招标还是邀请招标方式。所谓“不适宜公开招标的国家和地方重点项目”，是指由于项目本身的原因，致使无法采用公开招标方式进行采购。《招标投标法实施条例》第八条规定，国有资金占控股或者主导地位的依法必须进行招标的项目，有下列情形之一的，可以邀请招标：

①潜在投标人数量有限。项目技术复杂、有特殊要求或者受自然环境限制，只有少量潜在投标人可供选择。根据这一规定进行邀请招标，除了项目技术复杂，或者有特殊要求，或者受自然环境限制，还应当同时满足只有少量潜在投标人可供选择这一条件。考虑到上述特殊情况下，即使采用公开招标方式，投标人也是已知且有限的，直接邀请符合条件的潜在投标人投标，不仅有利于提高采购效率、节约采购成本，而且可以在一定程度上避免因投标人不足3家而导致招标失败。

需要说明的是，项目技术虽然复杂，或有特殊要求，或虽然受自然环境的限制，但如果有足够多的潜在投标人，对于应当公开招标的项目而言，仍不能邀请招标。另外，项目技术复杂、有特殊要求或受自然环境限制这三个要件均应当是客观的，特别是项目的特殊要求，要从采购项目的功能、定位等实际需要出发，实事求是地提出。

②公开招标费用占项目合同金额的比例过大 。采用公开招标方式的费用占项目合同金额的比例过大。招标采购本质上是一种经济活动，应当遵循经济规律。当招标成本等于甚至大于招标收益时，招标活动就失去了意义。该项规定是物有所值原则的具体体现，不仅要求选择适当的采购方式，还体现在合理确定强制招标范围和规模标准等活动中。

由于实践中不同招标项目差别较大，《招标投标法实施条例》没有规定公开招标费用占项目合同金额的具体比例。对于应当审核招标内容的项目，由项目审批、核准部门在审批、核准项目时认定公开招标费用占项目合同金额的比例是否过大，其他应当公开招标的项目由招标人申请有关行政监督部门做出认定。

（2）邀请招标的审批程序。

不同类型招标项目由不同部门审批邀请招标：

①重点项目。国务院发展计划部门确定的国家重点项目和省、自治区、直辖市人民政府确定的地方重点项目不适宜公开招标的，经国务院发展计划部门或者省、自治区、直辖市人民政府批准，可以进行邀请招标。

②工程建设施工项目。按照《工程建设项目施工招投标办法》规定，全部使用

国有资金投资或国有资金投资占控股或者占主导地位并需审批的工程建设项目的邀请招标，应当经项目审批部门批准，但项目审批部门只审批立项的，由有关行政监督部门审批。

③机电产品国际招标项目。2014 年实施的《机电产品国际招标投标实施办法(试行)》规定，国有资金占控股或者主导地位的依法必须进行机电产品国际招标的项目，可在规定的情形下邀请招标。其中，采用公开招标方式的费用占项目合同金额比例过大的项目，招标人应当在招标前向相应的主管部门提交项目审批、核准部门审批、核准邀请招标方式的文件，其他项目采用邀请招标方式应由招标人申请相应的主管部门做出认定。

第二节　非招标采购方式

非招标采购方式是指除招标采购以外的采购方式。达到一定金额以上的采购项目一般要求采用招标采购方式，但在有些情况下，如需要紧急采购或采购来源单一等，招标采购方式并不是最经济的，则需要采用招标以外的其他采购方式。所以，在公共采购中，招标采购虽然是主要的，但并不是唯一的采购方式，还需要采用其他一些采购方式来补充，以充分实现提高采购资金使用效益的宗旨。与招标采购方式相比，非招标采购方式不强调给予所有潜在供应商公平竞争的机会，采购周期更短、效率更高，选择供应商的来源和评审过程更为灵活，可以适应特定采购项目的需要。我国《政府采购法》列举的其他采购方式包括竞争性谈判、询价和单一来源采购方式等。因非招标采购方式的竞争性不足，《政府采购法》规定了非招标采购方式的适用条件，只有符合规定条件的货物和服务，才可依法采用这些采购方式。

一、竞争性谈判

公开招标方式在采购中体现了竞争性、客观性和透明度原则，是最有利于实现《政府采购法》宗旨的采购方式。但政府采购项目因采购标的、市场情况、紧急程度以及技术水平而有所不同，为实现采购的经济有效性，必须采用其他采购方式予以补充，其中竞争性谈判方式是一种主要方法。竞争性谈判，是指采购人通过与多家供应商进行分别谈判，最后从中确定成交供应商并授予合同的采购方式。简单地说，就是指采购人与供应商可就价格、技术规格、质量、服务要求等采购事项进行比较性的讨价还价。竞争性谈判有二：第一是与“多个”对象谈判，具有一定程度的竞争性；第二是分别“谈判”，可以确定采购人的特殊需要，克服招标方式的固有不足。与公开招标采购方式相比，竞争性谈判具有较强的主观性，评审过程也难以控制，容易导致不公正交易，甚至腐败。因此，《政府采购法》第三十条规定了货物和服务采购中采用竞争性谈判方式的适用条件。具体而言，凡是符合以下 4 种情形之一的货物或服务，都可以依法采用竞争性谈判方式采购：

（一）招标后失败

这种情形是指招标后没有供应商投标或者没有合格标的或者重新招标未能成立。主要包括 3 种情况：一是经公开招标或邀请招标后，没有供应商投标；二是采用招标方式后，有效投标供应商没有达到法定的 3 家以上，或者是投标供应商达到了 3 家以上，但其中合格者不足 3 家的情形；三是重新招标不能成立的，主要是指招标失败后，不符合重新招标的条件，无法进行重新招标的情形。

（二）技术复杂或性质特殊不能确定规格或要求

这种情形是指技术复杂或性质特殊，不能确定详细规格或者具体要求，主要是指由于采购对象的技术含量和特殊性质所决定，采购人不能确定有关货物的详细规格，或者不能确定服务的具体要求，主要以软件定制开发和特殊服务类的项目居多。因为采购人、采购代理机构很难针对这种项目编制出采购需求十分明确，让所有投标人都能够充分理解采购意图，并在同一基准之上提出投标报价的招标文件，不具备招标的条件，这时竞争性谈判方式反而是更好的选择。采购人或者采购代理机构需要经过与供应商的反复谈判，实现从粗到细，最终明确详细的技术参数或采购的具体要求。在谈判过程中，采购人逐渐明确需求，供应商根据谈判小组的要求修改完善自己的谈判响应方案。通过谈判活动参与确定最终的设计方案或解决方案，是这类谈判的显著特点。

（三）招标所需时间不能满足用户的紧急需要

这种情形是指采用招标所需时间不能满足用户的紧急需要。由于公开招标方式采购周期较长，当采购人出现不可预见的因素亟须采购时，按公开招标采购程序就无法得到所需货物和服务，主要指采购人的一些突发性采购需求，需要压缩采购周期，可采用竞争性谈判方式采购。

为防止采购人或采购代理规避公开招标，《政府采购法实施条例》第二十六条对“采用招标所需时间不能满足用户紧急需要”的情形进行了细化规定，主要是指采购人不可预见的或者非因采购人拖延导致的情形。所谓采购人不可预见的情形，主要是指采购人开展有关工作时，前期无法预知，如因暴雨而临时损毁、需要紧急进行维修的工程等。如果采用公开招标方式采购，时间上来不及，将影响单位日常工作的正常运行；所谓非因采购人拖延导致的情形，主要是指采购项目受到各方面特殊情况的影响以及项目本身情况发生改变等导致不能如期开展采购活动，但又急需的项目。由于采购人工作不力或故意拖延等原因导致紧急需要不属于上述的法定情形，达到公开招标数额标准的采购项目不得采用公开招标方式之外的方式实施采购。如某学校有关教学方面的采购项目，通过加强计划性在学生放假前就可以完成招标前期的有关工作，但非得拖延到快开学才启动采购程序，并以必须在开学之前完成采购活动为由要求转变采购方式，就不属于规定的紧急需要情形。

（四）不能事先计算出价格总额

这种情形主要是指采购对象独特又复杂，以前不曾采购过且很少有成本信息，不能事先计算出价格总额的。在预算既定的情况下，如果难以确定合适的价格，招标很可能因出现所有报价高于预算不得不废标的情况，可以选择通过竞争性谈判方式解决。

《政府采购法实施条例》第二十六条对“不能事先计算出价格总额”的情形进行了细化规定，主要是指采购艺术品，因专利、专有技术或者因服务的时间、数量事先不能确定等因素导致不能事先计算出价格总额的采购项目。其中，艺术品作为一种特殊商品，不同于一般的商品。人的主观因素对艺术品的价值形成将起到决定性作用。艺术品的价值主要由艺术家自身劳动所创造的价值和艺术品市场供求关系所决定。正是由于其特殊属性，不能事先计算出价格总额。专利是指对发明创造，包括发明、实用新型和外观设计经申请并通过审查后所授予的一种权利。专有技术是指先进、实用但未申请专利权保护的产品生产技术秘密，包括产品设计图纸、生产工艺流程、配方、数据公式，以及产品质量控制和管理等方面的技术知识、经验等。在采购活动中，基于对专利、专有技术或其替代专利、专有技术特性、功能的产品或服务采购时，由于很多专利、专有技术没有或并未对外公开市场定价，采购人往往无法事先计算出价格总额。需注意的是，该采购项目的功能定位是可以使用不同的专利、专有技术或服务替代，均能够满足相同或相似的项目功能定位。反之，如果项目只能采用某一特定专利、专有技术方能满足采购人的需求目标，则应采用单一来源采购方式开展采购。服务的时间、数量事先不能确定的情形，主要是指政府采购服务项目，特别是政府向社会力量购买公共服务的项目，如教育、医疗卫生、文化和社会服务等。

二、询价

询价采购，是采购人经过比较多个供应商报价确定最佳供应商并授予合同的采购方式，就是我们通常所说的“货比三家”，这是一种相对简单而又快速的采购方式。询价就是采购人向有关供应商发出询价通知书让其报价，然后在报价的基础上进行比较并确定最优供应商的一种采购方式。与其他采购方式相比，询价有以下3个明显特征：一是邀请报价的供应商数量应至少有3家，通过对多个供应商报价的比较体现采购合同授予的竞争性；二是适用范围单一，只适用于货物采购；三是只允许供应商报出不得更改的报价。这种方法，适用于采购现成的而并非按采购人要求的特定规格、特别制造或提供的标准化货物，货源丰富且价格变化弹性不大的采购项目。

在政府采购实践中，询价采购操作存在一些不规范的做法，通常是将一些可以招标或者规格标准不统一的货物也实行询价方式采购，这里有制度规定不完善的地方，也有“钻政策空子”的现象。因此《政府采购法》第三十二条规定了适用询价采购的两个条件：一是采购人需求的是通用货物，货物规格、标准统一，没有特殊的规格和标准要求；二是供应充足价格变化幅度小，可供选择的余地不大。选择余地小意味着竞争空间小，这是不采用招标方式采购的主要理由。因此，询价的主要是统一标准化产品，通过价格确定成交，基本上不考虑其他因素。如复印纸，虽然厂家多，但所有产品在规格、质量和标准等方面差别不大，而且常年价格稳定，可以通过询价方式采购所需产品。

三、单一来源采购

单一来源采购，也称直接采购，是采购人只能将采购合同授予一个特定供应商的采购方式，主要是指所购商品的来源渠道单一，或属专利、首次制造、合同追加、原有采购项目的后续扩充和发生了不可预见的紧急情况不能从其他供应商处采购等情况。由于单一来源采购方式具有直接采购、没有竞争的特点，采购人只能和唯一的供应商签订合同，也就是说，采购活动处于一对一的状态，采购人处于不利地位，这一方式的滥用也会产生腐败现象，加大政府采购的成本和支出。因此，《政府采购法》第三十一条规定了单一来源采购方式的适用条件，只有符合下列情形之一的货物或服务，才可以采用单一来源采购方式采购：

（一）只能从唯一供应商处采购

采购项目只有唯一的制造商和产品提供者。唯一是基于技术、工艺或专利权保护、首次制造等原因，货物和服务只能由特定的供应商制造或提供，且不存在任何其他合理的选择或替代的情况。这类情况通常是指专利产品、新型产品、定制产品、独家提供的服务等。《政府采购法实施条例》第二十七条对“只能从唯一供应商处采购”进行了细化规定，具体包括：

1. 使用不可替代的专利、专有技术

因货物或者服务使用不可替代的专利、专有技术，导致只能从某一特定供应商处采购。使用专利或专有技术采用单一来源采购方式采购，需要同时满足3个条件：

一是项目功能的客观定位决定必须使用指定的专利、专有技术或服务，而非采购人的主观要求。仅仅因为项目技术复杂或者技术难度大，不能作为单一来源采购的理由。

二是项目使用的专利、专有技术或服务具有不可替代性。项目功能定位必须使用特定的专利、专有技术或服务，且没有可以达到项目功能定位同样要求的其他替代技术方案。如果可以使用不同的专利、专有技术或服务替代，能够满足相同或相似的项目功能定位的技术需求目标，且不影响项目的质量和使用效率，就不能用单一来源采购方式来确定供应商。

三是因为产品或生产工艺的专利、专有技术或服务具有独占性，导致无法由其他供应商分别实施或提供，只能由某一特定的供应商提供。

2. 公共服务项目具有特殊要求

公共服务项目具有特殊要求，导致只能从某一特定供应商处采购，主要是指为落实党中央、国务院关于大力推进政府购买公共服务改革的政策要求，充分考虑公共服务项目的特殊性并兼顾改革的力度和进度要求，从而允许从某一特定供应商处采购的情形。如政府通过购买服务向一定区域内群众提供有特色的地方戏曲文艺服务，而该项服务只有特定文艺团体才能提供，那么购买该项服务的采购具备唯一性；再如教育、医疗卫生和社会服务等目前主要由事业单位等体制内单位提供的公共服务项目，就需要结合政府职能转变、事业单位改革、行业协会商会与行政单位脱钩等改革的推进程度来统筹考虑是否向特定的体制内单位采购。

（二）不可预见的紧急情况

发生了不可预见的紧急情况不能从其他供应商处采购的。这主要是指由于发生不可预见的事件，导致出现异常紧急情况，且出现该紧急事件的情势非归因于采购人。由于公开或其他采购程序相对复杂，不可能在短时间内完成采购，不能满足紧急事件的时间要求，而单一来源采购程序比较简单，可以满足紧急采购的要求。

（三）从原供应商处添购

主要是考虑保证原有采购项目一致性或者服务配套的要求，需要从原供应商处添购的情形。就采购项目而言，在替换或扩充原供应商提供的货物和服务时，更换供应商会造成不兼容或不一致的困难，不能保证与原有采购项目一致性或者服务配套的要求，需要继续从原供应商处添购，且添购金额不超过原合同采购金额的10%。所谓添购，是指在原有采购项目上增加，如单位采购工作服，因新增人员，需要添置同样的工作服。再如采购大型设备，因维护需要，必须请提供该设备的供应商负责维修事务等。

上述几个方面的内在要求在于，客观上不允许使用其他竞争性方式采购。在采用单一来源采购方式采购时，采购人与供应商应当遵守《政府采购法》规定的原则，在保证采购项目质量和双方商定合理价格的基础上进行采购。

《政府采购法》第四条规定，政府采购工程进行招标投标的，适用《招标投标法》。但《政府采购法》对可不进行招标的政府采购工程适用的采购方式没有做出规定，使实际操作过程中无法可依。《政府采购法实施条例》第二十五条对此明确规定："政府采购工程依法不进行招标的，应当依照政府采购法和本条例规定的竞争性谈判或者单一来源采购方式采购。"也就是说，政府采购工程属于依法必须招标的工程建设项目范围内并达到规模标准以上，适用《招标投标法》及其实施条例，其他政府采购工程适用《政府采购法》及其实施条例。根据《招标投标法》及其实施条例，必须进行招标的工程建设项目中可不进行招标的情形包括：一是涉及国家安全、国家秘密、抢险救灾或者属于利用扶贫资金实行以工代赈、需要使用农民工等特殊情况；二是需要采用不可替代的专利或专利技术；三是采购人依法能够自行建设、生产或者提供；四是已通过招标方式选定的特许经营项目投资人依法能够自行建设、生产或者提供；五是需要向中标人采购工程、货物或者服务，否则将影响施工或者功能配套要求；六是国家规定的其他特殊情形。也就是说，即使政府采购工程项目属于必须进行招标的工程建设项目，但属于上述依法可不进行招标的情形，应当适用《政府采购法》及其实施条例。需要注意的是，《政府采购法实施条例》在征求意见和复核过程中，财政部并未依法认定除公开招标、邀请招标、竞争性谈判、单一来源采购、询价以外的其他采购方式。但财政部于2014年发布了《政府采购竞争性磋商采购方式管理暂行办法》，依法认定了竞争性磋商采购方式，并明确该方式可以适用于依法不进行招标的政府采购工程。因此，目前依法不进行招标的政府采购工程可以适用的采购方式应包括竞争性谈判、竞争性磋商和单一来源采购3种采购方式。同时,“依法不进行招标的政府采购工程的采购方式”属于强制性规定,采购人亦不得采用招标方式进行采购。

本章小结

1. 公共采购方式是指公共采购合同的订立方式,按照是否具备招标性质,可将公共采购方式分为招标采购和非招标采购两种方式。公共采购合同订立方式属于法律强制性规定事项,不属于当事人自由选择和自由约定的范围。

2. 就招标采购方式而言,《政府采购法》及其实施条例明确了公开招标的主要地位、禁止规避公开招标、货物和服务公开招标采购范围,也对邀请招标的适用条件进行了规范。《招标投标法》及其实施条例规定了必须公开招标的条件,也对公开招标项目采用邀请招标的条件和审批进行了规范,除对国家和地方重点项目、国有资金占控股或主导地位项目采用公开招标进行强制性规定外,还允许招标人对上述两种招标方式自行选择。

3. 就非招标采购方式而言,《政府采购法》及其实施条例对货物和服务采购适用竞争性谈判、询价和单一来源采购方式采购的条件进行了规范,同时也要求政府采购工程依法不进行招标的,应当依照规定的竞争性谈判或者单一来源采购方式采购。《招标投标法》及其实施条例不涉及对非招标采购方式的规范。

思考题

1. 《政府采购法实施条例》对变更采购方式有何要求?

2. 根据《政府采购法》,在什么条件下可以采用邀请招标?

3. 请举例说明《政府采购法》所规定的“以化整为零方式规避公开招标”的行为。

4. 根据《招标投标法》及其实施条例,什么是必须公开招标的条件?

5. 根据《招标投标法》及其实施条例,简述公开招标项目采用邀请招标应具备的条件和审批程序。

6. 简述竞争性谈判采购的适用条件。

7. 简述单一来源采购的适用条件。

第四章　公共采购程序

作用

公共采购程序作为公共采购行为准则，是建立公共采购制度的重要内容。本章是对公共采购程序的介绍，目的是使读者了解公共采购的基本程序，特别是采购方式的执行程序，掌握公共采购流程和步骤，规范公共采购行为，以实现公共采购的目标。

重点

确定采购需求；执行采购方式；履约验收

作为公共采购制度的重要内容，公共采购程序是公共采购行为的准则，体现了公共采购原则的要求，是实施监督管理的基础。公共采购程序是否严密和完整，直接关系到公共采购行为是否规范以及能否实现公共采购的目标。我国公共采购法对公共采购程序的规范各有侧重，《政府采购法》及其实施条例对政府采购程序进行了规范，涵盖了采购预算编审、编制政府采购计划、确定采购需求、执行采购方式、履约验收以及采购文件保存等采购活动的全部过程，并不限于采购方式的执行程序；而《招标投标法》及其实施条例主要对招投标程序进行了规范，涵盖了招投标活动的全部过程，仅限于招标采购方式的执行程序。因此，公共采购程序主要是以我国《政府采购法》及其实施条例为主线进行分析和说明，有利于全面把握公共采购的程序性要求。具体而言，我国公共采购程序包括确定采购需求、执行采购方式和履约验收 3 大部分。

第一节　确定采购需求

在确定采购需求环节，《政府采购法》及其实施条例主要对政府采购预算、采购实施计划和采购需求等内容进行了规范。

一、政府采购预算

采购项目批准程序是政府采购基本程序的第一步，主要是通过编制预算和批准预算解决采购项目的确立问题。按照《政府采购法》规定，政府采购资金为财政性资金，而财政性资金是通过预算进行管理的，所以政府采购资金也必须实行预算管理。预算管理的首要环节是编审部门预算，政府采购项目确立的过程是随着部门预算的编审程序而完成的。因此，就政府采购工作而言，开展采购工作的前提是预算中有安排，并且项目具体，资金预算明确。只有这样，才能为政府采购监督管理部门有的放矢地制订政府采购计划，实施有效监督管理提供依据；以便于采购人和采购代理机构有计划地开展采购活动；为供应商了解年度政府采购市场的规模和结构，并客观地做出经营策略提供依据。

（一）政府采购预算编审

我国的预算管理体制不尽完善，主要表现在编制周期短，编制项目比较粗，不够细化。在这种预算编制和审批制度下，项目不具体、预算不准确、预算执行的随意性较大，反映到政府采购上，就出现了无预算采购、重复采购、盲目采购等现象，政府采购工作也因项目不明确，缺乏计划性，难以全面推行。随着我国社会主义市场经济体制改革的深化，预算编制方法改革势在必行。为此，财政部从1998年开始了预算管理体制改革，推选编制部门预算，其中一项重要内容就是，已经实行部门预算改革的，在2000年的部门预算中增加政府采购预算内容；未实行部门预算改革的，要单独编制政府采购预算。虽然推行部门预算逐步为政府采购工作的深入开展创造了条件，但难以满足全面开展政府采购工作的要求，需要在立法上进一步推动。因此，根据“政府采购应当严格按照批准预算执行”的原则规定，《政府采购法》第三十三条对政府采购预算的编制和审批管理做出了具体规定，即“负有编制部门预算职责的部门在编制下一财政年度部门预算时，应当将该财政年度政府采购的项目及资金预算列出，报本级财政部门汇总。部门预算的审批，按预算管理权限和程序进行”。这一程序的法律意义是对政府采购项目和资金实行部门预算管理，主要是解决细化政府采购项目，硬化预算约束，确保政府采购按批准的预算实施。部门预算的审批是按照预算管理权限和程序进行，而政府采购项目确立的过程，是随着部门预算的编审程序而完成的，因此不用单独建立政府采购预算审批程序。

1. 部门预算编制程序

与传统预算相比，部门预算的主要特点有：一是收支范围全面。一个部门在一个财政年度内的各项收入和支出都必须纳入预算，全面反映一个部门的年度财政收支情况。二是分类科学。在支出方面，将一个部门的支出分为项目支出和基本支出，工资支出单独反映。三是支出项目要求细化。所以，部门预算能够较为具体地反映一个部门的支出情况，包括政府采购项目，有利于提高预算分配和预算执行的透明度，科学安排和使用财政性资金。

部门预算的编制程序全国基本上是一致的。以中央部门为例，中央单位下一财政年度部门预算编制，从本财政年度的第三季度就开始准备，国务院先就预算编制原则、支出重点等问题下发一个财政年度预算编制通知，财政部根据国务院通知部署预算编制工作（称为“一下”）。各部门根据财政部的具体部署组织本部门的预算编制工作，汇总后报财政部审核（称为“一上”）。财政部对各部门预算进行审核后，根据国民经济和社会发展计划以及财力等情况，核定部门预算支出控制数，要求各部门按照支出控制数调整预算（称为“二下”）。各部门根据财政部下达的支出控制数，按照优先顺序，调整支出项目，使部门预算的总支出不得突破控制数，最后将调整后的部门预算上报财政部（称为“二上”）。财政部对各部门调整后的部门预算进行汇总，并作进一步审核后，形成预算草案上报国务院批准，并提交 3 月的全国人大会议审议。全国人大审议通过后，由财政部在 1 个月内批复到各部门执行。各部门接到财政部批复的部门预算后，将具体预算批复到各基础预算单位。

2. 政府采购预算编审

《政府采购法》要求部门和单位在编制的下一财政年度部门预算中，应当将政府采购的项目及资金预算单独列出，报至本级财政部门汇总。这是政府采购预算编审程序的核心内容。各部门在编制部门预算时，凡是属于《政府采购法》规定的政府采购项目都要在部门预算的相关科目中详细列明，包括项目具体名称和预算等事项，不得不报、漏报或者瞒报，不得在部门支出资金控制数额以外编制政府采购预算。人大批准了部门预算，也就批准了其中的政府采购预算。只有经人大批准的采购项目，才能开展采购活动。以中央单位为例，在部门预算中增加政府采购内容的具体做法是，在部门预算表中增加了一张“政府采购预算表”，表中列明的政府采购范围分为 3 大类，一是 100 万元以上的专项采购项目。二是 500 万元以上的新开工工程项目。三是计算机、小汽车、复印机、锅炉和电梯 5 项经常性购置项目。各部门在编制部门预算时，要将部门支出预算中，符合上述三类条件的采购项目分别在政府采购预算表中单列出来，并相应填报各自的预算、计量单位、规模或数量、主要技术指标、开工竣工或最迟投入使用的日期等事项。政府采购预算随部门预算一并报财政部审核。财政部在批复部门预算时，也一并批复政府采购预算。

2001年开始，财政部规定，政府采购预算由各部门在“二上”时编报，目的是减少部门的工作量，保证政府采购预算编报的稳定性和准确性。在预算编制期间，各部门“一上”的预算反映的是各部门的支出需求，并非确定的预算，还需要根据部门支出控制数进行较大的调整，编制政府采购预算的意义不大。支出控制数限制了各部门可使用的资金总量，各部门在资金总量内安排的支出项目，一般会获得通过，列入政府采购预算中的采购项目也不会有太大的变动。

（二）政府采购项目预算公开

政府采购项目预算是政府采购执行的依据，决定了采购的内容、标准和方式，也是政府采购监督时重要的评判标准。因此，《政府采购法实施条例》第三十条规定：“采购人或者采购代理机构应当在招标文件、谈判文件、询价通知书中公开采购项目预算金额。”在采购活动中，采购人或者采购代理机构在采购文件中公开项目预算金额，就是对供应商规定的最高限价。按照《政府采购法》和《预算法》的有关规定，报价超过项目预算金额的供应商，在评审中应当认定其投标或响应无效，所有供应商报价均超过项目预算金额，采购活动终止。通过公开项目预算金额，不仅能使预算与采购更紧密衔接，让预算制度更加公开透明，也能够让相关市场主体公平地获得采购信息，明明白白地参与竞争，获得充分的知情权和监督权，防止“暗箱操作”；也可以使公众了解项目采购的资金情况，无论是预算金额过高造成高节支率，还是预算金额过低造成采购活动失败，都会展示在社会公众面前，会促进部门预算编制得更加科学合理；在招标文件中公开采购项目预算金额，也为投标人的报价均超过了采购预算，采购人不能支付的废标情形提供了依据。在采购实践中，存在投标人的报价均超过了采购预算，采购人不能支付，但由于采购预算没有公开，造成无依据废标，采购人的利益无法保障的情形。同时也存在采购人出于私利，在得知开标情况甚至获悉初步评标结果时，才告诉评标委员会采购预算，要求评标委员会以超预算采购人不能支付为理由废标，从而滥用废标权的情形。通过在招标文件中公开预算金额，能够有效解决上述问题，使招标采购的废标情形在实践中得以公正执行。

在实践中，公开政府采购项目预算金额应注意以下问题：

1. 公开项目预算金额的方式

《政府采购法实施条例》规定：“应当在招标文件、谈判文件、询价通知书中公开采购项目预算金额。”这是基于政府采购遵循的公平竞争原则，能够使所有供应商都有平等的机会获得相同的采购项目信息。国务院财政部门认定的其他政府采购方式也应当按此执行，如竞争性磋商应在磋商文件中公开采购项目预算金额。有的政府采购人在开标时公布预算，这种做法既不公平，也易导致权力寻租，应当纠正。任何在采购文件发出时不公开预算金额之后才公开的行为，均属于修改采购文件，要按照对采购文件进行澄清或者修改的规定执行。

在招标采购活动中，采购人可以根据采购项目的特点和实际需要对项目进行分包采购，各分包的采购金额是由采购人或者采购代理机构根据自身经验估算得出。在项目采购预算金额没有突破的前提下，各分包的估算采购金额可以相互调剂使用。当出现超过分包金额的情况时，可通过调整各分包的评标进度、对整个采购项目进行综合评估等方式，确定采购项目是否会超过整个项目预算金额，进而决定分包是否废标。在采购实践中，部分工作量不确定的服务类政府采购项目，以及协议供货、定点采购等选定入围供应商等采购活动，没有项目预算金额或采购时项目预算金额无法确定。这类项目需要在招标文件、谈判文件或询价通知书中明确告知供应商关于项目预算的情况，并载明有关超预算废标和重新开展采购活动的规定不适用。

2. 公开项目预算金额与节约采购资金

实践中，对项目预算金额宽裕的采购项目，公开预算金额有可能会出现因供应商贴着预算报价，使本该节省的资金没有节省，或节省很少的情况。对此除了需要进一步科学合理地编制部门预算，还需要采购人在编制政府采购实施计划时根据已经批复的部门预算，结合具体的市场行情，确定合理的采购项目预算金额，不能简单地将已批复的部门预算作为项目预算。在编制采购文件阶段，采购人和采购代理机构要认真研究需求和市场，通过在采购文件中设置合理的条件，创造充分竞争的氛围。对于通用货物和服务招标，原则上采用最低评标价法评标。其他采购在评审方法和标准中，也要向供应商传达明确的低价优先信号，避免出现供应商贴近预算金额报价的情形。

二、政府采购计划

政府采购实施计划简称为政府采购计划，是财政部门对政府采购预算执行实施管理的一种方式，用于指导政府采购预算的执行。编制好政府采购计划对于增强政府采购工作的前瞻性和计划性、提高采购工作效率、促进预算单位做好政府采购工作具有重要意义，同时政府采购计划也是政府采购监督管理部门依法对政府采购工作实施监督的重要依据资料。《政府采购法实施条例》第二十九条对政府采购实施计划管理进行了规定，主要包括以下内容：

（一）政府采购计划的编制

1. 编制主体

采购人是政府采购实施计划的编制主体。因此，采购人对于本单位政府采购实施计划的完整性、准确性承担着第一责任人的角色。采购人应当在部门预算批复后，及时编制政府采购计划，不能用部门预算代替政府采购计划。

2. 编制依据

采购人编制政府采购计划的依据包括两方面：

（1）集中采购目录和采购限额标准。

集中采购目录和采购限额标准是确定哪些项目属于政府采购的集中采购项目和分散采购项目的依据。在编制政府采购计划时，要严格按照集中采购目录的规定，标明并落实集中采购的货物、工程和服务采购内容。属于批量集中采购范围的，如中央预算单位采购满足办公需求的计算机、打印机、复印机、空调机等，应当编制批量集中采购计划。不属于集中采购目录，但达到政府采购限额标准的采购项目，也应当全部纳入政府采购。其中在政府采购计划中，单个采购项目预算资金达到公开招标数额标准的，应当公开招标，或者按规定申请变更采购方式。

（2）批复的本部门、本单位的部门预算。

财政部门批复的本部门、本单位的部门预算是确定本部门、本单位当年度政府采购项目的采购预算金额和采购内容的依据。在已批复的部门预算范围内，政府采购计划要以需求为导向，以物有所值为目标进行编制。政府采购活动是以需求为导向的，如果采购计划脱离了需求，则会使采购活动沿着错误的方向进行。采购人要加强需求管理，认真研究需求，切实对需求负起责任，以需求确定合理的采购方式。对于采购需求确实无法详细描述，需要供应商提供设计方案和解决方案的采购项目，在确定采购方式时，可以依法申请采用竞争性谈判或者竞争性磋商采购方式。

采购人应当通过对照集中采购目录和采购限额标准，将已批复的部门预算中属于集中采购和分散采购的项目全部纳入政府采购实施计划，做到本部门、本单位所有政府采购项目应采、尽采。根据已批复的部门预算，采购人应将本部门、本单位当年度所有政府采购项目的采购预算金额、采购内容列入政府采购计划，防止超标准采购、豪华采购或者变更项目用途等。部门预算包括部门的追加预算，部门预算调整后，采购人应当根据批复调整后的部门预算及时调整或者编制新的政府采购计划。《政府采购法实施条例》没有对政府采购计划应包含的内容做出明确规定。实践中，采购人应当按照本级财政部门的规定，编制本单位的政府采购计划。一般来说，政府采购计划应包括采购项目的名称、具体构成、采购数量、技术规格、服务要求、使用时间、项目预算金额、采购组织形式和方式等内容，同时还应充分考虑如何落实政府采购政策功能，如为支持中小企业发展而需预留采购份额等。对于需要申请批准的内容，如拟采购进口产品、拟申请采用公开招标以外的方式采购等内容，也应当在政府采购计划中标明。编制既符合实际需求，又符合国家法规政策的政府采购实施计划，必然要求采购人做好内部各部门间的衔接配合。特别是采购人的使用部门、财务、资产、采购等内部部门，要充分发挥各自的职能和优势，共同编制好本单位的政府采购计划。

（二）政府采购计划的备案

采购人应当编制政府采购实施计划，并报本级人民政府财政部门备案。政府采购计划实行备案制而不是审批制，这既体现了财政部门的监管理念要从注重过程控制的程序导向型向注重结果评价的结果导向型转变的改革要求，又明确了采购人对本单位政府采购工作的实施负有完全的责任，同时也是提高政府采购工作效率的需要。采购人应当加强政府采购工作的计划性，及时做好需求调研、专家论证、预算单位内部审核等工作。

尽管采购人是编制政府采购计划的第一责任人，各级主管预算单位对本部门所属单位的政府采购计划仍然负有很大的责任。首先，主管预算单位要指导并督促所属单位的政府采购计划的编制。采购人不能将部门预算简单照搬作为政府采购计划。政府采购计划是将部门预算中的采购内容，按照政府采购法律制度规定，细化、汇总为可操作的任务执行计划。主管预算单位不仅要在编制方法上指导，更要在法律制度层面指导，以推动本部门政府采购工作健康发展。如通过汇总政府采购计划，分析本部门年度面向中小企业采购规模，有针对性地指导所属单位预留面向中小企业的采购量，从而督促所属单位在政府采购中贯彻执行政府采购政策。再如，通过指导并督促所属单位逐项填写采购内容和计划采购日期，将应当纳入批量集中采购的品目全部纳入批量集中采购。其次，组织落实所属单位的政府采购计划。通过汇总、分析所属单位上报的政府采购实施计划，有助于主管预算单位综合掌握、统筹安排本部门全年政府采购工作，督促采购活动按计划实施，及时发现解决采购过程中出现的问题。最后，推动本部门政府采购标准的制定。通过分析研究所属单位的政府采购计划及计划的执行情况，有助于主管预算单位归纳总结本部门政府采购项目中的共性部分，进而制定符合本部门实际情况的采购标准，推动本部门政府采购工作走向标准化、规范化。

三、确定采购需求

采购需求是指采购人对拟采购的货物、工程和服务的技术规格，性能和功能，以及质量要求等。《政府采购法》对采购人确定采购需求没有明确的规定，《政府采购货物和服务招标投标管理办法》规定，“招标文件规定的各项技术标准应当符合国家强制标准”，《政府采购非招标采购方式管理办法》和《政府采购竞争性磋商采购方式管理暂行办法》也仅规定，“采购人应当以满足实际需求为原则，不得擅自提高经费预算和资产配置等采购标准。谈判文件、磋商文件、询价通知书不得要求或者标明供应商名称或者特定货物的品牌，不得含有指向特定供应商的技术、服务等条件”。《政府采购法实施条例》第十五条将部门规章的有关规定上升到了行政法规的层面，即“采购人提出采购需求应当符合法律法规以及政府采购政策规定的技术、服务、安全等要求。政府向社会公众提供的公共服务项目，应当就确定采购需求征求社会公众的意见。除因技术复杂或者性质特殊，不能确定详细规格或者具体要求外，采购需求应当完整、明确。必要时，应当就确定采购需求征求相关供应商、专家的意见”。上述规定主要包括以下内容：

（一）采购需求的编制要求

采购人编制采购需求的 3 个基本要求是合规、完整和明确。

1. 合规

合规是指确定的采购需求必须符合国家法律法规以及政府采购政策规定的技术、服务、安全等要求，以促进供应商依法合规生产，发挥政府采购导向作用，维护国家利益和公共利益。但在实际执行过程中，采购人对采购需求的合规性要求重视不够，确定的采购需求不符合有关规定的情况时有发生。如采购人在制定采购文件时没有将国家规定的技术、安全标准作为供应商必须响应的实质性要求，导致采购的产品不符合国家有关规定。行政事业单位是政府从事管理的具体执行者，在履行管理职责时，必须严格执行国家法律法规。采购电器、信息设备、机动车辆等产品时，采购需求应符合国家有关部门颁布的生产安全标准并通过中国强制性产品认证。在采购的产品无国家的技术、服务、安全标准的情况下，可按照行业标准确定采购需求标准。如为了保证政府采购的产品符合信息安全要求，财政部、工业和信息化部等部委于 2010 年下发的《关于信息安全产品实施政府采购的通知》规定在政府采购活动中，采购人或其委托的采购代理机构应当按照《政府采购法》的规定，在政府采购招标文件（包括谈判文件、询价文件）中载明对产品获得信息安全认证的要求，并要求产品供应商提供由中国信息安全认证中心按国家标准认证颁发的有效认证证书。

2. 完整

完整是指采购需求应全面包括供应商需具备的资格条件及满足政府所需或公共服务的全部要求，特定情况下还需包括技术保障或服务人员组成方案等要求。以公开招标中的通用产品为例，完整的需求包括功能及对应的性能要求、规格，材质及相应物理性功能要求，包装及附带工具，维修服务要求等。需要说明的是，完整的需求标准是一个长期积累的过程，也是许多政府部门及单位重要的职责要求，在采购活动前应组织专家进行研究与论证，特别是一些公共服务标准，还应邀请研究机构、社团组织及公众参与其中。

3. 明确

明确是指采购需求应当准确明了、规范，不能模棱两可，似是而非。制定完整、明确的采购需求在采购实践中至关重要，不仅是保证评审工作顺利开展，以及实现采购目标和物有所值目标的前提条件，也有利于提高供应商编制投标和响应文件的科学性和有效性，保证政府采购活动的公平和公正。

（二）公共服务项目应征求社会公众的意见

改革开放以来，我国公共服务体系和制度建设不断推进，公共服务提供主体和提供方式逐步多样化。政府向社会力量购买服务，就是通过发挥市场机制的作用，把政府直接向社会公众提供的一部分公共服务事项，按照一定的方式和程序，交由具备条件的社会力量承担，并由政府根据服务数量和质量向其支付费用。近年来，一些地方立足实际，积极开展向社会力量购买服务的探索，取得了良好效果。为保证政府购买的服务是社会公众真正需要和满意的服务，准确把握社会公共服务需求，《政府采购法实施条例》规定采购人或采购代理机构应当就公共服务项目采购需求征求社会公众的意见。

《财政部关于推进和完善服务项目政府采购有关问题的通知》就推进制定完整、明确、符合国家法律法规以及政府采购政策规定的服务采购需求标准作了规定。对于第一类为保障政府部门自身正常运转需要向社会购买的服务，如果是列入政府集中采购目录的服务项目，采购需求标准由集中采购机构提出，其他服务项目的采购需求标准由购买主体提出。采购人、集中采购机构制定采购需求标准时，应当广泛征求相关供应商（承接主体）、专家意见；对于第三类为增加国民福利、受益对象特定，政府向社会公众提供的公共服务，应当征求社会公众的意见。政府向社会公众提供公共服务的采购，对采购人和采购代理机构来讲，是一项全新而又非常复杂的工作，采购需求是否满足社会公众的需要，是采购成败的关键，它与货物及其他服务的采购有着本质区别，货物和其他服务的采购和使用主体都是采购人，采购人对本身所需要的货物和服务的需求有一定的目标和要求，需求标准比较明确，而公共服务项目采购主体虽然也是采购人，但使用主体是社会公众，社会公众是否满意是衡量公共服务项目采购成功的重要标志。所以，确定第三类公共服务项目采购需求必须广泛征求社会公众的意见非常重要。

（三）必要时征求相关供应商或专家的意见

《政府采购法》对采购人确定采购需求是否征求相关供应商、专家的意见没有明确的规定。《政府采购货物和服务招标投标管理办法》规定："招标采购单位可以根据需要，就招标文件征询有关专家或者供应商的意见。"从采购实践看，事先就采购需求征求意见，特别是征求相关供应商和专家的意见，有利于保障采购需求的完整、明确和合规。因此，《政府采购法实施条例》以行政法规的形式予以固定。

是否征求相关供应商、专家的意见，由采购人或采购代理机构根据采购项目的特点，以及采购人或采购代理机构的专业水平自行决定。一般来说，对于通用或者已有需求标准的品目，可以不用事先征求意见。对于专业性强或者缺乏需求标准的品目，从满足法规对采购需求要求的角度出发，应当事先征求相关供应商和专家的意见。这项规定，对采购代理机构专业化发展提出了更高的要求。需要注意的是，征求相关供应商和专家的意见时，不能只征求特定供应商和专家的意见，否则可能导致技术指标方面的排他性，不利于形成潜在供应商之间的竞争。

第二节　执行采购方式

在执行采购方式环节，涉及确定采购模式、选定采购方式、执行采购方式等内容，是公共采购程序中的重要组成部分。确定采购模式，就是要明确政府采购项目的组织实施形式。政府采购人对已批准的采购项目要进行分类，并确定相应的组织实施机构。选定采购方式，是采购人或采购代理机构根据政府采购项目的具体情形依法确定采购方式。如果采购项目金额达到招标数额标准，则应当采用公开招标方式采购，因特殊情况需要采用其他方式采购的，必须在采购活动开始前获得设区的市、自治州以上人民政府采购监督管理部门的批准。执行采购方式，是指采购人或采购代理机构应当依法按照确定的公开招标、邀请招标、竞争性谈判、询价或单一来源方式的采购程序开展具体的采购活动。采购方式执行的结果，就是依据事先规定的评审标准确定中标或成交供应商。

在公共采购程序中，执行采购方式是需要重点分析和掌握的内容。我国《招标投标法》对招标采购程序进行了全面的规范，《政府采购法》也确立了公开招标在政府采购方式中的主要地位。虽然《政府采购法》只对《招标投标法》未能体现货物和服务特点的招标采购程序以及非招标采购程序进行了规范，导致招标采购程序立法上的缺位，但新颁布的两法实施条例都对执行采购方式进行了补充和完善。因此，执行公共采购方式主要以招标采购程序的介绍和分析为主。

一、政府采购法

为了体现货物与服务招标采购的特点，并且考虑与《招标投标法》相衔接，我国《政府采购法》在货物和服务招投标程序上规定了3个方面的问题：货物和服务项目投标截止日期，废标的条件和处理程序，货物和服务项目邀请招标程序。《政府采购法实施条例》对招标采购程序进行了补充规定，主要涉及招标、评标和定标等环节。①

（一）招标

在招标环节，主要涉及对招标文件、投标保证金和投标截止日期的规范。

1. 招标文件

从理论上来讲，采购人或采购代理机构在编制、修改和提供招标文件时，不应具有歧视性和排他性。但实践中经常会出现采购人与其委托的采购代理机构量身定做招标文件，修改和澄清招标文件影响投标截止日期，缩短提供招标文件的期限等做法，在供应商之间容易形成歧视和差别待遇，甚至会为腐败行为提供可乘之机。因此，《政府采购法实施条例》对招标文件进行了全面规范，具体包括以下内容：

（1）招标文件的编制。

《政府采购法实施条例》第十五条和第三十二条分别对采购文件的编制，使用标准文本编制招标文件等内容进行了规范。采购人、采购代理机构在编制采购文件或招标文件时应遵守以下规定：

① 根据政府采购政策、采购预算、采购需求编制采购文件《政府采购法实施条例》“采购文件编制”的规定不仅适用于招标文件，也适用于谈判文件、磋商文件

---

① 《政府采购法》及其实施条例中招标采购程序的有些规定也适用于竞争性谈判、竞争性磋商或询价等采购方式。为避免重复，在此一并介绍和分析。

和询价通知书。首先，经人大批准的政府采购预算项目，应具有约束性，采购人或采购代理机构在编制采购文件时不得随意改变已批复的部门预算中有关政府采购项目预算。实践中如遇特殊情况需要调整变更的，应当按照预算法律制度的有关规定进行，经批准后，根据批准的变更预算重新编制采购文件。其次，根据政府采购政策编制采购文件是实现政府需求目标和社会目标的要求。为落实政府采购政策，要求采购文件编制中应明确载明政府采购政策要求。如应在政府采购文件中载明对产品的节能要求、对节能产品的优惠幅度，以及评审标准和方法等，以体现优先采购的政策导向。属于节能产品政府采购清单规定必须强制采购的，应当在采购文件中明确载明。采购文件中未按规定载明有关产品的优惠幅度，以及评审标准和方法的，财政部门应要求采购人或采购代理机构改正。最后，根据采购需求编制采购文件是实现采购目标和物有所值的基础。编制招标文件始终要以采购人的需求为核心，采购需求的编制是否准确、详细，功能、性能指标是否全面，是实现采购目标和物有所值的判断标准，也是编制采购文件的依据之一。《政府采购法》规定，采购人和采购代理机构不得在招标采购过程中，与投标人进行协商谈判。因此，采购人的需求要在招标文件中得到真实体现。对需求明确的招标项目，要将需求细化，并在商务条件、采购需求、投标人的资格条件、投标报价要求、评标方法和标准以及合同文本等内容中综合考虑，具体落实，努力做到在编制招标文件阶段就为采购物有所值打下基础。同时，编制招标文件还要做到有利于充分竞争，有利于政府采购合同的履行。

② 按照招标文件标准文本编制招标文件。采购人或者采购代理机构应当按照国务院财政部门制定的招标文件标准文本编制招标文件。在招标活动中，使用标准文本编制招标文件，不但有利于规范招标活动，提高招标活动的质量和效率，也有利于在一定程度上提高各方面对招标活动的监督力度，预防招标活动中的腐败行为和其他违法违规行为。财政部门负责制定政府采购招标文件的标准文本，考虑到货物与服务招标间的差异，标准统一与特殊要求的项目招标规律不同，批量集中与分散采购招标也有区别，招标文件的标准文本也要按照项目类型分别制定。采购人或采购代理机构在编制招标文件时，要按照相应标准文本的规定，结合项目招标的实际情况，编写相应的内容。标准文本中未注明可以改变的内容均不得更改。在财政部尚未发布招标文件标准文本时，采购人或采购代理机构应当按照《政府采购法》及相关法规政策，自行编制招标文件。在招标活动中使用财政部制定的招标文件标准文本，不意味着减少了采购人或采购代理机构编制招标文件的责任，其仍要对发出的招标文件负全部责任。

（2）招标文件的内容。

招标文件的内容主要分为两类：第一类是与招标程序有关的通用内容。包括投标邀请、投标人须知、投标文件格式等。这部分内容在招标文件的标准文本中有详细规定，采购人或者采购代理机构只需根据实际情况填写相关内容即可；第二类是与采购需求密切相关的部分。根据《政府采购法实施条例》，招标文件应当包括采购项目的商务条件、采购需求、投标人的资格条件、投标报价要求、评标方法、评标标准以及拟签订合同的合同文本等。

① 商务条件。主要是指在商业事务方面对供应商的要求，一般与技术需求互为补充，通常包括：合同生效条款、履约保证金条款、原产地要求，合同标的交付时间、地点和条件，合同标的工作进度要求，运输、保险条款，安装、调试和验收条款，合同标的支付的方式、币种、进度比例和条件，责任划分条款，质量保证期要求，合同修改条款，违约和索赔条款，专利、技术转让和知识产权要求，仲裁、诉讼条款等。

② 采购需求。采购需求是采购人通过采购活动所要达到的目标。货物、服务和工程对需求的描述各不相同，应具体情况具体分析。编写需求要满足采购的目标要求，符合政府采购政策功能等国家的法规政策，满足国家的强制标准，同时还要促进公平竞争，不得以不合理的条件对供应商实行差别或歧视待遇，不得要求或标明供应商名称或者特定货物和服务的品牌，不得含有指向特定供应商的技术、服务等条件。

③ 投标人的资格条件。主要是指投标人参加政府采购所应具备的条件，包括：《政府采购法》关于供应商的规定；《政府采购法》及其实施条例对供应商基本条件和限制条款的规定；根据采购项目规定法律、行政法规规定的其他条件；采购人可以根据采购项目的特殊要求，规定供应商的特定条件。

④ 投标报价要求。投标的报价要求与采购需求紧密联系，应涵盖采购需求的全部。以设备采购为例，投标报价不仅包括设备主机、附件、零备件等货物部分，还包括可能的运输、安装、调试、培训等伴随服务。如果考虑到设备生命周期的总成本，则还需要供应商提供生命周期内零备件和消耗品的需用数量和供应单价。国际采购还要规定报价的币种、价格术语等内容。

⑤ 评标方法和标准。政府采购评标方法包括最低评标价法和综合评分法两种。技术、服务等标准统一的货物和服务项目，应当采用最低评标价法。采购人或采购代理机构应在招标文件中明确所选择的评标办法。评标标准包括实质性条款的设置和非实质性条款指标偏离的评判标准。最低评标价法的评标标准只包括前者，综合

评分法则二者都包括。

⑥ 拟签订合同的合同文本。合同文本是招标文件的重要组成部分，是未来招标成果的载体。因此招标文件中拟签订合同的合同文本应能记载所有招标成果，包括商务、采购需求、价格等。合同文本要针对采购项目，对政府采购合同标准文本的内容逐项完善，使合同文本有利于政府采购合同的履行。

（3）招标文件提供期限和澄清修改。

为了保障招标活动的公平公正，《政府采购法实施条例》第三十一条主要对招标文件的提供期限和澄清修改进行了规范。

① 招标文件的提供期限。招标文件的提供期限自招标文件开始发出之日起不得少于5个工作日。《政府采购法》没有规定招标文件的提供期限，为防止采购人或采购代理机构通过缩短提供期限或在节假日期间提供招标文件而限制或排斥潜在供应商参加投标，同时方便潜在供应商、采购代理机构或采购人联系，及时处理招标文件提供期间可能出现的情况，《政府采购法实施条例》以工作日计算招标文件的提供期限。采购人或采购代理机构应当根据项目特点和本单位实际情况，按照有利于充分竞争的原则，规定足够长的招标文件提供期限。

② 招标文件的澄清修改。采购人或采购代理机构可以对已发出的招标文件进行必要的澄清或者修改。澄清或者修改的内容可能影响投标文件编制的，采购人或者采购代理机构应当在投标截止时间至少15日前，以书面形式通知所有获取招标文件的潜在投标人；不足15日的，采购人或采购代理机构应当顺延提交投标文件的截止时间。招标文件是招标活动中最重要的文件之一，采购人或采购代理机构可以依法对已发出的招标文件进行澄清或者修改。为提高招标活动的效率，又保证公平公正，《政府采购法实施条例》规定澄清或者修改的内容可能影响投标文件编制的，要给投标人留出一定的响应时间。这项规定需要采购人或采购代理机构承担判别的责任。一般来说，修改采购需求和合同条款、增加投标证明材料等会影响投标文件的编制，而减少投标证明材料，或对投标开标时间、地点的微小调整则不会影响编制投标文件。在采购活动执行中，要以书面形式通知。采购人或采购代理机构应当保证澄清或修改的通知被潜在投标人接收，必要时应能够提供相应的证据。

招标文件的提供期限和澄清修改的规定同样适用于电子招标。采用电子方式招标的，招标文件的下载期限不得少于5个工作日。招标文件的澄清或者修改，除了可以通过电子邮件方式通知，也可以在招标文件中规定，以法定网站上公告的方式通知和下载。澄清或修改的内容可能影响投标文件编制的，从澄清或修改的发出时间到投标截止时间也不得少于15日。

2. 投标保证金

投标保证金是指在招投标活动中，招标人要求投标人提交的投标责任担保，以避免和减少由于投标人不当行为给招标人带来的损失。一方面，投标保证金可以约束投标人违反招标活动惯例的行为。如投标人在投标截止时间之后撤销或主动修改其投标文件，中标供应商收到中标通知书后不按照招标文件的规定签订政府采购合同或提交履约保证金。另一方面，投标保证金可以约束投标人的严重违法行为。如在其投标文件中提供虚假材料谋取中标，恶意串通，以及行贿或者提供其他不正当利益等。收取投标保证金不是招标活动的规定环节，采购人或者采购代理机构可以根据采购项目的实际情况，在招标文件中约定投标人是否应当提交投标保证金。《政府采购法实施条例》第三十三条对投标保证金进行了规范：

（1）投标保证金的收取。

尽管收取投标保证金的目的是约束投标人，但也不能给投标人带来过大的财务压力。招标文件要求投标人提交投标保证金的，投标保证金不得超过采购项目预算金额的2%。为便于操作，可在招标文件中规定一个投标保证金的固定数额。采购人或采购代理机构在收取保证金时，应当按照采购项目逐个收取，不能对供应商收取年度保证金，这样做既违法，也对供应商不公平。在政府采购实践中，有的采购项目在招标阶段没有预算金额或金额尚不能确定，如协议采购、银行服务的采购等。这类项目能够估算预算金额且对投标人公平合理的，可用估算的预算金额确定投标保证金的金额。无法估算的，可以采取投标人承诺书等方式，并利用供应商诚信体系规范投标人的行为。在提交形式方面，投标保证金应当以支票、汇票、本票或者金融机构、担保机构出具的保函等非现金形式提交。非现金形式提交既是国家法规政策的要求，也是招标活动中防范风险的需要。根据《现金管理暂行条例》及其实施细则，现金只能在规定的使用范围和小额资金的结算中使用，其他结算要通过银行转账的方式进行。而且用现金方式提交投标保证金还存在管理风险和道德风险，不利于防范围标串标，保证金容易被挪用侵占。采购人或采购代理机构应按要求在招标文件中明确投标保证金的提交方式。

投标保证金属于投标的一部分，投标人如未按照招标文件的规定提交投标保证金，包括到投标截止时间没有提交投标保证金，或提交投标保证金的形式、数额和有效期不满足招标文件的要求，则其投标无效。投标无效的结论属于评标意见的组成部分，应当由评标委员会依据评标办法和标准做出。

（2）投标保证金的退还。

为避免占用供应商的资金，减小其资金压力，采购人或采购代理机构应当自中标通知书发出之日起5个工作日内退还未中标供应商的投标保证金，自政府采购合同签订之日起五个工作日内退还中标供应商的投标保证金。其中，将未中标供应商与中标供应商投标保证金的退还时间区分开，提前到中标通知书发出之日起五个工作日内。虽然将中标供应商和未中标供应商的投标保证金统一在签订政府采购合同后退还，能够有效解决中标供应商不签合同后，中标候选供应商顺序递补签约的问题，但中标供应商不签合同是极个别的情况，且候选供应商也不会因其投标保证金已退还而不顺序递补签约。因此，《政府采购法实施条例》对未中标供应商和中标供应商投标保证金退还的起始时间作了不同的规定。采购人或采购代理机构要在招标文件、中标公告或者中标通知书中履行告知义务，告知相关供应商领取其提交的投标保证金的相关事宜。告知后供应商因自身原因耽搁领取，造成投标保证金的退还时间超过5个工作日的，采购人或采购代理机构不承担延后退还的责任。

3. 货物和服务项目投标截止日期

投标截止日期是指将招标文件发出之日至投标人提交投标文件截止日之间的期限，国际上一般称为“等标期”。在招投标程序中，规定合理的投标截止日期是非常必要的。首先，是体现公开、公正和公平的需要。采购人应当最大限度地促进供应商参与并鼓励竞争，规定投标截止日期是给投标人较为充足的时间做投标前的准备工作，包括编制投标文件。招标在较大范围内进行，供应商又比较分散，获取招标信息有一个时间过程。投标截止日期不足，容易造成信息披露不充分，使有些供应商做出投标反应的时间太短，不利于客观、合理地制作投标文件，影响招标质量，而且容易带有歧视倾向，客观上造成机会的不均等和不公平。其次，是满足采购人需求，提高采购效率的需要。采购人为满足职能需要而进行政府采购，如果投标截止日期过长，就会拖延采购周期，影响采购人的采购需求。所以，投标截止日期一般要考虑供应商的准备要求，也要考虑采购人工作进程的需要，二者要有效地结合。最后，投标截止日期与政府采购市场是否开放有关。如果政府采购市场已经对外开放，期限就应规定得长一些，因为采购信息传递给外国供应商需要时间。

从我国的情况看，《招标投标法》规定自招标文件开始发出之日起至投标人提交投标文件截止之日起不得少于20日，主要是考虑到工程采购的特点和技术要求，有其合理性。与工程采购相比，货物和服务采购项目都比较简单，供应商完成投标文件工作量不大，所需的时间也不是太长。在实际工作中，一些采购单位尽量回避公开招标，主要原因就是投标时间太长，难以满足或者影响了采购人的采购需求。即使采取公开招标采购方式，不遵守投标截止日期规定的现象也非常普遍。政府采购立法的初衷是希望通过《政府采购法》缩短货物和服务采购的投标截止日期，但在考虑如何与《招标投标法》衔接时意见难以统一，所以《政府采购法》第三十五条规定："货物和服务项目实行招标方式采购的，自招标文件开始发出之日起至投标人提交投标文件截止之日止，不得少于二十日。"也就是说，货物和服务采购项目的投标截止日期，仍然维持《招标投标法》的规定，没有反映出货物和服务采购项目的特点，也没有像国际规则那样做出必要的弹性规定。基于遵守上位法规定、与《招标投标法》规定衔接一致、与国际接轨3方面的考虑，《政府采购法实施条例》也没有就投标截止日期做出调整。

（二）评标

在评标环节，主要涉及评标方法、评审专家、采购人和采购代理机构的禁止行为、废标等内容的规范。

1. 评标方法

《政府采购法实施条例》第三十四条对政府采购招标评标方法和标准做出了规定，进一步规范了评标活动，防止评标随意性，简化了评标程序的选项数量，为电子招标打下了良好的基础。政府采购招标分为最低评标价法和综合评分法2种评标方法：

（1）最低评标价法。

最低评标价法，是指投标文件满足招标文件全部实质性要求且投标报价最低的供应商为中标候选人的评标方法。采用最低评标价法评标，评标程序更简单，经过资格性审查和符合性审查后，评标只需要对合格投标人的投标报价进行从低到高的排序，将投标报价最低的供应商确定为中标候选人即可。《政府采购法实施条例》规定："技术、服务等标准统一的货物和服务项目招标，应当采用最低评标价法评标。"这类招标项目是指采购人能够提供明确需求的通用货物或服务招标项目。在采购实践中，除了技术复杂、性质特殊的招标项目，原则上都应当采用最低评标价法评标。

在执行中应注意两个问题：一是算术修正。为反映投标人的真实意思，应当对投标人非主观故意的算术错误进行修正。算术修正应在对供应商的澄清环节中按照规则进行合理修正。算术修正不是对投标人供货和服务范围的价格调整，评标中不能借算术调整对投标人供货和服务范围的偏差进行修正。二是对初审合格的供应商进行政府采购政策功能的价格扣除。评标初审是按照招标文件对供应商资格条件和其他实质性要求的审核。初审合格的供应商是符合资格条件、满足招标文件各项实质性要求的供应商，评标委员会对初审合格的供应商进行评标，不再对技术和商务指标进行任何评判，只进行小微企业、节能环保等政府采购政策功能的价格扣减后，对投标报价进行排序。因此，要充分考虑到采购需求与供应商响应之间可能出现的偏离，以及采购人对偏离的接受程度。需要将采购人关心的指标列为招标文件的实质性条款并进行不会产生歧义的详细描述，非实质性条款的偏离不能作为对供应商的否决依据。为了避免供应商在供货和服务方面存在缺失遗漏，还应当对投标中的缺漏项做出明确的规定。

（2）综合评分法。

综合评分法，是指投标文件满足招标文件全部实质性要求且按评审因素的量化指标评审得分最高的供应商为中标候选人的评标方法。采用综合评分法评标时，评审因素一般包括价格、商务、技术和服务 4 部分内容。政府采购招标为了达到采购质量、价格和效率三要素的平衡，实现物有所值，在设定评标因素时应注意以下几点：

一是评审因素要准确反映采购人的需求重点。实践中有这样的情况，在招标文件中明确了采购人的需求重点并要求投标人提供相关的资料，但评分因素中没有对这些资料的评标标准，采购人的需求重点无法在评标中体现。此外，评审因素所占的比重或者权重要能够切实反映采购人对各评标因素的关切程度。

二是评审因素要设定在与报价相关的技术或服务指标上。采购需求确定采购标的的数量后，评审主要应围绕着采购标的质量来开展，体现“以合理的价格购买数量和质量合适的产品”的要求。

三是评分标准的分值设置必须与评审因素的量化指标相对应。评审因素的指标必须是可以量化的，不能量化的指标不能作为评审因素。在评审因素的指标量化后，评分标准的分值也必须量化，评审因素的指标量化为区间的，评分标准的分值也必须量化到区间。综合评分的因素必须量化为客观分是核心要求，可以最大限度地限制评标委员会成员在评标中的自由裁量权。评标时，评标委员会各成员应当独立对每个有效投标人的投标文件进行评价、打分，然后汇总，取平均值，得出每个投标人的综合得分。

《政府采购法实施条例》规定，招标文件中没有规定的评标标准不得作为评审的依据，这就要求招标文件中必须完整准确地列出评标标准，以发挥评标标准的重要作用。在编制招标文件阶段，采购需求和采购人的意图，不仅在招标文件的采购需求描述中得到体现，而且在评标办法和标准部分也有直观反映；在编制投标文件阶段，一份好的评标标准，能够帮助投标人充分领会采购人的招标意图，有效引导投标人编写出高质量的投标文件；在评标阶段，评标标准可以约束评委科学公平地对待每一个投标人；评标结束后，评标标准是财政部门处理投诉、进行监督检查的重要依据，也是招标活动各个参与方维护自身利益、监督采购活动的落脚点之一。在采购实践中，有时会遇到评标标准存在瑕疵或者错误，影响评标正常进行的情况。由于法规已经规定招标文件中没有规定的评标标准不得作为评标的依据，因此评标委员会不能采取修改评标标准的方法，纠正瑕疵或错误。如果瑕疵或错误违法或者影响评标的，依据《财政部关于进一步规范政府采购评审工作有关问题的通知》的规定，认定招标文件违法或存在重大缺陷，要停止评审工作并向采购人或采购代理机构书面说明情况，采购人或采购代理机构应当修改采购文件后重新组织采购活动。

2. 评审专家

政府采购活动中，无论是招标方式还是竞争性谈判、竞争性磋商等非招标采购方式，评审专家都起着重要作用。所谓评审专家，是指评标委员会中的评标专家，谈判小组、磋商小组和询价小组成员中的评审专家。2003 年财政部与监察部共同制定了《政府采购评审专家管理办法》，通过在财政部门建立政府采购评审专家库来加强对专家的管理和监督。目前，中央和全国所有省级以上财政部门均已按要求建立了政府采购评审专家库并进行了互联互通，实现了专家资格审核、培训、抽取、通知、评价等全流程电子化管理。《政府采购法实施条例》第三十九至第四十一条主要对评审专家和评审组织成员提出了要求，加强了对评审专家的制约和规范。

（1）评审专家的产生。

采购人或者采购代理机构应当从政府采购评审专家库中随机抽取评审专家。在评审组织中，除采购人代表外的其他成员，均应由采购人或采购代理机构从同级或上级政府采购评审专家库中随机抽取产生，其中京外的中央预算单位可以按照属地原则，从所在地省级政府采购评审专家库中随机抽取产生。在抽取专家时，采购人或采购代理机构应当按照采购需求所对应的评审专家专业分类选择评审专家的专业。在一些特殊项目中，如个别招标、竞争性谈判和竞争性磋商采购项目技术复杂、专业性强，在抽取专家时可能会出现没有相应的专家分类、所需专家为跨专业的复合型专家等情形。对此，财政部规定："对技术复杂、专业性极强的采购项目，通过随机方式难以确定合适评标专家的，经设区的市、自治州以上人民政府财政部门同意，可以采取选择性方式确定评标专家。"竞争性谈判和竞争性磋商采购项目，经主管预算单位同意，可以自行选定评审专家，但应当包含一名法律专家。采购人或采购代理机构要对自选专家工作承担责任，自行选定的评审专家应当符合采购项目的评审需要，同时应当符合有关回避的规定。

此外，在政府采购活动中，还有很多活动需要发挥咨询类专家的作用，如招标文件可以向专家征询意见；只能从唯一供应商处采购且达到公开招标数额的项目，需要专业人员对相关供应商因专利、专有技术等原因具有唯一性出具论证意见；采用单一来源采购方式采购的，采购人、采购代理机构应当组织具有相关经验的专业人员与供应商商定合理的成交价格并保证采购项目质量等。上述专家或专业人员，可以不从政府采购评审专家库中产生，由采购人或采购代理机构根据采购项目的需要自行确定，并承担相应的责任。

（2）评审专家的职业操守要求。

评审专家是政府采购活动中评判供应商的裁判员，具有良好的职业操守是对评审专家的基本要求。

① 评审专家应遵守评审工作纪律。为维护评审工作的严肃性和防范职业风险，政府采购评审专家应当遵守评审工作纪律，不得泄露评审文件、评审情况和评审中获悉的商业秘密。采购人或采购代理机构应当根据政府采购有关法律制度的规定，制定评审纪律，在评审活动开始时向评审专家和其他参加评审的人员宣布。评审纪律一般包括：评审应在严格保密的情况下进行，无关人员不得进入评审现场；手机等通信工具集中保管；禁止私下与供应商联系；禁止对外提供与评审有关情况；禁止将评审资料带出评审场所；保守评审中获悉的商业秘密；遵守评审时间的规定等。

② 评审专家应抵制并报告供应商的违法行为。在激烈的市场竞争中，个别供应商采用贿赂、恶意串通、提供虚假材料等手段谋取私利，评审专家有责任维护政府采购活动中的公平正义，要做到严于律己，自觉抵制并报告供应商的违法行为。评标委员会、竞争性谈判小组或询价小组在评审过程中发现供应商有行贿、提供虚假材料或者串通等违法行为的，应当及时向财政部门报告，由财政部门依法做出处理。

③ 评审专家应抵制并举报评审过程中的违法干涉行为。评审过程中的违法干涉行为可能来自多个方面，不仅包括采购人或采购代理机构的工作人员，还有可能来自行业主管部门的人员，甚至来自政府采购监督管理部门的人员。评审专家受采购人或采购代理机构聘请，接受政府采购监管部门的监督，抵制来自这些单位人员的干预有难度，实践中评审专家多数采取消极应对的态度。为此，《政府采购法实施条例》规定："政府采购评审专家在评审过程中受到非法干预的，应当及时向财政、监察等部门举报。"

（3）评审组织成员的评审要求。

在政府采购实践中，少数评审组织成员不认真、不公正评审的现象也时有发生。为了规范评审活动，《政府采购法实施条例》对评审组织成员如何进行评审提出了具体要求。

① 评审组织成员应按规定独立评审。评标委员会、竞争性谈判小组或者询价小

组成员应当按照客观、公正、审慎的原则，根据采购文件规定的评审程序、评审方法和评审标准进行独立评审。实践中评审组织成员小的失误可能会产生完全不同的评审结果，给采购人和有关供应商造成损失，如没有发现证明文件已过有效期，没有注意到不符合条件的业绩，对不同的供应商评分时“张冠李戴”等。因此，评审组织的成员要按照审慎的原则，仔细认真地开展评审工作，防止出现评审错误。而独立评审是保障评审活动公平、公正的需要。但常见的错误是，为提高效率，评审成员分工各审一部分，审查者个人的意见变成了大家的意见。这种做法不是独立评审，没有真正对采购人和供应商负责。评审可以分工，但其他成员要对审查者的意见进行核对复查，形成自己的意见。

② 评审组织成员应签字并对评审意见负责。评审组织成员应当在评审报告上签字，对自己的评审意见承担法律责任。评审专家是以个人身份参加评审工作的，应充分利用自己的专业能力提出评审意见，用签字的方式对自己的意见负责。参加评审组织的采购人代表在评审工作中既是评审成员，又是采购人的代表，在介绍项目背景、应评审专家要求解释招标文件、竞争性谈判文件和询价通知书时，以及竞争性谈判、竞争性磋商过程中确认对谈判、磋商文件的修改时，要代表采购人发表或者签署意见。

针对采购实践中存在的问题，《政府采购法实施条例》规定了两个特殊情况的处理方法：第一种，采购文件内容违反国家有关强制性规定的，评标委员会、竞争性谈判小组或者询价小组应当停止评审并向采购人或者采购代理机构说明情况。招标文件、竞争性谈判文件和询价通知书是供应商编写投标、响应文件的依据，也是评审的依据，如果源头错误，则结果很难正确。停止评审是为了及时纠错，避免得出错误的评审结果，造成更大的损失。第二种，评审组织成员对评审报告有异议的，应当在评审报告上签署不同意见，并说明理由，否则视为同意评审报告。评审成员独立评审，其评审意见有可能与最终评审报告的意见不一致，对此，评审成员可以在评审报告上签署不同意见并说明理由。这样做既是对采购活动负责任的表现，也能够有效区分责任。

3. 采购人和采购代理机构的禁止行为

采购人或采购代理机构组织政府采购的评审工作，往往在评审活动中居于主导地位，容易出现利用其主导地位非法干预评审的情况。《政府采购法实施条例》第四十二条对评审中采购人和采购代理机构的禁止行为做出了规定，即采购人、采购代理机构不得向评审专家作倾向性、误导性的解释或者说明。在采购活动中，倾向性一般是指对供应商或者产品和服务的好恶。误导性是按照自己的倾向引导评审专家，使评审专家对供应商或者产品和服务做出错误的判断，与倾向性紧密联系。如直接点出供应商的名称、产品的品牌和型号，明确表达对其喜爱或者反感等。在采购实践中，特别是财政部门要求对评审活动录音录像后，更多的是用间接的方式引导。如超出采购文件的规定范围，有意提高对某些指标的要求，或表示出对某些指标的关注，用对指标参数的好恶间接表达对供应商或者产品和服务的好恶。

采购人、采购代理机构和评审专家在评审工作中，要依法相互监督和制约。采购人需要在评审前介绍项目背景和技术需求的，应当事先提交书面介绍材料，介绍内容不得存在歧视性、倾向性意见，不得超出采购文件所述范围，书面介绍材料作为采购项目文件随其他文件一并存档。采购人或采购代理机构也不能在解释招标文件、竞争性谈判文件、磋商文件和询价通知书含义，以及宣传法规政策时，作倾向性、误导性的解释或者说明。评审过程中采购人代表不能以个人看法为由，作倾向性、误导性的发言。当评审专家主动询问时，采购人或采购代理机构不能应邀介绍自己的倾向或有可能起误导作用的感受、说明等。

4. 废标的条件和处理程序

我国《政府采购法》规定的废标，是指在招标采购活动中，由于法定原因，经过一定程序由政府采购监督管理部门批准后，对于已进行的招标予以废除。废标不是对某一投标人的投标不合格作无效标处理，而是针对整个招标活动，废止的是正在进行的招标活动。在实践中，由于受到一些主观或客观因素的影响，使招标活动无法继续进行的现象时有发生。在这种情况下，通常是采取废标、重新招标或者采取其他采购方式等措施。《政府采购法》第三十七条对废标的条件和处理程序进行了规定，主要是明确了招标不成功的处理方式。

（1）废标的条件。

废标是采购人特有的一项权利，可以保护政府采购当事人的合法权益。废标行为的合法条件是保证采购活动正当合理，防止采购人滥用特有权利的重要制度。在招标活动中，出现下列四种情形之一的，应当做出废标决定：

① 有效投标人不足 3 家。有效投标人是指符合《政府采购法》规定条件的供应商或符合招标文件规定并做出实质性响应的供应商。有效投标人不足 3 家，就没有达到采用招标采购方式的基本要求，表明竞争性不强，难以实现招标目标。

② 采购的公正性受到影响。采购活动中存在的非法或不当行为会使招标活动受到外界的强烈干扰，破坏了招标要求的公正、公平的环境，如果继续下去，将严重损害有关当事人的利益。

③ 投标报价均超过了采购预算。政府采购应当严格按照批准的预算执行，其中

就包括政府采购项目不得突破预算额度。也就是说，批准的政府采购项目预算是采购支付的最高限额。一旦各投标人的报价都超过了采购预算，就表明投标人的要价超过了采购人的支付能力，采购人不能签订采购合同，为避免不必要的经济纠纷，应停止招标活动。

④ 采购任务取消。政府采购项目一经确立，原则上必须开展，不能取消。但在特定情况下，已经确立的采购项目或者已经开始招标的采购项目，必须取消。如因国家经济政策调整、压缩支出等政策因素取消了原定的采购项目。再如，某些配套资金项目涉及部分融资，在招标过程中采购人得知融资部分不能到位等。

如果采购人认为上述的条件或理由成立并做出了废标决定，则有义务向所有投标人就这些理由做出说明和解释，不对废标理由进行充分的说明，将构成废标行为的严重程序缺陷，可以影响废标的合法性。因此，《政府采购法》规定“招标项目废标后，采购人应当将废标理由及时通知所有投标人”。

（2）废标后的处理。

废标是招标失败的处理方式之一，招标失败表明了采购人没有成功地确定需要的采购对象，预期的招标目标没有实现。那么，采购人在废标后如何重新确定采购对象成为一项重要内容。根据《政府采购法》，有以下几种处理方法：

① 终止采购。在废标情形中，涉及采购任务取消的，为采购活动的终结，不得再行开展。

② 重新招标。废标并不意味着招标方式有问题，有可能是采购人确定供应商的资格条件过于苛刻，或者采购标准定得过高，还有可能是信息披露不充分造成投标供应商数量不够等。因此，采购人应当根据废标的具体原因，重新调整供应商的资格条件，或者调整采购需求，重新制定招标文件，继续开展招标活动。对于因出现影响采购公正的违法违规行为的，违法违规者将受到惩罚，包括取消投标资格等，与招标文件没有关系的废标，更应当重新组织招标。

③ 经批准后采取其他采购方式。废标后再进行采购的，如果因招标方式不适宜确实需要采取招标以外的其他采购方式，则应当在采购活动开始前获得设区的市、自治州以上人民政府采购监督管理部门或者政府有关部门批准。政府有关部门是指国务院文件规定的对招标活动负有监督职责的部门。如果这些部门有废标后采取其他采购方式要获得其批准的规定，则应当从其规定。同时，按照《政府采购法》理解，县市级以下政府采购监督管理部门对本级政府采购人在废标后需要采取其他采购方式的，没有审批权，应报上级政府采购监督管理部门或者有关部门审批。但它们可以预先对采购人改变采购方式的申请进行审核，提出意见。

（三）定标

在定标环节，主要涉及确定中标、成交，重新评审等内容的规范。

1. 确定中标、成交

《政府采购法实施条例》第四十三条对中标、成交的确定和公告进行了规范。

（1）确定中标、成交。

采购代理机构应当自评审结束之日起两个工作日内将评审报告送交采购人。既没有增加采购代理机构的工作压力，又可以加快采购进度。采购人应当自收到评审报告之日起五个工作日内在评审报告推荐的中标或者成交候选人中按顺序确定中标或者成交供应商。上述规定既给采购人决策留出了时间，又制约了采购人以种种原因推迟或拒绝确定不合意的中标、成交结果。

一般情况下，评标报告会按照评标办法和标准的规定，确定1～3名中标候选人。竞争性谈判和询价的评审报告会推荐3名以上成交候选人。其中排名第一的候选人是按照评审办法和标准衡量、对采购人最为有利的供应商，因此采购人应当依法确定排名第一的候选人为中标或成交供应商。当中标或成交供应商放弃签订合同，或者财政部门经过处理投诉举报、监督检查，认定中标、成交结果无效，且符合顺序中标、成交条件时，排名靠后的候选人可以顺序中标、成交。

（2）采购结果公告。

采购人或者采购代理机构应当自中标或成交供应商确定之日起两个工作日内，发出中标、成交通知书，并在省级以上人民政府财政部门指定的媒体上公告中标、成交结果。《政府采购信息公告管理办法》对中标结果公告的内容作了规定，《政府采购非招标采购方式管理办法》对非招标采购方式的成交结果公告内容做了规定，《政府采购法实施条例》将5种政府采购方式的结果公告内容作了统一，规范了公告内容，进一步推动政府采购公开透明。

中标、成交结果公告内容应当包括：一是采购人和采购代理机构的名称、地址、联系方式，二是项目名称和项目编号，三是中标或者成交供应商名称、地址和中标或者成交金额，四是主要中标或者成交标的的名称、规格型号、数量、单价、服务要求。集成项目、多品目采购项目仅公告中标金额，其他供应商无法获得中标货物的详细情况，也就难以维护自己的权益并行使正当的监督权。而公告主要中标标的的名称、规格型号、数量和单价，使采购结果信息的公开程度大大提高，便于供应商和社会公众的监督。所谓主要中标或者成交标的，是指实现该合同采购需求的各项标的。从合同金额上衡量，主要标的的合同金额应当超过合同总金额的半数。实践中，公告中标或成交供应商的分项报价表是最简单可行的方法。对于服务类采购，中标、成交结果公告中应当包括服务要求的内容，使服务类采购活动的中标、成交结果公告针对性更强，五是评审专家名单。此外，招标文件、竞争性谈判文件、询价通知书随中标、成交结果同时公告。这是落实政府采购公开透明的重要措施，通过公告招标文件、竞争性谈判文件和询价通知书，完整公开了采购需求，便于将需求与采购结果进行详细对比。

2. 重新评审

采购实践中，个别采购人或者采购代理机构对已经评审出的结果不满意，寻找各种理由组织重新评审，希望借重新评审推翻原评审结论，甚至用不合法的重新评审结果否定正常评审结果。有的采购人或者采购代理机构对评审结果不满意，借助样品检测、现场考察等手段推翻评审结果。这些做法不仅严重损害了政府采购的公信力，还极易产生腐败。《政府采购法实施条例》第四十四条对重新评审、改变评审结果做出了禁止性规定。

（1）重新评审。

重新评审是指评审活动完成后，原评标委员会、谈判小组、磋商小组和询价小组成员对自己评审意见的重新检查。除财政部《关于进一步规范政府采购评审工作有关问题的通知》规定的情形外，采购人、采购代理机构不得组织重新评审。对属于可以组织重新评审的情形，采购人、采购代理机构应当按照合法的程序组织重新评审。

① 可以重新评审的情形。对于招标和竞争性磋商项目，评审结束后，当发现可能出现资格性检查认定错误、分值汇总计算错误、分项评分超出评分标准范围、客观分评分不一致、经评标委员会或磋商小组一致认定评分畸高或畸低、政策功能价格计算错误等情形时，采购人或者采购代理机构可以组织原评标委员会或磋商小组，按照招标、磋商文件中载明的评审办法和标准进行重新评审。

对于竞争性谈判和询价项目，评审结束后，当发现可能出现资格性审查认定错误和价格计算错误两种情形时，采购人或者采购代理机构可以组织原谈判小组或者询价小组，按照竞争性谈判文件或询价通知书中载明的评审办法和标准进行重新评审。

上述错误可以是采购人或者采购代理机构自行发现，或者供应商依法提出质疑后发现，也可以是财政部门监督检查中发现。

② 重新评审后的处理。经重新评审确定原评审报告中存在错误的应当纠正错误。改变原中标、成交结果的，采购人或采购代理机构应当书面报告本级财政部门。其中质疑事项确实存在评审错误，因而改变原中标、成交结果的，应当将相关情况

报财政部门备案；其他事项的错误造成改变原中标、成交结果的，应当报请财政部门认定原中标、成交结果无效。

（2）改变评审结果。

在采购实践中，除了通过重新评审推翻原评审结论，个别采购人或采购代理机构在评审结束后，还通过样品检测、对供应商现场考察，以及所谓的资格后审、背景调查等方式找出供应商的问题，从而推翻评审结果。这种做法背离了通过评审选择供应商的政府采购基本竞争准则，而评审结束后检测样品、对供应商进行现场考察不仅会增加供应商的经济负担，还增加了人为干预的机会，易产生腐败。评审结果的产生，只能依照采购文件中载明的评审办法和标准，不能在评审结束后通过其他环节改变。《政府采购法实施条例》对此做出了禁止性规定。评审结果的产生，只能依照招标文件、竞争性谈判文件等采购文件中载明的评审办法和标准，不能在评审结束后通过其他环节改变。采购人的关注应当在评审中体现，可以在招标文件、竞争性谈判文件等采购文件中做出规定，通过公正合理的方式检测样品，并将检测报告作为投标文件或者响应文件的组成部分纳入评审环节。

在采购活动中，无论是评标还是竞争性谈判、竞争性磋商和询价的评审工作，由于评审组织成员自身或者评审时间、相关资料等主客观原因，都可能造成评审出现错误。采购人或者采购代理机构在评审结束后发现评审存在错误，除可以重新评审的情形外，对于其他情况，正确的处理方法是及时向本级财政部门报告，由财政部门依法审查评审活动，对发现的错误依法予以纠正。

除了对公开招标程序进行了规范，《政府采购法》第三十四条还对邀请招标程序做出了规定，即货物或者服务项目采取邀请招标方式采购的，采购人应当从符合相应资格条件的供应商中，通过随机方式选择 3 家以上的供应商，向其发出投标邀请书。其立法目的是要求采购人在采取邀请招标采购方式时，要按照公开、公正和公平原则选择应当邀请的供应商，从而规范邀请招标行为。在把握相关规定时，应注意以下问题：一是适用范围是政府采购的货物和服务项目。邀请招标程序的适用范围是政府采购的货物和服务项目，不包括工程项目。采购人采购货物和服务项目时，如果经批准采取邀请招标采购方式的，选择邀请对象要执行《政府采购法》规定，工程采购项目采取邀请招标采购方式的，其邀请对象的选择要执行《招标投标法》的规定。二是选择邀请对象的方法。在确定供应商的资格条件时，除应具备参加政府采购活动所需的基本条件外，还要具备参加具体采购项目的特定条件。为确保一定的竞争程度，采购人应向不少于 3 家的合格供应商发出投标邀请书。采购人应当通过随机方式在符合条件的供应商中确定邀请对象。所谓随机方式，是指按照事先规定的程序从符合条件的供应商中任意选出不少于 3 家供应商作为邀请对象。禁止故意的指定或者选择某些供应商作为发出邀请的对象，否则就是歧视行为并构成对公平竞争原则的违反。

二、招标投标法

我国《招标投标法》作为程序法，其规范的主要内容就是招投标活动。因此，《招标投标法》及其实施条例对招标采购的程序进行了全面而具体的规范，涉及招标、投标、开标、评标和定标等招投标活动的所有环节。

（一）招标

在招标环节，《招标投标法》及其实施条例主要对招标公告、资格审查和招标文件等内容进行了规范。

1. 招标公告

在公告方面，主要涉及招标公告、资格预审公告和投标邀请书的规定。

（1）招标公告。

招标公告是指招标人以公开方式邀请不特定的潜在投标人就某一项目进行投标的明确意思表示。公开招标的招标信息必须通过公告的途径予以通告，使所有潜在投标人都有同等的机会了解招标要求，以形成尽可能广泛的竞争局面。可以说，发布招标公告是公开招标的第一步，也是决定投标竞争的广泛程度，确保招标质量的关键性一步。同时，招标公告的发布方式对信息能否广泛传播也起着决定性作用，直接影响招标公告的发布效果，因此，《招标投标法》第十六条对招标公告做出了以下规定：

① 招标公告的发布。招标人采用公开招标方式的，应当发布招标公告。依法必须进行招标项目的招标公告，应当通过国家指定的报刊、信息网络或者其他媒介发布。对自愿招标的项目，招标人可以自由选择招标公告的发布媒介。所谓国家指定，主要是指由法律、行政法规规定。根据《招标投标法实施条例》第十五条，依法必须进行招标项目的招标公告，应当在国务院发展改革部门依法指定的媒介发布。发改委指定的媒介包括《中国日报》《中国经济导报》《中国建设报》和《中国采购与招标网》，其中国际招标项目的招标公告应在《中国日报》发布；建设部规定依法必须进行施工公开招标的工程项目，除了应当在国家指定的媒介上发布招标公告，并同时在中国工程建设和建筑业信息网上发布招标公告；商务部规定《中国国际招标网》为机电产品国际招标业务提供服务的专门网络。

招标人或招标代理机构在媒介发布招标公告时，应当注意：一是招标公告的发布应当充分公开，任何单位和个人不得非法限制招标的发布地点和发布范围。二是指定媒介发布依法招标项目的招标公告，不得收取费用，但发布国际招标公告的除外。三是对拟发布的招标公告文本应当由招标人或招标代理机构主要负责人签名并加盖公章。四是招标人或招标代理机构应至少在一家指定的媒介发布招标公告。指定报纸在发布招标公告的同时，还应将公告如实抄送《中国采购与招标网》。五是指定报纸和网络应当在收到招标公告文本之日起 7 日内发布。六是对使用国际组织或者外国政府贷款、援助资金的招标项目，贷款方、资金提供方对招标公告的发布另有规定的，适用其规定。

② 招标公告的内容。招标公告内容应当真实、准确和完整，在不同媒介发布同一招标项目的招标公告内容应当一致。同一招标项目公告内容的不一致将导致信息不对称，从而影响潜在投标人的判断和决策，损害招标投标活动的公正性和公平性。按照《招标投标法》，招标公告应当载明招标人的名称和地址、招标项目的性质、数量、实施地点和时间以及获取招标文件的办法等事项的基本要求。

结合国务院有关部门规章中对招标公告内容的共性规定，招标公告的基本内容包括：招标项目名称，项目审批、核准或备案机关名称，资金来源，简要技术要求以及招标人名称等招标条件；招标项目规模，招标范围，标段或标包的划分或数量，招标项目性质；招标项目的实施地点、交货或服务地点；招标项目的实施时间，即工程施工工期、货物交货期或提供服务时间等；对投标人的资质等级与资格要求；获取招标文件的时间、地点、方式以及招标文件售价；递交投标文件的地点和投标截止日期；联系方式，包括招标人、招标代理机构项目联系人的名称、地址、电话、传真、网址、开户银行及账号等。

（2）资格预审公告。

资格预审公告是指招标人通过媒介发布公告，表示招标项目采用资格预审的方式，公开选择条件合格的潜在投标人，使感兴趣的潜在投标人了解招标采购项目的情况及资格条件，前来购买资格预审文件，参加资格预审和投标竞争。与招标公告的要求类似，依法必须进行招标项目的资格预审公告应在发改委依法指定的媒介发布，在不同媒介发布的同一招标项目的公告内容应相同，指定媒介发布境内资格预审公告，不得收取费用等。公开招标采用资格预审方式的，以资格预审公告代替招标公告，资格预审公告的发布也应当依照《招标投标法》及其实施条例的规定。尽管资格预审方式既适用于公开招标项目，也适用于邀请招标项目，但邀请招标不一定要发布资格预审公告。需要指出的是，公开招标的项目发布资格预审公告后，一般无须再发布招标公告，且招标文件只发售给通过资格预审的且确认参与投标的申请人。

根据《工程建设项目施工招投标办法》《标准施工招标资格预审文件》中的规定，工程建设项目资格预审公告内容包括：招标项目的条件，项目概况与招标范围，对申请人的资格要求，资格预审方法，资格预审文件的获取，资格预审申请文件的提交，发布公告的媒介名称，联系方式等。

（3）投标邀请书。

采用邀请招标方式的招标人虽然可以根据项目的特点选择特定的潜在投标人，但在招标程序、评标标准等招标的重要环节上均与公开招标相同。邀请招标不是议标，不能因为其招标对象的特定性而取代招标公开性、竞争性的本质特征，这就要求对邀请招标的招标范围有所限制。同时，由于邀请招标的受邀对象是有限和特定的，为了保证受邀请人的质量，也要对受邀请人的资质提出要求。《招标投标法》第十七条对投标邀请书进行了规范，包括以下内容：

① 投标邀请书的发布范围。采用邀请招标方式招标，招标人应当向 3 个以上的特定法人或其他组织发出投标邀请书。有些科研项目的邀请招标，还可邀请特定的科研人员个人。受邀请人至少 3 个，包括本数，具体数目还需根据项目的特点和潜在投标人的情况而定。

② 受邀请人的资质。招标人所选定的潜在投标人应当具有承担招标项目的能力，资信良好。招标人所选定的潜在投标人应当具备承接招标项目的人力、财力、物力上的条件，特别是应具有与招标项目要求相适应的技术力量。国家对项目承接人有资质要求的，受邀请的投标人必须具有该资质。资信良好是指受邀请投标人应当有从事与招标项目相适应的经济实力，业绩好、信誉佳，不得有违法乱纪的不良记录。不符合投标资质要求的投标人不得被选定为受邀请人参加投标。

③ 投标邀请书的内容。

投标邀请书的内容与公开招标公告的法定内容一致，只需增加潜在投标人“确认”是否收到了投标邀请书的内容。如《标准施工招标文件》中关于“投标邀请书”的条款，就专门要求潜在投标人在规定时间以前，用传真或快递方式向招标人“确认”是否收到了投标邀请书。

为了保证邀请招标的有效性，对于工程建设项目而言，采用资格预审的方式筛选投标人不失为好的方法，这样可以避免招标人或招标代理机构受掌握潜在投标人情况的信息所限而漏掉合格的投标人，也可以防止发生招标人只在熟悉的合作伙伴中选定投标人，甚至因人情或金钱利益而错选投标人，造成对其他投标人的不公平待遇，以至于影响招标质量的情况。而且，可以通过资格预审保证选定的投标人符合关于“具有承担招标项目的能力，资信良好”等法定要求。

2. 资格审查

一个招标项目的投标人应当具有承接该项目的能力，这是保证项目中标后，中标人能够切实履行合同义务，保质、保量地完成招标项目的前提，是招标成功与否的关键所在。为此，招标人有权对投标人的投标资格进行审查，以确认其是否具有胜任某一招标项目的能力。《招标投标法》第十八条对资格审查作了原则性规定。在实践中，资格审查活动存在诸多不规范的现象。例如，部分招标人不能正确认识资格审查活动的重要性，资格审查流于形式，未能发挥在投标人资格和能力方面的过滤把关作用，影响招标项目的顺利实施；脱离项目实际和市场供求状况，“一刀切”地要求进行资格预审或者资格后审，人为地将资格审查工作复杂化或者简单化，加大招标投标社会成本，影响工作效率；部分招标人在资格审查活动中，量体裁衣地设定资格标准和条件，搞“暗箱操作”，借此排斥潜在投标人、组织围标串标和虚假招标；资格审查标准和条件一般涉及技术、管理、经济、财务甚至法律等专业性较强的因素，对审查人员有较高的专业素质要求，实践中经常出现由非专业人员进行审查的现象，影响了资格审查结果的客观公正性和科学性。对此，《招标投标实施条例》对资格审查进行了细化规定。

（1）资格审查的权利。

招标人可以根据招标项目本身的要求，在招标公告或者投标邀请书中，要求潜在投标人提供有关资质证明文件和业绩情况，并对潜在投标人进行资格审查；国家对投标人的资格条件有规定的，依照其规定。招标人对投标人资格审查的权利包括两个方面：一是要求投标人提供其资质信息的权利，二是对其资质进行实际审查的权利。招标人可以根据招标项目的具体情况，要求潜在投标人提供有关资质证明文件和业绩情况。例如，可以要求投标人提供国家或部门授予的从事某类项目的资质等级证书，也可以要求投标人提供在此招标前一段时期内的生产经营情况说明和有关报表等。招标人对投标人的上述要求可以在招标公告或投标邀请书中明确提出，也可以在专门发布的资格预审公告中提出。在一般贸易中，由于贸易对象的特定性，采购人对其进行资信调查比较简单，而招标项目中招标人所面临的被调查者少则几个，多则几十个，招标人无力对众多的投标人逐个进行全面调查，只能通过资格审查的办法，要求潜在投标人申报资信情况，了解其投标能力。因此，要求投标人提供资质证明和业绩情况，是招标人的一项重要权利，对招标人提出涉及投标人资质的有关问题，投标人应如实予以答复，否则将失去中标的资格。

（2）资格审查的方式。

根据审查的时间，资格审查分为资格预审和资格后审两种方式。所谓资格预审，是指在投标前对潜在投标人进行的资格审查，只有资格审查合格的潜在投标人才有投标的资格；所谓资格后审，是指在开标后对投标人进行的资格审查，只有资格审查合格的投标人，才有中标的资格。《招标投标实施条例》第十八至第二十条对资格审查方式进行了细化规定：

①资格预审。对于大型或复杂的土建工程或成套设备，通过资格预审方式可以大大减少招标的工作量，有利于提高招标的工作效率，降低招标成本，也为潜在投标人节约了资金，有利于吸引实力雄厚的投标人前来投标。《招标投标实施条例》规定："资格预审应当按照资格预审文件载明的标准和方法进行。"实践中，资格预审的审查标准主要根据申请人的投标资格条件和履约能力等主要审查因素设立，一般包括申请人的资格条件、组织机构、营业状态、财务状况、类似项目业绩、信誉和生产资源情况等。资格预审的审查方法一般分为合格制和有限数量制。所谓合格制，是对申请人的资格条件进行符合性审查，凡通过审查的申请人均允许参加投标；所谓有限数量制，是指在合格性审查的基础上，按照资格预审文件载明的审查因素和审查标准进行定量评分，从通过合格性审查的申请人中择优选择一定数量参与投标。从提高投标的竞争性考虑，资格预审应当尽可能采用合格制，即凡符合资格预审文件规定资格条件的资格预审申请人，都有权参加投标。当潜在投标人过多时，也可以采用有限数量制。

近年来，中央和地方查处的与招标投标有关的腐败大案多数属于国有资金占控股或者主导地位的项目，由于这些项目不同程度地存在投资主体缺位的问题，招标人可能通过资格预审搞虚假招标、围标串标和排斥潜在投标人等方式牟取私利，侵蚀国家和人民的财产。因此，《招标投标法实施条例》对招标项目实行差别化管理，要求"国有资金占控股或者主导地位的依法必须进行招标的项目，招标人应当组建资格审查委员会审查资格预审申请文件。资格审查委员会及其成员应当遵守招标投标法和本条例有关评标委员会及其成员的规定"。实行专家评审制度可以形成一定的权力制衡，促进资格预审活动的公正和公平。

招标人负有及时通知资格预审结果的义务，资格预审合格的申请人可按照招标人的安排及时购领招标文件，参加正式的投标竞争；未通过的申请人不具有投标资格，可及时调整经营计划，集中资源开拓新的市场。通过资格预审的申请人少于三个，意味着投标人必然少于三个，属于法定应当重新招标的情形。为提高效率，没有必要等到投标截止时间时再决定重新招标。这里的重新招标既可以是重新进行资格预审，也可以是直接发布招标公告进行重新招标。

② 资格后审。《招标投标法实施条例》规定："招标人采用资格后审办法对投标人进行资格审查的，应当在开标后由评标委员会按照招标文件规定的标准和方法对投标人的资格进行审查。"资格后审由依法组建的评标委员会在组织评标时一并负责进行，有利于招标人公正、科学和客观地选择符合其在招标文件中设定的标准和要求的申请人，减少审查工作的随意性，规范资格后审活动；有利于将资格审查与评标结合考虑，避免将其人为地分割为两个部分影响工作效率。资格后审通常在初审阶段进行，对资格后审不合格的投标人，评标委员会应当对其投标作无效标处理，不再进行详细评审。但有些资格后审也可以作为合同授予前的审查内容放在详细评审的最后阶段，即评标委员经过评标已有中标人选后，再对中标人选是否有能力履行合同义务进行审查。如我国机电产品国际招标对资格后审程序的时间安排，就是对已经评出的"最低评标价的投标人或综合评价最优的投标人是否有能力令人满意地履行合同"等资格条件的审查。

如前所述，审查投标人的投标资格是招标人的一项权利，但由于资格审查的结果直接导致潜在投标人的投标权利或预选中标人的中标权利的丧失，因此，如果招标人滥用这一权利，将会直接侵害潜在投标人或投标人的合法权益，影响招标的公正性。为此，《招标投标法》规定，招标人应当根据招标项目本身的要求对投标人进行资格审查，不得以不合理的条件限制或者排斥潜在投标人，不得对潜在投标人实行歧视待遇。根据《招标投标法实施条例》第三十二条，招标人有下列行为之一的，属于以不合理条件限制、排斥潜在投标人或者投标人：就同一招标项目向潜在投标人或投标人提供有差别的项目信息；设定的资格、技术、商务条件与招标项目的具体特点和实际需要不相适应或者与合同履行无关；依法必须进行招标的项目以特定行政区域或者特定行业的业绩、奖项作为加分条件或者中标条件；对潜在投标人或投标人采取不同的资格审查或者评标标准；限定或者指定特定的专利、商标、品牌、原产地或者供应商；依法必须进行招标的项目非法限定潜在投标人或投标人的所有制形式或者组织形式；以其他不合理条件限制、排斥潜在投标人或者投标人。上述规定为实践操作提供了明确的法律依据。

3. 资格预审文件和招标文件

资格预审文件是告知潜在投标人招标项目的内容、范围和数量、投标资格条件的载体，是指导资格预审活动全过程的纲领性文件，是潜在投标人编制资格预审申请文件、资格审查委员会对资格预审申请文件进行评审并推荐或者确定通过资格预审的申请人的依据。招标文件是招投标活动中最重要的法律文件，它不仅规定了完整的招标程序，而且提出了各项具体的技术标准和交易条件，规定了拟订立的合同的主要内容，是投标人准备投标文件和参加投标的依据，评审委员会评标的依据，也是拟订合同的基础。编制好招标文件，是招标人在组织整个招投标过程中最重要和最关键的工作之一。《招标投标法》主要对招标文件的编制、澄清和修改等内容进行了规范，而《招标投标法实施条例》则对资格预审文件和招标文件进行了补充规定。

（1）文件的编制。

《招标投标法》第十九条规定："招标人应当根据招标项目的特点和需要编制招标文件。招标文件应当包括招标项目的技术要求、对投标人资格审查的标准、投标报价要求和评标标准等所有实质性要求和条件以及拟签订合同的主要条款。国家对招标项目的技术、标准有规定的，招标人应当按照其规定在招标文件中提出相应的要求。招标项目需要划分标段、确定工期的，招标人应当合理划分标段、确定工期，并在招标文件中载明。"招标文件中规定的各项技术标准和交易条件直接影响到投标价格，投标价格的高低决定着招标是否能本着节约的原则进行，同时也在一定程度上对潜在投标人的投标兴趣和承受能力产生影响。因此，招标文件的编制必须以项目为依托，不符合项目特点和需要的内容不应纳入招标文件。编制资格预审文件和招标文件不仅要抓住重点，根据不同需求合理确定实质性内容，而且应当做到符合法规要求，内容完整无遗漏，文字严密、表达准确。具体而言，编制文件时应做好以下工作：

① 依法编制，满足招标人使用要求。一方面，资格预审文件和招标文件内容应当遵守《招标投标法》及其实施条例等法律法规的强制性规定。如《招标投标法》规定招标文件不得要求或者标明特定的生产供应者以及含有倾向或排斥潜在投标人的其他内容；另一方面，资格预审文件和招标文件内容不得违反"三公"和诚实信用原则。所谓违反"三公"原则是指文件没有载明必要的信息，针对不同的潜在投标人设立有差别的资格条件，提供给不同潜在投标人的资格预审文件或者招标文件的内容不一致，指定某一特定的专利产品或者供应者，资格预审文件载明的资格审查标准和方法或者招标文件中载明评标标准和方法过于原则，自由裁量空间过大，使得潜在投标人无法准确把握招标人意图，无法科学地准备资格预审申请文件或者投标文件等。所谓违反"诚实信用"原则是指文件的内容故意隐瞒真实信息，典型表现是隐瞒工程场地条件等可能影响投标价格和建设工期的信息，恶意压低工程造价逼迫潜在投标人放弃投标或者以低于成本的价格竞标，从而影响工程质量和安全。

《招标投标法实施条例》第二十三条和第八十二明确了违法后果，资格预审文件或者招标文件的内容违反法律、行政法规的强制性规定，违反公开、公平、公正和诚实信用原则，影响资格预审结果或者潜在投标人投标的，依法必须进行招标的项目，招标人应当在修改资格预审文件或者招标文件后重新招标，对中标结果造成实质性影响，且不能采取补救措施予以纠正的，招标、投标、中标无效，应当依法重新招标或者评标。资格预审文件或招标文件内容违法后果不同，如果不影响中标结果，则文件中的违法内容无效，不得作为合同组成部分。如果影响中标结果，则可能会导致重新招标的后果。所谓“影响”是指已经造成影响，其时点是资格预审评审结束后或者投标文件提交截止后才发现，表现形式有具备资格的潜在投标人未能参加资格预审或者未能参加投标、已经通过资格预审的申请人或者投标人没有充分竞争力等。在时点之前发现的违法行为，应按照《招标投标法实施条例》规定修改资格预审文件或者招标文件。修改内容可能影响资格预审申请文件或者招标文件编制的，招标人应当顺延提交资格预审申请文件或者投标文件的时间。

② 合理划分标段或标包。标段划分是指招标人在充分考虑合同规模、技术标准规格分类要求、潜在投标人状况，以及合同履行期限等因素的基础上，将一项工程、服务，或者一个批次的货物拆分为若干个合同进行招标的行为。招标项目划分标段或者标包，通常基于以下两种客观需要：一种是适应不同资格能力的投标人。招标项目包含不同类型、不同专业技术、不同品种和规格的标的，分成不同标段才能使有相应资格能力的单位分别投标。另一种是满足分阶段实施要求。同一招标项目由于受资金、设计等条件的限制必须划分标段，以满足分阶段实施要求。标段划分通常要考虑以下因素：

一是法律规定。《合同法》和《建筑法》均规定，招标人划分标段不得将应当由一个承包人完成的建筑工程肢解成若干部分分别招标发包给几个承包人投标。《招标投标法》第十九条规定，招标人应当合理划分标段，并在招标文件中载明。

二要考虑经济因素。招标项目应当在市场调研的基础上，通过科学划分标段，使标段具有合理适度规模，保证足够竞争数量的单位满足投标资格能力条件，并满足经济合理性要求。

三要考虑招标人的合同管理能力。标段数量增加，必将增加实施招标、评标和合同管理的工作量，因此标段划分需要考虑招标人组织实施招标和合同履行管理的能力。

四要考虑项目技术和管理要求。招标项目划分标段时既要满足项目技术关联配套及其不可分割性要求，又要考虑不同承包人或供应商在不同标段同时生产作业及其协调管理的可行性和可靠性。实践中，有些招标人利用标段划分实现非法目的，如通过规模过大或过小的不合理划分标段，保护有意向的潜在投标人，限制或者排斥其他潜在投标人；通过划分标段将项目化整为零，使标段合同金额低于必须招标的规模标准而规避招标，或者按照潜在投标人数量划分标段使每一潜在投标人均有可能中标，导致招标失去意义。对此，《招标投标法实施条例》第二十四条明确规定："招标人对招标项目划分标段的，不得利用划分标段限制或者排斥潜在投标人。依法必须进行招标的项目的招标人不得利用划分标段规避招标。"

③ 投标有效期的确定和延长。投标有效期是指招标文件中规定一个适当的有效期限，在此期限内投标文件对投标人具有法律约束力。《招标投标法》没有规定投标有效期，有关行政法规和规章对投标有效期进行了规定，包括以下内容：

一是投标有效期的确定。《招标投标法实施条例》第二十五条规定，招标人应当在招标文件中载明投标有效期。投标有效期从提交投标文件的截止之日起算。《工程建设项目施工招投标办法》第二十九条也规定，招标文件应当规定一个适当的投标有效期，以保证招标人有足够的时间完成评标和与中标人签订合同。投标有效期从招标文件规定的提交投标文件截止之日起计算。

二是投标有效期的延长。《工程建设项目施工招标投标办法》和《工程建设项目货物招标投标办法》等均规定，在原投标有效期结束之前，招标人可以延长投标有效期，应以书面形式通知投标人并获得投标人的书面同意。拒绝延长投标有效期的投标人有权收回投标保证金。同意延长投标有效期的投标人应当相应地延长其投标担保的有效期，但不得修改投标文件的实质性内容。投标有效期延长可产生以下后果：投标有效期的延长应伴随投标保证金有效期的延长；投标人有权拒绝延长投标有效期且不被扣留投标保证金。但投标人一旦拒绝延长投标有效期，其投标失效；因延长投标有效期可能导致重新招标的情形。如同意延长投标有效期的投标人少于三个，招标人应当重新招标；招标人应承担因投标有效期延长对投标人导致的相应损失，但因不可抗力的除外。

④投标保证金的收取和退还。投标保证金是投标人按照招标文件规定的形式和金额向招标人递交的，约束投标人履行其投标义务的担保。招投标作为一种特殊的合同缔结过程，投标保证金所担保的主要是合同缔结过程中招标人的权利，要求投标人在提交投标文件截止时间后不撤销其投标，并按照招标文件和其投标文件签订合同。否则，招标人可不予退还其递交的投标保证金。此外，投标保证金还对约束投标人的投标行为，打击围标串标、挂靠、出借资质等违法行为也有一定的效果。《招标投标法实施条例》第二十六条和第五十七条主要对投标保证金的收取和退还进行了规范。

一是投标保证金的收取。投标保证金并不是投标文件不可或缺的组成文件，是否提交投标保证金由招标人自主选择。如果招标人要求投标人提交投标保证金，则应在招标文件中对投标保证金的提交时间、形式、金额和有效期等提出具体要求。如果投标保证金不足、无效、迟交、有效期不足或者形式不符合招标文件要求等情形，均将构成实质性不响应而被拒绝投标。《招标投标法实施条例》规定："招标人在招标文件中要求投标人提交投标保证金的，投标保证金不得超过招标项目估算价的2%。投标保证金有效期应当与投标有效期一致。"所谓的招标项目估算价是指根据招标文件、有关计价规定和市场价格水平合理估算的招标项目金额。而投标保证金有效期和投标有效期一致有利于防止投标保证金被误用或者滥用、招标人自觉增强招标工作的计划性和前瞻性，以及投标保证金的及时返还。就投标保证金的提交而言，依法必须招标项目的境内投标单位，以现金或者支票形式提交的投标保证金应当从其基本账户转出。目前，除基本账户外，国家对投标人开立存款账户并没有太多的限制，管理也相对宽泛。而投标人开立不同的银行账户为其他投标人提供投标保证金，在围标、串标等违法违规行为中几成定律。为此，《招标投标法实施条例》要求投标保证金必须来自投标人基本账户，并进一步规定不同投标人的投标保证金来自同一单位或者个人账户的构成串通投标，对遏制围标串标行为发挥了积极作用。需要注意的是，招标人不得挪用投标保证金。招标人委托招标代理机构代其收取投标保证金的，招标代理机构也不得挪用。该禁止性规定意味着，如果招标人或其委托的招标代理机构挪用投标保证金，则应承担相应的法律责任，投标人依法享有追偿挪用收益的权利。投标保证金挪用的情形多出现在现金、支票等担保方式。根据最高人民法院有关担保法的司法解释，即便是以现金方式提交的投标保证金，也属于特定化形式的质押，只是转移了对该动产的占有，在投标人出现不予返还的情形之前，其所有权仍属于投标人，如果招标人挪用于投资等其他目的，则所获得的收益应当归投标人所有。

二是投标保证金的退还。合同签订后，招标任务即告完成，投标担保失去意义，招标人应当退还投标保证金。根据《招标投标法实施条例》，"招标人最迟应当在书面合同签订后五日内向中标人和未中标的投标人退还投标保证金"。招标人应在规定的时限内退还投标保证金，包括解除担保函，以保护投标人的正当利益，提高资金效率，避免招标人无故扣押投标保证金。通常情况下，招标文件可以约定退还投标保证金的利息按照银行同期活期存款利率计算。对于投标保证金额大、担保时间长的招标项目，招标文件应该约定投标保证金的银行同期存款利息标准及其计算和退还办法。招标人逾期退还投标保证金的，还应该另行赔偿投标人损失。当投标人使用银行担保函或其他第三方信用担保等不发生银行存款利息的保证金时，不存在利息退还问题。招标文件也可以规定以下情形不退还投标保证金：中标人拒绝按招标文件、投标文件及中标通知书要求与招标人签订合同；中标人或投标人要求修改、补充和撤销投标文件的实质性内容或要求更改招标文件和中标通知书的实质性内容；中标人拒绝按招标文件规定时间、金额、形式提交履约保证金；法律法规和招标文件规定的其他情形。发生以上情形给招标人造成的损失超过投标保证金额的，招标人可要求赔偿超过部分的损失。

⑤ 明确规定具体而详细的使用与技术要求。招标文件应载明招标项目中每个标段或标包的各项使用要求、技术标准、技术参数等各项技术要求。《招标投标法》规定："国家对招标项目的技术、标准有规定的，招标人应当按照其规定在招标文件中提出相应要求。"招标项目有国家强制性标准的，招标文件中应就这一标准对招标项目提出具体技术标准的要求。例如，在涉及劳动安全方面、环境保护方面等，都应注明应达到的国家标准。《工程建设项目货物招投标办法》规定："招标文件规定的各项技术规格应当符合国家技术法规的规定。招标文件中规定的各项技术规格均不得要求或标明某一特定的专利技术、商标、名称、设计、原产地或供应者等，不得含有倾向或者排斥潜在投标人的其他内容。如果必须引用某一供应者的技术规格才能准确或清楚地说明拟招标货物的技术规格时，则应当在参照后面加上'或相当于'的字样。"如果招标项目是工程建设项目，则招标文件中还应包括工程技术说明书，通过附工程技术图纸和设计资料及工程量清单等对投标人提出详细、准确的技术要求。

⑥用醒目方式标明实质性要求和条件，不得改变评标标准和方法《工程建设项目施工招投标办法》规定："招标人应当在招标文件中规定实质性要求和条件，说明不满足其中任何一项实质性要求和条件的投标将被拒绝，并用醒目的方式标明。"《机电产品国际招标投标实施办法（试行）》规定，"对招标文件中的重要条款（参数）应当加注星号（＊），并注明如不满足任一带星号（＊）的条款（参数）将被视为不满足招标文件实质性要求，并导致投标被否决"。

《工程建设项目施工招投标办法》也规定："招标文件应当明确规定评标时除价格以外的所有评标因素，以及如何将这些因素量化或者据以进行评估。在评标过程中，不得改变招标文件中规定的评标标准、方法和中标条件。"《机电产品国际招标投标实施办法（试行）》规定，"招标文件中应当明确评标方法和标准。招标文件中没有规定的评标方法和标准不得作为评标依据"。招标文件应当明确规定评标时除价格以外的所有评标因素，以及如何将这些因素量化或者据以进行评估。在评标过程中，不得改变招标文件中规定的评标标准、方法和中标条件。评标标准和评标方法不仅要作为实质性条款列入招标文件，而且要强调在评标过程中不得改变。

⑦合理确定提交资格预审申请文件和投标文件的时间。合理的资格预审申请文件提交时间应当是充分考虑了招标项目的具体情况、资格预审文件对资格预审申请文件的内容和格式要求、潜在投标人的地域分布状况等各方面因素，能够保证申请人有足够的时间按照资格预审文件的要求编制完成并按时提交资格预审申请文件。根据《招标投标法》第二十四条规定："依法必须招标项目自招标文件开始发出之日起至投标人提交投标文件截止之日起不得少于二十日。"参照上述规定，《招标投标法实施条例》第十七条规定，"招标人应当合理确定提交资格预审申请文件的时间。依法必须进行招标的项目提交资格预审申请文件的时间，自资格预审文件停止发售之日起不得少于五日"。需要说明的是，该期限是一个低限要求。招标人应当根据规定，综合考虑招标项目具体情况、申请人的地域分布状况等因素，确定一个不少于五日的资格预审文件编制时间。

⑧编制标底和最高投标限价。《招标投标法实施条例》第二十七条规定："招标人可以自行决定是否编制标底。一个招标项目只能有一个标底。标底必须保密。接受委托编制标底的中介机构不得参加受托编制标底项目的投标，也不得为该项目的投标人编制投标文件或者提供咨询。招标人设有最高投标限价的，应当在招标文件中明确最高投标限价或者最高投标限价的计算方法。招标人不得规定最低投标限价。"在执行中应注意以下事项：

一是编制标底应当自愿、唯一和保密。标底是招标人组织专业人员，按照招标文件规定的招标范围，结合有关规定、市场要素价格水平以及合理可行的技术经济方案，综合考虑市场供求状况，进行科学测算的预期价格。工程招标项目通常具有独特性，缺少可供比较分析和控制的价格参考标准，特别是对于潜在投标人不多，竞争不充分或容易引起串标的工程建设项目，往往需要编制标底。标底是评价分析投标报价竞争性、合理性的参考依据，招标人可以根据招标项目的特点需要自主决定是否编制，以及如何编制标底，有关部门不应当干预。许多部门和地方以标底价格为基准并设定一个上下幅度范围作为确定投标报价是否入围、有效和中标的直接依据，限制了投标人的竞争，容易出现泄露标底获取不当收益等违法违规行为，也有可能成为地方或者行业保护落后、排斥开放竞争的手段。因此，应当禁止以标底及其上下限范围作为判定投标报价是否入围、有效和合理的直接依据，也要避免强制推行"无标底"招标的做法，导致标底应有的参考作用随之消失。需要注意的是，由于受委托编制标底的中介机构获知了其他投标人不易获知的有关招标项目的信息，为了保证招标竞争的公平公正，预防串通投标或者取得不正当的竞争优势，该中介机构负有避免利益冲突的义务。

二是最高投标限价的设置应当自愿、公开。最高投标限价是招标人根据招标文件规定的招标范围，结合有关规定、投资计划、市场要素价格水平以及合理可行的技术经济实施方案，通过科学测算并在招标文件中公布的可以接受的最高投标价格或最高投标价格的计算方法。超过最高投标限价的投标超出了招标人的承受能力，应当被否决。通常在潜在投标人不多、投标竞争不充分或容易引起串标的招标项目中使用，可以防止投标人串通抬标。最高投标限价与标底的区别是：最高投标限价是招标人可以承受的最高价格，必须在招标文件中公布，对投标报价的有效性具有强制约束力，投标人必须响应；标底是招标人可以接受的预期市场价格，在开标前必须保密，对投标报价没有强制约束力，仅作为评标参考。

三是招标人不得规定最低投标限价。投标人的竞争能力和完成招标项目的个别成本具有很大的差异，为了保证充分竞争，促进技术管理进步，节省采购成本，不允许做出“低于最低限价的投标报价为无效投标”等规定。为了防止投标人以低于成本的报价竞争，可以通过对投标价格的分析论证来判断其是否低于成本，包括参考标底、其他投标人的报价以及投标人的证明材料等，而不能统一设定最低限价。

⑨ 招标文件需要载明踏勘现场的时间与地点。招标项目现场的环境条件对投标人的报价及其技术管理方案有影响的，潜在投标人需要通过踏勘项目现场了解有关情况。工程施工招标项目一般需要实地踏勘招标项目现场，如工程建设项目的地理位置、地形、地貌、地质、水文、气候情况，工程现场的平面布局、交通、供水、供电、通信、污水排放等条件，投标人通过了解项目实施场地和周围环境情况以便做出关于投标策略和投标报价的决定，对投标业务成败关系极大。因此，《招标投标法》第二十一条规定，“招标人根据招标项目的具体情况可以组织潜在投标人踏勘项目现场”。

为了防止招标人向潜在投标人有差别地提供信息，造成投标人之间的不公平竞争，《招标投标法实施条例》第二十八条规定：“招标人不得组织单个或者部分潜在投标人踏勘项目现场。”招标人根据招标项目需要，组织潜在投标人踏勘项目现场的，应当组织所有购买招标文件或接收投标邀请书的潜在投标人实地踏勘项目现场。招标人应尽可能安排在招标文件规定发出澄清文件的截止时间之前，以便在澄清文件中统一解答潜在投标人踏勘项目现场时提出的疑问。潜在投标人踏勘项目现场产生的疑问需要招标人澄清答复的，一般应当在招标文件规定的时间内向招标人提出。招标人应当以书面形式答复并作为招标文件的澄清说明，提供所有购买招标文件的潜在投标人。招标人认为必要时，也可以按招标文件规定，在踏勘项目现场后，组织投标预备会公开解答潜在投标人提出的疑问，但应当以书面答复为准。

⑩ 充分利用和发挥标准文本的作用。长期以来，我国招投标市场受行政分工体系的影响，条块分割、政出多门，严重制约了招投标市场的统一和招投标法律法规的正确实施。标准招标文件的编制施行有利于进一步统一我国各个行业的招投标规则，促进形成统一开放和竞争有序的招投标市场；有利于提高资格预审文件和招标文件编制的透明度、质量和效率，进一步规范招投标活动，预防和遏制腐败；有利于衔接我国各项投资和建设管理制度，发挥制度的整体优势。因此，《招标投标法实施条例》第十五条规定："编制依法必须进行招标的项目的资格预审文件和招标文件，应当使用国务院发展改革部门会同有关行政监督部门制定的标准文本。"其含义如下：

一是明确标准资格预审文件和标准招标文件由国务院发展和改革部门牵头，会同国务院有关行政监督部门制定。发改委会同国务院 8 个行政监督部门于 2007 年 11 月颁布了《标准施工招标资格预审文件》和《标准施工招标文件》。按照标准文件的体系规划，九部委又于 2011 年 12 月颁布了《简明标准施工招标文件》和《标准设计施工总承包招标文件》。

二是"依法必须进行招标的项目应当使用标准文本"是指应当按照标准文本的使用规定使用。所谓使用规定，是发改委会同国务院有关行政监督部门为标准文件的颁布实施而配套发布的使用说明、部门规章和规范性文件，包括《〈标准施工招标资格预审文件〉和〈标准施工招标文件〉试行规定》《关于做好标准施工招标资格预审文件和标准施工招标文件贯彻实施工作的通知》和《关于印发简明标准施工招标文件和标准设计施工总承包招标文件的通知》等，对标准文件的适用范围、配套体系和使用要求等作了规定。如标准招标文件中的投标人须知正文、评标办法正文和通用合同条款均应不加修改地直接引用；国务院有关行业主管部门可根据本行业招标特点和管理需要，对《标准施工招标文件》中的"专用合同条款""工程量清单""图纸""技术标准和要求"做出具体规定。其中，"专用合同条款"可对"通用合同条款"进行补充、细化，但除"通用合同条款"明确规定可以做出不同约定外，"专用合同条款"补充和细化的内容不得与"通用合同条款"相抵触，否则抵触内容无效；招标人或招标代理机构应结合招标项目具体特点和实际需要编制填写"投标人须知前附表"和"评标办法前附表"，并可在"专用合同条款"中对"通用合同条款"进行补充、细化和修改。但是前附表的填写内容不得与相关正文内容相抵触，否则抵触内容无效等。

（2）文件的发售。

《招标投标法实施条例》第十六条对资格预审文件和招标文件的发售进行了规范，其规定如下：

① 应在规定的时间和地点发售文件。招标人应当按照资格预审公告、招标公告或者投标邀请书规定的时间、地点发售资格预审文件或者招标文件。为了方便潜在投标人了解获取资格预审文件和招标文件的必要信息，从而及时获取资格预审文件和招标文件，便于潜在投标人参与投标竞争，资格预审公告中应当载明发售资格预审文件的时间和地点，招标公告或者投标邀请书中应当载明发售招标文件的时间和地点。

② 文件的发售期不得少于五日。资格预审文件和招标文件的发售期不得少于五日。为了更多地吸引潜在投标人参与投标，招标人在确定具体招标项目的资格预审文件或者招标文件发售期时，应当综合考虑节假日、文件发售地点、交通条件和潜在投标人的地域范围等情况，在资格预审公告或者招标公告中规定一个不少于五日的合理期限。

③ 文件收取的费用不得以营利为目的。资格预审文件和招标文件的收费不得以营利为目的。招标人或其招标代理机构发售资格预审文件、招标文件收取的费用应当限于补偿印刷、邮寄的成本支出。

（3）文件的澄清与修改。

招标人在编制招标文件时，应当尽可能考虑到招标项目的各项要求，并在招标文件中做出相应的规定，力求使所编制的招标文件做到内容准确、完整，含义明确。但在招标文件内容疏漏或意思表述不明确、含义不清，或因情况变化需对已发出的招标文件作必要修改或调整等情况下，应允许招标人对招标文件作必要的修改，这是对招标人权益的合理保护，也有利于保证招标项目投资的合理和有效使用。因此，《招标投标法》第二十三条规定："招标人对已发出的招标文件进行必要的澄清或者修改的，应当在招标文件要求提交投标文件截止时间至少十五日前，以书面形式通知所有招标文件收受人。该澄清或者修改的内容为招标文件的组成部分。"《招标投标法实施条例》第二十一条在补充资格预审申请文件澄清、修改时间的同时，将必须在投标截止时间至少十五日前进行的澄清或者修改，限定在可能影响投标文件编制的情形。上述规定主要包括以下内容：

① 招标人有权对发出的文件进行必要的澄清或修改。招标人可以对已发出的资格预审文件或招标文件进行必要的澄清或修改。招标人发现上述文件存在遗漏、错

误、相互矛盾、含义不清、需要调整一些要求或存在违法的规定时，可以通过修改和澄清方式进行补救。同时，招标人根据潜在投标人提出的疑问和异议对上述文件做出修改和澄清，是招标人和潜在投标人之间的一种良性互动。所谓澄清，是指对文件中的遗漏、内容不清楚、含义不明确做出解释或对比较复杂事项进行的补充说明和回答投标人提出的问题，使招标文件的收受人能够准确理解招标文件有关内容的含义。所谓修改，是指招标人对于文件的有关内容根据需要进行必要的修正和改变，这通常是招标人的一种主动行为。

② 澄清与修改的时限。招标人如需对招标文件进行必要的澄清或修改的，应当在招标文件要求提交投标文件截止时间至少十五日前将澄清和修改内容通知招标文件收受人。考虑到有些澄清、修改可能不影响投标文件或者资格预审申请文件的编制，为提高效率，《招标投标法实施条例》规定："招标人可以对已发出的资格预审文件或者招标文件进行必要的澄清或者修改。澄清或者修改的内容可能影响资格预审申请文件或者投标文件编制的，招标人应当在提交资格预审申请文件截止时间至少三日前，或者投标截止时间至少十五日前，以书面形式通知所有获取资格预审文件或者招标文件的潜在投标人。"

实践中可能影响资格预审申请文件编制的澄清或修改情形包括调整资格审查的因素和标准，改变资格预审申请文件的格式，增加资格预审申请文件应当包括的资料、信息等；可能影响投标文件编制的澄清或修改情形，包括但并不限于对拟采购工程、货物或服务所需的技术规格，质量要求，竣工、交货或提供服务的时间，投标担保的形式和金额要求，以及需执行的附带服务等内容的改变。这些改变将给潜在投标人带来大量额外工作，必须给予潜在投标人足够的时间以便编制完成并按期提交上述文件。因此，招标人以书面形式通知潜在投标人的时间至文件提交截止时间不足三日或者十五日的，招标人应当顺延提交资格预审申请文件或者投标文件的截止时间。对于减少资格预审申请文件需要包括的资料、信息或者数据，调整暂估价的金额，增加暂估价项目，开标地点在同楼的会议室之间调换等不影响资格预审申请文件或者投标文件编制的澄清和修改，则不受三日或者十五日的期限限制。随着电子招标的逐步推广，一些招标项目允许潜在投标人匿名从网上下载资格预审文件和招标文件，需要对上述文件进行澄清和修改的，招标人在提供下载文件的网站上公布澄清或者修改内容即可。

③ 澄清或修改的通知。招标人对招标文件澄清和修改应以书面形式通知所有招标文件收受人，该澄清或修改的内容为招标文件的组成部分。其目的是使此项通知更具有安全性、可靠性，符合招投标相关文件都应采用书面形式的通行做法，同时

可避免一旦出现纠纷无据可查的情况。所谓书面形式，是指以文字形成书面文件的方式所制作的通知，包括信件、电报、电传、传真、电子数据交换和电子邮件等形式。招标人可以直接采取书面形式，也可以采用召开投标预备会的方式进行解答和说明，但最终必须将澄清与修改的内容以书面方式通知。为使每一位投标人都受到同等的待遇，确保竞争的公开和公平，招标人向多少人发出了招标文件，就应当向多少人发出同样的澄清或修改的通知。招标人对于已发出的招标文件所进行的澄清或修改的内容视为招标文件的组成部分，与已发出的招标文件具有同等的效力。

4. 总承包和两阶段招标

除一般招标外，《招标投标法实施条例》还对总承包招标和两阶段招标进行了规范。

（1）总承包招标。

为了引导和规范总承包，为总承包招标提供必要的法律依据，防止利用总承包规避招标，《招标投标法实施条例》第二十九条规定："招标人可以依法对工程以及与工程建设有关的货物、服务全部或者部分实行总承包招标。以暂估价形式包括在总承包范围内的工程、货物、服务属于依法必须进行招标的项目范围且达到国家规定规模标准的，应当依法进行招标。"其具体含义如下：

①招标人可以依法选择不同的总承包方式。工程总承包的主要方式有施工总承包、设计施工总承包、设计采购施工总承包。国际咨询工程师联合会（FIDIC）于1999年推出的核心合同文本是施工总承包、生产设备和设计施工总承包和设计采购施工/交钥匙合同条件。世界银行也于2006年推出了适用于世界银行贷款项目的设计施工总承包合同文本。我国企业承揽的海外工程大部分采用的是设计施工或设计采购施工一体化的总承包方式。

总承包是我国鼓励和扶持的工程承包方式。《建筑法》第二十四条规定："提倡对建筑工程实行总承包，禁止将建筑工程肢解发包。建筑工程的发包单位可以将建筑工程的勘察、设计、施工、设备采购一并发包给一个工程总承包单位，也可以将建筑工程勘察、设计、施工、设备采购的一项或者多项发包给一个工程总承包单位；但是，不得将应当由一个承包单位完成的建筑工程肢解成若干部分发包给几个承包单位。"2011年12月，发改委等9部委发布了《标准设计施工总承包招标文件》，为规范和推动我国工程总承包提供了具体可行的操作准则。《招标投标法实施条例》规定的"总承包"是指广义的总承包，包括设计承包、勘察承包和施工承包等单项总承包。狭义的总承包则是指承包范围至少包括了设计和施工的总承包。

②暂估价工作内容在一定条件下应当招标。暂估价是指总承包招标时不能确定价格而由招标人在招标文件中暂时估定的工程、货物、服务的金额。其含义包括：必然要发生的工程、货物或者服务，暂时不能确定价格，由招标人暂估给定的金额。鉴于《建设工程质量管理条例》禁止肢解发包和鼓励总承包，暂估价的设立应限于因招标人需求未明确、设计深度不够或者招标人规定进行专业分包和专项供应的，暂时无法纳入招标竞争的工程、货物和服务。

强制招标的目的之一就是利用竞争机制提高投资使用效益。包括在总承包招标范围之内的暂估价如果应当招标而不招标，将在事实上构成规避招标。因此，暂估价项目在满足“属于依法必须进行招标的项目范围且达到国家规定规模标准”的条件下必须招标。《建设工程工程量清单计价规范》《标准施工招标文件》和《工程建设项目货物招标投标办法》均有相应的规定。实践中相对成熟的做法主要有总承包发包人和总承包人共同招标，总承包发包人招标、给予总承包人参与权和知情权，总承包人招标、给予总承包发包人参与权和决策权 3 种。3 种做法的核心原则均离不开共同招标。因为就暂估价项目的实施而言，总承包发包人和总承包人双方都是利害关系人：暂估价项目包括在总承包范围内，依法应当由承包人承担工期、质量和安全责任；而暂估价的实际开支最终由总承包发包人承担，其在关注质量的同时，更要关注价格的权利。通过确保透明、公平的共同招标，可以避免总承包发包人和总承包人之间的猜忌，有助于合同的顺利履行。在上述三种做法中，第一种由于形成的合同法律关系不清晰，不符合现行法律法规所提倡的总承包责任主体一元化的原则，实践中出现了扯皮多、易投诉和进度慢等诸多问题，一定程度上影响了总承包合同的顺利履行；第二种执行中可能会给予总承包人一定的参与权和知情权，但暂估价项目属于总承包人的承包范围，不但在实施过程中难以协调，一旦出现质量、安全和进度等问题，容易出现总承包发包人和承包人相互推诿；第三种已被实践证明是最佳的选择，该做法同时给予总承包发包人足够的话语权，由承包人与暂估价项目中标人签订合同，有利于理顺合同关系，方便合同履行。

需要注意以下问题：一是总承包招标中的服务不包括工程监理。《建设工程质量管理条例》第三十五条禁止建设工程监理单位与施工承包单位存在利害关系。二是广义的暂估价包括招标文件中规定的暂列金额。暂列金额是指招标文件中给定的，用于在签订协议书时尚未确定或不可预见变更的施工及其所需材料、工程设备、服务等的金额。暂列金额与暂估价的区别在于前者不一定发生，而后者是必然要发生但因某种原因暂时无法确定最终的和准确的金额。但暂列金额项目是否招标，需要综合考虑《招标投标法实施条例》中可以不招标的情形，以及合同变更条款等因素。三是暂估价项目必须招标的规定同样适用于以暂估价形式包括在分包工程招标范围内的货物。四是为避免暂估价项目招标时无法吸引足够多的潜在投标人投标导致招标失败，总承包发包人在启动总承包招标前应当充分重视招标规划工作，数量或者金额过小等可能无法以合理的标包或者标段进行招标的专业工程、货物或者服务应当纳入总承包招标竞价的范围，因设计深度不够等原因无法纳入竞争的，招标人也应当在完善设计后再启动总承包招标。

（2）两阶段招标。

《招标投标法实施条例》第三十条对两阶段招标进行了规范。两阶段招标主要适用于技术复杂或者无法精确拟定技术规格的项目，如大型复杂设施设备、复杂特殊的工程、难以事先确定技术规格的信息通信技术等。对于这类项目，由于需要运用先进生产工艺技术、新型材料设备或采用复杂的技术实施方案等，招标人难以准确拟定和描述招标项目的性能特点、质量、规格等技术标准和实施要求。在此情况下，需要将招标分为两个阶段进行。两阶段招标既能够弥补现行制度下不能进行谈判的不足，满足技术复杂或者不能精确拟定技术规格项目招标的需要，同时又能够确保一定程度的公开、公平和公正。两阶段招标的程序如下：

①第一阶段。招标人需要向至少3家以上供应商或承包人征求技术方案建议，经过充分沟通商讨，研究确定招标项目技术标准和要求，编制招标文件。第一阶段征求技术建议可以分为以下四个步骤：

一是征询技术建议。招标人依法发布招标公告或者投标邀请书，或根据需要另行编制和发放《征求技术建议文件》，对招标项目基本需求目标和投标人（技术方案建议人）资格基本条件以及对技术建议书的编制、递交提出要求。为了鼓励投标人积极提出优化、合理的技术方案建议，招标人可以约定经过第一阶段评审，对第二阶段编制招标文件中采用的全部或部分投标技术建议将给予投标人奖励补偿，并要求投标人声明同意招标人采用其技术方案建议。

二是提交技术建议书。投标人按照招标公告、投标邀请书研究编制和递交技术方案建议书。第一阶段属于征求技术建议并据此研究编制招标文件，最终技术方案尚未确定。为了不影响第二阶段投标的竞争性和公平性，投标人递交的技术建议书原则上不带报价。但是，招标人基于市场调研目的，或者为了评价技术方案的经济性，可以要求技术建议书附带参考价格，并可要求投标人将技术建议书和参考价格书采用双信封分别装订密封。其中，投标人的参考价格书应当严格保密，仅供评审人员研究确定招标项目技术标准和要求时参考。

三是评价和选择技术方案建议。招标人通过评审、商讨和论证，可以采用某一个或几个已经提交的技术建议，或据此研究形成新的技术方案，作为编制招标文件技术标准和要求的基础。在这一步骤，招标人与技术方案建议人可以充分沟通、反复商讨以及随时要求对方增加补充有关资料。技术方案建议人可以随时撤回投标技术方案建议，也不需要提交投标保证金。

四是编制招标文件。招标人根据研究确定的技术方案编制招标文件。招标人研究确定的项目技术方案既要充分满足招标项目的技术特点和需求，又应当禁止通过采用不合理的技术标准和投标资格歧视、排斥或偏袒潜在投标人，尽可能使第一阶段递交技术方案建议的投标人参加投标，或者至少要保证有足够数量的投标人参与公平竞争。

②第二阶段。投标人按照招标文件的要求编制投标文件，提出投标报价，不得就技术和商务内容进行谈判。招标人编制完成招标文件后，应该向第一阶段递交技术方案建议的投标人提供招标文件。技术方案建议人可以不参加第二阶段的投标而无须承担责任。招标人根据最终确定的技术方案，以及潜在投标人的数量状况，可以决定是否接受未提交技术建议的潜在投标人投标，并在招标文件中载明。招标人允许未提交技术建议的潜在投标人投标的，应当深入分析利弊，特别是要充分考虑未提交技术建议的潜在投标人应当具备的资格条件、对未中标的技术方案建议人的补偿等。在此阶段，投标人应当严格按照招标文件编制、提交包括具有竞争性、约束力的投标报价以及技术管理实施方案的投标文件，并按照招标文件要求提交投标保证金。有关招标文件的编制、投标、开标、评标等活动，应按照《招标投标法》及其实施条例规定执行。

需要说明的是，两个阶段均属于招投标活动，均应当遵循公开、公正、公平和诚实信用原则，招标人不应借此限制或者排斥潜在投标人。因提交技术建议书的潜在投标人放弃第二阶段投标导致投标人不足三个的，招标人应当分析招标失败的原因，纠正招标文件中可能存在的限制或者排斥潜在投标人等问题，再重新组织招标。

5. 保密和禁止行为

（1）保密义务。

招投标是一种市场交易行为，招标人和投标人作为交易双方，各自都有不同的经济利益，投标人彼此之间由于是招标过程中的竞争对手，也存在着利益冲突。这些利益冲突集中体现在价格上。例如，招标人欲通过招标过程中的竞争，征集到质量最好、效益最高、价格最低的项目承办人，以达到节约资金，多快好省地完成项目的目的。而投标人则希望自己所报价格既能获得招标人的满意而中标，又希望这个价格能有较多的利润。有的投标人采取不正当的手段进行投标竞争，如部分投标人联合串通投标，使投标价格的竞争受到限制。采取不正当手段进行竞争的投标人往往要千方百计地了解公开信息以外的其他信息，如潜在投标人的名称、数量等，以达到联手串通的目的；探听招标项目的标底，以报出易中标的投标价。一旦这些信息泄露，势必会给不正当竞争带来可乘之机，不仅会损害招标人的利益，使招标活动难以达到预期的目的，也会因不公平竞争而使某些投标人在招标中处于不利的地位，从而损害正当竞争的投标人利益。为了在招投标活动中依法创造公平竞争的环境，《招标投标法》第二十二条对招标人的保密义务作了规定，主要包括两方面：

①招标信息的保密。招标人不得向他人透露已获取招标文件的潜在投标人的名称、数量和可能影响公平竞争的有关招标投标的其他情况。其中招标人包括招标单位、招标代理机构和参与招标工作的所有知情人员，他人指任何人。根据上述规定，对可能影响公平竞争的信息予以保密是招标人的法定义务，招标人不得违反。我国目前绝大多数大型招标项目所使用的资金均为国有资金，因此规定招标人的信息保密义务对规范招标人行为，保证招标质量，维护国家的根本利益更具有重要意义。

②标底的保密。招标人设有标底的，标底必须保密。标底在评标中尽管只具有参考作用，但为了使标底不影响和误导投标人的公平竞争，标底在开标前仍然应当保密。当投标人不了解招标人的标底时，所有投标人都处于平等的竞争地位，根据自己的情况提出投标报价。而某些投标人一旦掌握了标底，就可以根据情况将报价订得高出标底一个合理的幅度，保证很高的中标概率，从而增加投标企业的未来收益。这对其他投标人来说显然是不公平的。招标人履行保密义务应当从标底的编制开始，编制人员应在保密的环境中编制标底，完成之后需送审的，应将其密封送审。标底经审定后应及时封存，直至开标。在整个招标活动过程中所有接触过标底的人员都有对其保密的义务。

（2）招标终止义务。

招标程序启动的标志是发布资格预审公告、招标公告或者发出投标邀请书。虽然招标程序启动后终止招标是实践中难以避免的现象，但为了规范终止招标的行为，防止招标人利用终止招标排斥、限制潜在投标人，或者损害投标人的合法权益，《招标投标法实施条例》第三十一条对终止招标进行了规范，其要求如下：

①招标人终止招标程序应慎重。招标人擅自终止招标不符合《招标投标法》规定的诚实信用原则，难以保障招投标活动的公正和公平，也会挫伤潜在投标人参与投标的积极性，最终削弱招标竞争的充分性。实践中比较常见的是招标人因重新调整标段划分、改变投标人资格条件或者招标范围、已发布的招标项目基本信息不准确等原因而终止招标，这些情形反映了招标准备工作的不充分。除非有正当理由，

否则不允许招标人擅自终止招标，这样有利于督促招标人充分重视招标准备工作。

招标人可以终止招标的特殊情况主要有：一是招标项目所必需的条件发生了变化。招标人启动招标程序必须具备一定的先决条件。需要审批或者核准的项目，必须履行了审批和核准手续；招标项目所需的资金是招标人开展招标并最终完成招标项目的物质保证，招标人必须在招标前落实招标项目所需的资金；在法定规划区内的工程建设项目，还应当取得规划管理部门核发的规划许可证。在招标过程中，上述条件可能会因国家产业政策调整、规划改变、用地性质变更等非招标人原因而发生变化，导致招标工作不得不终止。二是因不可抗力取消招标项目，否则继续招标将使当事人遭受更大的损失。这类原因包括自然因素和社会因素，其中自然因素包括地震、洪水、海啸、火灾，社会因素包括颁布新的法律、政策、行政措施以及罢工、骚乱等。

②招标人终止招标应承担一定的义务。

一是在发布公告阶段终止招标的，应当发布终止招标公告。由于公告阶段面向的是不特定潜在投标人，因此必须以公告方式告知所有潜在投标人。向潜在投标人发出了投标邀请书后终止招标的，应当以书面形式通知受邀请的所有潜在投标人。

二是发售资格预审文件或者招标文件后终止招标的，招标人应当及时以书面形式通知已经获取资格预审文件、招标文件的潜在投标人，并退还潜在投标人购买资格预审文件或者招标文件的费用。

三是已经递交了投标保证金后终止招标的，招标人应当及时退还收取的投标保证金及银行同期存款利息。所谓及时是在招标人做出终止招标决定的同时通知有关投标人办理退还手续，以减少投标人损失。银行同期存款利息是指以现金、支票等方式提交的投标保证金本身产生的孳息，不具任何赔偿性质。为避免因利息退还出现不必要的争议，招标文件应当载明利息的计算方法和退还要求，以银行保函、专业担保公司保证担保方式提交的投标保证金并不产生孳息，不存在同时返还银行同期存款利息的问题。

需要指出的是，根据诚实信用原则和《合同法》第四十二条规定，招标人启动招标后应当依法履行先合同义务。无正当理由终止招标或者因自身原因必须终止招标给投标人造成损失的，招标人违反了先合同义务，应承担缔约过失责任，依法赔偿损失。

（二）投标

投标是指投标人根据招标文件的要求，编制并提交投标文件，响应招标、参加投标竞争的活动。投标是招投标活动的第二阶段，投标人作为招投标法律关系的主体之一，其投标行为的规范与否将直接影响最终的招标效果。为了规范投标人行为，《招标投标法》及其实施条例主要对投标文件以及投标的禁止行为进行了规范。

1. 投标文件

投标文件是指具备承担招标项目能力的投标人，按照招标文件的要求编制的文件。《招标投标法》对投标文件的编制、送达、修改、撤回和保存等都做出规定，明确了投标人的权利义务，这些都是适应公平竞争需要而确立的共同规则。

（1）投标文件的编制。

《招标投标法》第二十七条对编制投标文件提出了以下要求：

①按照招标文件的要求编制投标文件。招标文件是由招标人编制的希望投标人向自己发出要约的意思表示。从《合同法》的意义上讲，招标文件属于要约邀请。投标人只有按照招标文件载明的要求编制自己的投标文件，方有中标的可能。投标文件的内容应当对招标文件规定的实质要求和条件一一做出响应，不能存有遗漏或重大的偏离。所谓实质性要求和条件，是指招标文件中有关招标项目的价格、技术规范、评标标准、合同主要条款等方面的要求和条件。投标文件需要在这些方面做出回答或响应，响应的方式是投标人按照招标文件进行填报，不得遗漏或回避招标文件中的问题。不能满足任何一项实质性要求的投标文件将被视为无效标，失去中标的可能。因此，响应招标文件的要求是投标文件编制的基本前提。

②投标文件的内容符合要求。如果招标项目属于建设施工，投标文件的内容应当包括拟派出的项目负责人与主要技术人员的简历、业绩和拟用于完成招标项目的机械设备等。简历，一般是指项目负责人和主要技术人员的姓名、文化程度、职务、职称、参加过的施工项目等情况；业绩，一般是指近三年承建的施工项目。通常应具体写明建设单位、项目名称与建设地点、结构类型、建设规模、开竣工日期、合同价格和质量达标情况等；“机械设备”，通常应将投标人自有的拟用于完成招标项目的机械设备以表格的形式列出，主要包括机械设备的名称、型号规格、数量、国别产地、制造年份、主要技术性能等内容；其他，如近两年的财务会计报表及下一年的财务预测报告等投标人的财务状况，全体员工人数特别是技术工人数量，现有的主要施工任务，包括在建或者尚未开工的工程，工程进度等招标文件所要求在投标文件中载明的内容。《招标投标法》第三十条也规定了投标文件应就中标项目分包进行说明，即投标人根据招标文件载明的项目实际情况，拟在中标后将中标项目的部分非主体、非关键性工作进行分包的，应当在投标文件中载明。一般来讲，应载明拟分包的工作内容、数量、拟分包的单位、投标单位的保证等内容。这一要求的目的是保护招标人的利益。

（2）投标文件的修改、撤回和撤销。

《招标投标法》及其实施条例对投标文件的修改、撤回和撤销进行了规范。

① 投标文件的修改、撤回。从合同订立的角度看，投标属于要约，在规定的时间该意思表示有权补充、修改或者撤回。《合同法》规定："撤回要约的通知应当在要约到达受要约人之前或者与要约同时到达受要约人。"与之不同，《招标投标法》第二十九条规定："投标人在招标文件要求提交投标文件的截止时间之前，可以补充、修改或者撤回已提交的投标文件，并书面通知招标人。补充、修改的内容为投标文件的组成部分。"投标人在投标截止时间前可以撤回其投标，这是因为招标人在规定的开标时间前不得开启投标文件，不会受其内容影响，此时允许投标人补充、修改或撤回投标文件，对招标人和其他投标人并无不利影响。投标截止前，投标文件尚未产生约束力，投标人有权撤回其已经递交的投标文件，且不需要承担任何法律责任。因此，《招标投标法实施条例》第三十五条规定："投标人撤回已提交的投标文件，应当在投标截止时间前书面通知招标人。招标人已收取投标保证金的，应当自收到投标人书面撤回通知之日起五日内退还。"

② 投标文件的撤销。投标截止后，投标文件对招标人和投标人产生约束力，投标人在投标有效期内撤销其投标文件应当承担相应的法律责任。根据《合同法》第十九条有关承诺期限内要约不得撤销的规定，投标人不得在投标有效期内撤销其投标，否则将削弱投标的竞争性。投标人撤销其投标给招标人造成损失的，应当承担缔约过失责任。如果招标文件要求投标人递交投标保证金的，投标人在投标有效期内撤销投标可能付出投标保证金不予退还的代价，投标保证金不足以弥补招标人损失的，投标人依法还应对超出部分的损失承担赔偿责任。由于投标人撤销投标文件并不必然影响竞争，也不必然造成招标人损失，所以《招标投标法实施条例》规定投标人撤销投标文件的，招标人可以不退还投标保证金。是否退还由招标人根据潜在投标人数量在招标文件中明确。

（3）投标文件的送达与拒收。

《招标投标法》及其实施条例对投标文件的送达和拒收提出了明确要求：

① 投标文件的送达。《招标投标法》第二十八条规定："投标人应当在招标文件要求提交投标文件的截止时间前，将投标文件送达投标地点。招标人收到投标文件后，应当签收保存，不得开启。"投标人应按照招标文件规定的时间、地点送达投标文件，直接派人或委托他人将投标文件送到招标地点，也可以通过邮局将投标文件寄给招标人。招标人的书面签收证明应列有签收的时间、地点、具体的签收人、签收的包数和密封状况等，同时直接送达的送达人也应当签字。招标人签收后，应

当妥善保存，直至开标前不得启封。

② 投标文件的拒收。为提了高工作效率，避免不合格的投标进入评标环节，《招标投标法》及其实施条例规定了招标人应当拒收投标文件的三种情形：

一是未通过资格预审的申请人提交的投标文件。申请人未通过资格预审的，不具备投标资格。因此，未通过资格预审的申请人即使递交了投标文件，招标人也应当拒收，否则不仅会使资格预审制度失去意义，对于通过资格预审的申请人来说也不公平。

二是逾期送达的投标文件。《招标投标法》规定："在招标文件要求提交投标文件的截止时间后送达的投标文件，招标人应当拒收。"逾期送达，无论是投标人自身原因导致的，还是不可抗力等客观原因导致的，招标人都应当拒绝接收。这既是为了保证所有投标人有相同的投标文件准备时间，也是为了防止逾期送达投标文件的投标人借机获取其他投标人的相关信息而导致不公平竞争。

三是未按招标文件要求密封的投标文件。密封投标文件的主要目的是防止泄露投标文件信息而导致串标，保护招投标双方的合法权益不受侵害。需要注意的是，招标文件应详细载明有关投标文件的密封要求，并尽量简化，不宜过多、过繁、过严。即使投标文件的密封情况与招标文件规定存在偏离，也应当允许投标人在投标截止时间前修补完善后再提交，而不应将其扣留作为无效投标。如果投标文件密封存在细微偏离，则可以详细记录实际情况并让投标人代表签字确认后予以接收。总之，应尽可能减少投标文件因密封不符合要求而被拒收的情形。投标文件的送达时间和密封情况是证明招投标程序公正和规范的重要材料，是投标人以及相关各方在开标时检验确认投标文件密封状况与送达时是否一致，投标文件是否存在泄密情况以及是否按时送达指定地点，并据此确定投标文件开标次序的依据，也是评标委员会以及有关行政监督部门验证和判断投标文件有关情况的依据之一。因此，《招标投标法实施条例》规定招标人应当如实记载投标文件的送达时间和密封情况，并存档备查。

2. 投标的禁止性规定

招投标活动应当遵循公开、公平、公正和诚实信用的原则。禁止投标人以不正当竞争行为破坏招投标活动的公正性，损害国家、社会及他人的合法权益。为了维护招投标活动的公正性、合法性，《招标投标法》及其实施条例对投标中的禁止行为进行了规定，主要包括以下内容：

（1）禁止投标人串通投标。

投标人相互串通投标是当前招投标实践中的突出问题之一，严重损害了招投标制度的严肃性和招投标活动当事人的合法权益。《招标投标法》第三十二条规定："投标人不得相互串通投标报价，不得排挤其他投标人的公平竞争，损害招标人或者其他投标人的合法权益。投标人不得与招标人串通投标，损害国家利益、社会公共利益或者他人的合法权益。"导致串通投标行为屡禁不止的原因之一，是立法上缺乏对串通投标行为的具体认定标准。《招标投标法实施条例》第三十九条禁止投标人相互串通投标，并列举了投标人串通投标的若干典型表现形式，为认定查处串通投标行为提供依据。

① 常见的投标人串通投标行为。实践中常见的串通投标行为主要包括以下情形：

一是投标人之间协商投标报价等投标文件的实质性内容。该项规定不仅指投标人协商抬高、压低报价，或者以高、中、低价格等报价策略分别投标，还可能包括对一些重要技术方案、技术指标等实质性内容的协商。除此之外，同一招标项目的投标人还可能分成两个或两个以上的小集团，分别按照各自协商的原则和利益分配机制串通投标，轮流中标。

二是投标人之间约定中标人。投标人之间约定中标人是串通投标的一个极端表现，也即围标。实现这一目的的途径有多种，包括按照招标文件规定的评标标准和方法制定不同的投标方案，故意非实质性响应招标文件等。

三是投标人之间约定部分投标人放弃投标或者中标。包括购买招标文件的潜在投标人根据约定不按招标文件要求准备和提交投标文件，提交了投标文件的投标人根据约定撤销投标，排名第一的中标候选人或者被宣布为中标的投标人按照约定放弃中标等。

四是属于同一集团、协会、商会等组织成员的投标人协同投标。必须满足的条件是同一招标项目的不同投标人属于同一组织成员，而且这些不同的投标人按照该组织要求在同一招标项目中采取了协同行动。所谓协同行动，是指按照预先确定的策略投标，确保由该组织的成员或者特定成员中标。需要指出的是，同一组织的成员在同一招标项目中投标并不必然属于串通投标。

五是投标人之间为谋取中标或者排斥特定投标人而采取其他联合行动。该项为兜底性规定，实践中可能发生的情形有：共同放弃投标或者不提交资格预审申请文件致使投标人不足三家而导致招标失败等。

认定串通投标的主体包括评标委员会、行政监督部门、仲裁和司法机关。评标委员会在评标时，如果发现上述情形，应当认定为串通投标，否决相关投标并报告有关行政监督部门，由行政监督部门依法给予行政处罚。行政监督部门除了收到评标委员会的报告，在日常监督检查和处理投诉举报工作中发现上述情形，也应当依法做出处理。人民法院或者仲裁机构在审理诉讼和仲裁案件时，发现上述所列情形的，应当依法认定为串通投标。

② 视为投标人串通投标的行为。串通投标隐蔽性强，认定难和查处难，为有效打击串通投标行为，《招标投标法实施条例》第四十条采用了“视为”这一立法技术，对于有某种客观外在表现形式的行为，评标委员会、行政监督部门、司法机关和仲裁机构可以直接认定投标人之间存在串通。

一是同一项目中不同投标人的投标文件由同一单位或者个人编制。不同投标人的投标文件由同一单位或者个人编制属于“投标人之间协商投标报价等投标文件的实质性内容”所规定的情形，是投标人相互串通投标报价的极端表现。如不同单位的投标文件出自同一台电脑，不同单位的投标文件的编制者为同一人等。

二是不同投标人委托同一单位或者个人办理投标事宜。所称的投标事宜包括领取或者购买资格预审文件、招标文件，编制资格预审申请文件和投标文件，踏勘现场，出席投标预备会，提交资格预审文件和投标文件，出席开标会等。根据《招标投标法》规定，投标人的名称、数量以及投标文件的内容等属于应当保密的信息，以保证招投标活动的公正和公平。不同投标人委托同一单位或者个人办理投标事宜违背了上述规定，可能会导致投标人相互串通投标。需要说明的是，委托同一单位或者同一人办理同一项目投标的不同环节的，亦属于所规定的情形。例如，某单位或个人领取招标文件代表甲投标人，出席开标会时又代表乙投标人。投标人委托他人办理投标事宜的，应当要求受托人出具书面承诺，声明受托人不存在受托承担同一项目的招标或者投标，以避免构成违法。采用电子招投标的，从同一个投标单位或者同一个自然人的 IP 地址下载招标文件或者上传投标文件也属于规定的情形。

三是不同投标人的投标文件载明的项目管理成员为同一人。项目管理机构及其人员配置是勘察、设计、监理和施工等招标项目普遍要求的投标文件组成内容。不同投标文件中载明的项目管理成员出现同一人可能是出于以下原因：第一种，不同投标文件由同一个单位或者个人编制，也即属于第一项规定的情形，构成串通投标；第二种，同一单位挂靠其他单位，以不同单位的名义分别投标并编制投标文件，该情形不但违背了其他相关法律法规规定，也构成串通投标；第三种，同一人受聘于不同的单位，由于人员特别是有注册执业资格的主要管理人员与受聘单位本应存在一一对应关系，在具体投标项目中项目管理成员中出现同一人的，其最大的可能性就是串标，应当先行给予认定，除非投标人能够证明其不存在串通投标的行为。需要说明的是，串通投标与弄虚作假竞合时，行政监督部门应当依照有关规定从重处罚。

四是不同投标人的投标文件异常一致或者报价呈规律性差异。所谓异常一致，是指极小概率或者完全不可能一致的内容在不同投标文件中同时出现，实践中典型的表现包括：投标文件内容错误或者打印错误雷同，由投标人自行编制文件的格式完全一致，属于某一投标人特有的业绩、标准、编号、标识等在其他投标人的投标文件中同时出现等。需要说明的是，实践中确有由于投标人之间曾就类似工程有过联合投标经历导致投标文件的技术方案异常一致的情况，可以由评标委员会通过澄清、说明机制予以排除。除国家有规定收费标准的勘察、设计和监理等服务招标外，不同投标人的报价呈现规律性差异则是不同投标人的投标文件异常一致的特殊表现。实践中的典型表现包括：不同投标人的投标报价呈等差数列、不同投标人的投标报价的差额本身呈等差数列或者规律性的百分比等。在通过市场竞争形成投标报价的条件下，不同投标人的报价的规律性差异只有在投标人相互串通投标的情况下才会出现。

五是不同投标人的投标文件相互混装。在实践中分两种情况：第一种情形，不同投标人的投标文件由同一个单位或者个人编制，在打印装订时出现相互混装的情况，属于第一项所规定情形的一个具体表现，构成串通投标；第二种情形，不同投标人先分别编制投标文件，再按照预先协商的原则集中统一，装订时出现相互混装的情况，构成串通投标。

六是不同投标人的投标保证金从同一单位或者个人的账户转出。《招标投标法实施条例》规定："现金或者支票形式的投标保证金应当从投标人的基本账户转出"，主要目的是遏制围标串标行为。本项规定是与之相配套的规定。如果不同投标人的投标保证金从同一单位或者个人的账户转出，包括虽然经由投标人自己的基本账户转出但所需资金均是来自同一投标人或者个人的账户的，构成投标人相互串通投标。

需要说明两点：首先，"视为"是一种将具有不同客观外在表现的现象等同视之的立法技术，是一种法律上的拟制。尽管如此，"视为"的结论并非不可推翻和不可纠正。为避免适用法律错误，评标过程中评标委员会可以视情况给予投标人澄清、说明的机会；评标结束后投标人可以通过投诉寻求行政救济，由行政监督部门做出认定。其次，"视为"必须具备一定的客观外在表现，不宜设立兜底条款。但有其他证据证明投标人串通投标的，评标委员会、行政监督部门、仲裁机构和法院可以依法做出认定，不限于所罗列的情形。

（2）禁止投标人以行贿手段谋取中标。

禁止投标人以向招标人或者评标委员会成员行贿的手段谋取中标，这种行为在现实的社会经济生活中造成了许多恶劣后果，对招投标危害极大，必须坚决禁止。所谓行贿，是指投标人以谋取中标为目的，给予招标人包括其工作人员或者评标委员会成员有形财物和其他好处的行为。这一行为的直接后果破坏了公平竞争的市场法则，损害了其他投标人的利益。同时，也可能损害国家利益和社会公共利益。因此，必须绝对禁止，对违反这一规定的将依法追究其法律责任。

（3）禁止投标人弄虚作假骗取中标。

《招标投标法》第三十三条规定，投标人不得以低于成本的报价竞标，也不得以他人名义投标或者以其他方式弄虚作假，骗取中标。这主要包括两层含义：

① 投标人不得以低于成本的报价竞标。低于成本，是指低于投标人为完成投标项目所需支出的个别成本。由于每个投标人的管理水平、技术能力与条件不同，即使完成同样的招标项目，其个别成本也不可能完全相同。管理水平高、技术先进的投标人，生产和经营成本低，有条件以较低的报价参加投标竞争，这是其竞争实力强的表现。实行招投标的目的，正是通过投标人之间的竞争，特别是在投标报价方面的竞争，择优选择中标者。因此，只要投标人的报价不低于自身的个别成本，即使是低于行业平均成本，也是完全可以的。禁止投标人以低于其自身完成投标项目所需成本的报价进行投标竞争，其主要目的是避免出现投标人以低于成本的报价中标后，再以粗制滥造、偷工减料等违法手段不正当地降低成本，挽回其低价中标的损失，给工程质量造成危害；也是为了确立正常的经济关系，维护正常的投标竞争秩序，防止产生投标人以低于其成本的报价进行不正当竞争，损害其他以合理报价进行竞争的投标人的利益。因为低于成本的报价，对企业来说有可能是自杀行为或者是引向欺诈，这对正常的竞争秩序也是一种干扰。至于对“低于成本的报价”的判定，在实践中是比较复杂的问题，需要根据每个投标人的不同情况加以确定。

② 投标人不得弄虚作假，骗取中标。这是明令禁止投标人在投标中不得有欺诈行为。《招标投标法实施条例》第四十二条规定：“使用通过受让或者租借等方式获取的资格、资质证书投标的，属于以他人名义投标。”这是典型的弄虚作假行为。根据我国现行的资格和资质管理制度，取得资格和资质必须具备规定的条件，且与特定的主体不可分割。因此，《行政许可法》《建筑法》等相关法律均有资格和资质不能转让和出借的规定。使用通过受让或者租借方式获取的他人资质投标，不仅构成以他人名义投标，而且伴有伪造负责人或者主要技术人员简历、劳动关系证明的行为。投标人有下列情形之一的，属于以其他方式弄虚作假的行为：使用伪造、变造的许可证件，即假造实际从未获取过的许可证件或者篡改获取的许可证件的许可范围、等级或有效期限等以欺瞒招标人；提供虚假的财务状况或者业绩，即投标人

所提交的财务状况与其实际情况不符，或者虚构了实际并不存在的业绩；提供虚假的项目负责人或者主要技术人员简历、劳动关系证明；提供虚假的信用状况，一般是指故意隐瞒投标人受到的行政处罚、违约，以及安全责任事故等情况；其他弄虚作假的行为。投标活动中任何形式的弄虚作假行为都严重违背诚实信用的基本原则，严重破坏招投标活动的正常秩序，必须予以禁止。弄虚作假的投标人不但丢失中标资格，还要依法承担相应的法律责任。

（三）开标、评标和中标

开标、评标和中标是招投标活动公开性、公正性的重要体现，《招标投标法》及其实施条例对开标、评标和中标阶段的程序及当事人行为进行了具体规范。

1. 开标

开标，即在招投标活动中，由招标人主持，在招标文件预先载明的开标时间和开标地点，邀请所有投标人参加，公开宣布全部投标人的名称、投标价格及投标文件中其他主要内容，使招投标当事人了解各个投标的关键信息，并且将相关情况记录在案。开标是招投标活动中公开原则的重要体现。

（1）开标时间和地点。

《招标投标法》第三十四条对开标时间和地点进行了规范，招标人应当按照招标文件规定的时间、地点开标。

① 开标时间。关于开标时间，主要包括三个要求：

一是开标时间应在提供给每一个投标人的招标文件中事先确定，以使每一投标人都能事先知道开标的准确时间，以便届时参加，确保开标过程的公开、透明。

二是开标时间应与提交投标文件的截止时间相一致。开标时间和提交投标文件截止时间应为同一时间，应具体确定到某年某月某日的几时几分。法律之所以如此规定，是为了防止招标人或投标人利用提交投标文件的截止时间以后与开标时间之前的一段间隔做手脚，进行暗箱操作。如有些投标人可能会利用这段时间与招标人或招标代理机构串通，视其他投标人的投标情况，对投标文件的实质性内容进行更改，从而损害国家和其他投标人利益的情况。招标人和招标代理机构必须按照招标文件中的规定，按时开标，不得擅自提前或拖后开标，更不能不开标就进行评标。

三是开标应当公开进行。所谓公开进行，就是开标活动应当向所有提交投标文件的投标人公开。如邀请所有提交投标文件的投标人到场参加开标。通过公开开标，投标人可以发现竞争对手的优势和劣势，判断自己中标的可能性大小，以决定下一步应采取什么行动。法律这样规定，是为了保护投标人的合法权益。只有公开开标，才能体现和维护公开透明、公平公正的原则。

② 开标地点。关于开标地点，为了使所有投标人都能事先知道开标地点，并按时到达，开标地点应当在招标文件中事先确定，以便使每一个投标人都能事先为参加开标活动做好充分的准备。如根据情况选择适当的交通工具，并提前做好机票、车票的预订工作等。开标地点可以是招标人的办公地点或指定的其他地点。开标地点应具体确定要进行开标活动的房间，以便投标人和有关人员准时参加开标。招标人如果确有特殊原因，需要变动开标地点，则应当按照规定对招标文件做出修改，作为招标文件的补充文件，书面通知每一个提交投标文件的投标人。

（2）开标参与人。

《招标投标法》规定，投标人少于三个的，招标人应当重新招标。为保证重新招标的竞争性，保护投标人的权益，《招标投标法实施条例》第四十四条进一步规定，投标人少于三个的，不得开标，以免泄露投标人的投标信息。

《招标投标法》第三十五条规定："开标由招标人主持，邀请所有投标人参加。"就开标的组织而言，可以由招标人主持，也可以委托招标代理机构主持。在实际招投标活动中，绝大多数委托招标项目，开标都是由招标代理机构主持的。对依法必须进行招标的项目，有关行政机关可以派人参加开标，以监督开标过程严格按照法定程序进行。但是，有关行政机关不得越俎代庖，代替招标人主持开标。就开标的参与而言，招标人应邀请所有投标人参加开标，确保开标在所有投标人的参与和监督下按照公开透明的原则进行。如果投标人对开标结果有意见，则可以当场提出异议，有利于保障投标人的正当权益。参加开标是每一投标人的法定权利，招标人不得以任何理由排斥、限制任何投标人参加开标。根据项目的不同情况，招标人可以邀请除投标人以外的其他方面相关人员参加开标，如招标人可以委托公证机构对开标情况进行公证。

（3）开标程序。

招标人主持开标，应当严格按照法定程序和招标文件载明的规定进行。包括：应按照规定的开标时间公布开标开始；核对出席开标的投标人身份和出席人数；安排投标人或其代表检查投标文件密封情况后指定工作人员监督拆封；组织唱标、记录；维护开标活动的正常秩序等。通常，开标的程序包括密封情况检查、拆封、唱标及记录存档等，具体包括以下要求：

① 密封情况检查。开标时，由投标人或者其推选的代表检查投标文件的密封情况，也可以由招标人委托的公证机构检查并公证。投标人数较少时，可以由投标人自行检查；投标人数较多时，也可以由投标人推举代表进行检查；招标人也可以根

据情况委托公证机构进行检查并公证。所谓公证，是指国家专门设立的公证机构根据法律的规定和当事人的申请，按照法定的程序证明法律行为、有法律意义的事实和文书的真实性、合法性的非诉讼活动。按照《公证暂行条例》的规定，公证处是国家公证机关。是否需要委托公证机关到场检查并公证，完全由招标人根据具体情况决定。如果投标人或其推选的代表或公证机构经检查发现投标文件未密封或密封被破坏的投标文件，应作为无效标处理。

② 拆封。经确认无误的投标文件，由工作人员当众拆封。投标人或者投标人推选的代表或公证机构对投标文件的密封情况进行检查以后，确认密封情况良好，没有问题，则可以由现场工作人员在所有在场人员的监督之下进行当众拆封。招标人在要求提交投标文件的截止时间前收到的所有投标文件，开标时都应当众予以拆封，不能遗漏，否则就构成对投标人的不公正对待。如果是截止时间以后收到的投标文件，则应不予开启，原封不动地退回。按照《招标投标法》的规定，对于截止时间以后收到的投标文件应当拒收。如果对于截止时间后收到的投标文件也进行开标的话，则有可能造成舞弊行为，出现不公正，也是一种违法行为。

③ 唱标。招标人或其委托的招标代理机构工作人员应当根据法律规定和招标文件要求进行唱标，即拆封以后，现场的工作人员应当高声唱读投标人的名称、每一个投标的投标价格以及投标文件中的其他主要内容。其他主要内容是指投标报价有无折扣或价格修改等。如果要求或允许报替代方案的话，还应包括替代方案投标的总金额。这样做的目的在于，使全体投标人了解各家投标人的报价和自己在其中的顺序，了解其他投标的基本情况，以充分体现公开开标的透明度。

④ 记录并存档。招标人或其委托的招标代理机构应当场制作开标记录，并由参加开标的投标人代表签字确认，开标记录应作为评标报告的组成部分存档备查。这是保证开标过程透明和公正，维护投标人利益的必要措施。要求对开标过程进行记录，可以使权益受到侵害的投标人行使要求复查的权利，有利于确保招标人尽可能自我完善、加强管理、少出漏洞，也有助于有关行政主管部门进行检查。所谓开标记录，主要是对开标过程中的重要事项进行记载，包括开标时间、地点，具体参加单位、人员，唱标的内容，开标过程是否经过公证等都要记录在案。记录以后，应当作为档案保存起来，以方便查询。任何投标人要求查询，都应当允许。

2. 评标

所谓评标，是指按照规定的评标标准和方法，对各投标人的投标文件进行评价比较和分析，从中选出最佳投标人的过程。评标是招投标活动中十分重要的阶段，评标是否真正做到公平、公正，决定着整个招投标活动是否公平和公正，评标的质量决定着能否从众多投标竞争者中选出最能满足招标项目各项要求的中标者。《招标投标法》及其实施条例主要对评标委员会、评标要求和评标程序等内容进行了规范。

（1）评标委员会。

有关评标委员会的规定主要包括以下内容：

① 评标委员会的组成。评标委员会独立评标，是我国招投标活动中重要的法律制度。为了确保法定强制招标项目的评标质量，《招标投标法》第三十七条对评标委员会的组成作了强制性规定。评标委员会不是常设机构，需要在具体的招投标项目中临时依法组建。招标人是负责组建评标委员会的主体，也可以委托招标代理机构承办组建评标委员会的具体工作。

一是依法必须招标的项目，评标委员会由招标人的代表和有关技术、经济等方面的专家组成。一方面，招标人的代表参加评标委员会，在评标过程中充分表达招标人的意见，与评标委员会的其他成员进行沟通，并对评标的全过程实施必要的监督，是非常必要的。一般来讲，招标人的代表可以是招标人本单位的代表，也可以包括委托招标的招标代理机构代表。另一方面，由于评标是一种复杂的专业活动，非专业人员无法对投标文件进行评审和比较，所以，依法必须招标的项目，评标委员会中还应包括有关技术、经济等方面的专家，且比例不得少于成员总数的2/3。通过保证各方面专家的人数在评标委员会成员中占绝对多数，充分发挥专家在评标活动中的权威作用，保证评审结论的科学性、合理性。相关的技术专家可以对投标文件所提方案技术上的可行性、合理性、先进性和质量可靠性等技术指标进行评审比较，以确定在技术和质量方面确能满足招标文件要求的投标；经济方面的专家对投标文件所报的投标价格、投标方案的运营成本、投标人的财务状况等投标文件的商务条款进行评审比较，以确定在经济上对招标人最有利的投标。根据招标项目的不同情况，招标人还可聘请其他方面的专家参加评标委员会。例如，对一些大型或国际性的招标采购项目，还可聘请法律方面的专家参加评标委员会，以对投标文件的合法性进行审查把关。需要注意的是，评标委员会人数为五人以上单数。要求评审委员会成员人数须为单数，以便在各成员评审意见不一致时，可按照多数通过的原则产生评标委员会的评审结论，推荐中标候选人或直接确定中标人。

二是不得担任评标委员会成员的情形。《招标投标法》及其实施条例要求评标委员会成员不得与招标项目存在利害关系或者监督管理关系。首先，与投标人有利害关系的评标委员会成员应当回避，不得进入评标委员会，已经进入的应当更换。所谓利害关系，主要是指投标人或者投标人主要负责人的近亲属；与投标人有经济利益关系，可能影响公正评审投标；曾因在招标、评标以及其他与招投标有关活动中从事违法行为而受过行政处罚或刑事处罚的。由于招标人不清楚评标委员会成员是否具有回避情形，因此《招标投标法实施条例》规定，评标委员会成员有上述规定情形之一的，应当主动申请回避。实践中，招标人可以要求评标委员会成员签署承诺书，确认其不存在上述回避情形。其次，行政监督人员不得担任所负责监督项目的评标委员会成员。有关行政监督部门应当按照规定的职责分工，对评标委员会成员的确定方式、评标专家的抽取和评标活动进行监督。为了避免监管不分、影响监督效果，行政监督部门工作人员不得担任本部门负责监督项目的评标委员会成员。行政监督部门既包括招标项目的招投标行政监督部门，也包括招标项目的审核部门、主管部门和审计部门等。

② 评标专家的条件和确定。为规范评标活动，保证评标活动的公平、公正，提高评标质量，《招标投标法》规定评标专家应当从事相关领域工作满八年并具有高级职称或具有同等专业水平。相关领域工作年限是对专家实际工作经验和业务熟悉程度的要求，高级职称或专业水平是对专家的专业水准和职称的要求。对于某些专业水平已达到与本专业具有高级职称的人员相当的水平，有丰富的实践经验，但因某些原因尚未取得高级职称的专家，也可聘请作为评标委员会成员。

招标项目是由招标人提出的，评标委员会也是由招标人依法组建的。因此，参加评标委员会的专家也应由招标人来确定。由于评标专家对评标委员会的整体水平有至关重要的影响，为防止选取评标专家的主观随意性，避免人为因素的干扰，保证评标的公正性和权威性，招标人在选择评标专家时应遵守以下规定：

一是评标专家应从专家库中确定。《招标投标法》规定，法定强制招标项目的评标委员会专家应由招标人从国务院有关部门或者省、自治区、直辖市人民政府有关部门提供的专家名册或者招标代理机构的专家库内的相关专业的专家名单中确定。为解决评标专家库专业门类不齐全、专业类别设置不科学、专家水平参差不齐等问题，《招标投标法实施条例》第四十五条从统一评标专家专业分类标准和管理办法以及组建综合评标专家库 3 个方面，对评标专家库进行了规范。为规范和统一评标专家专业分类标准，推动实现全国范围内评标专家资源共享，发改委等 10 部委共同颁布了《评标专家专业分类标准（试行）》，依据专业人员和其技术资格分类，结合评标特点设置专业分类，按照工程、货物、服务三类将每个专业细分为三个级别对评标专家进行分类。为加强评标专家和评标专家库管理，统一的评标专家管理办法应当包括：专家入库审查制度，包括专家的培训、考核、认证等；专家抽取制度，主要包括专家的抽取方式、时间、回避等；专家考评制度，考评内容包括专家的业务能力、个人信用、参加评标的记录等；专家动态管理制度，根据实际需要和专家考评情况及时对评标专家进行更换或者补充；专家责任制度，主要包括专家的行为规范和要求，以及违反这些要求应承担的责任。全国存在着不同层级、不同部门、不同招标代理机构建立的评标专家库，由于受地域或者行业的影响，在专家立场的公正性、专家数量的可选择性等方面受到一定的限制。特别是随着招标项目综合性的增强，需要考虑的因素越来越多，分散设立的专家库无法满足评标需要。《招标投标法实施条例》规定了省级人民政府和国务院有关部门应当组建综合评标专家库，为各行业、各领域招标活动提供专家资源，进一步增强政府公共服务能力。

二是评标专家的选择方式。招标人在确定评标专家时，应根据招标内容、项目特点和评审深度确定所需评标专家的专业、数量、经验等条件，从评标专家库中随机抽取。需要说明的是，从评标专家库中挑选符合条件的专家是招标人的权利，其他任何单位和个人都不得以明示或者暗示的方式指定评标委员会成员，不得非法干涉评标专家的抽取活动。对于特殊招标项目，评标专家可以由招标人直接确定。根据《招标投标法实施条例》，特殊招标项目是指技术复杂、专业性强或者国家有特殊要求，采取随机抽取方式确定的专家难以保证胜任评标工作的项目。如专家库中没有相应专业的专家；专家库中有相应专业的专家，但不能满足招标项目的实际需要；专家库的专业分类不能满足招标项目的专业要求等。需要注意的是，评标委员会的专家名单在中标结果确定前应当保密。凡是进入评标委员会的专家，无论是专家成员，还是招标人、招标代理机构的代表，其名单在中标结果确定前均应保密，以防止有些投标人在得知评标委员会成员的名单后，采取行贿等不正当手段对评标委员会的成员施加影响，以谋取中标，造成评标结果的不公正。

三是评标专家的更换。为了维护评标专家的合法权利，保证评标委员会的稳定性，切实保障评标专家独立客观履行评标职责，《招标投标法实施条例》规定："依法必须进行招标的项目的招标人非因招标投标法和本条例规定的事由，不得更换依法确定的评标委员会成员。"但在评标过程中，评标委员会成员有回避事由、擅离职守或者因健康等原因不能继续评标的，应当及时更换。被更换的评标委员会成员做出的评审结论无效，由更换后的评标委员会成员重新进行评审。需要注意的是，更换评标委员会成员的原因应当是客观存在的、已严重影响评标正常进行的事由，招标人不得因为某个成员坚持正确意见、不执行招标人错误或者不正当要求而滥用更换权，操纵评标委员会。

（2）评标要求。

为保障评标正常进行，《招标投标法》及其实施条例对招标人、评标委员会成员都提出了相应的要求。

① 对招标人在评标中的要求。一是招标人应当采取必要的措施，保证评标在严格保密的情况下进行。评标委员会成员应在封闭状态下开展评标工作，评标期间不得与外界有任何接触。招标人应采取的保密措施包括：评标委员会成员的名单在中标结果确定之前保密；在可能和必要的情况下，为评标委员会进行评标工作提供比较安静、不易受外界干扰的评标地点，并对该评标地点保密；招标人、招标代理机构或相关主管部门等参与评标现场工作的人员，均应承担保密义务。

二是招标人应当向评标委员会提供评标所必需的信息。为增强评标的针对性、科学性，保证评标委员会顺利完成评标，招标人应基于招标项目的实际情况，向评标委员会提供招标文件没有载明或者已经载明但短时间内评标委员会成员不容易准确把握理解的，且为准确评标所必需的客观真实信息，主要包括：招标项目的范围、性质和特殊性；招标项目的质量、价格、进度等需求目标和实施要点；招标文件中规定的主要技术标准和要求、商务条款；招标文件规定的评标方法、评标因素及标准，以及设置评审因素及标准的主要考虑；开标记录；投标文件；采用资格预审的，还应包括资格预审文件和资格预审申请文件。但是，招标人在提供上述有关信息和数据时，不得以明示或者暗示的方式倾向或者排斥特定投标人。例如，招标人在介绍招标项目特殊要求时，特意提到某个投标单位的技术标准最符合该招标项目的特殊需要，就构成以暗示的方式倾向特定投标人。

三是招标人应当合理确定评标所需的时间。由于招标项目的性质不同、规模大小不同、复杂程度不同、评审因素不同、投标人数量不同，评标委员会完成评标所需的时间也不同，不可能在立法上做出统一规定，需要由招标人根据招标项目的具体情况合理确定。招标人确定评标所需时间考虑的主要因素有：招标项目的规模和技术复杂程度、投标人的数量、评标委员会成员的数量、评标因素及各因素评审方法、投标文件的编制情况、是否采用电子辅助评标等手段。针对有些招标项目评标时间过短的情况，如果超过1/3的评标委员会成员要求延长评标时间，则招标人应当延长。

② 对评标委员会成员的评标要求。一是遵循的评标标准和方法。评标委员会成员应当依照《招标投标法》及其实施条例的规定，按照招标文件规定的评标标准和方法，客观、公正地对投标文件提出评审意见。招标文件没有规定的评标标准和方法不得作为评标的依据。评标标准和方法通常包括评标方法、评标纪律、评标委员会组成及来源、评标程序、评审因素及其评审标准、确定中标候选人原则等内容。为保证招投标活动符合公开、公平和公正的原则，评标委员会在评审投标文件时，

要按照招标文件确定的标准和方法对投标文件进行审查、比较，做出客观分析评价。在评标过程中不得随意增加、删减评审因素，也不得调整每个评审因素的评审标准和权重。如果招标项目设有标底，则应当参考标底。在以往的招标实务中，以标底上下的一个幅度作为判断投标是否合格的条件，是评标的重要依据。考虑到公平竞争要求以及我国的现实情况，《招标投标法实施条例》对标底的作用没有一概予以否定，而是淡化处理，将标底定位为评标的参考。为了提高招标透明度，防止“暗箱操作”，标底在开标时应当公布，接受投标人和利害关系人的监督。要正确发挥标底的参考作用，避免标底的不当使用，即不得以投标报价是否接近标底作为中标条件，也不得以投标报价超过标底上下浮动范围作为否决投标的条件。如以标底为基准价格并设定一个上下限范围作为确定投标报价是否入围、有效和中标的直接依据。这样一来，标底对投标就起着决定性作用，与作为评标参考的定位不符。

二是履职准则。评标委员会成员应当客观、公正地履行职务，遵守职业道德，对所提出的评审意见承担个人责任。所谓客观、公正，是指评标委员会在评审投标文件时，必须做到实事求是，不得带有主观偏见。在评标过程中要以独立、超脱的地位，不偏不倚地对待每个投标人，严格按照招标文件规定的程序和方法评审每个投标人的投标，不能厚此薄彼，区别对待。所谓职业道德，是指人们在职业生活中应当遵循的基本道德。评标委员会成员必须严格遵守有关法规和招标文件的评标办法，对投标文件进行独立评审和比较，不得将自身意见强加给其他评委或诱导其他评委认同，不得私下互相串通压制其他评委成员的意见，并对所提出的评审意见承担个人责任。

三是禁止行为。为了保证评标的客观公正，评标委员会成员不得从事禁止的行为。一方面，评标委员会成员不得私下接触投标人，不得收受投标人给予的财物或者其他好处。所谓其他好处，在实际中有多种表现，如暗中给予信息费、顾问费、劳务费，赠送贵重礼品、邀请出国考察，甚至利用色情贿赂等。评标委员会成员收受投标人的任何馈赠或其他好处，都属于法律禁止的行为，对违法者的责任应当予以追究。另一方面，评标委员会成员不得向招标人征询确定中标人的意向，不得接受任何单位或者个人明示或者暗示提出的倾向或者排斥特定投标人的要求，不得有其他不客观、不公正履行职务的行为。评标委员会虽然由招标人组建并受其委托评标，但是，一经组建并开始评标工作，评标委员会即运用其知识和技能，根据法律规定和招标文件的要求，依法独立和公正地开展评审工作。无论是招标人，还是有关主管部门，均不得非法干预、影响或改变评标过程和结果。此外，评标委员会成员不得透露评标的有关情况。评标委员会成员作为评标工作的直接参与者，对评标的有关情况比较了解，尤其要注意遵守保密的规定。如果随意泄露投标文件的评审和比较、中标候选人的推荐情况以及投标人不希望其他竞争对手知道的任何贸易资料或其他资料等，不仅对被泄密的投标人来讲是不公平的，也会使人们失去对评标过程的信任。

（3）评标程序。

评标程序，是评标委员会依法按照招标文件确定的评标方法和标准，对开标中所有拆封并唱标的投标文件进行审查、评价，比较每个投标文件对招标文件要求的响应情况，并根据评审情况出具评标报告推荐中标候选人的过程。《招标投标法》及其实施条例主要对否决投标、投标文件澄清、提交评标报告等内容进行了规范。

① 否决投标。否决投标，是指在评标过程中，投标文件具有法定的情形，或者没有对招标文件提出的实质性要求和条件做出响应，评标委员会做出对其投标文件不再予以进一步评审，投标人失去中标资格的决定。考虑到《招标投标法》使用了“否决投标”，也为避免与《政府采购法》规定的“废标”概念相混淆，《招标投标法实施条例》第五十一条使用“否决投标”而非“废标”一词。评标委员会在以下情形之一时，应当否决投标：

一是投标文件未经投标单位盖章和单位负责人签字。否决投标的前提是既未经单位盖章，也没有单位负责人签字，二者具备其一就不应当否决其投标。单位负责人是指单位法定代表人或者法律、行政法规规定代表单位行使职权的主要负责人，需要根据投标单位的性质来确定。单位负责人授权代理人签字的，投标文件应附授权委托书。投标文件只有代理人签字，没有授权委托书，也没有盖投标人单位章的，评标委员会也应当否决其投标。投标文件的签字盖章要求主要是针对投标函的，不能泛化到投标文件的各个部分。

二是投标联合体没有提交共同投标协议。共同投标协议是联合体成立的法律基础，明确约定各方拟承担的工作和责任。没有共同投标协议，不仅联合体各方承担的工作和责任无法明确，而且联合体失去了存在的法律基础，不能成为合格的投标人。

三是投标人不符合国家或者招标文件规定的资格条件。投标人的资格条件是用于判断投标人是否具有履行合同的资格及能力，当投标人不符合该条件时，评标委员会应当否决其投标。

四是同一投标人提交两个以上不同的投标文件或者投标报价。在招标内容、技术标准和要求等已经确定的情况下，投标人拟定的招标项目实施方案应当确定，与之对应的价格也应当是唯一确定的。此外，如果允许投标人提交两个投标，就会造成评标委员会无法评标，甚至给投标人提供了根据其他投标人的报价做出有利于自己选择的机会，影响了公平竞争。但是招标文件允许投标人提交备选投标的，则可以提交两份不同的投标文件或者投标报价。

五是投标报价低于成本或者高于招标文件设定的最高投标限价。投标人的投标报价低于成本，不仅不具有可持续性，影响项目质量，也会导致不公平竞争。成本是指投标人的个别成本，而不是社会平均成本，也不是行业平均成本。在评标过程中，如果评标委员会发现投标人的报价明显低于其他投标报价或者在设有标底时明显低于标底，使得可能低于其个别成本的，应当启动澄清程序，要求该投标人做出书面说明并提供相关证明材料。投标人不能合理说明或者不能提供相关证明材料的，评标委员会应当认定该投标人以低于成本报价竞标，否决其投标。最高限价是招标人能够承受的最高价格，如果超过最高投标限价的投标中标，则客观上会导致招标人无法实施招标项目。

六是投标文件没有对招标文件的实质性要求和条件做出响应。为确保招标目的的实现，对于招标文件的实质要求和条件，投标文件不能存有遗漏或重大偏离，否则应当予以否决。招标人应将对合同履行有重大影响的内容或因素设定为实质性要求和条件，如招标项目的质量要求、工期、技术标准和要求、合同主要条款、投标有效期等，而不能过分强调签字、装订、包装、密封等细节，这样容易造成投标被否决，影响竞争效果。

七是投标人有串通投标、弄虚作假、行贿等违法行为。串通投标、弄虚作假、行贿等违法行为，严重影响了招投标的公平竞争，应明确予以禁止。

上述情形主要针对的是否决某个投标的情形，《招标投标法》第四十二条也对否决所有投标进行了规范："评标委员会经评审，认为所有投标都不符合招标文件要求的，可以否决所有投标。依法必须进行招标的项目的所有投标被否决的，招标人应当依照本法重新招标。"所谓重新招标，是一个招标项目发生法定情况无法继续进行评标、推荐中标候选人，在当次招标结束后开展项目采购的一种选择。

② 投标文件澄清和说明。评标委员会在评标过程中要求投标人对投标文件给予必要的澄清、说明，是其与投标人进行必要互动的唯一途径，一方面有利于评标委员会准确地理解投标文件的内容，把握投标人的真实意思表示，从而对投标文件做出更为公正客观的评价；另一方面也有助于消除评标委员会和投标人对招标文件和投标文件理解上的偏差，避免招标人和中标人在合同履行过程中出现不必要的争议。《招标投标法》及其实施条例对评标过程中的澄清、说明活动进行了规范。

一是只有评标委员会才能启动澄清程序。评标委员会可以要求投标人对投标文件含义不明确的内容进行澄清、说明。当投标文件中出现含义不明、明显文字或者计算错误等内容且评标委员会不能准确了解投标人的真实意思表示时，评标委员会应当启动澄清、说明工作。通常投标人和评标委员会不得借澄清进行当面交流，评标委员会应以书面方式提出澄清要求，投标人也应以书面方式提供澄清、说明或补正。

二是投标人的澄清或说明不得超出投标文件的范围或者改变投标文件的实质性内容。所谓实质性内容，包括投标报价、主要技术参数、质量标准、履行期限等主要内容。如果投标人对其投标文件的澄清或说明超出了投标文件的范围或者改变了投标文件的实质内容，实际上是对投标文件的修改和补充，将构成新的要约。而且，开标后投标人已经掌握了其他投标人的投标信息，如果澄清、说明超出投标文件范围或者改变投标文件的实质性内容，甚至使原本不合格的投标成为合格投标，则违背了招投标活动应当遵循的公正和公平原则。

三是评标委员会不得诱导或者暗示投标人的澄清、说明，也不得接受投标人主动提出的澄清、说明。投标人澄清、说明内容应当真实反映投标人的本意，评标委员会的诱导或者暗示可能会导致投标人借机表达与原投标文件不同的意思或者内容，获取不正当利益，也会误导投标人或者造成对其他投标人的不公平。投标人只能根据评标委员会的书面通知予以澄清或者说明，评标委员会不得接受投标人主动提出的澄清、说明，以保证招投标活动的公正和公平。

③ 提交评标报告，推荐中标候选人。评标报告是评标委员会根据全体评标委员会成员签字的原始评标记录和评标结果编写的，全面反映评标情况的书面报告。《招标投标法》第四十条规定，评标委员会完成评标后，应当向招标人提出书面评标报告，并推荐合格的中标候选人。书面评标报告是招标人确定中标人的依据。评标委员会完成评标后，应当向招标人提交书面报告，为招标人确定中标人提供所必需的评标信息。评标报告作为招标人定标的重要依据，通常包括下列内容：基本情况和数据表，评标委员会成员名单，开标记录，符合要求的投标一览表，否决投标情况说明，评标标准、评标方法或者评标因素一览表，经评审的价格或者评分比较一览表，经评审的投标人排序，推荐的中标候选人名单与签订合同前要处理的事宜，澄清、说明纪要等。

《招标投标法实施条例》第五十三条规定，评标委员会评选之后，应依法推荐中标候选人，人数应当不超过三个，并标明排序。也就是说，由招标人以评标委员会提供的评标报告为依据，对评标委员会推荐的中标候选人进行比较，从中确定中标人。无论招标人、招标代理机构，还是有关主管部门，都无权改变、剥夺评标委员会推荐中标候选人的法定权利，不得脱离评标报告，在中标候选人之外确定中标人。该原则保障了评标委员会在招投标活动中独立的工作价值。评标报告应在完成评标后编制，由评标委员会全体成员签字。对评标结果有不同意见的评标委员会成员应当以书面形式说明其不同意见和理由，评标报告应当注明该项不同意见。为了避免因评标委员会成员拒绝签字而得不出评标结论，《招标投标法实施条例》规定评标委员会成员拒绝在评标报告上签字又不书面说明其不同意见和理由的，视为同意评标结果。为进一步加强社会监督，保证评标结果的公正和公平，依法必须招标项目的招标人应当自收到评标报告之日起 3 日内公示中标候选人，公示期不得少于 3 日。

3. 中标

中标是指在招投标程序中，评标结束后招标人从中标候选人中确定签订合同当事人的环节。对投标人来说，成为中标人就是投标成功、争取到了招标项目的合同，被确定为合同当事人。为保证竞争的公平、公正，维护竞争的成果，《招标投标法》及其实施条例对确定中标人的程序进行了规范。

（1）中标条件。

《招标投标法》第四十一条规定了确定中标的标准，即中标人的投标应当符合下列条件之一：

① 能够最大限度地满足招标文件中规定的各项综合评价标准。所谓综合评价标准，就是对投标文件进行总体评估和比较，既考虑价格因素，也考虑非价格因素，综合评价最佳者中标。例如，按综合评价标准对建设工程项目的投标进行评审时，应当对投标人的报价、工期、质量、主要材料用量、施工方案或者组织设计、以往业绩、社会信誉等方面进行综合评定，以能够最大限度地满足招标文件各项要求的投标作为中标。以综合评价标准最优作为中标条件的，在评价方法中通常采用打分的办法，在对各项评标因素进行打分后，以累计得分最高投标作为中标。

② 能够满足招标文件的实质性要求，并且经评审的投标价格最低。能够满足招标文件的实质性要求，是一项投标中标的前提条件。经评审的投标价格最低是指对投标文件中的各项评标因素尽可能折算为货币量，加上投标报价进行综合评审、比较之后，确定评审价格最低的投标，以该投标为中标。需要注意的是，中标的是经过评审的最低投标价，而不是指报价最低的投标。经评审的最低投标价不是简单地去比较价格，而是在评审的基础上进行比较，这样较为可靠、合理。为了保证招标项目的质量，防止某些投标人以不正常的低价中标后粗制滥造、偷工减料，对投标价格低于成本的投标将不予考虑。

（2）确定中标人。

招标人应该根据评标委员会提出的书面评标报告和推荐的中标候选人确定中标

人，也可以授权评标委员会直接确定中标人。虽然确定中标人的权利属于招标人，但这种权利受到很大的限制，必须依法行使。

① 确定中标人前禁止谈判。《招标投标法》第四十三条规定，在确定中标人前，招标人不得与投标人就投标价格、投标方案等实质性内容进行谈判。

招标投标应当是各投标人在公平、公正的前提下进行竞争。在确定中标人以前，如果允许招标人与个别投标人就其投标价格、投标方案等投标的实质性内容进行谈判，则招标人可能会利用一个投标人提交的投标对另一个投标人施加压力，迫使其降低投标报价或做出对招标人更有利的让步。同时还有可能导致招标人与投标人的串通行为，投标人可能会借此机会根据从招标人处得到的信息对有关投标报价等实质性内容进行修改。这对于其他投标人显然是不公正的。因此，法律禁止招标人与投标人在确定中标人以前进行谈判。《招标投标法》对于招标人不得与投标人进行谈判的内容作了明确规定，即招标人与投标人不得就投标价格、投标方案等实质性内容进行谈判。实质性内容，还应包括技术要求等内容。

② 中标候选人履约能力审查。在招投标过程中，不仅投标人的经营状况、财务状况可能会发生较大的变化，投标人也可能因违法而受到停产停业整顿、吊销营业执照等处罚，或者被采取查封冻结财产和账户等强制措施。以上情况，均可能影响投标人的履约能力。虽然投标人负有对其重大变化的告知义务，但在评标结束到中标通知书发出前的这一段时间里，投标人履行告知义务后又发生上述情况的该如何处理，或者招标人发现投标人存在上述情况的该如何处理，在程序设计上有必要加以考虑，避免出现合同履行不能的结果。对此，《招标投标法实施条例》第五十六条做出了关于中标候选人履约能力审查的规定。

一是在启动原因上，必须是中标候选人的经营状况、财务状况发生较大变化或者存在违法行为，且招标人认为可能影响其履约能力。经营状况发生较大变化既包括因为市场行情改变、管理不善，或者经营决策失误而导致的经营困难，也包括所承担业务已超出经营能力，或者主要技术人员离职、不再满足招标文件规定的资格条件等情形；财务状况发生较大变化，通常指资不抵债、流动资金紧张等情形；所指违法行为，不限于本次招标活动中发生的，只要发生违法行为的后果对本次招标的评标结果和合同的履行产生影响，也应包括在内。一般说来，中标候选人的违法行为可能会导致丧失中标资格和丧失履约能力两种后果。前者如存在串通投标、弄虚作假、行贿的，其投标应当被否决，或者在中标通知书发出后宣布中标无效；后者如因违法而被责令停产停业、查封冻结财产等。

二是在时间阶段上，该程序适用于评标结束后中标通知书发出前。如果在评标过程中出现有关情形，由评标委员会在评审时一并审查即可。如果中标通知书已经发出，表明合同已经成立，按照《合同法》的相关规定执行。

三是在审查主体上，履约能力审查的主体为原评标委员会。这样规定是为了防止招标人擅自变更评标结果，同时也有利于评审尺度的统一。在审查依据上，履约能力审查的标准和方法，应当为招标文件规定的标准和方法，不得另搞一套。

③ 应选择排名第一的中标候选人为中标人。招标人原则上应当选择排名第一的中标候选人为中标人。为了贯彻“三公”原则、择优选择中标人以及提高中标结果的公信力，《招标投标法实施条例》第五十五条规定，国有资金占控股或者主导地位的依法必须进行招标的项目，招标人应当确定排名第一的中标候选人为中标人。鉴于国有资金占控股或者主导地位的，依法必须进行招标的项目招标人仍缺乏有效的自律约束和监督机制，上述规定可以防止受决策者个人主观倾向和非法不当交易的影响，避免招投标活动因随意确定中标人而失去规范性、严肃性和公信力。但在出现下述情形之一时，招标人可以按照评标委员会提出的中标候选人名单排序依次确定其他中标候选人为中标人，也可以重新招标：

一是排名第一的中标候选人被确定中标后放弃中标。放弃中标的表现形式既可以表现为明确表示不接受合同，拒绝签订中标合同，也可以表现为在合同签订时向招标人提出附加条件，包括借故要求修改合同标的内容、价格、质量标准、工期等中标的实质性内容。无论表现为何种形式，放弃中标都必须有明确的意思表示。

二是排名第一的中标候选人因发生了不可抗力不能履行合同。不可抗力是指不能预见、不能避免并不能克服的客观情况，包括自然灾害和社会突发事件，如地震、海啸、瘟疫、水灾、骚乱、暴动、战争等。因不可抗力不能履行合同的结果应当是确定无疑的。

三是排名第一的中标候选人没有按照招标文件要求提交履约保证金。包括没有提供，或者提供的履约保证金的金额、形式、担保条件等不符合招标文件的要求。

四是排名第一的中标候选人被查实存在影响中标结果的违法行为。根据《招标投标法》及其实施条例，这类违法行为包括弄虚作假、串通投标、行贿，或者招标文件载明的属于实质性要求和条件的其他违法行为。这些违法行为一般应发生在本次招标中，但招标文件另有规定的除外。这些违法行为也必须被查实，包括经评标委员会、行政监督部门或者司法机关查实。

出现上述情形后，在其他中标候选人符合中标条件并满足采购需求的情况下，招标人应尽量依次确定中标人，以节约时间和成本，提高效率。在其他中标候选人与采购预期差距较大，或者依次选择中标人对招标人明显不利时，招标人可以选择重新招标。例如，排名在后的中标候选人报价偏高，或已在其他合同标段中标，履约能力受到限制，或同样存在串通投标等违法行为等，招标人可以选择重新招标。

（3）发出中标通知书。

《招标投标法》第四十五条主要对发出中标通知书以及中标通知书的法律效力进行了规范。

① 发出中标通知书。中标人确定后，招标人应当向中标人发出中标通知书，同时将中标结果通知所有未中标的投标人。所谓中标通知书，是指招标人在确定中标人后向中标人发出的通知其中标的书面凭证。中标通知书的内容应当简明扼要，只要告知招标项目已经由其中标，并确定签订合同的时间、地点即可。中标人确定后，招标人不但应向中标人发出中标通知书，还应将中标结果通知所有未中标的投标人，以便权益受损的投标人可以及时寻求救济。

② 中标通知书的效力。中标通知书的法律效力是指中标通知书发出后，即中标通知生效后在招标人和中标人之间产生的法律后果或法律拘束力。中标通知书实质上就是招标人对其选中的投标人的承诺，是招标人同意接受中标的投标人的投标条件，即同意接受该投标人要约的意思表示。因此，中标通知书的发出不但是将中标的结果告知投标人，还在招标人和中标人之间产生了订立合同的义务，即中标通知书对招标人和中标人具有法律效力。中标通知书发出后，双方都应承担一定的法律责任：

一是招标人改变中标结果。除不可抗力外，如果招标人改变中标结果，宣布改由其他投标人中标或随意取消项目招标，则应当适用定金罚则双倍返还中标人提交的投标保证金，给中标人造成的损失超过应返还的投标保证金数额，还应当对超过部分予以赔偿。未收取投标保证金的，对中标人的损失承担赔偿责任。

二是中标人放弃中标项目。如果中标人放弃中标项目，以声明或以自己的行为表明不承担该招标项目的，则招标人对其已经提交的投标保证金不予退还，给招标人造成的损失超过投标保证金数额的，还应当对超过部分予以赔偿。未提交投标保证金的，对招标人的损失承担赔偿责任。

招标人和中标人承担的上述法律责任属于缔约过失责任。所谓缔约过失责任，依照《合同法》的规定，是指当事人在订立合同过程中，因违背诚实信用原则而给对方造成损失的损害赔偿责任。关于缔约过失责任，中标通知书发出后，招标人改变中标结果的，或者中标人放弃中标项目的行为，都属于缔约过失行为，应当承担相应的责任。需要注意的是，中标通知书发生法律效力的时间是以“发出后”，而不是以“中标人收到后”为准。如果招标人及时发出了中标通知书，但是中标通知书在传送过程中并非由于招标人的过错而出现延误、丢失或错投，致使中标人没有在投标有效期截止前收到该中标通知书，则招标人便丧失了对中标人的约束权。而规定“中标通知书发出后”即产生法律效力，招标人的上述权利可以得到保护。如果不是因为招标人的原因，在投标有效期截止前造成中标人可能不知道该投标已被接受，在大多数情况下，这种后果并不比招标人丧失对中标人的约束权那么严重。

除了招标采购的执行程序，《政府采购法》及其实施条例还对非招标采购的执行程序进行了规范，主要包括竞争性谈判程序、询价程序和单一来源采购程序。

第一，竞争性谈判程序。为推动政府采购改革，财政部在1999年颁布的《政府采购管理暂行办法》中，也将竞争性谈判规定为我国政府采购的采购方式之一，但未明确具体程序。实践中，竞争性谈判采购方式逐渐成为普遍使用的采购方式之一，因无章可循，执行程序不够规范，采购过程缺乏透明度，随意性较大，给政府采购制度带来了一定的负面影响，亟待规范。《政府采购法》第三十八条明确了竞争性谈判采购方式必须遵循的基本程序，采取竞争性谈判方式的，要按照下列五个步骤执行：

一是成立谈判小组。符合竞争性谈判采购方式的采购项目，一般具有技术复杂、性质特殊和不确定性等特点，需要由一支专业队伍组织采购活动。为此，《政府采购法》规定了谈判小组的建立和构成，由采购人的代表和有关专家共三人以上的单数组成，以便按照各自的职责和特长在谈判中发挥作用，该组织实行多数决策的规则。其中，专家的人数在小组成员总数的比例不少于2/3，说明专家在谈判中，特别是在确定规格和品质方面应当起主要作用。

二是制定谈判文件。采取竞争性谈判采购方式的，要在谈判活动开始前制定谈判文件，其基本功能是提供谈判组织的活动规则和供应商的竞争规则。因此，双方对谈判文件都有遵守的义务。在谈判文件中应规定下列事项：谈判的具体程序，如谈判轮次及每个轮次的谈判重点；拟谈判的内容，包括技术规格、价格、服务等；合同草案，包括当事人的权利和义务、履约期限和方式、资金支付要求、验收标准等；评定成交的标准，明确谈判小组应当考虑的具体因素及相关要求等。《政府采购法实施条例》第三十三条规定，竞争性谈判采购中要求参加谈判的供应商提交保证金的，采购人或采购代理机构可以在竞争性谈判文件中，约定竞争性谈判采购保证金的各项要求，前提条件是符合竞争性谈判采购的规定。

三是确定邀请参加谈判的供应商。谈判小组首先要规定参加谈判的供应商资格条件，然后从符合资格条件的供应商名单中确定并邀请不少于三家的供应商参加谈判。需要注意的是，有权确定名单的是谈判小组，而不是个别的行政负责人或者采购人。确定的标准是供应商符合相应的资格条件，并且数量上不少于三家，以便能够形成必要的竞争。在给供应商发出谈判邀请时要提供谈判文件，作为供应商是否参加谈判决定时的参考依据。

四是开展谈判。在谈判活动中，为了维护谈判的公平和公正，谈判小组成员要作为一个集体与单个供应商分别谈判，不能同时与多个供应商进行谈判。所有供应商都具有与谈判小组均等进行谈判的机会，在谈判小组与各供应商进行了相同轮次的谈判后，为了更好地实现采购目标，谈判小组可以修改谈判文件，但涉及实质性变动的，要以书面形式通知所有参加谈判的供应商。供应商收到修改谈判文件的通知后，可以决定是否继续参加谈判活动。在谈判中，谈判的任何一方或者谈判小组成员不得透露与谈判有关的其他供应商的技术资料、价格和其他信息，目的是防止供应商之间相互串通或者进行恶性竞争。

五是确定成交供应商。确定成交供应商是谈判程序中的决定性环节。谈判小组在谈判结束后，要求所有参加谈判的供应商在规定的时间内提出最后报价。原则上最后报价不能更改。超过规定时间提交的报价应做无效处理。谈判小组要按照谈判文件规定的评定标准，对供应商提交的报价进行评审，确定成交候选人名单报采购人。采购人从谈判小组提出的成交候选人中确定成交供应商，确定的根据是符合采购需求、质量和服务相当且报价最低的原则，并将确定结果通知所有参加谈判的未成交的供应商。《政府采购法实施条例》第三十七条明确了“质量和服务相等”的含义，是指供应商提供的产品质量和服务均能满足采购文件规定的实质性要求，也就是供应商提交的响应文件对谈判文件作了实质性响应，满足采购人的采购需求即可，多余的功能不作为价格考虑因素。采购人和采购代理机构在编制竞争性谈判文件时，必须明确采购需求、质量和服务的合格标准，用实质性条款落实在具体指标中。当满足采购文件规定的实质性要求后，报价最低的供应商应当确定为成交供应商，事实上形成了在认定供应商是否响应实质性条款后，评审环节无内容可评，只需要对供应商按照价格从低到高排序。这种制度设计将评审专家的作用由评审过程前移到采购需求的确定环节，要求其发挥自身的专业优势协助采购人明确和制定采购需求。

《政府采购法实施条例》第三十五条对需求不确定的竞争性谈判程序作了特别规定，谈判文件不能完整、明确地列明采购需求，需要由供应商提供最终设计方案或者解决方案的，在谈判结束后，谈判小组应当按照少数服从多数的原则投票推荐3家以上供应商的设计方案或者解决方案，并要求其在规定时间内提交最后报价。具体而言，需求不确定的竞争性谈判程序分为两个阶段：

第一阶段，需求不确定的竞争性项目，应组成包括 1 名法律专家在内的谈判小组，邀请符合资格条件的供应商参加谈判。供应商按照竞争性谈判文件的要求提供设计或解决方案等谈判响应方案，谈判小组所有成员集中与单一供应商分别进行谈判。通过反复谈判，采购人明确需求，供应商细化谈判响应方案，最终实现 3 家以上供应商的响应方案满足需求。在谈判过程中，谈判小组可以根据谈判文件和谈判情况实质性变动采购需求中的技术、服务要求以及合同草案条款，但不得变动谈判文件中的其他内容。实质性变动的内容，须经采购人代表确认。对谈判文件做出的实质性变动是谈判文件的有效组成部分，谈判小组应当及时以书面形式同时通知所有参加谈判的供应商。谈判结束后，谈判小组应当按照少数服从多数的原则记名投票推荐 3 家以上供应商的谈判响应方案，并要求其在规定时间内提交最后报价。

第二阶段，被通知最后报价的供应商在规定的时间内提交最后报价，谈判小组根据谈判文件规定的政策功能进行价格扣减后，按照最后报价从低到高的顺序确定 3 家以上成交候选人及其排序，并编写评审报告。需注意的是，最终报价后，谈判小组不能再与供应商进行谈判。所有需要谈判的内容应当在提交最后报价前完成。提交最后报价的供应商应不少于 3 家，否则就应当重新开展采购活动。为避免出现只有 2 家最后报价的情况，可以在符合关键需求的前提下，降低一般条件促进竞争，保证 3 家以上供应商对采购活动有积极性并最终进入最后报价阶段，避免因个别供应商主动放弃最后报价，造成供应商不足 3 家的情况。

第二，询价采购程序。为了规范询价采购行为，《政府采购法》第四十条对询价程序做出了比较明确的规定，主要包括以下步骤：

一是成立询价小组。适合询价的货物主要是简单标准的货物，必须对质量符合国家有关规定的合格产品进行询价。为此，要成立一个不少于三人以上单数的询价小组，由采购人代表和有关专家两部分组成，其中专家应占询价小组成员总数的 2/3以上，结构上应当是三人以上的单数。询价小组的首要工作，是确认或者制定询价通知书，对采购项目的价格构成和评定成交的标准等事项做出决定。询价小组要确定下列事项：采购项目的价格内涵，如要求供应商的报价是指货物本身售价还是应当包括运费、安装调试费、售后服务费等；评定成交供应商的标准，如是以价格最低成交还是综合评审成交。《政府采购法实施条例》进一步规定询价通知书应当根据采购需求确定政府采购合同条款。询价采购方式适用于货物规格、标准统一、现货货源充足且价格变化幅度小的政府采购项目，“比价格”是询价方式最典型的特征。询价采购的适用范围决定了供应商对合同条款十分敏感，合同条款特别是其中与支付有关的条款是供应商报价的重要考虑因素。采购人或者采购代理机构应当在询价通知书中载明详细的合同条款。

二是确定被询价供应商名单。询价小组要根据采购需求制定被询价供应商的资格条件，重点考察供货品种、信誉、售后服务网点等，并根据资格条件确定被询价供应商名单，以公平的方式从中选择三家以上供应商作为被询价对象。采购人、采购代理机构通过发布公告、从省级以上财政部门建立的供应商库中随机抽取或者采购人和评审专家分别以书面推荐的方式邀请不少于三家符合相应资格条件的供应商参与询价采购活动。询价小组从上述符合相应资格条件的供应商名单中确定不少于三家的供应商参加询价，并向这些供应商发出询价通知书。通知书中应当载明采购需求、价格构成、评定成交供应商的标准、报价截止时间等事项。

三是询价。从询价通知书发出之日起至供应商提交响应文件截止之日止不得少于三个工作日。供应商在询价通知书要求的截止时间前，将响应文件密封送达指定地点。在响应文件中供应商应当按照询价通知书的规定一次报出不得更改的价格。报价的一次性、不得更改性和不得谈判性，是询价程序体现公平竞争原则的核心因素。询价小组在对响应文件的有效性、完整性和响应程度进行审查时，可以要求供应商对响应文件中含义不明确、同类问题表述不一致或者有明显文字和计算错误的内容等做出必要的澄清、说明或者更正。询价小组在询价过程中，不得改变询价通知书所确定的技术和服务等要求、评审程序、评定成交的标准和合同条款等事项。询价采购中供应商的报价与合同条款密不可分，询价过程中如果询价小组修改合同条款，会严重背离关于“被询价的供应商一次报出不得更改的价格”的规定，损害供应商公平参与竞争的权利。

四是确定成交供应商。询价小组完成询价工作后，应当从质量和服务均能满足采购文件实质性响应要求的供应商中，按照报价由低到高的顺序提出三名以上成交候选人，并编写评审报告提交给采购人，由采购人确定成交供应商。采购人应当在收到评审报告后五个工作日内，从评审报告提出的成交候选人中，根据质量和服务均能满足采购文件实质性响应要求且报价最低的原则确定成交供应商，也可以书面授权询价小组直接确定成交供应商。采购人确定成交供应商后，要将结果通知所有被询价的未成交供应商。

第三，单一来源采购程序。单一来源采购程序的特征是采购人与供应商之间的直接协商。由于单一来源采购方式的适用条件非常特殊，不具备竞争性，规定具体程序有一定困难。因此，《政府采购法》第三十九条规定了采取单一来源采购方式应当遵循的基本要求，没有直接做出程序性规定。其目的是为双方的协商活动确立应当遵循的原则和基础。而《政府采购法实施条例》第三十八条对单一来源采购中的唯一供应商公示做出了规定。

一是遵循的原则和基础。单一来源采购是政府的采购方式之一，尽管有其特殊性和缺乏竞争，但采购人与供应商仍然要尽可能地遵循公开透明、公平竞争、公正和诚实信用等原则开展采购。遵循的基础主要包括保证采购质量和价格合理两方面。政府采购的质量直接关系到政府机关履行行政事务的效果，因此，保证采购质量非常重要。虽然单一来源采购供货渠道单一，但也要考虑采购产品的质量，否则实行单一来源采购本身就没有了意义。单一来源采购虽然缺乏竞争性，但也要按照物有所值原则与供应商进行协商，本着互利原则，合理确定价格。在政府采购实践中，除发生法定的特殊情形外，采购人应当尽量避免采取单一来源采购方式。如果采购对象确实特殊，确有采取单一来源方式进行采购的必要，则应当深入了解供应商提供的产品性能和成本，以便有效地与供应商就价格问题进行协商，尽量减少采购支出。《政府采购非招标采购方式管理办法》对单一来源采购引入了成本核算的概念，要求采购人员编写的协商情况记录中应当包含供应商提供的采购标的成本、同类项目合同价格以及相关专利、专有技术等情况说明。如果该产品市场在售，那么同等条件下政府采购价不能高于市场价；如果该产品没有形成市场价格，那么供应商就要告知该产品的成本。

二是唯一供应商公示。单一来源采购的适用情形之一，是只能从唯一供应商处采购。实践中，采购人或采购代理机构往往滥用这一情形，申请对项目采用单一来源采购方式。如果不采取有效的方法监督，就会因为竞争性不强，透明度不高，造成滥用采购资金，甚至出现腐败问题。对此，《政府采购法实施条例》提出了唯一供应商公示的要求，“达到公开招标数额标准，符合规定情形只能从唯一供应商处采购的，采购人应当将采购项目信息和唯一供应商名称在省级以上人民政府财政部门指定的媒体上公示，公示期不得少于五个工作日”。公示的内容包括采购项目信息，要对采购内容进行详细描述，使公众和潜在供应商知道采购项目的基本情况。公示的内容还包括唯一供应商名称，为了全面反映供应商的情况，不仅要公示作为供应商的代理商，还要公示货物的制造商。为使公众有时间评判公示内容，同时又不拖延采购进度，单一来源采购的公示期最少为 5 个工作日。任何供应商、单位或者个人对采用单一来源采购方式公示有异议的，可以在公示期内将书面意见反馈给采购人、采购代理机构，并同时抄送相关财政部门。采购人收到异议后，应当重新组织专家进行第二次论证。如第二次公示仍存异议的，可以不再组织重复论证，而上报由本级财政部门视具体决定是否批准。

第三节　履约验收

在履约验收环节，《政府采购法》及其实施条例主要对履约程序和采购文件保管程序进行了规范。

一、履约程序

供应商和采购人均应按照政府采购合同约定履行各自的权利和义务，供应商要向采购人提供货物、服务或工程，采购人在验收合格后支付采购资金。《政府采购法》及其实施条例对履约程序进行了规范。

（一）对供应商履约的验收

履约验收是采购人或采购代理机构对供应商遵守合同承诺和履约质量做出评价，是确保采购质量的关键环节和有效手段，也为支付采购资金提供依据。做好验收工作，可以检验供应商的履约能力和信誉。如果出现质量问题，则可以根据合同相关条款规定及时处理，从而保护采购人的合法权益。在我国政府采购实践中，普遍存在重供应商的确定和购买行为、轻履约验收的现象，虽然采购人在合同订立前做了大量工作，但由于没有把好验收关，供应商提供的产品或履约结果不符合合同规定的情况时有发生，给采购人造成一定损失，更为严重的会损害公共利益。为此，《政府采购法》第四十一条规定："采购人或者其委托的采购代理机构应当组织对供应商履约的验收。大型或者复杂的采购项目，应当邀请国家认可的质量检测机构参加验收工作。验收方成员应当在验收书上签字，并承担相应的法律责任。"但实践中验收规定的执行不尽如人意，依然存在重采购立项和采购过程、轻合同验收，重资金的申请和支付、轻采购结果评价的现象，造成采购达不到预期效果，甚至出现假货和盗版。

我国深化政府采购制度改革要推动管理从程序导向型向结果导向型的重大变革，从注重过程控制向结果评价转变，加强对采购结果的评价管理。作为政府采购的重要和必经环节，验收是采购结果评价的重要依据。采购合同验收结果，与采购结果的评价紧密相连，是采购结果评价的重要依据。通过验收，倒查采购活动是否严格执行了经费预算和资产配置标准，是否合理确定了采购需求，有无超标准采购、超出办公需要采购服务等，进而推动加强采购结果的评价管理。为了加强履约验收管理工作，《政府采购法实施条例》第四十五条对履约验收提出了明确而具体的要求，主要包括以下内容：

1. *履约验收的依据和程序*

履约验收的依据是采购合同对采购内容及其质量的约定，采购人应对供应商履约情况进行实质性验收，不能只是清点数量及目测的形式验收。《政府采购法实施条例》规定："采购人或者采购代理机构应当按照政府采购合同规定的技术、服务、安全标准组织对供应商履约情况进行验收。"所称的安全标准，是指广义角度的安全，不仅包括项目本身及项目运行期间的安全指标，还要考虑国家安全、公共安全等因素。验收书应当包括每一项技术、服务、安全标准的履约情况。因此，在验收时验收方成员要对合同规定的每一项技术、服务和安全标准进行核验，将验收结果记入验收书，不能有缺漏项。具体的验收要按照合同、供应商的投标和响应文件组织。

履约验收的程序，法律主要规定了验收方成员在验收书上签字的要求。签字是验收方成员对供应商履约评价的正式表示。以货物采购为例，验收一般要成立采购人验收小组，必要时应聘请专业人员。验收前要按照合同编制验收程序和验收表格，将所有技术、服务和安全条款列入表格。验收时双方要按照规定的条件逐项验收。验收结束后，验收双方签署验收书。复杂设备可能还要包括出厂检验、到货检验、安装和调试、最终验收、培训等伴随服务的验收。

2. *履约验收的参与*

（1）大型或复杂的采购项目。

通常情况下，大型或者复杂的采购项目，对验收人员的技术要求比较高。为了增强验收能力，开展验收工作，《政府采购法》规定："大型或者复杂的政府采购项目，应当邀请国家认可的质量检测机构参加验收工作。"采购人应当邀请经过国家认可的专业检测机构参加验收。各行各业都有这类机构，如建设部门认定的工程管理机构、国家质量检测部门认定的检测机构等。实践中，不仅质量检测机构参加对验收有益，邀请其他未中标、成交的供应商参与，实行同业监督也能起到很好的作用。相对于采购人，参与采购活动的供应商对采购标的的技术条件、市场情况和合同履行中可能的风险点更加熟悉，参加验收更容易发现履约中存在的问题，监督的作用更直接，效果也更加明显。需要注意的是，与质量检测机构参与验收不同，供应商不应当是验收方成员，也没有参与项目履约验收的义务。因此，验收时，未中标、成交供应商的意见只能作为验收的参考材料。

（2）公共服务项目。

向社会公众提供的公共服务项目，不仅涉及面广，往往还涉及普通民众的切身利益，社会的关注程度更高。同时，公共服务项目的验收不同于货物和其他标准服务项目，无法按照每一项技术、服务、安全标准一一对应验收，履约质量的好坏要通过服务受益对象的切身体会来体现。同时，邀请服务受益对象参与验收，也有利于更好地让社会公众参与监督。为此，《政府采购法实施条例》第四十五条规定："政府向社会公众提供的公共服务项目，验收时应当邀请服务对象参与并出具意见，验收结果应当向社会公告。"公共服务项目无论采用何种采购方式，都要邀请服务对象参与验收。具体的邀请方式和邀请数量由采购人自行确定，但邀请的服务对象一定要有代表性，要能够切实代表人民群众的感受。被邀请的服务受益对象，应作为验收方成员。为社会公众提供公共服务项目的验收情况向社会公告，属于更广意义上的信息公开。公告不应局限于政府采购的指定媒体和指定的内容，采购人或者采购代理机构在向社会公告时，要考虑到公众的关切，选择人民群众易于接触的媒体，用通俗易懂的方式向社会公开验收情况，真正便于公众的监督。

验收方包括采购人、采购人委托的采购代理机构，受到邀请的质量检测机构或公共服务对象。验收是采购人作为债权人的合同权利，也是采购人对国家采购资金和购置的公共物品的管理责任。验收方应按照法律规定对供应商的履约进行验收，最后要将验收情况在验收书上如实说明，并亲笔签字。验收方要对自己的验收意见负责，如果验收意见与事实不符，损害采购人或者供应商的合法权益，则应当承担相应的法律责任。参与验收人员要客观公正地提出验收意见，不得搞假验收，否则会受到法律的制裁。供应商要按照合同约定履约，验收发现供应商在履约中存在问题的，如以劣充优、偷工减料等行为，采购人应当按照合同的约定追究供应商的违约责任，情节严重或者拒不整改的应当报财政部门，由财政部门依法处理。

（二）采购人支付采购资金

《政府采购法实施条例》第五十一条对采购人支付采购资金进行了规范，主要包括以下内容：

1. 采购人支付采购资金的义务

采购人应当按照政府采购合同规定，及时向中标或者成交供应商支付采购资金。根据《合同法》，买卖合同的买受人应当按照约定的数额、地点和时间支付价款。无论是根据《合同法》还是社会的公序良俗，及时支付合同价款都是买受人的一项最基本义务。《政府采购法实施条例》之所以重申采购人应当按照合同及时支付采购资金这一基本要求，是因为拖欠合同价款的现象危害很大，且这一现象在实践中并不少见。政府采购合同的采购人是国家机关、事业单位和团体组织，采购人如果不及时支付采购资金，将会严重损害政府信用。政府采购使用的是纳入预算管理的财政性资金，本来不应该存在资金拖欠问题。实践中，少数采购人之所以不及时支付采购资金，往往是为了借机“吃拿卡要”，这种行为严重败坏了社会风气。因此，《政府采购法实施条例》专门强调采购人应及时支付采购资金。

2. 政府采购项目资金支付程序

政府采购项目资金支付程序，按照国家有关财政资金支付管理的规定执行。在财政资金的支付管理上，国库集中支付是市场经济国家普遍采用的一种支付管理方式。国库集中支付的资金流转链条短、速度快、支付程序简洁，从根本上解决了财政资金多环节拨付、多头管理、多户头存放的弊端，有效防止了对财政资金的挤占、挪用和截留，提高了财政资金的使用效益。国库集中支付制度与部门预算、政府采购被称为财政支出制度改革的“三驾马车”。在各种财政支出中，政府采购支出又是最早实行国库集中支付改革的。目前，国库集中支付已经成为我国财政资金支付的基本方式。

国库集中支付包括财政直接支付和财政授权支付两种方式。一是财政直接支付，是由财政部门开具支付令，通过国库单一账户体系，直接将财政资金支付到收款人或用款单位账户。财政直接支付的程序是：预算单位按照批复的部门预算和资金使用计划，向财政国库支付执行机构提出支付申请，财政国库支付执行机构根据批复的部门预算和资金使用计划及相关要求对支付申请审核无误后，向代理银行发出支付令，并通知中国人民银行国库部门，通过代理银行进入全国银行清算系统实时清算，财政资金从国库单一账户划拨到收款人的银行账户。二是财政授权支付，是预算单位根据财政授权，自行开具支付令，通过国库单一账户体系将资金支付到收款人账户。财政授权支付的程序是：预算单位按照批复的部门预算和资金使用计划，向财政国库支付执行机构申请授权支付的月度用款限额，财政国库支付执行机构将批准后的限额通知代理银行和预算单位，并通知中国人民银行国库部门。预算单位在月度用款限额内，自行开具支付令，通过财政国库支付执行机构转由代理银行向收款人付款，并与国库单一账户清算。

国库集中支付是一项复杂的系统工程，要以建立和完善部门预算为先决条件，以建立国库单一账户体系为支撑，以建立严格的监督管理和控制体系等为保障，制度改革很难一蹴而就。由于我国财政国库管理制度改革还在进行当中，财政资金支付管理的相关规定还会不断调整与完善，因此，《政府采购法实施条例》只是规定政府采购项目资金支付程序要按照国家有关财政资金支付管理的规定执行，而没有明确财政资金支付管理的具体制度名称。

二、采购文件保管程序

对于一个具体的采购项目而言，采购人货款付讫后，采购活动基本结束。但从政府采购管理的角度看，采购人还必须做好采购文件的整理和保存工作。采购文件是反映采购活动过程及各项决策的记录，完整妥善地保存采购文件，可以为政府采购的统计分析、总结经验教训、接受监督检查、处理纠纷等多项工作提供客观依据。

我国自推行政府采购制度以来，财政部门规定部分采购文件实行备案管理，如招标文件、评标报告、采购合同等。但在实践中未按规定执行的情况非常普遍，由于具体采购活动通常是由单位内部不同的机构和人员分别组织开展，采购事务并非这些机构和人员的日常工作，对现行有关规定不够了解，采购文件没能及时报财政部门备案，也没有进行妥善管理。有的采购人甚至在采购活动结束后，就自行对采购文件进行处理，如销毁等。对此，《政府采购法》第四十二条规定了采购人完整保存采购文件的义务和责任。采购文件保管程序的法律意义是，保留政府采购活动的原始记录，为国家监督和客观评价政府采购活动，为利益相关人行使救济申请权提供真实和可靠的依据；也为采购人或者采购代理机构对供应商积极主张债权，保证采购质量提供根据。随着采购活动中电子化水平的不断提高，《政府采购法实施条例》第四十六条对以电子档案保存采购文件做出了规定。

（一）采购文件的保存主体

有义务保存采购文件的主体是指采购人和采购代理机构。其中，采购代理机构应当包括集中采购机构和社会中介机构。这些主体在每项采购活动结束后，应当对涉及该采购项目所有已经形成的采购文件进行妥善保存，不得隐匿或者自行销毁。采购文件应当如实保存，不得伪造和变造。如果在采购过程中，应当形成采购文件却因客观原因没有形成的，应如实记录。总之，采购人和采购代理机构保存的采购文件，要做到完整和真实可靠。

（二）采购文件的保存期限

采购文件的保存期限从采购结束之日起至少保存 15 年。采购活动的结束，表明采购人已经获得了其需要的采购对象，但采购事件和交易行为并未终结。经常出现的情况有：一是采购活动中潜在的问题一般是在采购完成后才暴露，具有一定的滞后性。二是已经发生的问题需要予以解决，而解决问题所需要的时间要视解决方式而异，如进入司法程序的案件，审理时间较长并具有不确定性。三是供应商履约情况有待实践检验，一旦出现质量问题或者未履行有关承诺，采购人有可能要退货或者换货。发生纠纷的，还可能打官司或者申请仲裁。采购文件是解决这些问题的直接证据。因此，《政府采购法》规定采购文件保存的期限至少为15年。

（三）采购文件的构成

采购文件是指反映采购活动各类文书的总称。根据《政府采购法》规定，应当依法保存的采购文件包括：采购人或采购代理机构对采购活动的有关记录，财政部门对该采购项目批复的采购预算或计划，采购人或采购代理机构发售的招标文件，供应商提交的投标文件，评标委员会采用的评标标准，采购人或采购代理机构撰写的评估报告，采购人或采购代理机构签署的定标文件，采购人或采购代理机构与供应商签订的合同文本，验收方提交的验收报告，对供应商质疑的答复意见，有关部门做出的投诉决定等。按照《政府采购法》规定，采购文件还包括其他有关文件、资料，如采购人或采购代理机构制定的关于招标文件修改、补充材料，采购人与采购代理机构签订的委托代理协议书等。

采购活动记录是指采购人或采购代理机构在采购活动结束后撰写的采购活动情况报告。根据《政府采购法》规定，采购活动记录中至少应包括七个方面的内容：一是采购项目类别、名称。即要求说明本采购项目是货物、服务还是工程类别的项目，并完整表述具体项目名称。二是采购项目的资金安排和合同价格。要求载明采购项目的预算总额，资金来源以及最后确定的合同价格。三是采购方式。要求说明该项目实际采取的采购方式。没有采取公开招标方式的，要说明选择其他采购方式的原因。四是邀请和选择供应商的条件及原因。没有采取公开招标采购方式的，要说明邀请供应商应当具备的资格及原因。五是评标标准及确定中标人的原因。要求说明该采购项目采用的评标标准和确定中标人的理由。六是废标的原因。如果该采购项目在执行中出现过废标情况，应当说明废标的理由。七是采取招标以外采购方式的相应记载。如谈判小组或者询价小组人员构成情况，谈判或者询价过程等。

（四）采购文件的保存方式

政府采购档案资料内容多，需要保存的时间长，纸质档案保管不便，保存成本高，如何依法妥善保管政府采购档案，是采购人和采购代理机构面临的现实难题。随着采购活动中电子化水平的不断提高，采购文件以电子档案方式保存变得势在必行。因此，《政府采购法实施条例》规定采购文件可以用电子档案方式保存的。实践中，电子档案应符合以下要求：

1. 满足采购文件保存的目的

《政府采购法》关于政府采购档案管理的规定主要基于三个目的：一是统计分

析；二是积累采购经验；三是作为证据接受监督检查和司法调查。以电子文档方式保存采购文件，完全能够满足上述目的要求。采购人和采购代理机构在采购活动和日常管理中，要有具体制度和措施，保证电子档案真实可信，特别是要保证档案具备证据价值。如在采购活动中，要求供应商提交完整且不可修改的投标文件、谈判和磋商响应文件以及报价书的电子文档，作为电子档案保存。而采购人或者采购代理机构自行扫描供应商的纸质响应文件就不能作为电子档案存档。

2. 符合《档案法》和《电子签名法》的规定

根据《档案法》，档案是直接形成的历史记录。直接形成说明档案继承了文件的原始性，历史记录说明档案在继承文件原始性的同时，也继承了文件的记录性，是再现历史真实面貌的原始文献。政府采购档案，应当真实记录政府采购活动的过程，能够反映采购活动的真实面貌。电子档案是指以数据电文形式储存的档案，因此电子档案还要符合《电子签名法》的规定。包括：

（1）数据电文满足原件形式要求。

根据《电子签名法》，符合下列条件的数据电文，视为满足法律、法规规定的原件形式要求：能够有效地表现所载内容并可供随时调取查用；能够可靠地保证自最终形成时起，内容保持完整、未被更改。但是，在数据电文上增加背书以及数据交换、储存和显示过程中发生的形式变化不影响数据电文的完整性。

（2）数据电文满足文件保存要求。

根据《电子签名法》，符合下列条件的数据电文，视为满足法律、法规规定的文件保存要求：能够有效地表现所载内容并可供随时调取查用；数据电文的格式与其生成、发送或者接收时的格式相同，或者格式不相同但是能够准确表现原来生成、发送或者接收的内容；能够识别数据电文的发件人、收件人以及发送、接收的时间。

（3）符合可靠电子签名的条件。

采用电子方式采购的，招标文件、投标文件、澄清变更文件等采购过程文件的数据电文签名要符合可靠电子签名的条件。可靠的电子签名是指电子签名同时符合下列条件：电子签名制作数据用于电子签名时，属于电子签名人专有；签署时电子签名制作数据仅由电子签名人控制；签署后对电子签名的任何改动都能够被发现；签署后对数据电文内容和形式的任何改动能够被发现。

采购文件的收集、保存是采购人和采购代理机构的一项经常性工作。在执行中应注意做到以下几点：一是专人负责。采购人和采购代理机构应当安排或指定专人负责本单位采购文件的收集和保存，并提供采购文件保存场所及必要的设备。二是要保证采购文件的完整性、安全性和保密性。采购人和采购代理机构要建立采购文件档案管理制度，全面保存每项采购活动的采购文件。要加强采购文件的安全管理工作，防止调换、遗失、损坏等情况的发生。采购文件中的供应商投标文件，因涉及供应商的商业机密，没有得到有关方面的许可，不得对外提供。三是要及时做好采购文件的积累工作。采购人和采购代理机构内部具体开展采购活动的单位，在开展每项采购活动期间，要按《政府采购法》规定的采购文件及采购记录要求，注意及时收集、编写采购文件或者记录。每完成一个采购项目，及时对采购文件进行整理，交内部有关机构保存。不能等到年终统一整理，否则容易丢失资料，难以保证采购文件的完整性。四是采购人和采购代理机构要高度重视采购文件的保存工作，接受财政等部门的监督检查。未按《政府采购法》规定保存采购文件的，将会受到严厉惩罚，构成犯罪的，依法追究刑事责任。

本章小结

1. 公共采购程序是公共采购行为的准则，体现了公共采购原则的要求。《政府采购法》及其实施条例对政府采购程序进行了规范，涵盖了采购预算编审、编制政府采购计划、确定采购需求、执行采购方式、履约验收以及采购文件保存等采购活动的全部过程，并不限于采购方式的执行程序。而《招标投标法》及其实施条例主要对招投标程序进行了规范，涵盖了招投标活动的全部过程，仅限于招标采购方式的执行程序。

2. 在确定采购需求环节，《政府采购法》及其实施条例主要对政府采购预算、采购实施计划和采购需求等内容进行了规范。

3. 在公共采购程序中，执行采购方式是需要重点分析和掌握的内容。《招标投标法》对招标采购程序进行了全面的规范，《政府采购法》也确立了公开招标在政府采购方式中的“主要”地位。虽然《政府采购法》只对《招标投标法》未能体现货物和服务特点的招标采购程序以及非招标采购程序进行了规范，导致招标采购程序立法上的缺位，但新颁布的两法实施条例都对执行采购方式进行了补充和完善。

4. 在履约验收环节，《政府采购法》及其实施条例主要对履约程序和采购文件保管程序进行了规范。

思考题

1. 根据《政府采购法》及其实施条例，公共采购包括哪些程序？

2. 简述政府采购预算编审的程序和要求。

3. 根据《政府采购法实施条例》，招标文件应包括哪些内容？

4. 根据《政府采购法实施条例》，收取和退投标保证金应遵守哪些要求？

5. 论述《政府采购法》中废标的条件和处理程序。

6. 根据《招标投标法》及其实施条例，招标公告、资格预审公告和投标邀请书有何区别？

7. 根据《招标投标法》及其实施条例，在编制招标文件时应做好哪些工作？

8. 根据《招标投标法实施条例》，两阶段招标包含哪些步骤？

9. 根据《招标投标法》及其实施条例，编制投标文件应遵守什么要求？

10. 根据《招标投标法实施条例》，招标人应当拒收投标文件的情形包括哪些？

11. 论述《招标投标法》及其实施条例对投标的禁止性规定。

12. 《招标投标法》对评标委员会及评标专家有何要求？

13. 《招标投标法》及其实施条例对招标人和评标委员会成员在评标中提出了什么要求？

14. 根据《招标投标法实施条例》，评标委员会在何种情形下应当否决投标？

15. 根据《招标投标法》及其实施条例，中标条件是什么？招标人确定中标人应遵守哪些规定？

16. 简述竞争性谈判采购程序。

17. 简述询价采购程序。

18. 《政府采购法》及其实施条例对供应商履约验收有哪些要求？

第五章　公共采购合同

作用

本章主要是对公共采购合同进行概括性介绍，目的是使读者了解公共采购合同的法律性质，理解和掌握有关公共采购合同的订立，履行、变更和终止等法律规范，明确采购人和中标、成交供应商之间的权利和义务关系。

重点

政府采购合同的法律适用；公共采购合同的订立；公共采购合同的履行、变更和终止

公共采购合同是指采购人因公共采购行为而与中标、成交供应商之间在平等、自愿的基础上，依法签订的明确双方权利和义务关系的协议。公共采购合同是双方据以履行合同义务、享受相应权利的法律文件，也是处理采购纠纷的主要依据。我国《政府采购法》利用专门章节对政府采购合同进行了规范，包括政府采购合同法律适用，合同形式，合同订立，合同备案，分包履行，补充合同以及合同变更、中止或终止等内容。而《招标投标法》没有专门的章节对招标采购合同进行规范，但有些条款也涉及合同的订立和履行问题。下面以《政府采购法》及其实施条例为主展开对公共采购合同的分析。

第一节　政府采购合同法律适用

政府采购合同的法律适用，是关于政府采购合同关系的发生、变更和终止，应当依照何种法律规则进行的重要问题，问题的焦点是民事法律和公共法律在政府采购合同中分别应当占有什么地位，以及在多大程度上发挥作用。因为政府采购的目的是利用市场商业机制提高公共采购资金的使用效益，所以首先必须适用于直接反映市场平等交易关系的民事法律。但是政府采购与执行国家公共职能直接联系在一起，采购法律后果的影响并不局限于采购人单位，所以政府采购中还必须适用于反

映这一特点的公共法律。民事法律和公共法律共同对政府采购发挥作用，可以更好地反映政府采购交易的法律特征和实际需要。

一、政府采购合同的法律性质

政府采购合同法律性质的定位，无疑对整个政府采购合同制度的构建和基本法律规则的适用具有决定性的先导意义。政府采购合同的性质直接决定了政府采购合同中政府具有多少干预的权力，政府采购合同当事人对于合同纠纷具有哪些救济的渠道。由于政府采购的特殊性，政府采购合同的法律性质历来就是立法和学界争论的焦点。我国理论界对政府采购合同定位有较大的分歧，主要观点有三种。

（一）行政合同论

行政合同论，即认为政府采购行为具有民事行为的某些特征，但又不同于普通的民事行为，它在本质上属于行政行为的范畴，具有行政行为的许多性质，实质上是一种行政合同行为。①行政合同说主要从行政方式性质的角度出发，提出了以下观点。

1. 政府采购合同区别于普通民事采购合同

与普通民事采购合同相比，政府采购合同具有以下特点：

一是政府采购合同的条款基本上由采购人一方拟定，以致供应商一方的意思表示受到了一定程度上的限制。

二是政府采购合同主体一方必然是政府机构或其他公共机构，而普通民事采购合同的主体具有不确定性。

三是政府采购合同体现的是公益性，而非当事人之间的个人得失。

四是在政府采购合同中，当事人之间的地位并不平等，采购人一方占据主导地位。这种主导地位体现为采购人一方享有一定程度上的主动权，例如解约权、修改合同权、对供应商的资格限制等。

正因为政府采购合同与普通民事采购合同有以上区别，政府采购当事人之间并不完全遵守民事合同的基本原则，而体现出一定的特殊性。

2. 政府采购合同的行政性质区别于一般意义上的行政方式

政府采购合同虽然本质上体现行政机关的公法意志，具有一定的行政性质。但是这种经济行政已经严格地区别于一般意义上的单向行政方式：

① 湛中乐，杨君佐．政府采购基本法律问题研究［J］．法制与社会发展，2001（3）．

一是政府意志实现方式上的根本区别。传统的行政方式，政府的意志一般通过命令的形式为相对人所接受。而政府采购合同这种新的行政方式，是以合同的方式，通过双方合意的形式来达到行政机关意志。

二是行政合同的行政方式一般用于经济行政领域，而非其他行政领域。随着政府职能的转换，保护国家安全、抵抗侵略在政府职能领域已经无法一枝独秀，而政府的经济调节职能已经渐渐浮出水面，为世人所承认。①

行政合同论是从动态的角度把握政府采购合同的，即从政府采购合同的订立，到履行、变更和解除等整个过程看，政府采购合同是在其中起主导作用的一方当事人推行行政政策和执行行政计划，进行公共支出管理的手段，其实质是行政合同。订立政府采购合同的根本目的在于满足一定的公共需要，实现公共利益。在政府采购合同授予中，出于公共利益考虑，可能会有市场以外的因素，如对供应商的环保要求，这时商业因素要服从政策因素。从上面的分析来看，政府采购合同在相当程度上涉及社会公共利益，要受公法的严格规制，尤其是程序规制。

（二）民事合同论

民事合同论，即认为政府采购合同是民事合同，在政府采购合同关系中，双方当事人的权利义务平等，合同的订立是基于市场竞争机制，合同的内容以等价有偿和平等互利为基础。②民事合同说建立在对政府采购行为与政府采购合同严格区分的基础之上，认为政府采购的一系列环节，包括预算的编制、采购方式的选择、采购合同的授予、合同履行的监督检查、履约验收和资金结算等具有行政性质，而非一般的民事法律行为，因此政府采购行为属行政行为。而政府采购合同是采购人与供应商在平等、自愿基础上，为明确双方的权利和义务关系而签订的协议。杨汉平在其著作《政府采购法律制度理论与实务》中提出以下观点：

1. 政府采购合同追求的主要是效率

虽然政府采购合同的一方当事人为行政机关等公共部门，但在政府采购合同关系中，双方当事人的权利义务平等，即使由于预算削减等不可抗力发生而导致合同无法履行时，政府一方仍会给合同另一方以一定补偿。

2. 政府采购合同内容以等价有偿和平等互利为基础

政府采购合同的订立是基于市场竞争机制，合同的内容是以等价有偿和平等互利为基础。政府采购合同的签订和履行应依《合同法》的规定，如一方违反合同的

① 肖北庚. 论政府采购合同的法律性质［J］. 当代法学，2005（7）.

② 杨汉平. 政府采购法律制度理论与实务［M］. 北京：西苑出版社，2002.

约定，应依《合同法》之规定承担违约责任，由此确认政府采购合同属于民事合同。

（三）混合合同论

行政私法合同，也称混合合同，即认为政府采购合同在形式上沿用了私法的法律模式，但是又根据公法的原理原则对私法上的意思自治，特别是契约自由原则进行了修正。政府采购合同既不同于普通的私法合同（民事合同），又有别于传统意义上的公法合同（行政合同），而是介于公法合同与私法合同之间的、兼具公法与私法性质的一类特殊合同。①

混合合同论则认为，民事合同论与行政合同论都存在合理的一面，但也都存在不足之处，都不能准确界定政府采购合同的性质。一方面政府采购合同以民事合同为表现形式，具有私法性质；另一方面，政府采购合同要体现政府意志和社会公共利益的要求，其本质特点具有公法性质。混合合同论调和了民事合同论与行政合同论的理论成果，对实务界进行法律适用具有指导性的价值。

二、政府采购合同的法律适用

如上所述，政府采购合同的性质非常重要，直接涉及法律规则的适用和现行制度的设计，还涉及《政府采购法》的实施。因此，政府采购合同适用什么法律，关键在于确定政府采购合同的性质。

我国在《政府采购法》起草过程中，对于政府采购合同的性质问题，有两种意见：一种意见认为，政府采购合同是一种公法性质的行政合同。其理由是，政府采购合同具有不同于普通民事合同的特殊规则和法律效果，主要体现在采购人在合同履行过程中的特殊权利和相应的特殊法律救济手段上。在政府采购合同履行中，当终止合同有利于公众的利益时，政府有权终止合同。另一种意见认为，政府采购本身是一种市场交易行为，在采购合同订立过程中，不涉及行政权力的行使，购销双方的法律地位是平等的。因此，政府采购合同一般应作为民事合同。基于政府采购活动的行为特征，并且从更充分地体现公正、公平原则这一角度考虑，立法者采纳了后一种意见，确认政府采购合同为民事合同，应当适用《合同法》。但也认识到政府采购合同所具有的特殊性，即由于政府采购资金属于财政性资金，采购是为了公共事务，政府采购还具有维护公共利益、加强财政支出管理、抑制腐败等功能，

① 余凌云．行政契约论［M］．北京：中国人民大学出版社，2000.

政府采购合同又不完全等同于一般的民事合同。据此，《政府采购法》在明确适用《合同法》的前提下，对政府采购合同订立、效力、变更、终止等有关特殊问题做出了与《合同法》不同的规定，并且其适用也优先于《合同法》。

《政府采购法》第四十三条规定了政府采购合同应当适用的法律，在此基础上明确了采购人和供应商之间约定权利与义务的原则及方式。

（一）政府采购合同的法律适用

政府采购合同适用《合同法》，这是在确定政府采购合同为民事合同的前提下，对政府采购合同适用法律问题所做的原则规定。具体包括两层含义：

1. 普通民事合同法律

普通民事合同法律，主要是指1999年3月由全国人大制定颁布的《合同法》，1986年全国人大制定颁布的《民法通则》的有关规定，以及国家最高司法机关对执行上述法律的有关司法解释。《合同法》是规范平等主体的自然人、法人、其他组织之间签订、履行民事合同的基本法律。政府采购合同作为一种民事合同，自然应当适用《合同法》。也就是说，采购人与供应商之间在政府采购合同的订立、合同效力、合同履行、合同变更、合同终止、违约责任等方面，必须按照《合同法》的规定执行。

2. 政府采购专门法律

在《合同法》的适用中还涉及政府采购专门法律的适用问题。《合同法》第一百二十三条规定："其他法律对合同另有规定的，依照其规定。"《政府采购法》第五章中对于政府采购合同的专门规定，以及该法其他章节中关于通过强制竞争缔结政府采购合同的规定，就属于所谓"国家关于政府采购的其他专门法律规定"。根据特别法优于普通法的法律适用原则，《政府采购法》以及其他法律中有关政府采购合同的专门规定应当得到优先适用。也就是说，在一般情况下，政府采购合同管理与执行应适用《合同法》，须受《合同法》约束，但在《政府采购法》另有规定的特殊情况下，优先适用《政府采购法》的规定。

（二）采购人与供应商权利义务的确定

《政府采购法》还规定了采购人和供应商之间的权利和义务，应当按照平等、自愿的原则以合同方式约定。即采购人和供应商各自享有的权利和承担的义务等事项应当依照什么原则和使用什么方式来确定。

1. 采购双方确定权利义务的原则

《合同法》规定，民事合同当事人依法享有自愿订立合同的权利，任何单位和个人不得非法干预。当事人应当遵循公平原则确定各方的权利和义务。由此可见，平等、自愿是民事合同当事人应当遵循的基本原则，采购人和供应商也必须按照平等、自愿的原则约定双方之间的权利和义务。平等是指采购人与供应商在约定权利义务时地位的平等，采购人在行使国家职能和其他公共职能时享有的公务特权地位不适用于政府采购。自愿是指政府采购合同中的权利义务应当充分和完全地反映当事人双方的意愿和要求。需要注意的是，采购人与供应商享有自愿订立政府采购合同的权利，并不等于采购人与供应商在订立时完全具有随意性。在合同订立过程中双方享有自愿订立合同的权利，但在依法确定中标或成交供应商以后，双方必须依法签订政府采购合同，否则应当承担相应的法律责任。

2. 采购双方确定权利义务的方式

根据《政府采购法》，采购人与供应商确定双方的权利义务必须使用合同方式，也就是说以合同形式作为采购当事人合意的外在表现形式。

第二节　公共采购合同订立

合同的订立又称缔约，是当事人为设立、变更、终止财产权利义务关系而进行协商、达成协议的过程。也就是当事人为达成协议，相互为意思表示进行协商到达成合意的过程。我国公共采购合同的订立主要受到《合同法》《政府采购法》以及《招标投标法》的规范。

一、合同法

根据我国《合同法》第十三条："当事人订立合同，采取要约、承诺方式。"

（一）要约

要约是合同订立必不可少的阶段。根据《合同法》，"要约是希望和他人订立合同的意思表示"。可见，要约是一方向另一方提出的愿意按一定条件同对方订立合同，并含有一旦要约被对方承诺即对提出要约的一方产生约束力的一种意思表示。提出要约的一方称为要约人，接受要约的一方称为受要约人。要约作为一种意思表示，应当具有一定条件才能成立，并发生法律效力。关于要约的成立条件，我国《合同法》第十四条规定，作为要约的意思表示应当符合下列条件：内容具体确定，表明经受要约人承诺，要约人即受该意思表示约束。根据这一规定，要约的条件包括以下几项：

1. 要约必须是以订立合同为目的的意思表示

要约人发出要约的目的在于订立合同。因此，凡不是以订立合同为目的的意思表示，就不能称之为要约。要约的特点在于，它一经受要约人承诺，合同即告成立。即只要受要约人对要约承诺，要约人就必须受其约束，不得否认合同的成立。否则，就不能认为是一项真正的要约。因此，在法律上有必要把要约与要约邀请加以区别。

要约邀请，又称为邀请要约或要约引诱，是希望他人向自己发出要约的意思表示。要约邀请是指一方向对方发出的希望其向自己提出要约的一种提议，即一方邀请对方向自己发出要约，目的在于唤起别人的注意，其作用在于希望他人发出订立合同的要约。要约邀请是行为人订立合同的预备行为，性质上属于事实行为，不具有法律意义，行为人在法律上无须承担责任。根据我国《合同法》第十五条规定："要约邀请是希望他人向自己发出要约的意思表示。寄送的价目表、拍卖公告、招标公告、招股说明书、商业广告等为要约邀请。"因此，招标公告属于要约邀请，而招标文件实质上是招标公告内容的具体化，所以也属于要约邀请的范畴。

2. 要约的内容必须明确、肯定

要约的内容应该包括拟签订合同的主要条件，一旦受要约人表示承诺，就足以成立一项对双方当事人均有约束力的合同。因此，要约的内容必须具体和明确。否则，受要约人无法对之做出承诺。例如，一项提议尽管包括了买卖合同的主要条款，但如果价格条款、数量条款等不明确，也不能构成要约。

3. 要约必须传达到受要约人才能生效

要约人订立合同的目的，只有通过受要约人对要约表示承诺才能实现。按照大多数国家的法律，要约须于到达受要约人时方能生效，从而使受要约人取得对该要约做出承诺的权利。因为受要约人只有在得知要约的内容后，才可能决定是否予以承诺。

公共采购合同作为一种特殊的合同，与民事合同的订立过程一样，也要经过要约和承诺。根据要约的性质及其条件，在公共采购中采用招标采购方式的，投标人根据招标公告和招标文件提交投标文件的行为即为要约；采用竞争性谈判、询价和单一来源采购等其他采购方式的，供应商根据采购信息和要求向采购人提交相关文件表示供应具体货物、工程或服务的行为属于要约。

（二）承诺

承诺是指受要约人按照要约所指定的方式，对要约的内容表示同意的一种意思表示。要约一经受要约人承诺，合同即告成立。《合同法》第二十一条规定："承诺是受要约人同意要约的意思表示。"可见，承诺是受要约人向要约人做出的按要约内容订立合同的意思表示。承诺必须具备一定条件，才能产生法律效力。根据《合同法》，一项有效的承诺应具备下列条件：

1. 承诺必须由受要约人做出

受要约人包括其本人及其授权的代理人。除此之外，任何第三人即使知道要约的内容并对此做出同意的意思表示，也不是承诺，不产生承诺的效力，不能成立合同。

2. 承诺必须在要约的有效期限内做出

要约的有效期限是要约效力的存续期间，也就是承诺的期限。超过了要约的有效期限，要约即失去效力，要约人不再受要约的拘束。因此，承诺必须在要约的有效期限内做出，才能产生承诺的效力。如果要约规定了承诺的期限，则承诺必须在规定的期限内做出。如果要约没有规定承诺的期限，则承诺应当在合理期限内做出。

《合同法》第二十九条规定："受要约人在承诺期限内发出承诺，按照通常情形能够及时到达要约人，但因其他原因承诺到达要约人时超过承诺期限的，除要约人及时通知受要约人因承诺超过期限不接受该承诺的以外，该承诺有效。"《合同法》第二十八条规定："受要约人超过承诺期限发出承诺的，除要约人及时通知受要约人该承诺有效的以外，为新要约。"

3. 承诺的内容必须与要约的内容相一致

承诺是对要约的同意，承诺人对要约表示同意，即意味着受要约人具有与要约人订立合同的目的。但承诺人对要约的同意必须是完全同意，即承诺的内容必须与要约的内容相一致。如果受要约人对要约的内容并非完全同意，而是对要约的内容加以扩张、限制或变更，则这种意思表示不构成承诺，而应视为一项新要约，它是对原要约的拒绝，不能发生承诺的效力。《合同法》第三十条规定："承诺的内容应当与要约的内容一致。受要约人对要约的内容做出实质性变更的，为新要约。有关合同标的、数量、质量、价款或者报酬、履行期限、履行地点和方式、违约责任和解决争议方法等的变更，是对要约内容的实质性变更。"

当然，承诺的内容与要约的内容相一致，只是要求实质内容相一致即可，并非所有的内容都绝对一致。也就是说，承诺只要在实质内容上与要约的内容一致，即可成立。而对于要约的非实质内容的变更，并不影响承诺的成立。《合同法》第三十一条规定："承诺对要约的内容做出非实质性变更的，除要约人及时表示反对或者要约表明承诺不得对要约的内容做出任何变更的以外，该承诺有效，合同的内容以承诺的内容为准。"

根据承诺的性质及其条件，在公共采购中采用招标采购方式进行的，招标人选定某一投标人为中标人，并向其发送中标通知书的行为即为承诺；采用竞争性谈判、询价和单一来源采购等其他采购方式的，采购人最终确定成交供应商并向其发送成交通知书的行为属于承诺。中标、成交通知书对采购人和中标、成交供应商均具有法律效力。

二、政府采购法

政府采购合同作为一种特殊的合同，与民事合同的订立过程一样，也要经过要约和承诺。在一般情况下，政府采购合同管理与执行应适用《合同法》，须受《合同法》约束，但在《政府采购法》另有规定的特殊情况下，优先适用《政府采购法》的规定。

在合同订立方面，《合同法》第四条规定："当事人依法享有自愿订立合同的权利，任何单位和个人不得非法干预。"第五条规定："当事人应当遵循公平原则确定各方的权利和义务。"也就是说，合同由当事人自愿签订，合同的内容也应当由当事人约定。但是，对于政府采购合同来说，采购人与供应商享有自愿订立政府采购合同的权利，前提是必须遵守《政府采购法》的相关规定。采购人必须执行公开招标等法定的采购方式和程序，并与中标、成交供应商按照所确定的采购结果签订政府采购合同。否则，双方应当承担相应的法律责任。另外，政府采购合同的授予还应当体现和落实政府采购的政策功能。因此，政府采购合同的主要内容和形式，不能像一般民事合同那样完全由采购人与供应商自行确定，必须有所规制。基于上述原因，《政府采购法》及其实施条例对合同订立过程进行了规范，主要包括委托代理、合同必备条款和标准文本、合同订立、合同公开和备案等内容。

（一）委托代理

在当事人订立合同的法律能力方面，《政府采购法》第四十三条对政府采购人的委托代理问题做出了专门规定，即采购人可以委托采购代理机构代表采购的甲方与供应商签订政府采购合同。由采购代理机构受采购人委托代其签订政府采购合同的，应当提交采购人的授权委托书，作为合同附件。

当事人订立合同应当具有相应的民事权利能力和民事行为能力。但是具有法律能力的当事人并不一定自己亲自办理合同订立事务，可以委托他人代理订立合同，并由被代理人承担合同订立的法律后果。在政府采购中经常发生政府采购人委托集中采购机构和其他采购代理机构代理从事招投标等合同订立活动，因此法律有必要对此做出专门规定，《政府采购法》的规定主要包括两方面内容：

1. 采购人的委托权利

《政府采购法》规定采购人采购纳入集中采购目录的政府采购项目，必须委托集中采购机构代理采购；采购未纳入集中采购目录的政府采购项目，可以委托集中采购机构或其他采购代理机构在委托的范围内办理政府采购事宜。既然采购人可以委托集中采购机构和其他采购代理机构办理采购事宜，采购人也就可以按照《合同法》关于“当事人依法可以委托代理人订立合同”的规定，依法委托集中采购机构和其他采购代理机构代表其与供应商签订政府采购合同，委托的内容是签订合同。但是，必须注意一点，采购代理机构接受采购人委托签订政府采购合同，不能以采购代理机构名义签订，而必须以采购人名义签订。

2. 采购代理机构的义务

采购代理机构以采购人名义签订合同的，应当提交采购人的授权委托书，作为合同附件。集中采购机构和其他采购代理机构无权自行与中标、成交供应商签订政府采购合同，只能在取得采购人的授权委托书后以采购人名义签订合同。提交授权委托书的作用，是向供应商证明代理人的资格和说明其权限范围。为保证交易安全，供应商应当注意采购代理机构的资格和权限，并在授权范围内与采购代理机构进行合同签订活动。

（二）合同必备条款和标准文本

合同内容以条文的形式表达为合同条款，合同条款可以分为普通条款和主要条款。合同的普通条款，又叫一般条款，是指不影响合同成立的条款。主要条款是合同类型和性质要求必须具备的条款，如果欠缺主要条款，合同就不能成立。因此，主要条款也称必备条款或必要条款。必备条款是合同标准文本的一部分，是合同标准文本的核心。

1. 政府采购合同条款的特殊性

（1）不是由当事人协商确定的结果。

一般来说，合同由当事人自愿签订，合同的内容也应当由当事人约定。按照《合同法》第十二条规定，合同内容一般包括当事人的名称或者姓名和住所，标的，数量，质量，价款或者报酬，履行期限、地点和方式，违约责任，解决争议的方法。但是采购人在开展政府采购活动过程中，必须严格执行法定的采购方式和程序，不能随心所欲。基于政府采购的特点，采购人需要首先公布采购文件的内容，然后邀请供应商根据这些条件进行竞争性投标。因此，政府采购合同的主要内容，必须是采购文件确定的事项和内容，不能像一般民事合同那样由采购人与供应商随意确定，其主要内容必须有所限制。就此而言，政府采购合同的条件和条款具有先定性，具有格式合同或格式条款的性质。

（2）需要体现法律和公共政策的特别要求。

不同于私人采购，政府采购还具有经济社会政策功能。如政府通过采购合同实施保护国内产业、促进环境保护以及扶持中小企业等社会经济政策。法律和公共政策对政府采购所提出的要求必须成为政府采购合同内容的一部分。政府采购合同的双方当事人不能通过协商一致而变更、中止或终止合同。

2. 政府采购合同必备条款

所谓政府采购合同的必备条款，是指依据政府采购合同的性质所必须具备的条款，缺少这些条款将影响合同的效力。政府采购合同的必备条款是对政府采购合同类型和特点的反映，更重要的应该是区别于普通民事合同，凸显政府采购管理要求的有关条款，包括：有关政府采购项目预算管理要求的条款；资金支付条款，如政府采购项目的合同款项要实行国库集中支付；政策性要求条款，如节能环保、促进中小企业发展等；有关预防腐败要求的条款，如在合同标的物之外，供应商不得提供、采购人不得接受赠品的要求；履约验收条款，如政府采购招标项目邀请项目未中标供应商、项目评审专家等参与合同验收，大型或者复杂的政府采购项目应当邀请国家认可的质量检测机构参加验收工作，以强化履约监督；有关维护国家利益、公共利益及国家安全要求的条款；合同强制备案条款，如采购人应当在合同自签订之日起七个工作日内将政府采购合同副本报同级政府采购监督管理部门和有关部门备案等。必须具备的条款是政府采购合同标准文本的一部分，是合同标准文本的核心。

根据《政府采购法实施条例》第四十七条规定，财政部将会同国务院有关部门制定政府采购合同必备条款和标准文本。由于政府采购合同为要式合同，且政府采购合同具有在政府范围内大量和反复使用的特点，制定政府采购必备条款和标准文本也就成为一个良好的政府采购惯例。目前，财政部正在会同国务院有关部门根据《合同法》《政府采购法》及其实施条例要求，针对政府采购项目的不同种类和特点，研究制定购买、委托、雇用、租赁、价格不确定（成本补偿）、数量不确定、期限不确定（长期战略合作）、特许经营等不同合同类型的标准文本。上述政府采购合同标准文本制定发布后，采购人或采购代理机构与供应商应当依法按照政府采购合同标准文本签订政府采购合同，否则双方所签订的合同无效。

（三）合同订立

在合同订立方面，《政府采购法》及其实施条例主要就履约保证金和签订政府采购合同等内容进行了规范。

1. 履约保证金

履约保证金是中标、成交供应商按照采购文件要求向采购人或采购代理机构提供的用以保障其履行合同义务的一种担保，其目的是促使中标、成交供应商全面履行与采购人或采购代理机构订立的合同，确保合同目标的实现。中标、成交供应商违约的，采购人或采购代理机构将按照合同约定扣除其全部或部分履约保证金，或由担保人承担担保责任。如果中标、成交供应商违约给采购人造成的损失超过履约保证金的，还应当依法赔偿超过部分的损失。履约保证金的设立使得采购过程与合同履行过程有机结合，相互支撑。既可以保证采购合同的履行，又有助于择优选择中标、成交供应商，能有效预防和遏制供应商在采购竞争阶段为了中标或成交而盲目虚假承诺、低价恶性竞争，然后在合同履行阶段通过偷工减料、以次充好而获取利润的行为，防范合同履行风险。

履约保证金制度最早是由《招标投标法》引入的，《政府采购法》并没有关于履约保证金的规定。但在政府采购实践中，少数采购人或采购代理机构利用自己的强势地位，在履约保证金的设置、收取、退还等方面随意性较大，甚至借高额收取现金形式的履约保证金来排斥部分潜在供应商，致使供应商流动资金长时间沉淀，增加了供应商的成本和资金周转压力。为了既发挥履约保证金的积极作用，又减轻中标、成交供应商的负担，体现政府采购公平、公正原则，《政府采购法实施条例》第四十八条对履约保证金进行了规范，即采购人或采购代理机构可以根据合同履行的需要，在采购文件中要求中标、成交供应商在签订合同前提交履约保证金。采购文件要求提交的，应载明履约保证金的形式、金额以及提交时间。

（1）履约保证金的形式。

采购文件要求中标或者成交供应商提交履约保证金的，供应商应当以支票、汇票、本票或者金融机构、担保机构出具的保函等非现金形式提交。按照《会计法》有关减少现金使用的要求，履约保证金应当采用非现金形式。结合采购实践，可以使用常用的一些非现金履约保证金形式，包括支票、汇票、本票以及金融机构、担保机构出具的保函等。当中标、成交供应商违约时，一般是在支票、汇票、本票或银行保函设定的金额范围内向采购人做出经济赔偿。对于担保机构出具的履约担保书，当中标、成交供应商不履行合同义务时，担保机构一般是在担保额度范围内，按照向中标或成交供应商提供资金、设备或技术援助使其能继续履行合同义务，直接接管该项合同或另觅经采购人同意的其他供应商继续履行合同义务，或对采购人的损失支付经济赔偿等方式承担担保责任。财政部 2011 年 9 月专门发布了《关于开展政府采购信用担保试点工作的通知》，将信用担保作为政策工具引入政府采购领域，由专业担保机构为供应商向采购人、采购代理机构、金融机构提供保证。

（2）履约保证金的数额。

关于履约保证金的数额，最高不得超过政府采购合同金额的10%，兼顾了与《招标投标法实施条例》的衔接。

（3）履约保证金的提交时间。

履约保证金通常作为合同订立的条件，要在合同签订前提交。履约保证金的有效期自合同生效之日起至合同约定的中标、成交供应商主要义务履行完毕止。中标、成交供应商合同主要义务履行完毕，采购人或采购代理机构应按合同约定及时退还履约保证金。如果是银行保函或履约担保书，一般在到期后自行失效。

2. 签订政府采购合同

《政府采购法》及其实施条例主要对订立政府采购合同的形式和期限，以及拒签政府采购合同等进行了规范。

（1）订立形式和期限。

① 订立政府采购合同的形式。合同形式的采用，有法定与选定两种方式。《合同法》第十条规定："当事人订立合同，有书面形式、口头形式和其他形式。法律、行政法规规定采用书面形式的，应当采用书面形式。当事人约定采用书面形式的，应当采用书面形式。"也就是说，除法律、法规有特别规定的以外，有关合同的形式问题，由当事人自由约定。但是，政府采购活动具有很强的公共性质，政府采购合同不完全等同于一般的民事合同，具有一定的特殊性。因此，《政府采购法》第四十四条对政府采购合同的形式做了特殊规定，即"政府采购合同应当采用书面形式"。这种规定不是任意性的规定，而是强制性的规定，不得由采购人一方选定，也不得由采购人与供应商进行约定。如果采购人与中标、成交供应商未采用书面形式，而是采用口头形式和其他形式，则不能导致政府采购合同的生效，一般认定政府采购合同没有成立。

政府采购合同采用书面形式，是指以文字等有形的表现形式订立合同。书面合同主要优点在于能够通过文字凭据确定采购人与中标、成交供应商之间的权利义务关系，既有利于当事人依据该文字凭据做出履行，也有利于在发生纠纷时有据可查，准确地确定采购人与中标或成交供应商的权利、义务和责任，从而能够合理公正地解决纠纷，而且作为书面形式的合同书，更能够有效地证明合同关系。根据《合同法》第十一条的规定："书面形式是指合同书、信件和数据电文（包括电报、电传、传真、电子数据交换和电子邮件）等可以有形地表现所载内容的形式。"合同书是指载有合同条款且有当事人双方签字或盖章的文书。合同书是最典型的，也是最重要的书面形式，具有如下特点：一是合同书必须以文字凭据的方式为内容载体，也就是说必须有某种文字凭据；二是合同书必须载有合同的条款，否则就不能成为合同；三是合同书必须有当事人双方及其代理人的签字或盖章，如果仅有一方的签字或盖章，则不能视为合同书。双方以签字或盖章的形式表明对合同书的认可。信件是指载有合同条款的文书，是当事人双方通过书信交往而积累下来的文件。这种信件不同于一般的书信，要载有合同的条款，能够用来作为证明合同关系和合同内容的凭据。但信件又不同于合同书，表现在它不具有双方的签字或盖章，而通常只是有一方的签字或盖章。如果在一个信件上一方签字以后，另一方也在上面签字，则该信件有可能转化为合同书。数据电文包括电报、电传、传真、电子数据交换和电子邮件。通过数据电文形式订立的合同，通常称为电子合同。《合同法》第三十三条规定："当事人采用信件、数据电文等形式订立合同的，可以在合同成立之前要求签订确认书。签订确认书时合同成立。"

② 订立政府采购合同的期限。合同的成立是一个重要概念。就法律责任来说，合同成立以前在合同订立过程中根据法定情形给对方造成损失应当承担缔约过失责任，合同成立以后当事人一方不履行合同义务或者履行合同义务不符合约定的，应当承担违约责任。从《合同法》的一般理论来讲，合同自承诺生效时成立。但我国《合同法》第三十二条也规定："当事人采用合同书形式订立合同的，自双方当事人签字或者盖章时合同成立。"因此，政府采购合同自采购人与中标、成交供应商签订书面合同之时成立并同时生效。

《政府采购法》第四十六条对签订政府采购合同的期限做出了具体规定，即采购人与中标或成交供应商应当在中标、成交通知书发出之日起三十日内，按照采购文件确定的事项签订政府采购合同。签订政府采购合同，只是采购人和供应商对采购结果的书面确认，有关事项在采购文件中都已具体确定。因此，采购人与中标、成交供应商必须按照采购文件确定的事项签订政府采购合同。政府采购是一项严肃的法律活动，经过法定采购方式和采购程序所产生的中标、成交结果，中标、成交通知书对采购人和中标、成交供应商均具有法律效力。如果采购人改变中标、成交结果的，或者中标、成交供应商放弃中标、成交项目的，应当承担缔约过失责任；如果采购人或中标、成交供应商在签订政府采购合同后不履行合同义务，应当承担违约责任。

（2）拒签政府采购合同。

在政府采购实践中，供应商被确定为中标、成交人之后，拒绝与采购人签订合同的现象时有发生。《政府采购法实施条例》第四十九条对中标、成交供应商拒签合同的处置方式进行了规定。

① 中标、成交供应商拒签合同的表现形式。中标、成交供应商常因以下原因拒绝与采购人签订合同：一是因市场行情发生变化或者中标、成交供应商对项目采购文件、项目实施条件的理解出现偏差或者投标、响应发生失误，如果按照投标、响应的方案及报价等签订合同并履约，供应商将无利可图甚至出现亏损，因而宁愿放弃合同。二是中标、成交供应商因受胁迫，不得已放弃合同。例如，采购人利用自身的主动地位或以签约后不予配合等作为威胁迫使供应商放弃合同，或是排名紧随其后的中标、成交候选人通过不正当手段胁迫其放弃合同以便自己能递补中标或成交。三是中标、成交供应商与采购人、采购代理机构或者其他中标、成交候选人串通，为了让报价更高的或者采购人所倾向的其他中标、成交候选人能递补中标或成交而主动放弃签订合同。四是因发生了不可抗力导致中标、成交供应商因不能履行合同而放弃签订合同。如地震、海啸、瘟疫、水灾、骚乱、暴动、战争等自然灾害和社会突发事件。

中标、成交供应商拒绝与采购人签订合同是一种严肃的法律行为，将会产生一系列法律后果。因此，中标、成交供应商拒签合同，必须要有明确的意思表示。比如，中标、成交供应商向采购人或采购代理机构书面申明放弃合同。不过，在实践中，为了规避拒签合同的法律责任，中标、成交供应商并不会直接而明确地表示其拒绝与采购人签订合同。供应商拒签合同的常见表现形式有：中标、成交供应商在合同签订时向采购人提出非法的附加条件，例如借故要求修改合同标的内容、提高价格、降低质量标准、延长交货期等中标、成交的实质性内容；中标、成交供应商无正当理由而拖延推脱，未在中标、成交通知书要求的签约时间前与采购人签订合同；采购文件要求在合同签订前提交履约保证金，中标、成交供应商无故拖延甚至拒不提交履约保证金等。出现上述任一情形，都可以视为中标、成交供应商拒绝与采购人签订合同。

② 中标、成交供应商拒签合同的处置方式。中标、成交供应商拒绝与采购人签订合同的，采购人可以按照评审报告推荐的中标、成交候选人名单排序，确定下一候选人为中标、成交供应商，也可以重新开展政府采购活动。因为实践中中标、成交供应商拒签合同的情形比较复杂，为了防止少数不法供应商恶意利用递补中标、成交这一制度，有必要由采购人区分中标、成交供应商拒签合同的不同情形，酌情进行选择。采购人在行使这一选择权时，应当遵循立法本意合理地行使这一权利。

一是应从递补中标、成交的正当性方面加以考虑。即由下一中标、成交候选人递补中标、成交，不得违背政府采购公平、公正、诚实信用的基本原则和社会的公序良俗。如果下一中标、成交候选人与中标、成交供应商，采购人，采购代理机构之间存在串通行为，或者为了自己能递补中标、成交而恶意进行质疑、投诉，或者在采购活动中存在其他不正当行为，那么采购人不应选择由其递补中标、成交。

二是应从采购的经济性方面加以权衡。如果下一中标、成交候选人的报价或整体方案的经济性与原中标、成交供应商相差不大，为了节约采购时间和成本，可以优先选择递补中标、成交。如果相差较大，由其中标、成交在经济上对采购人明显不利时，采购人应当优先选择重新开展采购活动。

三是应从采购的效率性方面加以考虑。如果重新采购的时间不能满足采购人需要，那么采购人应当选择递补中标、成交；如果能够满足采购人需要，采购人可以综合权衡经济和效率因素，做出对其更有利的选择。

（四）合同公开与备案

《政府采购法》第四十七条为政府采购人规定了合同副本备案义务。为防止“暗箱操作”，保证政府采购公开、公平、公正，加强社会监督，《政府采购法实施条例》第五十条提出了政府采购合同公开的要求。

1. 政府采购合同公开

实践中，采购人、采购代理机构往往通过隐瞒政府采购项目信息，虚报或多报采购需求、设置倾向性或排斥性需求等操控采购需求，不按采购文件确定事项签订采购合同或签订“阴阳合同”，只订立采购合同而不实际履行或“偷梁换柱”改变合同标的等虚假采购、虚假验收等手段，达到让内定供应商中标、成交或挪用甚至套取采购项目预算资金的目的。针对此类问题，《政府采购法实施条例》结合政府采购的整个流程和各个重要环节，制定了一系列提高政府采购透明度的具体措施。如招标文件、竞争性谈判文件、询价通知书要随同中标、成交结果同时公开。而政府采购合同公开也是措施之一，可以督促采购人与中标、成交供应商按照采购文件确定事项签订并履行采购合同。另外，政府采购合同公开对党政机关厉行节约反对浪费还能起到促进作用，尤其是对“天价采购”“豪华采购”等能起到较好的制约作用。具体而言，政府采购合同公开应遵守以下规定：

（1）合同公开的时间要求。

单纯从合同的数量而言，货物类采购合同占政府采购合同的比例较高，而货物类采购合同的一个特点就是履约的快捷性。为了便于社会监督，提高监督的及时性，采购人应当自政府采购合同签订之日起两个工作日内，将政府采购合同在省级以上人民政府财政部门指定的媒体上公告。实践中，有的采购人与中标、成交供应商双方并非在同一天签署合同。根据《合同法》第三十二条“当事人采用合同书形式订立合同的，自双方当事人签字或者盖章时合同成立”的规定，这种情况下的合同签订之日应为双方当事人均已签字或者盖章之日。

（2）合同公开的例外情形。

政府采购合同应当公开，但合同中涉及国家秘密、商业秘密的内容除外。即政府采购合同内容“以公开为原则、以不公开为例外”。这一规定既保障了政府采购信息公开的需要，也保障了国家利益和公民、法人及其他组织的合法利益，实现了公开与保密之间、知情权与隐私权之间的平衡。实践中如何界定政府采购合同中是否涉及“国家秘密”和“商业秘密”是执行的关键。

① 国家秘密的界定。《保守国家秘密法》明确规定了国家秘密的定义和事项。所谓“国家秘密”，是指关系国家的安全和利益，依照法定程序确定，在一定时间内只限一定范围的人员知悉的事项。下列涉及国家安全和利益的事项，泄露后可能损害国家在政治、经济、国防、外交等领域的安全和利益的，应当确定为国家秘密：一是国家事务重大决策中的秘密事项；二是国防建设和武装力量活动中的秘密事项；三是外交和外事活动中的秘密事项以及对外承担保密义务的秘密事项；四是国民经济和社会发展中的秘密事项；五是科学技术中的秘密事项；六是维护国家安全活动和追查刑事犯罪中的秘密事项；七是经国家保密行政管理部门确定的其他秘密事项。政党的秘密事项中符合前款规定的，属于国家秘密。

② 商业秘密的界定。关于商业秘密，《反不正当竞争法》第十条对此做了界定，即“不为公众所知悉、能为权利人带来经济利益、具有实用性并经权利人采取保密措施的技术信息和经营信息”。《最高人民法院关于适用〈民事诉讼法〉若干问题的意见》第一百五十四条则解释得更为具体：“商业秘密，主要是指技术秘密、商业情报及信息等，如生产工艺、配方、贸易联系、购销渠道等当事人不愿公开的工商业秘密。”

政府采购合同中涉及“国家秘密”“商业秘密”的，并不意味着整个合同都可以不公开，对政府采购合同中不涉及“国家秘密”和“商业秘密”的其他内容，仍然应当予以公开。政府采购合同公开的责任主体为采购人。因此，在实际执行中，关于政府采购合同是否涉及以及哪些内容涉及国家秘密、商业秘密，应当由采购人依据法律的相关规定具体判定。

2. 政府采购合同备案

政府采购合同是依法开展政府采购项目的采购活动获得结果的书面记录，采购人、采购代理机构是否按照规定采用法定的采购方式，是否执行法定的采购程序，政府采购是否严格按照批准的预算执行等，在政府采购合同中都有所表现。因此，政府采购合同是各级政府财政部门和其他有关部门对政府采购活动实施监督的重要依据。同时，采购人与中标、成交供应商签订政府采购合同后，要按照合同约定和政府采购资金管理的有关规定，向同级财政部门申请拨付应当支付给供应商的价款或报酬，政府采购合同也是各级财政部门审核拨付政府采购资金的重要依据。为了加强财政部门和其他有关部门对政府采购活动的监督，有利于财政部门及时调度和审核拨付政府资金，《政府采购法》提出了政府采购合同副本报同级政府采购监督管理部门和有关部门备案的要求。

我国实行分税制的财政管理体制，一级政府设立一级预算，政府采购也相应地分级进行，各级政府采购活动受本级政府财政部门及有关部门监督，各级政府采购资金相应地由本级财政部门负责拨付。自政府采购项目的采购合同签订之日起七个工作日内，采购人要按照预算隶属关系，将合同副本报同级财政部门备案；同时，有些合同副本还要报同级政府其他有关部门备案。其他有关部门是指依照其他有关法律、行政法规的规定对政府采购负有行政监督职责的政府有关部门，主要包括建设、经贸、水利、交通、铁道、民航、信息产业等行政主管部门等。

三、招标投标法

在工程招标项目中，招标人与中标人签订合同，除遵守《合同法》的基本要求外，还必须遵循《招标投标法》的特殊规定。《招标投标法》及其实施条例主要对合同订立进行了规范，包括履约保证金和订立合同。

（一）履约保证金

履约保证金，也称履约担保，是指合同当事人向对方提交的保证履行合同的担保。《招标投标法》第四十八条规定："中标人应当按照合同约定履行义务，完成中标项目。中标人不得向他人转让中标项目，也不得将中标项目肢解后分别向他人转让。"上述规定是中标人的履约义务，履约保证金就是担保中标人正确履行合同，防止中标人任意毁约，背弃合同。

1. 履约保证金的作用和形式

《招标投标法》第四十六条规定："招标文件要求中标人提交履约保证金的，中标人应当提交。"履约保证金属于中标人向招标人提供的用以保障其履行合同义务的担保。这是采用法律形式促使中标人履行合同义务的一项特定的经济措施，也是保护招标人利益的一种保证措施。中标人不履行合同义务的，招标人将按照合同约定扣除其全部或部分履约保证金，或由担保人承担担保责任。如果中标人违约给招标人造成的损失超过履约保证金的，还应该依法赔偿超过部分的损失。履约保证金的设立使得招投标与合同履行紧密结合，对于预防和遏制招投标活动中弄虚作假行为和低于成本报价的恶性竞争、防范合同履行风险具有积极作用。

履约保证金的形式通常为中标人出具的银行汇票、支票等，以及由银行或第三方担保机构出具的履约担保函。如果中标人拒绝提交履约担保，视为放弃中标项目。此时，招标人可以选择其他中标候选人作为中标人，原中标人的投标保证金不予退还，给招标人造成的损失超过投标保证金数额的，原中标人还应当对超过部分予以赔偿。

2. 履约保证金的提交

《招标投标法》对于履约保证金的适用并非是强制性的，招标人可以根据合同履行的需要决定是否要求中标人提交或不提交履约保证金。《招标投标法实施条例》第五十八条规定："招标文件要求中标人提交履约保证金的，中标人应当按照招标文件的要求提交。履约保证金不得超过中标合同金额的10%。"如果招标人决定采用履约保证金制度，那么在招标文件中应载明履约保证金的形式、金额以及提交时间。履约保证金金额最高不得超过中标合同金额的10%，以减轻中标人的负担，防止垫资或者借此排斥投标人等。除工程质量保证金外，招标人不得违规设置其他各种名目的保证金。其中，工程质量保证金是合同履行过程中招标人按照合同约定从工程款中扣留并为工程竣工后，即约定的履约保证金担保期结束后，缺陷责任期内的质量缺陷修复提供保证。

履约保证金通常作为合同订立的条件，要在合同签订前提交。履约保证金的有效期自合同生效之日起至合同约定的中标人主要义务履行完毕止。中标人合同主要义务履行完毕，招标人应按合同约定及时退还履约保证金，履约担保函自行失效。履约保证金使用现金等形式的，可以根据需要约定利息计取办法，招标人不得将履约保证金挪作他用。

（二）订立合同

中标通知书发出后，招标人与中标人不签订合同，或者不按照规定签订合同，都将使招标失去意义。因此，《招标投标法》及其实施条例要求招标人和中标人必须依法签订书面合同。

1. 订立时间和形式

《招标投标法》第四十六条规定："招标人和中标人应当自中标通知书发出之日起三十日内，按照招标文件和中标人的投标文件订立书面合同。"招标人和中标人不仅要在中标通知书发出之日起三十日内，而且还应在投标有效期内订立书面合同。

这是为了保证招投标活动的效率，防止招标人或投标人无故拖延订立合同，损害对方的合法权益。如果在投标有效期内无法完成合同签订，招标人可以要求投标人适当延长投标有效期。如果投标人拒绝延长投标有效期，投标文件对招标人和投标人不再具有约束力，招标人应当退还投标保证金。

就合同的订立形式而言，招标人和中标人应当订立书面合同。招标采购合同自招标人和中标人签订合同之时成立并同时生效。

2. 订立合同的依据

根据《招标投标法》，招标人和中标人按照招标文件和中标人的投标文件订立书面合同。招标人和中标人不得再行订立背离合同实质性内容的其他协议。《招标投标法实施条例》第五十七条也规定："招标人和中标人应当依照招标投标法和本条例的规定签订书面合同，合同的标的、价款、质量、履行期限等主要条款应当与招标文件和中标人的投标文件的内容一致。招标人和中标人不得再行订立背离合同实质性内容的其他协议。"以上规定是为了保证招投标结果能够落到实处，防止招标人或中标人迫使对方在合同价格等实质性条款上做出让步，或者招标人与中标人串通影响公平竞争，损害国家利益和社会公共利益。

招标文件与投标文件应当包括合同的全部内容。一方面，招标人编制的招标文件中包括拟签订合同的主要条款和对订立合同的规定，所有的合同内容都应当在招标文件中有所体现。其中一部分合同内容是确定的，不容投标人变更，如技术要求等，否则就构成重大偏差。另一部分合同内容是要求投标人明确的，如报价，投标文件只能按照招标文件的要求编制。另一方面，中标人的投标文件也应对招标文件的实质性要求和条件做出响应。也就是说，在中标人发出的投标文件中已经包含订立书面合同的内容。根据招投标的法律性质，投标是合同订立中的要约行为，确定中标人是承诺行为。一旦招标人确定了中标人，就等于双方就订立合同的意思达成一致。虽然招标人和中标人为使合同成立和生效尚需满足法律的形式要求，但这仅是一种形式要求，而对于投标价格、投标方案等合同的实质性内容，则已经固定化。因此，招标人和中标人不得再行订立背离合同实质性内容的其他协议。法律不允许对合同再进行谈判，如允许招标人与中标人再对合同进行谈判，改变合同实质性条款或签订其他实质上改变合同内容的协议，就表明已有新的要约和承诺提出，应重新适用《招标投标法》的招标程序，否则就可能对其他投标人造成不公，整个招标过程也就失去了意义。

招投标活动及其当事人应当接受依法实施的监督。有关行政监督管理部门除对招投标活动的不同阶段进行分别监督外，还要对招投标活动的整个过程进行了解。

招投标活动是十分复杂的过程，有关行政监督管理部门不可能每个项目都去主动进行全过程监督，所以《招标投标法》第四十七条规定："依法必须进行招标的项目，招标人应当自确定中标人之日起十五日内，向有关行政监督管理部门提交招标投标情况的书面报告。"书面报告的内容包括招标过程、投标过程、评标过程和签订合同等招投标的情况。需要说明的是，对于不属于依法必须进行招标的项目，招标人不必向有关行政监督部门提交招投标情况的书面报告。

第三节　公共采购合同履行、变更和终止

公共采购合同管理包括合同履行、变更和终止等内容，管理效率直接关系到公共采购目标的实现。我国《政府采购法》主要对政府采购合同履行、变更和终止中的几个主要问题做出了规定。《招标投标法》主要对招标采购合同的履行进行了规范。

一、政府采购法

《政府采购法》主要对政府采购合同的履行、变更和终止进行了规范，涉及合同的分包履行，合同变更和终止的原则以及合同的补充等内容。

（一）合同的履行

政府采购合同的履行，是指政府采购合同当事人按照合同的规定，全面履行各自的义务，实现各自的权利，使各方的目的得以实现的行为。从原则上说，中标、成交供应商与采购人签订政府采购合同后，就应当接受合同的约束，按照合同的约定全面履行自己的义务。但是，对于大型、技术复杂或者其他适于分包的承包项目，中标、成交供应商取得中标、成交资格，表明其整体条件符合要求，并不表明对采购项目的所有方面都具有最强的优势。中标、成交供应商在履行政府采购合同中，对完成其中的某些工作不具备优势时，通过实行总包与分包相结合的方式，主承包人将其发包给有技术和其他业务优势的承包商，可以扬长避短、发挥各自的特点，实现优势互补、提高政府采购的效率、降低政府采购的成本，有利于保证政府采购优质高效的完成。

分包方式履行合同，是指中标、成交供应商将自己在合同中的一部分权利和义务转让给其他供应商，由受让供应商负责履行。分包是供应商履行政府采购合同义务的一种方式，在法律上也是合同义务的转移行为。由于供应商将对采购人的一部

分合同义务转移给了第三人，使原来的合同当事人及其合同关系发生了变化。因此，《政府采购法》第四十八条对政府采购合同的分包履行问题做出了具体规定，主要包括以下内容。

1. 分包程序

为了防止中标、成交供应商将应当由自己完成的采购项目分包出去谋取不当得利，或者将采购项目分包给资质能力不强，采购人不信任的供应商去完成，影响采购项目的质量，政府采购合同的分包履行应遵守以下要求：

（1）必须经过采购人同意。

中标、成交供应商必须与采购人进行协商，在经采购人同意后，才能采取分包方式履行政府采购合同。未经采购人同意，中标、成交供应商不得擅自采用分包方式履行政府采购合同。

（2）必须依法进行。

政府采购合同的分包履行必须遵守相关的法律规定：一方面，中标、成交供应商与分包供应商签订分包合同要依法进行。分包合同内容不能与政府采购合同矛盾、有出入，不能以分包合同为借口，降低其中某些要求的标准。另一方面，分包供应商要依法履行分包合同。对分包合同的履行同样要遵守实际和适当履行、协作履行、经济合理等合同履行的原则。要按照合同约定向采购人提供货物、工程或服务，不能因为是分包合同就消极对待、不认真履行，甚至违法违规操作。

2. 法律责任

《政府采购法》明确了分包履行合同中的责任承担问题，主要包括：

（1）中标、成交供应商应对采购项目和分包项目向采购人负责。

政府采购合同依法可以分包履行，并不改变中标、成交供应商的政府采购合同主体资格，中标、成交供应商必须就采购项目的全部（包括分包项目），向采购人承担责任。政府采购合同是中标、成交供应商与采购人之间订立的合同，中标、成交供应商应当就采购合同的履行对采购人承担全部责任，即使中标、成交供应商经采购人同意，将采购合同中的一部分或几部分项目分包给其他供应商，中标、成交供应商也得对分包项目负责。这就要求中标、成交供应商要慎重选择分包供应商，并加强对分包项目的管理。如果在分包项目上出现履行瑕疵问题，则是总承包商的责任。

（2）分包供应商对分包项目向中标、成交供应商负责。

由于政府采购分包合同只是中标、成交供应商与分包供应商之间订立的合同，从法律角度讲，采购人与分包供应商之间没有契约关系，采购人与分包供应商之间并不存在直接的合同权利义务关系。分包供应商仅就分包合同的履行向中标、成交供应商负责，并不直接向采购人承担责任，采购人也无法直接向分包供应商主张权利。除非合同中另有明确规定，分包供应商也不能就付款、索赔和工期等问题直接与采购人交涉，甚至无权就此状告采购人。因此，采购人只是负责按照政府采购主合同支付中标、成交供应商的价款，而分包商则是从中标、成交供应商处再按分包合同索回其应得部分。而因分包项目出现的问题，中标、成交供应商在向采购人承担责任后，可以根据分包合同的约定向分包供应商追偿。

需要注意的是，政府采购合同分包履行并不等于政府采购合同的转包。虽然《政府采购法》没有明确规定，但原则上是禁止政府采购合同转包的。因为政府采购合同是根据依法确定的中标、成交结果签订的，所以中标、成交供应商不得将全部采购项目或者采购项目中的主体或关键性项目转包给其他供应商，否则就会造成政府采购程序虚设，而达不到政府采购制度的目标。

（二）合同的变更、中止和终止

在合同履行结束前，由于法律和情况的客观变化或者由于主观过错造成的变化，产生对原来合同进行变更、中止或者终止的必要。合同的变更，是指在合同成立以后，尚未履行或尚未完全履行以前，当事人就合同的内容达成修改和补充的协议；合同的中止，是指在合同关系合法存续期间由于约定或者法定的原因暂时停止对合同债务的履行，待停止原因消失后继续履行责任的制度；合同的终止，又称为合同的消灭，是指合同当事人双方间的权利义务于客观上已不复存在。合同关系终止后，合同双方当事人不再受合同的约束。《政府采购法》根据政府采购的特殊性，对政府采购合同的变更、中止和终止进行了规范，主要包括以下内容。

1. 合同变更、中止或终止的原则

《政府采购法》第五十条规定，政府采购合同的双方当事人不得擅自变更、中止或者终止合同。其含义如下：

（1）任何一方当事人不能擅自变更、中止或终止合同。

政府采购合同的任何一方当事人都不能擅自变更、中止或终止合同，否则应该向对方承担违约责任。这与《合同法》的基本规定相同。合同是经过协商一致达成的协议，合法成立的合同具有法律约束力，任何一方擅自变更、中止或终止，将从根本上损害合同制度。

（2）双方协商一致也不得变更、中止或终止合同。

在政府采购合同履行中，如果没有出现继续履行合同将损害国家利益和社会公共利益的情况，采购人与中标、成交供应商双方即使协商一致，也不得变更、中止或者终止合同。这是《政府采购法》做出的与一般民事合同不同的规定。因为政府采购合同虽然是一种民事合同，由采购人与中标、成交供应商按照平等、自愿的原则签订。但是，签订政府采购合同的依据是经过法定采购方式和采购程序确定的中标、成交结果，这个结果具有法律效力，任何人都不能非法改变。如果我们允许双方当事人合意变更、中止或终止政府采购合同，那么，势必要侵害到先前参加采购竞争程序而未能中标、成交的供应商的合法权益。《政府采购法》倘若不对合同当事人的这种行为进行相应限制，会使原先公平竞争、公开透明的政府采购程序流于形式、徒劳无益，显然有悖于我国政府采购立法的宗旨。因此，除有法定事由外，采购人与中标、成交供应商双方不能通过协商一致的方式擅自进行政府采购合同的变更、中止或终止。

2. 合同的补充

对采购人来说，需要采购的货物、工程或者服务，往往具有很强的重复性。在政府采购合同履行中，采购人要采购与原合同标的相同的货物、工程或者服务，如果重新按照采购程序进行采购，可能会与实际工作的要求不相适应，也会增加采购成本，降低采购效率，这就涉及采购人需要与供应商签订补充合同的问题。

政府采购合同的补充问题，在《合同法》上属于合同变更的范畴，应当受合同变更制度的调整。“合同的变更”是合同成立后对原来合同权利义务的修改或补充，改变的内容可以是合同的标的、数量、履行地点、时间，以及合同违约责任等。《合同法》第七十七条规定：“当事人协商一致，可以变更合同。”因此，对于一般合同而言，如果合同当事人对原合同履行比较满意，且有必要继续签订补充合同，可协商一致变更合同。但是对于政府采购合同而言，这一自由则受到限制，双方当事人不得擅自进行合同的变更。实践中，政府采购合同履行中会出现对相同采购内容的进一步需求，要求对原来合同进行补充变更的情形。为避免重新进行一轮政府采购程序、节省采购资源，也可以防止采购人与供应商借此规避政府采购程序的竞争要求，维护政府采购的竞争制度，《政府采购法》第四十九条对政府采购合同的补充问题进行了规范，包括以下内容：

（1）补充采购的内容。

采购人需要追加与合同标的相同的货物、工程或者服务，可以与供应商协商签订补充合同。但是，前提条件是政府采购合同正在履行，如果合同已经履行完毕，采购人就不能再与供应商签订补充合同。补充合同的标的必须与原合同标的相同，除数量金额改变以外，不得改变原合同的其他条款。补充合同必须在原合同条件的基础上进行，不得改变原合同的其他条款，否则构成新的合同，需要适用新的采购程序。需要注意的是，采购人与中标、成交供应商签订政府采购补充合同，也必须按照《政府采购法》的规定采用书面形式，采购人自签订之日起七个工作日内应当将补充合同的副本报同级财政部门和其他有关部门备案。

（2）补充采购的金额。

所有补充合同的采购金额不得超过原合同采购金额的10%。采购人需要追加与原合同标的相同的货物、工程或者服务，可能是一次性的，也可能多次需要。因此，实践中可能会出现采购人与中标、成交供应商多次签订补充合同的情况。但是，无论签订多少次补充合同，所有补充合同的累计采购金额，不得超过原合同采购金额的10%。上述规定，一方面可以避免重新进行一轮政府采购程序，节省采购资源；另一方面可以防止采购人与供应商借此规避政府采购程序的竞争要求，维护政府采购的竞争制度。

3. 合同变更、中止或终止的法定情形

政府采购合同变更、中止或终止的法定情形是指基于《政府采购法》规定的事由而变更、中止或终止合同的情形。政府采购合同的履行与国家利益和社会利益有内在的一致性，如果政府采购合同的履行将损害国家利益和社会利益，却仍要求固守原来的合同约定不得变更、中止或者终止，那么就会使政府采购合同本身丧失其合法性。

（1）变更、中止和终止合同的法定理由。

政府采购合同继续履行将损害国家利益和社会公众利益的，双方当事人应当变更、中止或者终止合同。因此，保护国家利益和社会公共利益是变更、中止或者终止政府采购合同的法定理由，是双方当事人都应当接受的一项强制性法律义务。对它既不得以一方当事人的利益为由进行抗辩，也不得以双方当事人之间的协议来排除。至于如何履行这一法定义务的程序和规则还需要进一步明确，以使其不能成为当事人随心所欲违约的理由和借口。当然，法律也需要对“国家利益”和“公共利益”的范围做出界定，否则这一条款的实施将存在较大的不确定性。

（2）过错是构成赔偿责任的根据。

上述法定理由引起的合同变更、中止或者终止可能会给当事人造成损失，需要确定由谁对这一损失承担责任和根据什么标准来确定这种责任。《政府采购法》规定了过错责任，明确过错是构成赔偿责任的根据。造成政府采购合同继续履行将损害国家利益和社会公共利益的原因，既可能出自采购人，也可能出自供应商，无论出自哪一方，有过错的一方因合同的变更、中止或者终止给对方造成损失的，就应当承担赔偿责任。双方都有过错的，各自承担相应的责任。至于双方都没有过错的，理论上应当由国家承担。

二、招标投标法

招投标是规范选择交易主体、订立合同的法定程序，通过招投标订立的合同对招标人和中标人双方均具有法律约束力。中标人应按照合同约定的有关招标项目的标的、质量、数量、履行期限等，全面履行其义务，完成中标项目，不得瑕疵履行，擅自变更合同，也不得随意毁约。其中，招标项目层层转包、违法分包，是造成最后实际用于招标项目的费用大为减少，导致偷工减料，留下严重质量隐患甚至造成重大质量事故的主要原因之一。因此，《招标投标法》及其实施条例规定中标人应当依法履行合同，禁止中标人转包和违法分包中标项目。

（一）禁止中标人转包中标项目

转包，是指中标单位将与发包人签订合同所约定的权利、义务和风险转由其他人来承担，中标人退出原合同关系。禁止中标人转包中标项目，主要是基于以下三点考虑：

1. 基于自身能力订立的合同不得转让

对于通过招标订立的合同，招标人在确定中标人时，除投标报价外，中标人的履约能力也是其评价的主要因素。根据《合同法》第七十九条规定，债权人可以将合同的权利全部或者部分转让给第三个人，但因合同性质等例外情形下不得转让。中标人基于自身能力而订立的合同就属于这种不能转让的例外情形。合同权利转让给第三人会动摇合同订立的基础，违反了当事人订立合同的目的，使当事人的合法利益得不到应有保护。

2. 承接我国相关法律对合同转包的规定

基于工程采购的特点，有关法律对工程建设合同的变更问题，尤其是合同转包问题做出了严格的规定。如《建筑法》第二十八条禁止承包单位将其承包的全部建筑工程转包给他人；《合同法》第二百七十二条规定：“承包人不得将其承包的全部建设工程转包给第三人或者将其承包的全部建设工程肢解以后以分包的名义分别转包给第三人。”为保持法律的一致性，招投标法律承接了我国有关法律的规定，严格禁止对工程招标项目进行任何形式的转包。

3. 保证采购项目质量的要求

如果允许中标人转让合同，招投标制度就失去了意义，有可能严重影响工程质量，甚至造成重大质量事故。招投标活动中，招标人按照公开、公平、公正的原则，经过一系列严格程序后，择优选定中标人与其订立招标采购合同。中标人将中标项目转包给他人，是擅自变更合同主体的行为，既损害了招标人的利益，也违反了法律的规定。从实践中看，转包行为有很大的危害性。一些中标人将其承包的中标项目压价倒手转让给他人，从中谋取不正当利益。从工程建设领域来看，中标人转包中标项目形成“层层转包、层层扒皮”的现象，最后实际用于工程建设的费用大为减少，导致严重偷工减料。一些建设工程转包后由不具备相应资质条件的包工队承揽，留下严重的工程质量隐患，甚至造成重大质量事故。

因此，《招标投标法》第四十八条和《招标投标法实施条例》第五十九条均规定：“中标人应当按照合同约定履行义务，完成中标项目。中标人不得向他人转让中标项目，也不得将中标项目肢解后分别向他人转让。”这意味着，招投标法律禁止中标人将合同转包给他人，无论这种转包是以整体形式，或是以分割形式。

（二）禁止中标人违法分包中标项目

原则上讲，合同约定的中标人义务，都应当由中标人自行完成。但是，对一些招标项目而言，如结构复杂的工程，实行总承包与分包相结合的方式，允许承包人在一定的条件下，将总承包工程项目中的部分劳务工程或者自己不擅长的专业工程分包给其他承包人，不仅有利于发挥各自优势，对于提高工作效率，降低工程造价，保证工程质量以及缩短工期等也是必要的。因此，《建筑法》和《合同法》都允许中标人将中标项目的部分非主体、非关键性工作分包完成。《招标投标法》及其实施条例也规定中标项目虽然不能转包，但可以分包。为了确保质量，中标人分包行为应遵守以下要求：

1. 分包应按照合同约定或取得招标人同意

中标人可以在投标文件中说明分包情况，并根据合同约定进行分包。《招标投标法》第三十条规定：“投标人根据招标文件载明的项目实际情况，拟在中标后将中标项目的部分非主体、非关键性工作进行分包的，应当在投标文件中载明。”第四十八条规定，中标人按照合同约定，可以将中标项目的部分非主体、非关键性工作分包给他人完成。

中标人也可以在授予合同后根据招标人同意而分包。《招标投标法》第四十八条规定，经招标人同意，可以将中标项目的部分非主体、非关键性工作分包给他人完成。从立法者的本意来看，这主要是为了弥补投标人没有在投标文件中说明分包情况，但基于招标项目的性质，在合同授予后又需要进行分包时的情况。

2. 分包的内容只能是非主体、非关键性的工作

中标人无论在何种情况下进行分包，只能将中标项目的非主体、非关键性工作分包给具有相应资质条件的单位，项目的主体、关键性工作必须由中标人亲自完成。主要为了防止某些中标人在拿到工程项目以后以分包的名义倒手转包，损害招标人

的利益，破坏市场秩序。

3. 分包人的资格要求及禁止再次分包

接受分包的单位应当具备相应的资格条件和履约能力，并不得再次分包。分包人的资格应由招标人审查或是由主承包人审查，法律没有规定。但既然分包是主承包商的行为，那么主承包商首先应该有义务保证分包人的资格符合合同履行的需要，并保证分包的层次只能是一次，分包人不得对采购项目进行再次分包。

4. 中标人与分包人就分包项目承担连带责任

在总包与分包相结合的承包模式中，存在总承包合同即招标采购合同与分包合同两个不同的合同关系。总承包合同，是招标人与中标人之间订立的合同，中标人应当就招标采购合同的履行向招标人承担全部责任，即使中标人根据合同的约定或经招标人同意，将招标采购合同范围内的部分非主体、非关键性工作分包给他人的，中标人也得对分包的工作向招标人负责。这就要求中标人应当慎重选择分包人，并加强对分包项目的管理。分包合同，是分包人与中标人之间订立的合同，与招标人之间并不存在合同关系。根据合同的相对性，分包人仅就分包合同的履行向中标人负责，并不直接向招标人承担责任。但为了维护招标人的权益，适当加重分包人的责任，《招标投标法》及其实施条例不仅要求总承包商就整个项目的完成对招标人负责，而且还突破了分包合同的相对性，要求分包人就分包项目的履行直接向招标人承担责任，即中标人与分包人应当就分包工程对招标人承担连带责任。这意味着，如果分包工程出现问题，招标人既可以要求中标人承担责任，也可以直接要求分包人承担责任。

《招标投标法》有关合同分包问题的规定与《政府采购法》有许多不同，主要体现在：一是对分包人资格的要求。《招标投标法》对分包人的资格提出要求并禁止再次分包行为。而《政府采购法》则没有涉及分包供应商的资格问题，也不禁止再次分包。二是对分包项目承担的责任。《招标投标法》规定中标人和分包人就分包项目承担连带责任。这说明，法律对于招标人、中标人和分包人之间的关系做出了特别规定，尤其强化了分包人对招标人的责任。而根据《政府采购法》，分包供应商并不直接向采购人承担责任。因分包项目出现的问题，中标、成交供应商在向采购人承担责任后，可以根据分包合同的约定向分包供应商追偿；另外，《招标投标法》禁止转包，而《政府采购法》则没有明文禁止。

本章小结

1. 我国《政府采购法》利用专门章节对政府采购合同进行了规范，包括政府采购合同法律适用，合同订立，合同履行、变更或终止等内容。而《招标投标法》没有专门的章节对招标采购合同进行规范，但有些条款涉及合同的订立和履行问题。

2. 我国公共采购合同适用《合同法》的规定，但在《政府采购法》和《招标投标法》另有规定的特殊情况下，优先适用公共采购法律的规定。

3. 公共采购合同的订立过程需经过要约和承诺，投标人根据招标文件提交投标文件的行为即为要约，招标人向中标人发送中标通知书的行为即为承诺。公共采购合同自采购人与中标、成交供应商签订书面合同之时成立并同时生效。

4. 在公共采购合同分包方面，《招标投标法》与《政府采购法》的区别主要体现在分包人资格要求以及分包项目责任等方面。另外，《招标投标法》禁止转包，而《政府采购法》则没有明文禁止。

5. 根据《政府采购法》，政府采购合同的双方当事人不得擅自变更、中止或者终止合同。保护国家利益和社会公共利益是变更、中止或者终止政府采购合同的法定理由，是双方当事人都应当接受的一项强制性法律义务。

思考题

1. 如何理解政府采购合同的法律适用问题？
2. 什么是要约和承诺？其构成要件是什么？
3. 《政府采购法》对合同订立的形式和期限有何要求？
4. 招标投标法规对合同内容有何要求？
5. 简述《政府采购法》对合同分包履行的要求。
6. 简述政府采购合同的变更、中止或终止的原则和条件。
7. 《政府采购法》对政府采购补充合同有何要求？
8. 简述《招标投标法》对合同分包履行的要求。
9. 对比分析《政府采购法》与《招标投标法》对合同分包履行的要求。
10. 什么是履约保证金？《招标投标法实施条例》对履约保证金有何要求？

第六章 公共采购救济机制

作用

本章是对公共采购救济机制的概括性介绍，目的是使读者了解在公共采购过程中供应商权益受损时可以援引的救济措施。通过掌握供应商质疑和投诉的程序性规定，熟悉公共采购救济机制的运行，可以更好地维护供应商的合法权益，保证公共采购制度的健康运行。

重点

质疑程序；投诉程序；司法审查

公共采购救济机制是指在公共采购的过程中，由于当事人一方的故意或过失而导致另一方财产或权益损失时，另一方所采取的补救措施。公共采购中最主要的救济对象就是合法权益受到侵害的供应商，所以法律制度规定的主要是供应商的权利救济，其目标是保护供应商的合法权益，维护公共采购制度的健康运行，实现公共采购的制度目标。就公共采购法的实施和监督而言，由供应商所进行的监督具有独特的意义，供应商可以对采购过程的错误决定提出质疑、投诉、起诉，从而启动采购人的内部审查、行政监管机关的行政审查以及司法机关的司法审查程序。我国《政府采购法》及其实施条例利用专门章节规定了供应商质疑和投诉程序，为维护供应商在政府采购活动中的合法权益，确保政府采购顺利进行提供了制度保障。而《招标投标法》在附则中对质疑和投诉程序进行了原则性规范，《招标投标法实施条例》增加了“投诉与处理”章节进行了补充规定。

第一节 质疑程序

公共采购的质疑程序，是指供应商就采购过程中可能存在的导致其权益受损的违法行为，向采购人提出疑问和质询，希望得到满意的答复。质疑程序是供应商与公共采购人之间处理不同意见的一种做法，一种解决矛盾的途径，属于内部救济方式。我国《政府采购法》对供应商就有关政府采购事项进行询问、质疑的程序做出了明确的规定。我国《招标投标法》在附则中对招投标活动中的质疑程序进行了原则性规定。

一、政府采购法

供应商是政府采购活动的重要参加者，也是政府采购活动的主要监督者，以法律的形式确认供应商对政府采购事项的知情权和对政府采购活动的监督权，对于充分体现保护供应商合法权益的立法宗旨，保证政府采购活动的透明性、公平性和有效竞争性，都具有十分重要的意义。我国《政府采购法》及其实施条例对供应商就有关政府采购事项进行询问、质疑的程序做出了明确的规定。

（一）询问程序

法律设立询问制度的根据是《政府采购法》第三条规定的公开透明原则，供应商有权知道和了解各种采购信息。在政府采购活动中，采购人包括其委托的采购代理机构往往处在主动地位，而供应商则相对比较被动。采购人或采购代理机构发布的采购信息包括采购对象、采购标准、供应商准入条件、实行的采购方式等多项内容。采购人掌握持有和披露上述各种信息的主动权，实践中会出现未能及时、准确、真实地公布和通知信息的情形，既可能是由于主观上的疏忽大意或者工作方式的简单，也可能是故意滥用信息持有权和披露权；在采购实施过程中，采购人或采购代理机构的一些做法也有可能不够透明；中标、成交有了结果后，由于多种因素的影响，可能会导致参加采购的供应商不能及时知晓等。上述各种情况的发生，基于供应商的被动角色，就有可能对其产生不利影响。因此设立询问制度赋予供应商法律上的询问权，对于监督采购人遵守和实行公开透明原则，保障供应商的知情权、了解权等程序权利是十分必要的。

1. 询问的权利

《政府采购法》第五十一条赋予了供应商对政府采购活动事项询问的权利，即供应商对政府采购活动事项有疑问的，可以向采购人提出询问。只要供应商对政府采购活动事项有疑问，都可以采用口头或书面的形式，不受任何约束地向采购人或采购代理机构提出询问，采购人或采购代理机构不得以任何借口和手段进行限制。供应商所询问的政府采购活动事项的范围，法律并没有做出详细的规定。但按照立法的原意，供应商对政府采购活动事项的询问，应当没有任何条件限制，内容范围也不受限制。供应商只要对这些活动事项有疑问，都有权利向采购人或采购代理机构进行询问。

2. 询问的答复

《政府采购法》规定："采购人应当及时做出答复，但答复的内容不得涉及商业秘密。"只有供应商依法提出的询问，采购人或采购代理机构才有义务如期做出答复。如果供应商询问的是评标委员会成员的具体评分情况等依法应当保密的内容，或者是其他投标人投标文件中的商业秘密等内容，采购人或采购代理机构就应依法不予答复。《政府采购法》对采购人答复供应商询问没有明确具体的时间要求，为了防止采购人或采购代理机构消极对待供应商的询问，拖拉或者敷衍了事，不仅会延缓问题的解决，甚至会引发不必要的纠纷，《政府条采购法实施条例》第五十二条对答复询问进行了细化规定。

（1）答复询问的时限。

考虑到采购人或采购代理机构面对的供应商较多，而且对供应商询问的事项可能需要一定的时间进行研究，有些事项采购代理机构还要与采购人协调并达成一致后才能提出答复意见，因而答复询问需要一定的时间。同时，考虑到相对质疑、投诉等严肃的法律程序来说，询问本身就是一种简易、便捷的沟通和问题解决方式，为了不影响采购活动的正常进行，采购人答复的时间也不宜过长。因此，《政府采购法实施条例》规定采购人或者采购代理机构应当在三个工作日内对供应商依法提出的询问做出答复。

采购人或采购代理机构应当从保证政府采购活动正常进行、预防和减少供应商质疑投诉、树立政府部门良好形象、维护供应商合法权益的高度，认真对待供应商的询问，并依法、及时、准确、实事求是地做好答复工作。《政府采购法》及其实施条例对答复询问的形式没有提出要求，在实际操作中既可以采取信函、电子邮件、传真等书面形式，也可以采取电话、面谈等口头方式。

（2）答复询问的责任主体。

根据《政府采购法》对政府采购当事人的规定，供应商询问的对象以及答复询问的责任主体都是采购人，而不是采购代理机构。但是，考虑到在采购人委托采购代理机构采购的情况下，具体采购事项都是采购代理机构在操作，如制作和发布采购信息及采购文件，进行澄清答疑，接受投标，组织开标、评标，公布中标、成交结果等，采购人对采购活动事项的具体细节，一般不可能完全了解和掌握。如果供应商对采购活动事项提出询问或质疑，只能向采购人提出，而不能直接向采购代理机构提出的话，不仅对询问答复的及时性产生不利的影响，而且给采购人增加了不必要的困难和负担。因此，《政府采购法》赋予了采购代理机构对供应商询问做出答复的职责。不过，根据委托代理关系的法律属性，采购代理机构只能就采购人委托授权范围内的事项对供应商向其提出的询问做出答复。采购代理机构在接受采购委托时，应当与采购人商定代理答复询问的具体采购事项范围。按照权责对等的原则，对于不适合或者不应当由采购代理机构答复的询问事项，应当在委托代理协议中明确由采购人自行答复。例如，采购需求的制定权在采购人，采购需求的责任主体也是采购人，答复采购需求方面的询问也应为采购人。对超出采购人委托授权范围的询问，采购代理机构不得越权代理采购人答复，应当告知供应商向采购人提出。

（3）评审专家应当配合答复询问。

《政府采购法实施条例》要求政府采购评审专家应当配合采购人或者采购代理机构答复供应商的询问。按照政府采购评审以及定标的制度设计，评审专家享有评审以及推荐中标、成交候选供应商的权利，采购人只能按照评审委员会推荐的中标、成交候选人顺序确定中标、成交供应商，或者事先授权评审委员会直接确定中标、成交供应商。也就是说，评审专家直接或间接掌握了政府采购活动中最关键的授标权。但是，由于评审专家只是以个人身份临时性参加评审，评审所得的报酬有限，因而《政府采购法》所规定的评审专家的法律责任较为有限。同时，由于评标委员会或评审小组是集体决策制，即使评审结果不公正，对评审专家的责任追究也较难实现。

为了改变评审专家权责不匹配的现象，财政部在《政府采购评审专家管理办法》《关于进一步规范政府采购评审工作有关问题的通知》等政府采购规范性文件中，规定了政府采购评审专家有协助采购人或者采购代理机构答复供应商询问的义务，主要目的就是发挥供应商对评审专家的监督作用，促进评审专家客观、公正、审慎地履行评审职责。同时，实践中，供应商的询问尤其是质疑多数都是针对政府采购项目的评审过程和中标、成交结果的，政府采购评审专家具有专业优势，又直接从事项目评审活动，对评审过程中的相关情况最为熟悉，对各供应商投标文件、谈判响应文件或报价文件的优缺点最为了解，由参与项目评审的专家来配合答复供应商的询问和质疑，往往更有针对性和有效性，有利于提高答复的质量，更好地达到释疑解惑、化解矛盾、平息纷争的效果。由于规范性文件的法律层级和稳定性较低，《政府采购法实施条例》把这一成熟有效的制度措施吸收进来，上升为行政法规。

（二）质疑程序

《政府采购法》设立质疑制度的根据，是其“保护当事人合法权益”的立法宗旨。供应商对政府采购活动事项可以提出质疑，是体现供应商知情权和监督权的一项重要规定，为供应商受到侵害的合法权益提供了救济途径。相对于询问来说，对政府采购活动事项的质疑具有更强的法律效力。为了维护供应商的合法权益，同时也防止供应商不适当地使用质疑的权利，我国《政府采购法》及其实施条例对供应商质疑的提起和处理都做出了明确的规定。

1. 质疑的提起

为了充分保障供应商正确行使质疑的权利，《政府采购法》第五十二条对供应商提出质疑的范围、条件和时限做出了规定。《政府采购法实施条例》第五十三条和第五十五条对质疑的时效期间和条件进行了补充规定。

（1）质疑范围。

政府采购活动事项范围很广，供应商对这些事项如有疑问都可以进行询问。但是，供应商如要提出质疑就必须按照《政府采购法》规定执行和接受约束，供应商也应当承担质疑的相关责任，否则就会给政府采购活动进程造成不必要的干扰。按照《政府采购法》规定，供应商提出质疑的范围，只包括采购文件，采购过程以及中标、成交结果等三个方面的事项。这些事项对供应商来说至关重要，在政府采购活动中受到供应商的高度重视。因此，《政府采购法》将提出质疑的范围限制在采购文件，采购过程以及中标、成交结果内比较符合实际情况，对争议的有效、及时解决比较有利。

（2）质疑条件。

《政府采购法》所建立的供应商质疑、投诉制度是面向供应商的一种法律救济制度，在制度设计上主要是考虑维护供应商的权益。供应商提出质疑和投诉的“门槛”非常低，而且对于供应商恶意质疑、投诉也没有制定相应的制约措施。这一制度设计表现在政府采购实践中，一个突出的问题就是，供应商提起质疑、投诉的随意性较大，无效的质疑、投诉相当多。过度的质疑、投诉不仅影响了采购效率，而且牵扯了采购人、采购代理机构和财政部门的大量精力，虚耗了宝贵的行政资源。因此，《政府采购法》规定供应商提出质疑必须有认为采购文件，采购过程和中标、成交结果使自己的权益受到损害的事实和理由。供应商必须采用书面形式提出质疑，采用口头形式提出质疑没有法律效力。

《政府采购法实施条例》进一步明确，“供应商质疑应当有明确的请求和必要的证明材料”。一方面，防止供应商滥用质疑权，影响采购效率。任何权利的行使都是有边界的，质疑是严肃的法律活动，供应商必须审慎对待。质疑可能导致采购活动的暂停，直接影响采购的正常进程。要求供应商提供必要的证明材料，也就是要求质疑必须有一定的事实依据，有利于减少质疑的随意性和盲目性，尤其是对供应商凭空臆测，甚至无中生有、捏造事实恶意进行质疑的现象起到一定的制约作用。另一方面，提高质疑答复的针对性，保证工作效率。一旦供应商提出质疑，采购人或采购代理机构就必须进行相应的调查、处理。明确的请求和必要的证据有助于采购人或采购代理机构有针对性地开展调查并做出答复或处理决定，提高工作效率。质疑请求是否明白准确、是否有法律和事实依据是决定质疑案件认定的关键。质疑请求，指的是供应商在质疑函中提出的，要求采购人或采购代理机构对其予以支持的主张，也就是供应商希望通过质疑所要达到的具体目标，应提出明确的请求。必要的证明材料是指能证明供应商质疑请求成立的必要材料，既包含事实依据，也包含法律依据。

（3）质疑时限。

政府采购活动是一个连续不断的过程，供应商如果认为采购文件，采购过程和中标、成交结果使自己的权益受到损害，就应当及时提出质疑，有利于保障采购活动的连续性，提高采购效率。同时，供应商及时提出质疑，在质疑事项成立的情况下，采购人或采购代理机构还能及时地依法纠正，有利于降低纠错成本、更有效地保护质疑供应商以及参与采购活动的其他供应商的合法权益。因此，《政府采购法》为供应商提出质疑设定了一个时限，即供应商应在知道或者应当知道其权益受到损害之日起七个工作日内向采购人提出质疑。超过了这一期限，就不能利用质疑程序得到法律上的补救。

在确定质疑时效期间时，起算时间很关键。“知道或应当知道权利被侵害”，是我国立法普遍采用的、关于法律时效期间起算点的确认标准。“知道”，是指权利人主观上知道自己权利被侵害的事实。“应当知道”则是一种法律的推定，指基于客观之情事及一般民众、法人根据其智识经验应尽的注意义务。权利人应当知悉其权利被侵害的事实，但因其自身过失而未知情，在该情形下，法律推定其知道权利受到侵害。“知道”，尤其是“应当知道”，是一种主观判断，要有相应的证据来支撑，理论上虽然比较清晰，但实践中往往难以把握。为保障供应商依法维护自身权益，并提高可操作性，《政府采购法实施条例》细化了质疑时效的具体起算时间。

① 质疑采购文件的时效起算。对于可质疑的采购文件，其质疑时效期间起算日期为供应商收到采购文件之日或者采购文件公告期限届满之日。可质疑的采购文件主要是指招标、谈判、询价、磋商、资格预审公告以及招标文件、谈判文件、询价通知书、磋商文件、资格预审文件，包括属于其组成部分的澄清、修改、补充文件和评标标准、合同文本等。根据《政府采购法》及其实施条例、政府采购部门规章等，供应商获取上述可质疑采购文件的方式有两种：一种是公告；另一种是供应商

通过点对点方式直接从采购人或采购代理机构处获取。对于以公告方式发布的采购文件，质疑时效期间的起算日期为公告期限届满之日。对于以点对点方式发布的采购文件，供应商收到采购文件之日就是质疑时效期间的起算日期。随着政府采购电子化的迅猛发展和政府采购透明度要求的不断提高，目前在政府采购实践中，招标文件、竞争性谈判文件、询价通知书等采购文件以公告形式发布、由潜在供应商自行下载的做法越来越普遍。在这种情况下，采购文件既以公告方式发布，又以点对点方式发布，质疑时效期间起算日期应当为供应商实际下载采购文件之日。

② 质疑采购过程的时效起算。对采购过程提出质疑的，为各采购程序环节结束之日。采购过程，是指从采购项目信息公告发布起，到中标、成交结果公告止，采购文件的发出、投标、开标、评标、澄清、谈判、询价等各个采购程序环节。

对招标公告环节提出质疑的，质疑时效期间的起算日期就是招标公告结束之日。实践中需要注意的是，有关招标、竞争性谈判、询价等采购公告的质疑，视供应商质疑内容的不同，质疑时效的起算时间是不同的。如果是对采购公告这一采购环节的质疑，比如对采购公告发布渠道、发布期限的质疑，那么应属于对采购过程的质疑，质疑时效期间的起算日期应为采购公告结束之日。如果是对采购公告内容的质疑，比如对采购公告中供应商资格条件的质疑，那么应属于对采购文件的质疑，质疑时效期间的起算日期应为供应商收到采购文件之日或者采购公告期限届满之日；对现场踏勘或招标答疑环节提出质疑的，现场踏勘或招标答疑结束之日就是质疑时效期间的起算日期；对开标过程提出质疑的，开标结束之日就是质疑时效期间的起算日期；对谈判过程提出质疑的，谈判结束之日就是质疑时效期间的起算日期。

③ 质疑中标、成交结果的时效起算。对中标、成交结果提出质疑的，为中标、成交结果公告期限届满之日。中标、成交结果公告发布后，潜在供应商知悉中标、成交结果客观上需要一定的时间，如果从中标、成交结果公告一发布就视为供应商“知道或者应当知道”，对供应商而言有失公平。因此，质疑时效起算时间为中标、成交结果公告期限届满之日。关于中标、成交结果的公告期限，将由国务院财政部门另行明确。

关于质疑时效期间的计算，比如，质疑时效期间起算日期的当天是否计算在七个工作日之内；供应商以邮寄或快递方式递送质疑文书的，质疑时效期间如何计算等问题，《政府采购法实施条例》并没有明确规定。根据我国《民法通则》《民事诉讼法》等一些基本法律关于期间及其计算问题的规定，对于质疑时效期间的计算，应当参照这些规定执行。质疑、投诉的时效期间应当从起算日期的次日开始计算；质疑、投诉文书在期满前交邮的，不算过期。

2. 质疑的处理

为规范处理质疑的行为，提高办事效率，《政府采购法》及其实施条例对采购人或采购代理机构处理质疑提出了要求。

（1）答复质疑。

采购人或采购代理机构对供应商提出的书面质疑，应当认真进行处理，及时研究答复。如果采购人或采购代理机构对此拖拉或者敷衍了事，不仅会延缓问题的解决，甚至会引发不必要的纠纷，影响采购活动的顺利进行。因此，《政府采购法》第五十三条对采购人处理质疑进行了规范，包括以下内容：

① 答复时限。采购人应当在收到供应商的书面质疑后七个工作日内做出答复。法律规定答复时间的意义，是禁止采购人拖延答复或者在法定时间内不做答复。供应商提出质疑的事项可能比较复杂，在供应商提出书面质疑后，采购人需要一定的时间进行研究，提出答复意见。但是，采购人研究答复的时间也不宜过长。因此，《政府采购法》综合考虑各方面的因素，确定了采购人在收到供应商的书面质疑后七个工作日内做出答复。

② 答复的形式。采购人应以书面形式通知质疑供应商和其他有关供应商。及时对供应商提出的质疑做出答复，是采购人应尽的义务。采购人只有形成正式的书面答复意见，才能表明自己已经履行了法定义务。同时，由于在一项政府采购活动中有多个供应商参加，采购人对质疑供应商所提质疑事项做出的答复，很可能既关系到质疑供应商，也涉及参加这一采购活动的其他有关供应商。因此，采购人的书面答复，不仅应当通知质疑供应商，也要通知其他有关供应商。

③ 答复的内容。采购人答复的内容不得涉及商业秘密。政府采购在具体采购时是一种交易行为，在这个交易过程中，不可避免地存在供应商的一些商业秘密。采购人如果将这些商业秘密予以公开，会产生较为严重的不良后果。因此，采购人的答复不得涉及商业秘密。

采购代理机构在接受采购人的委托办理采购事宜时，与采购人是一种委托代理关系，在采购活动中的权限要受委托权限的限制。因此，采购代理机构在对供应商提出的质疑进行答复时，对于采购人委托授权范围内的事项，可以以自己的名义答复；对于采购人委托授权范围以外的事项，不能擅自做出答复，应由采购人负责答复。采购代理机构应当负责将供应商书面质疑及时转送采购人答复，并通知供应商，不得无故将书面质疑退回供应商。

（2）暂停签订或履行合同。

供应商救济制度的根本目的是保障参与政府采购活动的供应商合法权益不受非

法损害。而有机会参与政府采购活动并赢得政府采购合同，并且在采购活动中自始至终得到公平对待，也就是获得公平的商业机会，是供应商在政府采购活动中的最大合法权益。因此，质疑、投诉制度的重点在于保障供应商的商业机会。

政府采购活动具有很强的时效性、程序性和不可逆性。采购程序一旦开始，除非遇到“项目废标”等特殊情况，否则一般不会无故中止。而供应商从发现问题到提出询问、质疑需要一定的时间，采购人或者采购代理机构研究答复询问、质疑也需要一定的时间。因此，等到采购人或者采购代理机构查证后发现供应商询问、质疑事项属实，需要纠正采购活动中的违法违规行为时，一些违法违规行为却往往已经无法纠正。这种现象在有关中标、成交结果的质疑中表现尤为明显。因为按照《政府采购法》及其实施条例的规定，政府采购的中标、成交结果是“公告”而非“公示”，公告之日就已经可以签订政府采购合同。而实践中还有少数采购人在发生供应商质疑或者估计可能会发生质疑的情况下，甚至有意抓紧签订合同并赶紧履行，造成既成事实。如果任由这种现象存在，不仅难以真正保护供应商的合法权益，而且政府采购法律的公正性和严肃性也将受到挑战。因此，为了给询问、质疑供应商保留商业机会，让供应商得到实质性救济，《政府采购法实施条例》第五十四条规定：“询问或者质疑事项可能影响中标、成交结果的，采购人应当暂停签订合同，已经签订合同的，应当中止履行合同。”政府采购合同的主体是采购人与供应商，即使采购人委托采购代理机构代为签订合同，采购代理机构也是以采购人的名义与供应商签订合同，其法律后果仍然是由采购人承担。因此，暂停签订或暂停履行合同的义务主体为采购人，而不包括采购代理机构。

二、招标投标法

我国《招标投标法》在附则中对招投标活动中的质疑程序进行了原则性规定，即投标人和其他利害关系人认为招投标活动不符合《招标投标法》有关规定的，有权向招标人提出异议，《招标投标法实施条例》对此进行了细化规定。

（一）异议的提起

1. 异议主体

对招投标活动提出异议的主体，限于与该项招投标活动有利害关系的人，即因为招投标活动违反《招标投标法》规定的规则和程序，已使或将会使其利益受到损害的人，包括投标人和其他利害关系人。投标人是指已对该项招标做出响应，提交了投标书，参加投标竞争的法人或其他组织，以及参加依法招标的科研项目投标的个人。其他利害关系人是指除投标人以外的与招标项目或者招标活动有直接或者间接利益关系的自然人、法人或者其他组织。主要有：一是有意参加资格预审或者投标的潜在投标人。在资格预审公告或者招标公告存在排斥潜在投标人等情况，致使其不能参加投标时，其合法权益即受到侵害，是招投标活动的利害关系人。二是在市场经济条件下，只要符合招标文件规定，投标人为控制投标风险，在准备投标文件时可能采用订立附条件生效协议的方式与符合招标项目要求的特定分包人和供应商绑定投标，这些分包人和供应商和投标人有共同的利益，与招投标活动存在利害关系。三是投标人的项目负责人一般是投标工作的组织者，其个人的付出相对较大，中标与否与其个人职业发展等存在相对较大关系，是招投标活动的利害关系人。

至于与该项招投标活动无利害关系的其他人，当然可以对招投标中的违法行为进行检举、揭发，但不属于《招标投标法》规定的提出异议的主体。检举、揭发与提出异议的主要区别在于：异议人在行使权利的同时，还须负担相应的义务。例如，异议人必须具名，而检举、揭发人可以具名，也可以匿名；异议必须在规定的时限范围内提出，而检举、揭发则没有严格的时间限制；提出异议必须明确提出相关的违法事实和异议人因此受到损害的事实，而检举、揭发可以只提出有关的线索或充分的怀疑理由，供有关机关查证即可。

2. 异议范围

提出异议的事由，是招投标活动中不符合《招标投标法》规定的行为。由于提出异议的主体限于利害关系人，因此异议人提出异议的范围是使其利益受到损害的招投标活动中的违法行为，包括招标人违反法律的规定对投标人实行歧视待遇的行为，招标人与投标人之间或部分投标人相互之间进行串通投标的行为，招标人不按招标文件规定的评标标准确定中标人的行为，招标人违反开标、评标程序的行为等。《招标投标法》对异议范围进行了原则性的规定，而《招标投标法实施条例》对资格预审文件和招标文件、开标和评标结果等招投标事项规定了具体的异议程序，间接地将异议范围限定在上述三种重要事项上。

3. 异议时限

《招标投标法实施条例》对资格预审文件和招标文件、开标和评标结果等事项提起异议的时限进行了规范，具体规定如下：

（1）资格预审文件和招标文件。

《招标投标法实施条例》第二十二条规定：“潜在投标人或者其他利害关系人对资格预审文件有异议的，应当在提交资格预审申请文件截止时间两日前提出；对招标文件有异议的，应当在投标截止时间十日前提出。”根据上述规定，潜在投标人或其他利害关系人，对资格预审文件和招标文件的异议应当在规定的时间之前提出。资格预审文件和招标文件是决定资格审查和招标成败的关键文件，应当体现招标投标活动应当遵循的公开、公平、公正和诚实信用原则，符合相关法律法规的规定，避免排斥潜在投标人。资格预审申请人和潜在投标人在获取资格预审文件和招标文件后，发现存在上述问题且有异议的，应当在资格预审申请截止时间两日前或者投标截止时间十日前提出，以便招标人有足够的时间采取必要的措施给予纠正，尽可能减少对正常招投标程序的影响，避免事后纠正造成损失过大。实践中，提出异议的人应当充分重视异议提出时限，避免异议权因时效原因而灭失。

（2）开标。

《招标投标法实施条例》第四十四条规定：“投标人对开标有异议的，应当在开标现场提出。”开标现场可能出现对投标文件提交、截标时间、开标程序、投标文件密封检查和开封、唱标内容、标底价格的合理性、开标记录、唱标次序等的争议，以及投标人和招标人或者投标人相互之间是否存在利益冲突的情形，这些争议和问题如不及时加以解决，将影响招投标的有效性以及后续评标工作，事后纠正存在困难或者无法纠正。因此，对于开标中的问题，投标人认为不符合有关规定的，应当在开标现场提出异议。异议应记入开标会记录或者制作专门记录以备查。

（3）评标结果。

《招标投标法实施条例》第五十四条规定：“投标人或者其他利害关系人对依法必须进行招标的项目的评标结果有异议的，应当在中标候选人公示期间提出。”中标候选人公示后，投标人或者其他利害关系人能够根据招标文件规定的评标标准和方法、开标情况等，做出评标结果是否符合有关规定的判断，如评标结论是否符合招标文件规定的标准和方法等。因此，投标人或者其他利害关系人对评标结果的异议应当在公示期间提出，以便招标人及时采取措施予以纠正。

（二）异议的处理

《招标投标法实施条例》主要对招标人处理有关文件、开标和评标结果等异议事项进行规范。

1. 资格预审文件和招标文件

招标人在处理针对文件提出的异议时，应遵守以下规定：

（1）答复异议时限。

为保障异议人的合法权益和招标项目的实施进度、避免激化矛盾，潜在投标人或者其他利害关系人对资格预审文件或招标文件有异议的，招标人应当自收到异议之日起三日内做出答复。《招标投标法实施条例》要求招标人在规定时限内履行对异议做出答复的义务，但没有对答复的形式进行统一要求。实践中回复的形式可以由当事人根据具体情况在资格预审文件或招标文件中事先给予明确，或者完全由当事人自主决定。为保障异议的可追溯性，异议的提出和答复应尽可能采用书面形式，并应当妥善保存备查。如果招标人对异议的答复构成对资格预审文件或者招标文件澄清或者修改的，招标人应当按照“文件的澄清和修改”规定办理。

（2）暂停招投标活动。

如果异议所反映的问题确实存在又不及时给予纠正，将可能导致不可逆转的后果，因此招标人必须尽快进行核实，采取必要措施给予纠正并回复异议人。异议人不满意的，可以根据规定向行政监督部门提出投诉以维护自己的合法权益。为进一步强化招标人及时回复异议的义务，防止招标人故意拖延，《招标投标法实施条例》第二十二条规定，对异议做出答复前，招标人应当暂停招投标活动。应当暂停的招投标活动，是指异议一旦成立即受到影响，且在异议答复期间需要采取的下一个招投标环节的活动。暂停的具体期限取决于异议的性质、对资格预审文件和招标文件的影响以及招标人处理异议的效率。

具体到异议成立时招标人采取的纠正措施，则取决于资格预审文件或者招标文件存在的问题。例如，有关资格预审文件或者招标文件存在排斥潜在投标人、对投标人实行歧视待遇的异议成立的，应当在规定的时间内做出回复，并不得组织对资格预审申请文件评审或组织开标活动；招标人修改招标文件或者资格预审文件，且修改内容影响投标文件或者资格预审申请文件编制的，招标人应当按照规定顺延提交资格预审申请文件或者投标文件的截止时间；有关资格预审文件或招标文件的内容违反法律、行政法规的强制性规定，违反公开、公平、公正和诚实信用原则的，异议成立而又未及时给予纠正以致影响了资格预审结果或者潜在投标人投标的，招标人应当按照规定修改文件内容后重新组织招标。

2. 开标

《招标投标法实施条例》第四十四条规定：“投标人对开标有异议的，应当在开标现场提出，招标人应当当场做出答复，并制作记录。”异议成立的，招标人应当及时采取纠正措施，或者提交评标委员会评审确认；投标人异议不成立的，招标人应当当场给予解释说明。答复应记入开标会记录或者制作专门记录以备查。

3. 评标结果

《招标投标法实施条例》第五十四条规定：“投标人或者其他利害关系人对依法必须进行招标的项目的评标结果有异议的，应当在中标候选人公示期间题提出。招标人应当自收到异议之日起三日内做出答复；做出答复前，应当暂停招标投标活动。”在中标候选人公示期间有关评标结果的异议成立的，招标人应当组织原评标委员会对有关的问题予以纠正，招标人无法组织原评标委员会予以纠正或者评标委员会无法自行予以纠正的，招标人应当报告行政监督部门，由有关行政监督部门依法做出处理，问题纠正后再公示中标候选人。招标人对投标人和其他利害关系人提出的异议做出答复后，投标人和其他利害关系人在异议期内依然存在同样异议的，应当根据规定向有关行政监督部门投诉，不应当就同样的问题反复提出同样的异议，以提高工作效率。

第二节　投诉程序

公共采购的投诉程序，是指供应商就采购过程中可能存在的导致其权益受损的违法行为，依法向行政监督管理部门或独立审查机构提出意见并要求相关主体改正的行为。投诉制度是公共采购法赋予供应商的行政救济手段，属于外部救济方式。我国公共采购法律对投诉程序进行了明确的规范。

一、政府采购法

在政府采购活动中，参加采购的供应商如果能顺利成为中标、成交人，就与采购人成为合作伙伴；如果不能成为中标、成交人，就有可能与采购人、采购代理机构产生纠纷。尤其是供应商在认为采购文件、采购过程和中标、成交结果使自己的权益受到损害，向采购人、采购代理机构提出质疑得不到及时、正确处理的情况下，与采购人、采购代理机构对立的情绪就会明显增强。造成对立局面的原因，既可能出自供应商本身，也可能出自采购人或采购代理机构。当采购人、采购代理机构对供应商提出的质疑所做答复不能令质疑供应商信服，或者没有在规定的期限内答复质疑供应商，有可能对供应商的权益造成损害时，就需要为质疑供应商提供一个公正、迅速解决问题的外部救济途径，以使供应商的权益得到有效保护。《政府采购法》及其实施条例主要对投诉的提起和处理进行了规范。

（一）投诉的提起

供应商在质疑阶段无法解决问题时，可以按规定提起投诉。

1. 投诉前置条件

《政府采购法》第五十五条规定：“质疑供应商对采购人、采购代理机构的答复不满意或者采购人、采购代理机构未在规定的时间内做出答复的，可以在答复期满后十五个工作日内向同级政府采购监督管理部门投诉。”根据上述规定，投诉提起的条件包括：

（1）投诉前必经质疑程序。

投诉的主体仅限于“质疑供应商”，也就是说，供应商未经质疑程序不得直接提起投诉，这就是投诉的前置条件。将质疑程序作为投诉的前置条件，一方面是鼓励供应商与采购人、采购代理机构通过自主协商快速解决争议。有很多质疑事项一般通过采购人、采购代理机构的解释说明即可以得到化解。另外，由于有投诉程序的威慑，采购人、采购代理机构受到质疑后一般会认真审视自己的采购行为，如果确实存在违法违规情形的，很可能会及时进行自我纠正。这样争议可能在萌芽状态就得到解决，不仅避免了争议升级，而且解决争议的速度更快，供应商得到实质性救济的可能性更大。对供应商而言，这比经过漫长的投诉程序，赢得投诉却失去了商业机会要有意义得多。另一方面可减轻行政负担，以便财政部门有效利用有限的行政资源处理质疑程序无法解决的重大、复杂事项。

质疑供应商，是指供应商已经向采购人提出书面质疑，并且对采购人的答复不满意或者采购人未在规定时间内做出答复。供应商与采购人之间的问题在质疑程序中没有得到妥善解决，才可以进一步提起投诉。供应商只能向采购人或者采购代理机构的同级政府采购监督管理部门投诉，不可越级投诉，也不可以向其他部门投诉。

（2）投诉事项不得超出已质疑事项范围。

有些供应商经过质疑程序后，发现自己原先的质疑事项难以成立，或者又有了新的发现，因而投诉时往往在原质疑事项范围之外增加新的投诉事项。由于这一现象偏离了《政府采购法》关于质疑前置的立法本意，《政府采购法实施条例》第五十五条对此进行了明确的规定，要求供应商投诉的事项仅限于已提出的质疑事项范围内。

2. 投诉请求和材料

《政府采购法实施条例》第五十五条要求供应商投诉应当有明确的请求和必要的证明材料。投诉必须有一定的事实依据，不仅有利于减少投诉的随意性和盲目性，制约供应商恶意投诉的行为，也可以提高投诉处理的针对性，保证工作效率。一旦供应商提出投诉，财政部门就必须进行相应的调查、处理，尤其是投诉属于行政救济手段，财政部门做出投诉处理决定必须经由法定的调查处理程序。明确的请求和必要的证据有助于财政部门有针对性地开展调查并做出答复或处理决定，提高工作效率。投诉请求是否明白准确、是否有法律和事实依据是投诉案件认定的关键。投诉请求指的是供应商在投诉书中提出的，要求财政部门对其予以支持的主张，也就是供应商希望通过投诉所要达到的具体目标。

3. 投诉时限

供应商提出质疑的事项，对其权益的影响有轻有重。对于一般影响的事项，经采购人或采购代理机构答复后，供应商可能不再提出异议。对于有较为严重影响的事项，如果采购人或采购代理机构做出的答复不能令其满意，或者采购人或采购代理机构逾期不做出答复，供应商就可以提出投诉。由于进入投诉程序后，其处理时间一般比质疑时间相对长一些，因此，供应商在提出投诉前，也需要慎重考虑权衡。为此，《政府采购法》规定“质疑供应商提出投诉的时间为答复期满后十五个工作日内”。答复期满，是指采购人答复供应商质疑的期限结束，即采购人或采购代理机构收到供应商书面质疑后的七个工作日已经到期。投诉的有效期间必须是答复期满后十五个工作日内，如果超过十五个工作日，供应商的投诉应视为无效，不应受理。

（二）投诉的处理

从国际上来看，受理投诉的机构可以有多种选择，有的国家和地区由行政监督部门负责，有的由独立的采购仲裁机构负责，还有的由法院负责裁决。我国各级财政部门作为政府采购监督管理部门，不参与具体的政府采购活动。因此，《政府采购法》将投诉处理的职责赋予政府采购监督管理部门，并提出了明确的要求。

1. 处理方式和时限

（1）处理方式。

政府采购投诉制度属于行政救济制度，财政部门做出的投诉处理决定属于具体行政行为。根据我国《行政诉讼法》和《行政复议法》，判断具体行政行为合法性的基本标准是：行使行政职权的主体合法，合乎法定职权范围，做出具体行政行为的证据确凿，适用法律法规正确，符合法定程序，不滥用职权。行政机关采取的具体行政行为，符合以上条件就是合法的，将得到司法审查机关或者行政复议机关的支持。否则，就构成违法，将被撤销、变更。按照依法行政的要求，财政部门处理投诉必须经由法定的调查程序，在查清事实、证据确凿的情况下才能依法做出投诉处理决定。因此，《政府采购法实施条例》第五十六条规定：“财政部门处理投诉事项采用书面审查的方式，必要时可以进行调查取证或者组织质证。”其含义如下：

① 书面审查。按照《政府采购法》及其实施条例的要求，政府采购活动应当有完整反映采购活动过程及各项决策的书面记录，供应商投诉必须附必要的证明材料。因此，通常情况下，发生供应商投诉后，财政部门通过调阅项目采购文件资料，再

结合投诉供应商提供的证明材料以及被投诉人、其他利害关系人提供的说明材料，一般就能查清与投诉事项有关的具体事实。有鉴于此，从简化行政程序、节约行政成本的角度出发，《政府采购法实施条例》将书面审查作为财政部门调查处理投诉事项的基本方式或者说是“默认”方式。

② 调查取证。调查取证，是指有调查取证权的组织或个人为了查明案件事实的需要，向有关单位、个人进行调查、收集证据。具有调查取证权的组织主要是公安、工商、质检、检察院、法院等国家机关，其他行政机关依据法律法规的规定在其行政职能业务领域内具有调查取证权。对于一些比较复杂的投诉案件，有时候仅进行书面审查不一定能完全查清事实并获得充分的证据。例如，供应商投诉其他几家供应商共同“围标”或串通投标，或者未中标供应商投诉中标供应商弄虚作假，投标时虚假承诺本企业为小型企业，在评标时获得中小企业优惠待遇从而得以中标。在这种情况下，财政部门运用自身的职权进行调查取证就很有必要。比如，财政部门向被投诉供应商所在地的中小企业主管部门进行调查，以确定其实际的企业规模类型。

③ 组织质证。狭义的质证仅指诉讼活动中，当事人、诉讼代理人及第三人在法庭的主持下，对当事人及第三人提出的证据就其真实性、合法性、与本案争议事实的关联性以及是否有证明力，是否可以作为本案认定案件事实的根据，进行说明和质辩的活动或过程。广义的质证则是指在诉讼、仲裁或其他争议解决活动中，双方当事人、代理人及第三人所进行的前述活动，投诉处理中的质证就属于广义的质证。财政部门处理投诉在必要时组织质证，有利于保障投诉人、被投诉人及其他利害关系人的知情权、参与权；有利于财政部门准确地认定证据，查清事实，从而更加合法、合理地做出投诉处理决定；有利于相关各方全面了解争议事实，接受和认可财政部门所做出的处理决定。

财政部门在处理政府采购供应商投诉方面，只有调查取证权，而没有采取查封、扣押、对人身或住宅进行搜查等行政强制措施进行调查取证的权力。为了减少财政部门调查取证的困难和阻力，投诉人和与投诉事项有关的当事人应承担配合财政部门调查取证的法律义务，即财政部门依法进行调查时，投诉人和与投诉事项有关的当事人应当如实反映情况，并提供相关材料。与投诉事项有关的当事人既包括采购人、采购代理机构和参与了项目采购活动的其他供应商等政府采购当事人，也包括政府采购当事人以外的与投诉事项有关的其他单位及人员，如项目评审专家、行业主管部门、行业协会、投标产品的制造厂家、投诉事项的有关知情人等。根据投诉事项的不同，有时向相关的其他单位和人员进行调查取证，对于全面查清事实、获得确凿证据十分必要。例如，供应商投诉中标人投标文件中提供的制造厂家授权书涉嫌伪造，财政部门需要向中标产品的制造厂家进行查证；在有关中标、成交结果的投诉中，参与项目评审活动的评审专家往往是最重要的知情人；对于有关投标人企业规模类型的投诉，则需要由企业所在地的县级以上中小企业主管部门出具认定证明等。

（2）处理时限。

处理投诉是政府采购监督管理部门的法定职责，在收到质疑供应商的投诉后，政府采购监督管理部门需要组织人员对投诉事项的有关情况进行深入细致的调查、取证和核实，在此基础上依法做出处理规定。政府采购监督管理部门在处理投诉过程中，既要慎重解决投诉问题，也要考虑政府采购活动的正常进行和供应商权益的保护。因此，《政府采购法》第五十六规定：“政府采购监督管理部门应当在收到投诉三十个工作日以内，对投诉事项做出处理决定，并以书面形式通知投诉人和与投诉事项有关的当事人。”这一时限是处理决定的最后时限，政府采购监督管理部门应本着实事求是和高度负责的精神，区分投诉的不同情况，尽快对投诉事项做出处理。

上述规定明确了投诉处理的期限以及期间计算的起止点，但是对于其中涉及的两个重要时间是否计入投诉处理期限没有明确：一是关于投诉审查受理的时间；二是关于投诉处理过程中可能涉及的检验、检测、鉴定等所需时间。我国行政以及行政复议等法律法规，通常规定立案或者审查受理时间为三至七日不等，均不计入案件的审理期限或行政复议处理期限。政府采购投诉的受理也必须具备一定的形式要件和内容要件，财政部门收到投诉后要审查投诉是否符合受理条件，并根据审查情况做出受理或者不受理的决定。对符合投诉受理条件并决定受理的，收到投诉书之日即为受理之日。对不符合受理条件的投诉，则要区分情况进行不同处理：有些可直接决定不予受理，有些则要告知投诉人补正相关材料后再决定是否受理，有些可能受理后根据实际情况需要投诉人补正材料。另外，投诉案件调查处理过程中可能需要进行一些必要的检验、检测、鉴定、专家评审等，而该类工作需要委托有专业资格或者技能的单位或人员完成。因此，《政府采购法实施条例》第五十八条对投诉处理期限的计算进行了补充规定，“财政部门处理投诉事项，需要检验、检测、鉴定、专家评审以及需要投诉人补正材料的，所需时间不计算在投诉处理期限内”。

2. 暂停采购活动

供应商向采购人或采购代理机构提出质疑以后，仍然向政府采购监督管理部门投诉，确有可能是因为投诉事项使其权益受到很大的损害。在投诉事项处理过程中，政府采购活动的继续进行可能影响或者伤害当事人的合法权益，在这种情况下，有必要实行采购活动暂停制度。但是，采购活动必须讲求效率，不能无限期停止。因此，《政府采购法》第五十七条对投诉处理期间暂停采购活动的问题做出了规定。

（1）采取暂停措施的条件。

政府采购监督管理部门在处理投诉事项期间，可以视具体情况确定采购暂停措施的条件。政府采购继续进行影响当事人合法权益的情形非常复杂，不同投诉事项，不同的采购环节，情况都不可能一样。比如，采购人在公布的招标文件中规定供应商的特定条件，以不合理的条件对供应商实行差别待遇或者歧视待遇，直接导致一部分供应商不能参加采购活动；采购人在采购过程中没有采用招标文件中公布的采购程序进行采购，采用竞争性谈判、询价方式采购没有遵循法定的程序等，导致一部分供应商的权益受损；采购人不依法确定中标、成交供应商，从而使得依法应当中标、成交的供应商失去中标、成交资格等。上述各种情况的出现，都会使投诉人的权益在不同程度上受到损害。但这些情况不能在法律中一一列举，只能由政府采购监督管理部门根据个案来确定。因此，《政府采购法》赋予政府采购监督管理部门在暂停采购中较大的自由裁量权。政府采购监督管理部门在决定暂停采购活动时，应当依法行使这种权力，不能随意行使甚至滥用暂停采购的权力，应当全面考虑采购人、投诉人和其他供应商等各个方面的权益。政府采购监督管理部门应将采取暂停采购措施的决定以书面形式通知采购人。

（2）暂停措施的实施时间。

政府采购监督管理部门决定采购人暂停采购活动的时间最长不得超过三十日。因为暂停措施只是行政程序中的保护措施，具有临时救济和阻止性质，而不是对争议事项的最后解决，所以时间不宜过长。暂停采购活动的三十日为最长时间，应当连续计算，包括节假日。

询问或者质疑事项中的“暂停签订或暂停履行合同”与投诉处理中的“暂停采购活动”具有内在联系。如果没有询问、质疑阶段对于合同签订或履行的暂停，投诉阶段的暂停采购活动很可能就无从谈起。而按照质疑前置原则及法定职责，在询问、质疑阶段，财政部门不太可能直接介入并要求暂停采购活动。如果采购人应当暂停而不暂停，为避免产生不可逆转的后果，质疑供应商可以及时向财政部门投诉，由财政部门在受理投诉后责令采购人立即暂停签订或履行合同。需要注意的是，询问或者质疑事项中“暂停签订或暂停履行合同”不同于投诉处理中“暂停采购活动”，主要区别在于：一是“暂停签订或履行合同”是在询问、质疑阶段，而“暂停采购活动”是在投诉处理阶段；二是“暂停签订或履行合同”是由采购人酌情自主做出的行为，它是采购人的法定义务，而“暂停采购活动”是由财政部门酌情决定的，采购人或采购代理机构是按照财政部门的通知执行；三是“暂停签订或暂停履行合同”中“暂停”仅限于暂停签订合同或履行合同，而“暂停采购活动”的范围则更广。比如，供应商对招标资格预审结果不服而提起投诉，财政部门在初步审查后认为投诉事项可能成立，如果此时即将开标，财政部门就可以通知采购人暂停开标。

3. 投诉处理决定

投诉处理决定主要包括对特定情形的处理、处理决定公告等内容的规范。

（1）特定情形的处理。

《政府采购法实施条例》第五十七条主要对如何处理恶意投诉和撤回投诉两种特定情形进行了补充规定：

① 对恶意投诉，予以驳回。在采购实践中，由于缺乏有效的制约手段，供应商滥用投诉权利的现象比较普遍。例如，有的供应商只要自己没有中标、成交就要质疑、投诉；有的供应商因被其他供应商质疑、投诉，为了“报复”而进行质疑、投诉等。这种现象不仅妨碍了政府采购活动的正常进行，影响了政府采购效率，而且会增加行政监管成本，虚耗财政部门有限的政府采购监管资源。更有甚者，通过捏造事实、伪造证明材料等恶意进行投诉，此举严重扰乱了政府采购秩序，损害了社会诚信。有鉴于此，《政府采购法实施条例》明确了恶意投诉的两类表现情形，并规定财政部门应当驳回恶意投诉。

一是投诉人捏造事实、提供虚假材料进行投诉。尽管投诉是法律赋予供应商的一项重要权利，但是权利的行使必须合法。在行使权利时既要尊重他人的权利，不得损害国家、社会和集体的利益，也要在法律允许的范围内以合法的方式行使权利。而投诉人捏造事实、提供虚假证明材料进行投诉，不仅损害被投诉人和与投诉事项有关的其他当事人的合法权益，而且可能损害国家利益和社会公共利益。更严重的是，捏造事实、提供虚假证明材料具有明显的主观恶意，在性质上属于“诬告”，必须坚决予以遏制。因此，投诉人捏造事实、提供虚假材料进行投诉的，财政部门应当予以驳回。

二是投诉人以非法手段取得证明材料进行投诉。在刑事诉讼中，主张非法证据排除规则。《刑事诉讼法》第五十八条规定：“对于经过法庭审理，确认或者不能排除存在以非法方法收集证据情形的，对有关证据应当予以排除。”尽管非法取得的证据对查明案件的真实情况和定案是有益的，但是却要以破坏国家法律所确立的秩序和侵犯公民、法人的基本权利为代价，因此要排除非法证据。在政府采购实践中，投诉人利用非法手段获取证据进行投诉的，在投诉案件中占有相当比例。最常见的表现形式是，投诉人采用不正当手段从采购人、采购代理机构或者评审专家处获取政府采购活动中依法应当保密的有关信息和资料，然后以此为依据进行投诉。例如，投诉人通过非法手段从评审专家处获取有关投标文件评审和比较情况、中标候选人推荐情况和评标过程中的其他情况；通过情感联络、利益输送等手段从采购人、采购代理机构处得知其他供应商投标或响应文件中所包含的重要信息甚至商业秘密；利用采购人、采购代理机构对应当保密的有关资料保存不善，投诉人明知属于保密信息，依然进行了浏览、抄录、复制甚至窃取等。投诉人获取这些信息和资料违反了《政府采购法》等法律的禁止性规定，侵害了其他当事人的合法权益，败坏了社会风气，甚至触犯了刑律。因此，以非法手段取得证明材料进行投诉的，财政部门应当予以驳回。

如果投诉符合法定的形式要件和内容要件，财政部门予以受理后，经过调查核实判断出属于上述两类情形的恶意投诉的，财政部门应当书面做出驳回投诉的处理决定。需要说明两点：第一，财政部门对投诉予以驳回并非只限于上述两种情形。根据《政府采购供应商投诉处理办法》第十七条之规定，凡是缺乏事实依据的投诉，财政部门审查后均应予以驳回。因为上述两种投诉情形性质十分恶劣，在实践中又时有发生，因此《政府采购法实施条例》专门进行了列举，并明确财政部门对这两种投诉应当予以驳回。第二，对于以上两类恶意投诉的情形，其行为后果并不仅限于驳回投诉。为了有效遏制恶意投诉，《政府采购法实施条例》第七十三条还专门规定了这类行为的法律责任："供应商捏造事实、提供虚假材料或者以非法手段取得证明材料进行投诉的，由财政部门列入不良行为记录名单，禁止其一至三年内参加政府采购活动。"

② 对撤回投诉，终止处理程序。财政部门受理投诉后，投诉人书面申请撤回投诉的，财政部门应当终止投诉处理程序。这一规定主要借鉴了行政复议中的申请人申请撤诉制度，体现了对投诉人行使自身处分权的尊重。如《行政复议法》第二十五条规定："行政复议决定做出前，申请人要求撤回行政复议申请的，经说明理由，可以撤回；撤回行政复议申请的，行政复议终止。"申请撤回投诉是投诉人对其投诉权利行使处分权的一种自治行为。投诉人是享有投诉权利的主体，它可以主张的方式行使权利，也可以不主张的方式放弃权利。这一规定也体现了"息诉止纷"的原则。投诉人自愿申请撤回投诉的，财政部门终止投诉处理程序，有利于及时化解矛盾纠纷，实现案结、事了、人和。

根据上述规定，投诉人撤回投诉必须采用书面形式，如果投诉人口头做出撤回投诉表示的，财政部门应当告知其书面提出，否则不能按撤回投诉处理。只要投诉人书面申请撤回投诉，财政部门就应当终止投诉处理程序。对于投诉人书面申请撤回投诉的案件，如果财政部门发现采购活动中的确存在违法违规行为，影响或可能影响中标、成交结果的，财政部门首先应当终止投诉处理程序，随后根据《政府采购法》所赋予的政府采购监督管理职责，对在投诉处理过程中发现的违法违规行为依法进行查处。

（2）处理决定公告。

对于投诉处理决定，《政府采购法》要求财政部门以书面形式通知投诉人和与投诉事项有关的当事人，而没有要求必须进行公告。为进一步贯彻落实政府采购公开透明的原则和政府信息公开的要求，促进财政部门依法行政，发挥投诉案例的宣传和警示作用，促进政府采购乃至全社会的诚信体系健康发展，《政府采购法实施条例》第五十八条规定："财政部门对投诉事项做出的处理决定，应当在省级以上人民政府财政部门指定的媒体上公告。"

政府采购监督管理部门对投诉人的投诉事项做出的处理决定，是一项具体行政行为，法律并没有规定这种具体行政行为可以成为最终裁决。因此，投诉人对政府采购监督管理部门的投诉处理决定不服，或者政府采购监督管理部门逾期未作处理的，可以通过行政和司法救济途径依法寻求救济。因此，《政府采购法》第五十八条规定，投诉人对政府采购监督管理部门的投诉处理决定不服或者政府采购监督管理部门逾期未作处理的，投诉人有权依法向其上一级行政机关申请行政复议，也有权依法直接向人民法院提起行政诉讼。具体而言，投诉人可以采取：

第一，申请行政复议。投诉人对政府采购监督管理部门做出的投诉处理决定如有不服，或者政府采购监督管理部门逾期未作处理的，可以依法先行申请行政复议；对行政复议决定不服的，还可以依法向人民法院提起行政诉讼。按照《行政复议法》的规定，投诉人可以自收到投诉处理决定之日起六十日内，向做出投诉处理决定的政府采购监督管理部门的本级人民政府申请行政复议，或者向上一级政府采购监督管理部门申请行政复议。如果投诉处理决定是由北京市财政局做出的，投诉人可以向北京市人民政府或财政部申请行政复议。行政复议机关收到行政复议申请后，应当在五个工作日内进行审查并决定是否受理，对不予受理的，应当书面告知申请人；对决定予以受理的，应当及时进行审查、研究，提出处理意见，在自受理申请之日起六十日内做出维持、撤销、变更原投诉处理决定或者确认原投诉处理决定违法的行政复议决定，并书面通知申请人。

第二，提起行政诉讼。投诉人对政府采购监督管理部门做出的投诉处理决定如有不服，或者政府采购监督管理部门逾期未作处理的，可以不经行政复议程序而直接向人民法院提起行政诉讼。根据《行政诉讼法》的规定，投诉人不服投诉处理决定直接向人民法院提起行政诉讼的，应当在收到投诉处理决定之日起三个月内，向做出投诉处理决定的政府采购监督管理部门所在地的基层人民法院提出。如果投诉处理决定是由财政部做出的，投诉人应当向财政部所在地的中级人民法院提出。人民法院接到起诉状后，经审查在七日内立案或者做出裁定不予受理。一经立案，人民法院将及时进行审理，并根据不同情况，在立案之日起三个月内分别做出维持、撤销或者部分撤销原投诉处理决定的第一审判决。投诉人对第一审判决不服，有权在判决书送达之日起十五日内向上一级人民法院提起上诉。人民法院审理上诉案件，一般在收到上诉状之日起两个月内做出终审判决。

二、招标投标法

我国《招标投标法》仅在附则中对招投标活动中的投诉进行了原则性规定，《招标投标法实施条例》利用专门章节“投诉与处理”进行了补充和细化规定。

（一）投诉的提起

1. 投诉主体

《招标投标法》第六十五条规定：“投标人和其他利害关系人认为招标投标活动不符合本法有关规定的，有权依法向有关行政监督部门投诉。”《招标投标法实施条例》第六十条也规定：“投标人或者其他利害关系人认为招标投标活动不符合法律、行政法规规定的，可以向有关行政监督部门投诉。”根据上述规定，对招投标活动进行投诉的主体，限于与该项招投标活动有利害关系的人，即因为招投标活动违反招投标法律、行政法规的规定，已使或将会使其利益受到损害的人，包括投标人和其他利害关系人。

需要注意的是，《招标投标法实施条例释义》[①]认为投诉主体不同于异议主体，应当包括招标人。招标人是招投标活动的主要当事人，是招标项目和招标活动毫无疑义的利害关系人，但是招标人不得滥用投诉。招标人能够投诉的应当限于那些不能自行处理，必须通过行政救济途径才能解决的问题。典型的是投标人串通投标、弄虚作假，资格审查委员会未严格按照资格预审文件规定的标准和方法评审，评标委员会未严格按照招标文件规定的标准和方法评标，投标人或者其他利害关系人的异议成立但招标人无法自行采取措施予以纠正等情形。例如投标人或者其他利害关

① 国家发展和改革委员会法规司．招标投标法实施条例释义［M］．中国计划出版社，2012.

系人有关某中标候选人存在业绩弄虚作假的异议，经招标人核实后情况属实，而评标委员会又无法根据投标文件的内容给予认定，评标时又缺少进行查证的必要手段，如果由招标人自行决定或者否决又容易被滥用，必须向行政监督部门提出投诉，由行政监督部门依法做出认定。

2. 投诉前置条件

根据《招标投标法》，投标人和其他利害关系人有权向招标人提出异议或者依法向有关行政监督部门投诉，没有规定异议程序是投诉的前置条件。异议一般通过招标人的解释说明即可以快捷地得到化解，而投诉处理则必须经过调查，履行法定程序。为了鼓励投标人和其他利害关系人通过异议方式解决招投标争议，减轻行政负担，《招标投标法实施条例》第六十条规定了在特定事项的投诉中，异议程序是投诉的前置条件。即投标人或者其他利害关系人有关资格预审文件和招标文件、开标以及评标结果等规定事项的投诉，应当以向招标人提出异议为前提。对资格预审文件有异议的，应当在资格预审申请截止时间两日前提出；对招标文件有异议的，应当在投标截止时间十日前提出；对开标的异议应当在开标会上当场提出；对依法必须进行招标项目的评标结果有异议的，应当在中标候选人公示期间提出。

3. 投诉请求和材料

《招标投标法实施条例》第六十条规定："投诉应当有明确的请求和必要的证明材料。"投诉不能仅因为投诉人认为招投标活动不符合有关规定就做出认定，还必须有明确的要求并附必要的证明材料。投诉属于行政救济手段，行政监督部门做出投诉处理决定必须经由法定的调查处理程序，明确的请求和相关证据有利于保证行政效率。特别是行政监督部门在调查处理投诉的过程中有权责令暂停招投标活动，因此投诉不能无凭无据，更不能捏造事实恶意投诉，必须基于投诉人有相应材料证明的事实。

4. 投诉时限

《招标投标法实施条例》第六十条规定："投标人或者其他利害关系人认为招标投标活动不符合法律、行政法规规定的，可以自知道或者应当知道之日起十日内向有关行政监督部门投诉。"

在确定何为"应当知道之日"时，要区别不同的环节：一是资格预审公告或者招标公告发布后，投诉人应当知道资格预审公告或者招标公告是否存在排斥潜在投标人等违法违规情形；二是投诉人获取资格预审文件、招标文件一定时间后应当知道其中是否存在违反现行法律法规规定的内容；三是开标后投诉人即应当知道投标人的数量、名称、投标文件提交、标底等情况，是否存在对投标人的限制等情形；

四是中标候选人公示后应当知道评标结果是否存在违反法律法规和招标文件规定的情形；五是招标人委派代表参加资格审查或者评标的，资格预审评审或者评标结束后，即应知道资格审查委员会或者评标委员会是否存在未按照规定的标准和方法评审或者评标的情况。如果招标人未委派代表参加，在收到资格预审评审报告或者评标报告后应知道资格审查委员会或者评标委员会是否存在未按照规定的标准和方法评审或者评标的情况等。[①]需要注意的是，异议答复期间不计算在规定的投诉时限内。如果将异议处理时间计算在投诉时效内，则难以避免招标人故意拖延对异议的回复而导致异议人丧失投诉权的情况发生。该规定与异议回复时间一起，有利于保证异议的及时回复和投诉人的投诉权。

（二）投诉的处理

1. 投诉受理机构

《招标投标法》没有规定招投标活动中投诉的具体受理机构，只规定由“有关行政监督部门”来受理投诉。依据2004年颁布的《工程建设项目招标投标活动投诉处理办法》第四条，各级发展改革、建设、水利、交通、铁道、民航、信息产业（通信、电子）等招标投标活动行政监督部门，依照《国务院办公厅印发国务院有关部门实施招标投标活动行政监督的职责分工的意见的通知》和地方各级人民政府规定的职责分工，受理投诉并依法做出处理决定。具体职责分工如下：工业（含内贸）、水利、交通、铁道、民航、信息产业等行业和产业项目的招投标活动的监督执法，分别由经贸、水利、交通、铁道、民航、信息产业等行政主管部门负责；各类房屋建筑及其附属设施的建造和与其配套的线路、管道、设备的安装项目和市政工程项目的招投标活动的监督执法由建设行政主管部门负责；进口机电设备采购项目的招投标活动的监督执法由外经贸行政主管部门负责。另外，对国家重大建设项目（含工业项目）招标投标活动的投诉，由国家发展改革委受理并依法做出处理决定，但其他机构已经受理的除外；对于国有金融机构的投诉，依据有关法律规定，投标人可向国有金融企业的主管财政机关以及国家有关部门投诉。[②]

我国目前的行政体系决定了对招投标的投诉存在两个以上有权受理的行政监督部门。例如，在横向层级上，国家重大建设项目的招投标活动既接受行业管理部门的监督，同时接受发改委的监督。因此，对国家重大建设项目，存在同一事项有两个以上有权受理投诉的行政监督部门。各省级人民政府确定的地方重大建设项目也

---

① 关于招标人的内容，是基于《招标投标法实施条例释义》提出的投诉主体包括招标人的解释。

② 因国务院机构改革，有的行政主管部门的名称已有所调整。

存在类似的情况；在纵向层级上，投诉人就同一事项同时向不同层级的行政监督部门投诉的现象也比较普遍，而不同层级的行政监督部门均有权受理有关投诉。为防止行政监督部门推诿扯皮，按照高效便民原则，《招标投标法实施条例》第六十一条规定，投诉人就同一事项向两个以上有权受理的行政监督部门投诉的，由最先收到投诉的行政监督部门负责处理，而非最先受理的部门负责处理。所谓“收到”是指行政监督部门接收投诉人提交的投诉书及相关材料的行为。所谓“受理”是指行政监督部门对投诉人的投诉进行审查后，对符合法定受理条件的投诉决定立案调查处理，并启动投诉调查处理程序的行为。收到投诉和受理投诉是两种不同性质却又密切联系的行为，前者是受理的前提，后者是收到投诉后的处理结果。投诉由最先收到投诉的行政监督部门负责处理，意味着最先收到投诉的行政监督部门不得以尚未做出受理决定拒绝处理。该规定有利于有效防止行政监督部门之间相互推诿，提高投诉处理效率；能够避免投诉人多头投诉后出现多头调查处理，既影响招标项目的实施进度，又浪费行政资源；有利于行政监督部门之间形成良性制约，保护当事人的合法权益。需要说明的是，投诉人在向有关行政监督部门递交投诉书时，应当保存好相关签收记录，以便确认最先收到投诉的行政监督部门，确保投诉得到及时处理。

2. 投诉处理时限和决定

（1）投诉处理时限。

行政监督部门应当在规定的时间内受理投诉并做出处理决定。投诉的受理必须具备一定的形式和内容要件，行政监督部门从收到投诉到决定是否受理有一个审查并做出决定的时限。《招标投标法实施条例》第六十一条规定：“行政监督部门应当自收到投诉之日起三个工作日内决定是否受理投诉。”行政监督部门收到投诉后应当审查投诉是否符合受理条件，并在规定期限内做出受理或者不受理的决定。对符合投诉受理条件并决定受理的，收到投诉书之日即为受理之日。

行政监督部门也应在规定的时限内对投诉做出处理决定。根据招投标行政监督工作的效率原则，保证招标项目的实施进度，行政监督部门应当自受理投诉之日起三十个工作日内做出书面处理决定。考虑到投诉案件调查处理过程中可能需要进行必要的检验、检测、鉴定、专家评审，而该类工作需要委托有专业资格或者技能的单位完成，行政监督部门不能控制其所需时间。因此，投诉处理过程中的检验、检测、鉴定和专家评审时间不计算在投诉处理期限内。《工程建设项目招标投标活动投诉处理办法》规定，情况复杂，不能在规定期限内做出处理决定的，经本部门负责人批准，可以适当延长，并告知投诉人和被投诉人。考虑到投诉处理时间过长，必然会影响招标项目的实施进度，也容易造成调查取证的困难，还有可能为不法当事人毁灭证据和串供提供可乘之机，《招标投标法实施条例》没有规定经本部门批准可以延长投诉处理时间，主张行政监督部门必须提高行政办事效率。

（2）投诉处理决定。

《招标投标法实施条例》规定了行政监督部门应当驳回投诉的两种情形：

① 投诉人捏造事实、伪造证明材料。投诉人捏造事实、伪造证明材料提出投诉是实践中恶意投诉的主要表现之一。尽管投诉是投诉人在自身合法权益受到侵害时寻求行政救济的手段，但由于涉及其他当事人的合法权益，投诉人行使权利时不能损害他人利益。投诉人捏造事实、伪造证明材料提出投诉，不仅可能损害他人权益，而且会阻碍招投标活动的正常进行，影响了行政监督资源的合理使用，增加行政监督成本。

② 投诉人以非法手段取得证明材料。实践中投标人利用非法手段，通过招标人、招标代理机构或者评标委员会成员获取应当保密的信息和资料进行投诉，是各地投诉案件数量居高不下的根源之一。利用非法手段获取，包括招标人、招标代理机构或者评标委员会成员故意和非故意的透露。其中，非故意的透露表现在招标人、招标代理机构或者评标委员会对应当保密的有关资料保存不善，而投诉人明知有关信息属于依法应当保密的信息，依然进行了必要的浏览、抄录或者复制；所谓“保密的信息和资料”，包括不得透露的投标人信息，投标文件评审和比较情况、中标候选人推荐情况和评标有关的其他情况，投标人的商业秘密。获取这些信息和资料要么违反了《招标投标法》等法律的禁止性规定，要么侵害了他人的合法权益，据此提出的投诉应当予以驳回。

上述两种情形在行政监督部门收到投诉后，有一些比较明显的可以直接做出判断，不予受理；有一些是否符合受理条件并不明确，需要经过一定的调查核实。对此，只要投诉符合法律法规规定的形式要件和内容要件，行政监督部门即应当予以受理。受理后经查证投诉事项不实或者证明材料不符合《招标投标法实施条例》规定的，再予以驳回。

3. 行政监督措施

《招标投标法实施条例》第六十二条规定了行政监管部门处理投诉可以采取的措施及行政监督人员的保密义务。

（1）行政监督措施。

行政监督部门处理投诉时，可以采取的必要措施包括：

① 查阅、复制有关文件、资料。行政监督部门有权查阅、复制有关文件、资料，相关单位和人员应当予以配合。为了全面、客观、公正地处理投诉，参照《行

政处罚法》的相关规定，行政监督部门在投诉调查处理过程中必须查阅和复制有关文件、资料以收集相关证据。在行政监督部门查阅、复制有关文件、资料时，相关单位和人员应当给予配合，不得以任何借口设置障碍，进行阻挠。

② 调查有关情况。行政监督部门调查有关情况，相关单位和人员应当予以配合。调查是通过一定的手段和方式了解投诉事项的客观情况。参照《行政处罚法》的相关规定，行政监督部门处理投诉必须全面、公正、客观地调查，在查明事实的基础上依法做出处理决定。相关单位和人员应当给予配合，不得掩盖事实真相。

③ 责令暂停招投标活动。必要时，行政监督部门可以责令暂停招投标活动。招投标活动具有很强的时效性、程序性和不可逆转性。为了保护投诉人及与投诉有关的当事人的合法权益，防止违法违规行为的影响进一步扩大，或者造成无法挽回的后果，有必要赋予行政监督部门责令暂停招投标活动的权力。但暂停招投标活动将影响招标项目的开展，需要甄别具体情况，在确有必要时才责令暂停。例如，投诉所反映的问题是真实可信的，如不暂停，投诉人将遭受不可弥补的损害，且暂停不会给招标人和其他投标人造成不成比例的损害才有必要责令暂停。

需要注意的是，行政监督部门责令暂停招投标活动与招标人对异议做出答复前的暂停是有区别的。前者是由行政监督做出的强制行为，招标人必须接受，后者是招标人法定义务，属于招标人应当依照规定主动做出的行为。如果招标人应当主动暂停而不暂停，为避免损失扩大，异议人应当及时向行政监督部门投诉，行政监督部门应当在受理投诉后责令招标人立即暂停相关招投标活动。如果招投标活动的暂停影响到投标有效期或者签订合同的期限的，招标人应当顺延投标有效期或者签订合同的期限，因暂停导致投标有效期过期的，由招标人承担相应的法律后果。

（2）行政监督人员保密义务。

行政监督部门的工作人员应当对监督检查过程中知悉的国家秘密和商业秘密承担保密义务。国家秘密，是指关系国家的安全和利益，依照法定程序确定，在一定时间内只限一定范围的人员知悉的事项。商业秘密，是指不为公众所知悉，能为权利人带来经济利益，具有实用性并经权利人采取保密措施的技术信息和经营信息。《反不正当竞争法》《知识产权保护法》《专利法》和《侵权责任法》均对商业秘密的保护做出了规定，国家工商行政管理局《关于禁止侵犯商业秘密行为的若干规定》规定，国家机关及公务人员在履行公务时，不得披露或者允许他人使用权利人的商业秘密。在投诉调查处理过程中，为了查明事实，可能接触国家秘密以及招标人和投标人的商业秘密。为了维护国家安全，保护行政相对人的合法权益，要求行政监督人员承担保密义务，可以消除行政相对人的顾虑，积极配合行政监督部门做好投诉调查和处理工作。

本章小结

1. 公共采购救济机制是指在公共采购的过程中，由于当事人一方的故意或过失而导致另一方财产或权益的损失时，另一方所采取的补救措施。公共采购中最主要的救济对象就是合法权益受到侵害的供应商，其可以对采购过程的错误决定提出质疑、投诉、起诉，从而启动采购人的内部审查、行政监管机关的行政审查以及司法机关的司法审查程序。

2. 我国《政府采购法》及其实施条例利用专门章节规定了供应商质疑和投诉程序，为维护供应商在政府采购活动中的合法权益，确保政府采购顺利进行提供了制度保障。而《招标投标法》在附则中对质疑和投诉程序进行了原则性规范，《招标投标法实施条例》增加了"投诉与处理"的章节进行了补充规定。

3. 我国《政府采购法》及其实施条例从质疑的范围、条件、时限和处理等方面对质疑程序进行了具体规范。《招标投标法实施条例》主要针对特定事项提起异议进行了规范，包括异议主体、范围、时限和处理等。

4. 我国《政府采购法》及其实施条例主要从投诉的前置条件、投诉请求和材料、时限和处理等方面对投诉程序进行了规范。《招标投标法》及其实施条例主要从投诉主体、投诉前置条件、投诉请求和材料、时限、处理和行政监督措施等方面对投诉程序进行了规范。

思考题

1. 在政府采购中，供应商的权利救济主要包括哪些途径？
2. 供应商就政府采购事项提起质疑应满足哪些条件？
3. 根据《政府采购法实施条例》，如何确定质疑时效的具体起算时间？
4. 《招标投标法实施条例》对提起异议的时限有哪些规定？
5. 《招标投标法实施条例》对处理异议有哪些要求？
6. 如何理解《政府采购法》及其实施条例对投诉前置条件的规定？
7. 简述《政府采购法》及其实施条例对政府采购投诉处理方式和时限的要求。
8. 根据《招标投标法》及其实施条例，提起投诉应满足哪些条件？
9. 简述《招标投标法实施条例》对投诉处理时限和决定的要求。

第七章　公共采购监督机制

作用

本章是对公共采购监督机制的介绍，目的是使读者了解各类公共采购监督主体的职责和任务，理解公共采购监督机制的运行。公共采购活动具有较强的公共性和强制性，行政监督是公共采购的主要监督方式，是公共采购法律重要的规范内容。

重点

当事人监督；行政监督；社会监督

公共采购监督机制是有关主体运用法律赋予的权利，采取各种措施和行动，以预防和制止公共采购中违法行为的发生，消除其带来的不良影响及其后果，维护公共利益和公共采购法律秩序的管理体系和制约机制。保证公共采购依照公开、公平、公正原则规范运行，维护公共利益，关键在于建立一个全方位、多层次、科学有效的监督制约机制。根据公共采购法律规范，公共采购监督机制按照监督主体可以分为当事人监督、行政监督、司法监督和社会监督。①

第一节　当事人监督

采购人、供应商和采购代理机构等公共采购当事人的监督是公共采购监督体系的组成部分。其中，供应商就公共采购事项的质疑和投诉是当事人监督的一种重要方式，因救济机制中已有详细说明，此部分只就采购人和采购代理机构的监督进行介绍。我国《招标投标法》对于监督管理只进行了原则性规定，有关当事人监督的

① 司法监督指国家司法机关对公共采购活动的监督。如公共采购当事人认为公共采购活动存在违反法律、法规、规章规定的行为，可以起诉，由法院依法追究有关责任人相应的法律责任。对于公共采购活动中的民事纠纷、行政争议和刑事案件，可以直接依照《民事诉讼法》《行政诉讼法》《刑事诉讼法》和《仲裁法》处理，所以公共采购法律没有规定司法监督。

法律规范主要以我国《政府采购法》及其实施条例的内容为主。

一、采购人的监督

我国《政府采购法》及其实施条例在“监督检查”的章节中，针对一些重要的政府采购事项对采购人提出了监督要求。采购人不仅应严格依法执行，也应对相关事项进行监督检查，以保证政府采购法律的贯彻和落实。

（一）政府采购项目的采购标准和采购结果应当公开

公开透明是政府采购的基本原则，也是防止腐败行为、保障政府采购顺利进行的重要措施。根据《政府采购法》的规定，除涉及商业秘密的以外，政府采购的所有信息，都应当及时向社会公开发布。在这些需要公开的信息中，政府采购项目的采购标准以及采购结果的公开尤其重要，因此《政府采购法》第六十三条对采购项目的公开进行了规范，主要包括以下要求：

1. 采购标准公开

《政府采购法》规定，政府采购项目的采购标准应当公开。采购标准是采购人编制采购项目需求，实施采购项目的依据，是保证采购项目质量、完成采购项目任务的基础。采购标准的公开，有利于供应商确定是否以及如何参加政府采购活动，也有利于监督管理部门对政府采购活动实施监督。《政府采购法实施条例》第五十九条明确了采购标准的定义，是指项目采购所依据的经费预算标准、资产配置标准和技术、服务标准等。采购人或采购代理机构在编制相应需求文件时，对国家有强制执行标准的必须严格执行，对指导性或推荐使用标准应按采购目的及经费预算情况确定合理的需求标准。

（1）经费预算标准。

经费预算标准，指部门预算中政府采购预算及相关的定量定额标准。现阶段预算编制管理体制正处于不断完善的过程中，实践中仍存在预算定量定额标准不完备、项目编制比较粗、不够细化，导致项目不具体、预算不准确、预算执行的随意性较大等问题。反映到政府采购活动上来，就出现无预算采购、重复采购、盲目采购、超标准采购等现象，使得政府确定的目标难以实现，采购质量得不到保证，财政性资金的使用效益低下，还容易滋生腐败。目前，全国各地方都在实施预算编制方法改革，细化政府采购预算是其中的重要内容。

（2）资产配置标准。

资产配置标准，是指中央或财政等部门发布的汽车、办公家具以及办公设备等的资产经费标准。资产配置标准包括配置资产的实物数量、价格、性能规格标准等内容。科学合理的资产配置标准，是申报资产购置需求、审编经费预算的重要依据。确定资产配置标准，就是要解决满足单位运行和发展需要配什么样的资产、配多少的问题，即要根据人员编制、单位性质和财力可能，明确各类资产配置的数量、价值和使用年限、性能等参数指标，从而控制资产有效规模，优化资产配置结构，提高资产使用效率。预算单位要以资产配置标准为前提，在认真分析存量资产信息的基础上，通过预算编制与审核，明确各类资产的需求内容和数量。2013 年 11 月中共中央、国务院发布的《党政机关厉行节约反对浪费条例》明确规定，政府采购应当依法完整编制采购预算，严格执行经费预算和资产配置标准，合理确定采购需求，不得超标准采购，不得超出办公需要采购服务。政府采购应当严格执行上述规定，对由于采购任务的变化，确需调整经费预算标准或资产配置标准的，要按照规定程序报批后才能开展采购。目前，财政部和各地财政部门已先后制定了办公用房建设和维修标准，公务用车、办公设备和办公家具配置标准，初步形成了资产配置标准体系。

（3）技术、服务标准。

在严格执行经费预算标准和资产配置标准的前提下，采购人还应合理确定项目的技术和服务标准。《标准化法》将标准划分为国家标准、行业标准、地方标准和企业标准四个层次。国家标准由国家标准化管理委员会编制计划、审批、编号、发布。行业标准是专业性、技术性较强的标准。国家标准、行业标准分为强制性标准和推荐性标准，保障人体健康、人身、财产安全的标准和法律、行政法规规定强制执行的标准是强制性标准，其他标准是推荐性标准。采购人在确定技术或服务标准时，按照国家标准、行业标准；没有国家标准、行业标准的，按照通常标准或者符合合同目的的特定标准。同时，应当以性能和功能性要求列出技术规格，不得规定要求或指明某一特定品牌、商标、商号、专利、版权、设计、型号、特定原产地、供应商的技术规格等。

2014 年 4 月，财政部发布了《关于推进和完善服务项目政府采购有关问题的通知》，要求分类推进服务标准研究拟定，推进制定完整、明确、符合国家法律法规以及政府采购政策规定的服务采购需求标准。对于列入政府集中采购目录的服务项目，采购需求标准由集中采购机构提出。其他服务项目的采购需求标准由采购人提出。各省级财政部门可以根据实际情况，分品目制定发布适用于本行政区域的服务项目采购需求标准。需要说明的是，国家相关部门发布的技术、服务标准都有明确的使用范围或要求。

2. 采购结果公布

采购结果的公布，与采购标准的公开具有同样的重要意义。《政府采购法》规定："采用本法规定的采购方式的，采购人在采购活动完成后，应当将采购结果予以公布。"在政府采购中，除采用公开招标方式采购外，采购人因特殊需要，经批准可以采用邀请招标、竞争性谈判、单一来源采购、询价以及国务院政府采购监督管理部门认定的其他采购方式采购。对于招标采购方式来说，采购项目的信息需要发布公告，中标结果也必须公告；而采用非招标采购方式的，采购人只需要依法与部分供应商联系，并向这部分供应商公开信息，可以不将政府采购项目的有关信息向全社会公布。但是，采购人在采购活动完成后，应依法将采购结果予以公布。也就是说，采购机会可以不公告，但成交结果必须公布。采购结果的公布实质上是向社会公众及供应商报告采购结果。

一般而言，中标结果公告的主要信息有：采购人名称，采购项目名称，采购方式，原公告日期，评标日期，中标金额，中标供应商名称、地址，本采购项目的联系人及联系方式。成交结果公告的主要信息有：采购人名称，采购项目名称，采购方式及选择原因，评定成交日期，成交金额，成交供应商名称、地址，本采购项目的联系人及联系方式。

（二）选择采购方式和采购程序应当符合法定要求

按照法律规定的采购方式和采购程序进行采购，是对采购人的基本要求，也是保障政府采购行为公开透明、政府采购制度良好运行的需要。因此，《政府采购法》第六十四条明确采购人选择采购方式和采购程序时应符合以下法定要求。

1. 按照法定的采购方式进行采购

《政府采购法》规定政府采购可以采用公开招标、邀请招标、竞争性谈判、单一来源采购、询价以及国务院政府采购监督管理部门认定的其他采购方式，其中公开招标应作为政府采购的主要采购方式。应当公开招标的项目，因特殊情况需要采用公开招标以外的采购方式的，应当在采购活动开始前获得设区的市、自治州以上人民政府采购监督管理部门的批准。

采购人在确定采购方式时，应当严格遵守法律规定，不能采用法律规定之外的任何采购方式。依法应当采用公开招标方式采购的，不得擅自采用其他方式采购。凡是采用法律规定之外的采购方式采购，或者应当公开招标采购但未经批准擅自采用公开招标以外的其他采购方式的，中标、成交结果都是无效的，采购人及其有关责任人员应承担相应的法律责任。

2. 按照法定的采购程序进行采购

《政府采购法》规定了各种采购方式的基本程序，如招标采购适用招投标的程序；竞争性谈判采购必须遵守成立谈判小组、制定谈判文件、确定邀请参加谈判的供应商名单、谈判、确定成交供应商等程序性规定；询价采购必须遵守成立询价小组、确定被询价的供应商名单、询价、确定成交供应商等程序性规定等。

在政府采购活动中，程序合法非常重要。严格按照规定的程序进行采购，从总体上说，有利于提高采购效率，保证采购项目的质量。但在某些情况下，对采购人来说，可能比较烦琐，采购人往往会采取一些不适当的方法，减少采购程序的某些环节，甚至可能不遵循规定的程序。不按照规定程序办理采购事务，带来的后果是严重的，不仅损害了政府采购的公平性，而且不利于政府采购立法宗旨的全面实现，无论其出发点或者某项采购的结果如何，都是应当被严格禁止的。如果因为违反法定程序进行采购而对中标、成交结果产生严重影响的，其中标、成交结果应视为无效，由此给供应商造成损害的，采购人应当承担相应的赔偿责任，采购人及其有关责任人员也应受到相应的法律制裁。

采购人按照《政府采购法》规定的采购方式和采购程序进行采购，也是排除政府采购活动中非法干扰的有效途径。在政府采购中，受经济利益驱动的供应商可能会采取各种非常手段谋取中标、成交资格，利用职权谋取不正当利益的单位和个人也会利用职权非法干预政府采购活动。为了杜绝这类腐败现象，保证政府采购活动的健康进行，《政府采购法》规定，任何单位和个人不得要求采购人或者采购工作人员向其指定的供应商进行采购。

除对上述事项的监督外，《政府采购法实施条例》第六十一条规定了采购人与采购代理机构之间的相互监督。其中，采购代理机构发现采购人的采购需求存在以不合理条件对供应商实行差别待遇、歧视待遇或者其他不符合法律、法规和政府采购政策规定内容，或者发现采购人有其他违法行为的，应当建议其改正。采购人拒不改正的，采购代理机构应当向采购人的本级人民政府财政部门报告，财政部门应当依法处理。

二、集中采购机构的监督

我国《政府采购法》在“监督检查”的章节中，对集中采购机构的内部监督进行了规范，主要包括建立健全内部监督管理制度和提高采购人员的职业素质。

（一）建立健全内部监督管理制度

根据采购人的委托代理采购纳入集中采购目录的政府采购项目，是集中采购机构的法定职责和义务。集中采购机构进行政府采购活动，要充分利用其职业条件，做到采购价格低于市场平均价格、采购的效率更高、采购的质量更加优良，而且应当提供更为良好的服务。要保证集中采购机构在政府采购活动中全面符合上述要求，并防止出现“大集中大腐败”现象，就需要大力加强对集中采购机构的全方位监督。对于集中采购机构的监督，除政府采购监督管理部门、政府其他有关部门以及社会力量等外部监督外，集中采购机构的内部监督至关重要。集中采购机构建立健全内部监督管理制度，对提高采购效率，有效防止腐败，保证政府采购活动的健康、高效进行有非常重要的现实意义。集中采购机构的内部监督管理制度包括诸多方面的内容，最核心的问题就是在集中采购机构内部形成一种相互制衡的约束机制。这不仅是顺应政府采购活动正常高效进行的需要，也是维护国家利益和社会公共利益的重要措施。根据《政府采购法》第六十一条，集中采购机构应当重点抓好以下两个方面的制度建设。

1. *采购活动的决策和执行程序明确并相互监督*

集中采购机构必须明确、合理地制定政府采购活动的决策和执行程序，并使决策和执行两套程序相互监督、相互制约，决策程序中不能包含执行程序，更不能以执行程序代替决策程序。

2. *采购人员与采购合同审核、验收人员的职责权限明确并相互分离*

政府采购活动由多个环节组成，包括拟定和公布招标文件，招标评标或者谈判、询价，确定中标、成交供应商，根据中标、成交结果审核、签订采购合同，对供应商履约的验收等。集中采购机构要建立岗位责任制，明确工作责任和任务，形成规范的工作程序。即在政府采购项目的采购活动全过程中，由哪些人员参加什么环节，这些人员有哪些职责权限，集中采购机构都应当做出明确的规定。在内部组织机构设置上，要体现相互监督、相互制约的原则。尤其重要的是，经办采购的人员与负责采购合同审核、验收人员必须相互分离，经办采购的人员不能负责采购合同的审核和验收，负责采购合同审核、验收的人员就不能经办采购。当然，经办采购的人员与负责采购合同审核、验收人员也不是一成不变的，在不同的政府采购项目中，经办采购的人员与负责采购合同审核、验收人员可以互相轮换。

（二）提高采购人员的职业素质和专业技能

政府采购工作是一项政策性强、涉及面广、专业水平要求高的工作，涉及经济科学、自然科学、社会科学等多学科知识，要求采购人员不仅要熟悉政府采购的法律法规和政策，还应当掌握招投标、合同管理、商品性能等多方面的知识和技能。集中采购机构作为由政府批准设立的法定采购代理机构，在为采购人承办代理采购事项中负有极其重要的职责，集中采购机构的采购人员都应当成为政府采购方面的专业人才。只有这样，才能适应采购工作的需要，确保采购活动高效率、高质量开展。为此，《政府采购法》第六十二条规定集中采购机构应提高采购人员的职业素质和专业技能，具体包括：

1. 采购人员应当符合专业岗位任职要求

集中采购机构的采购人员应当具有相关职业素质和专业技能，符合政府采购监督管理部门规定的专业岗位任职要求。政府采购监督管理部门必须对集中采购机构的各个岗位进行认真的分析研究，按照采购活动的不同环节合理确定专业岗位，具体规定每个专业岗位的任职要求。集中采购机构在配备采购人员时，必须严格按照政府采购监督管理部门规定的专业岗位任职要求进行，不可以将不符合专业岗位任职要求的人员安排在采购岗位上。

2. 对工作人员加强教育和培训

由于政府采购工作对采购人员职业素质和专业技能的高要求，集中采购机构加强对其工作人员的教育和培训尤其重要。目前真正熟悉政府采购法律、政策、业务的人员还比较缺乏，而采购任务又日益繁重。因此，必须下大力气抓好人员的教育与培训工作，这是集中采购机构的一项长期而迫切的任务。为了促使集中采购机构高度重视采购人员的教育和培训工作，建立一支高素质、高水平的采购专业队伍并保持相对稳定，《政府采购法》做出了集中采购机构对其工作人员应当加强教育和培训的规定，集中采购机构应当严格遵照执行，并采取有效措施贯彻落实。政府采购监督管理部门也要制定相应办法，监督集中采购机构加强对采购人员的教育和培训工作。

3. 对采购人员定期进行考核

建立和保持一支高素质、高水平的采购队伍，是集中采购机构履行法定采购职责的基础。为了始终保持有一支素质优良、作风过硬的采购队伍，集中采购机构在加强教育和培训的同时，必须采取措施对采购人员实行严格的考核制度，形成优胜劣汰的良性机制。为此，《政府采购法》规定，集中采购机构对采购人员的专业水平、工作实绩和职业道德状况应当定期进行考核。采购人员经考核不合格的，不得继续任职。

除内部监督外，《政府采购法实施条例》第六十一条还规定了采购人与采购代理机构之间的相互监督。采购代理机构包括集中采购机构和集中采购机构以外的采购代理机构。采购人发现采购代理机构有违法行为的，应当要求其改正。采购代理机构拒不改正的，采购人应当向本级人民政府财政部门报告，财政部门应当依法处理。要求改正的违法行为应该是能及时纠正的行为。如果违法行为已经导致实际后果难以改正的，或者对违法行为需要追究法律责任的，采购人应当向财政部门报告，财政部门依法追究或者移送有关部门追究相关当事人的法律责任。

第二节 行政监督

公共采购活动程序性、时效性强，如果不能及时制止纠正违法违规行为，将造成难以弥补的损失。与司法监督相比，行政监督的发起更为主动，程序也更为便捷，能够较好地满足公共采购监管需要。而且，公共采购活动具有较强的公共性和强制性，也使行政监督成为公共采购的主要监督方式。为了更好地贯彻和落实公共采购法，依法规范和监督市场行为，维护国家利益、社会公共利益和当事人的合法权益，我国在《政府采购法》和《招标投标法》中分别对公共采购活动的行政监督进行了重点规范。

一、政府采购法

为了保障政府采购监督机制充分发挥作用，《政府采购法》确定了以财政部门为主导，其他部门承担有关职责的行政监管体制，对政府采购活动进行有效的行政监督。

（一）政府采购监督管理部门的监督

各级人民政府财政部门是负责政府采购监督管理的部门，依法履行对政府采购活动的监督管理职责。政府采购监督管理部门是拟定和执行政府采购政策、指导政府采购业务、监督政府采购活动的综合部门，负有依法对政府采购活动和政府采购当事人监督管理的重大职责。《政府采购法》及其实施条例对政府采购监督管理部门的监督职责和要求做出了明确规定。政府采购监督管理部门应依法履职，对政府采购活动进行全方位、多层次的监督，既包括对采购人的监督管理，也包括对供应商、采购代理机构、评审专家的监督管理。也就是说，凡是涉及政府采购活动的，政府采购监督管理部门都必须加强监督，及时发现问题，解决问题，并对违法行为依法进行处理。

1. 监督检查职责和内容

监督检查是财政部门监督管理职责中的重要工作环节，《政府采购法》第五十九条首先强调监督检查在依法采购中的重要性，要求财政部门加强对政府采购活动及集中采购机构的监督检查工作，强化监督检查在整个政府采购监督管理工作中的地位和作用。根据政府采购实际需要，财政部门监督检查的主要内容包括：

（1）有关政府采购法律、行政法规和规章的执行情况。

这是对法律实施的监督检查规定，涉及面比较广泛，目的是保证《政府采购法》的统一实施。《政府采购法》是规范政府采购行为的基本法律，有关部门还以此为基础制定了政府采购的行政法规、地方性法规、部门规章和政策文件等。在政府采购实施过程中，还需要适用招投标、合同管理等方面的法律、行政法规和规章。所有与政府采购有关的法律制度是否得到全面、正确执行，都会对政府采购活动产生直接影响。因此，政府采购监督管理部门必须加强对有关政府采购法律、行政法规和规章执行情况的全面监督检查。

（2）采购范围、采购方式和采购程序的执行情况。

这是对重要采购事项的监督检查规定。“重要”的意思是说这三个方面的问题比较突出，对政府采购制度的实施会有严重影响。按照法律规定的采购范围、采购方式和采购程序实施采购，是贯彻政府采购公平、公开、公正原则的重要基础。基于目前的现实情况，不按照规定的采购范围、采购方式和采购程序实施采购的现象依然不同程度地存在。比如采购人对纳入集中采购目录的政府采购项目不委托集中采购机构实行集中采购，对应当实行公开招标方式采购的项目擅自采用竞争性谈判等其他方式采购，在采用招标、竞争性谈判、询价方式采购中不完全遵循法定程序等，严重影响了政府采购的严肃性、公正性，损害了国家利益、社会公共利益和供应商的合法权益。因此，政府采购监督管理部门必须重点抓好采购范围、采购方式和采购程序执行情况的监督检查。加强这三个方面的监督检查，对于改善政府采购制度实施效果有重要促进作用。

（3）政府采购人员素质和专业技术技能。

这是对采购人员条件的监督检查规定。任何制度都需要由具体的人来执行，好的制度只有通过素质水准高和技能水准高的人来执行才能有好的效果。因此对采购人员条件的监督检查，是财政部门致力于提高政府采购水平的基础性工作。采购人员具备良好的职业素质和较高的专业技能，是有效遏制采购中的腐败行为、提高政府采购的质量和效益、保证政府采购活动顺利进行的基础和关键。采购人、采购代理机构虽然会对采购人员加强教育和培训，不断提高其职业素质和专业技能，但由于客观条件的限制或者受其他因素的制约，采购人员的职业素质和专业技能往往不可能完全符合采购工作的需要。因此，政府采购监督管理部门在制定采购人员职业素质与专业技能的具体标准和要求的同时，必须大力加强对采购人员的职业素质和专业技能的监督检查。

2. 对集中采购机构的考核

为了有效发挥政府采购监督管理部门的监督管理作用，《政府采购法》第六十条进一步明确了财政部门与集中采购机构的关系，即政府采购监督管理部门不得设置集中采购机构，其目的在于政府采购监督管理部门公正履行监督管理职责提供中立性地位的法律保障。按照《政府采购法》的规定，集中采购机构由设区的市、自治州以上人民政府根据本级政府采购项目组织集中采购的需要设立，政府采购监督管理部门不得设置集中采购机构，也不得参与政府采购项目的采购活动。政府采购监督管理部门对政府采购活动和集中采购机构负有监督管理的重要职责。如果政府采购监督管理部门直接设置集中采购机构，直接参与政府采购项目的采购活动，集监管者和操作者于一身，既当“裁判员”，又当“运动员”，就不可能形成有效的监督机制，难以保证公正地处理投诉等事项和处理政府采购中的违法违纪行为，无法真正实施监督职能。因此，法律规定政府采购监督管理部门不得设置集中采购机构，也不得参与政府采购项目的采购活动。

集中采购机构是根据法律规定由政府专门设立的采购代理机构，采购人采购纳入集中采购目录的通用项目，必须委托集中采购机构代理采购，不得自行采购，也不得委托其他采购代理机构采购。集中采购机构在代理政府采购中处于十分特殊的地位，拥有比较大的权力，对集中采购机构的要求自然也就十分严格。为保证集中采购机构依法行使权利、履行义务，防止滥用职权产生腐败行为，《政府采购法》第六十六条赋予了政府采购监督管理部门对集中采购机构考核的职责，即“政府采购监督管理部门应当对集中采购机构的采购价格、节约资金效果、服务质量、信誉状况、有无违法行为等事项进行考核，并定期如实公布考核结果”。对集中采购机构的考核是政府采购监督管理部门对政府采购活动实施监督的重要手段，明确考核的事项有利于财政部门依法实施考核。因此，《政府采购法实施条例》第六十条补充规定了对集中采购机构的考核事项，考核内容主要包括集中采购机构执行政府采购法律、法规和落实政府采购政策情况，节约资金效果与服务质量情况，集中采购机构内部控制情况等。具体而言，财政部门对集中采购机构的考核事项包括：

（1）政府采购政策的执行情况。

《政府采购法》及其实施条例规定了政府采购的经济和社会发展政策目标。集中采购机构作为政府专门设立的代理集中采购项目的执行机构，在执行、落实政府采购政策方面应当发挥表率作用，在采购文件编制、评审活动组织中，全面落实法律法规和国务院财政部门制定的各项政府采购政策。例如，强制或优先采购节能和环境标志产品，未经财政部门审批不得采购进口产品，预留给中小企业的项目只接受中小企业参加采购活动，对小型和微型企业在规定的范围内给予价格扣除等。

（2）采购文件编制水平。

采购文件是采购活动中重要的法律文件，包括招标文件、谈判文件、磋商文件、询价通知书等，其编制水平直接影响政策实施效果和项目采购质量。编制采购文件既要符合法律、法规和政府采购规章、政策规定，也要符合采购标准和满足采购需求。在实践中，采购代理机构往往对编制采购文件不甚重视，将采购人提出的采购需求填入格式文本就认为做好了工作。集中采购机构专业化水平不仅体现在操作过程与采购程序的规范，还应体现在采购文件编制，尤其是采购需求的编制和审核把关上。财政部门应从采购文件是否落实经济和社会发展政策目标；采购文件对采购项目成交价格或成本进行估算的情况；采购文件是否考虑履约风险防控；采购文件的整体水平，包括内容是否全面、逻辑是否严密、表达是否严谨、结构是否合理、文字是否通顺等方面进行审查。

（3）采购方式和采购程序的执行情况。

政府采购方式和采购程序的法定性是政府采购的重要特征。在政府采购代理工作中，集中采购机构应当根据政府采购法律、法规和政府采购规章、规范性文件的规定，结合采购项目实际情况选择采购方式，按照采购程序实施采购活动。集中采购机构是否正确执行采购方式，应着重考核公开招标数额标准以上的项目是否未经财政部门审批擅自采用非公开招标，选择适用邀请招标、竞争性谈判、竞争性磋商、单一来源采购和询价采购方式是否符合政府采购法律法规以及相关制度规定的情形两个方面。同时，集中采购机构也应当严格按照法定的程序实施采购，任何法定环节的缺失或偏离都可能影响公平竞争，导致采购结果的无效。

（4）询问、质疑答复情况。

集中采购机构应按照《政府采购法》及其实施条例的有关规定处理供应商的询问和质疑，依法维护供应商的合法权益。财政部门应从是否拒绝受理供应商依法提出的询问和质疑；是否针对供应商的询问、质疑事项进行答复；认定的事实是否清楚，适用法律是否正确；是否在规定的时间做出答复四个方面考核集中采购机构处理供应商询问和质疑的事项。

（5）内部监督管理制度建设及执行情况。

《政府采购法》要求集中采购机构应当建立健全内部监督管理制度。在实践中，部分集中采购机构人员力量较为薄弱，往往是决策程序与执行程序不分，采购人员与合同审核、验收人员不分，没有建立内部监督制度，或者虽建立有了相关制度，但由于认识上的问题并未严格执行，难以形成有效的内部监督。

为了进一步提高行政事业单位内部管理水平，规范内部控制，加强廉政风险防控机制建设，2012 年 11 月财政部印发的《行政事业单位内部控制规范（试行）》专门规定了政府采购业务控制的内容，具体包括：一是建立健全政府采购预算与计划管理、政府采购活动管理、验收管理等政府采购内部管理制度。二是明确相关岗位的职责权限，确保政府采购需求制定与内部审批、招标文件准备与复核、合同签订与验收、验收与保管等不相容岗位相互分离。三是加强对政府采购项目预算与计划的管理。建立预算编制、政府采购和资产管理等部门或岗位之间的沟通协调机制。根据本单位实际需求和相关标准编制政府采购项目预算，按照已批复的项目预算安排政府采购计划。四是加强对政府采购活动的管理。对政府采购活动实施归口管理，在政府采购活动中建立政府采购、资产管理、财会、内部审计、纪检监察等部门或岗位相互协调、相互制约的机制。五是加强对政府采购申请的内部审核，按照规定选择政府采购方式、发布政府采购信息。对政府采购进口产品、变更政府采购方式等事项应当加强内部审核，严格履行审批手续。六是加强对政府采购项目验收的管理。根据规定的验收制度和政府采购文件，由指定部门或专人对所购物品的品种、规格、数量、质量和其他相关内容进行验收，并出具验收书。七是加强对政府采购业务质疑投诉答复的管理。指定牵头部门负责、相关部门参加，按照国家有关规定做好政府采购业务质疑投诉答复工作。八是加强对政府采购业务的记录控制。妥善保管政府采购预算与计划、各类批复文件、招标文件、投标文件、评标文件、合同文本、验收证明等政府采购业务相关资料。定期对政府采购业务信息进行分类统计，并在内部进行通报。九是加强对涉密政府采购项目安全保密的管理。对于涉密政府采购项目，单位应当与相关供应商或采购中介机构签订保密协议或者在合同中设定保密条款。集中采购机构可以参照上述规定建立完善的内部控制机制。

（6）省级以上人民政府财政部门规定的其他事项。

该项是授权性条款，赋予省级以上人民政府财政部门根据实际情况规定对集中采购机构的其他考核事项。这里所指的“其他事项”是出于立法技术的考虑而设的兜底条款。如 2013 年 8 月财政部印发《中央预算单位批量集中采购管理暂行办法》，要求集中采购机构按照财政部推进批量集中采购工作安排，及时拟定包括需求标准、评审方式、合同草案条款及采购方式适用标准等内容的实施方案，并按照实施方案组织好采购活动，协调处理履约相关问题，保障批量集中采购活动规范、优质、高效地协调推进。在这种情况下，财政部门就可以将批量集中采购的落实情况列为对集中采购机构进行考核的内容。

财政部门对集中采购机构考核应当事先制定考核计划，并通知集中采购机构。2003 年财政部、监察部印发了《集中采购机构监督考核管理办法》，要求财政部门在考核工作中做到“要求明确，事先通知，程序规范，考核认真”。考核计划应包括考核时间、内容、要求和方法。财政部门对集中采购机构定期考核原则上每半年进行一次，具体期间由财政部门根据实际工作情况确定。集中采购机构考核结果有重要情况的，应当向本级人民政府报告。重要情况是指集中采购机构组织的采购活动存在重大的违法行为、内部管理机制混乱、采购结果严重偏离采购预期目标等。

3. 对供应商、采购代理机构、评审专家的监督管理

《政府采购法实施条例》第六十三条规定：“各级人民政府财政部门和其他有关部门应当加强对参加政府采购活动的供应商、采购代理机构、评审专家的监督管理，对其不良行为予以记录，并纳入统一的信用信息平台。”监管部门对供应商、采购代理机构和评审专家进行监督管理，主要包括两部分内容：

（1）加强对供应商、采购代理机构和评审专家的监督管理。

① 对供应商的监督管理。供应商是政府采购主要当事人，项目采购的最终质量取决于供应商的履约状况。《政府采购法》对供应商参加政府采购活动的条件和违法情形做了明确规定。财政部门对供应商的监督管理主要包括以下内容：监督检查参加政府采购活动的供应商是否符合法定的条件；监督检查供应商在参加政府采购活动过程中是否存在《政府采购法》及其实施条例规定的违法情形；对供应商的履约进行监督检查，检查供应商是否存在违约、失信行为。

② 对采购代理机构的监督管理。采购代理机构包括集中采购机构和集中采购机构以外的其他采购代理机构。对集中采购机构，除定期考核外，还应当进行日常的监督管理。对其他采购代理机构监督管理的主要内容包括：要监督检查其是否依法承揽采购代理业务并依法实施采购活动；对采购代理机构进行政府采购业务培训；监督检查采购代理机构是否存在《政府采购法》及其实施条例规定的违法行为。

③ 对评审专家的监督管理。根据 2003 年财政部、监察部联合印发的《政府采购评审专家管理办法》，中央和地方都已基本建立了政府采购评审专家库及相关管理制度。但关于政府采购评审专家库的管理和对评审专家的监督管理还存在制度上的缺失和监管上的漏洞，实践中存在政府采购评审专家法律责任不明确，专家责任心不强，“专家不专”以及评审专家违法等问题。为加大对政府采购评审专家的监管和处罚力度，从制度规则上保证评审专家公平、公正评审，《政府采购法实施条例》第六十二条规定：“省级以上人民政府财政部门应当对政府采购评审专家库实行动态管理，具体管理办法由国务院财政部制定。”一方面，要严格按照规定的条

件审查入库的专家；另一方面，对于已经入库的评审专家，要定期审核，确保评审专家能进能出，防止评审专家一定终身。保证评审专家随机产生，是为了防止采购人或采购代理机构倾向性选择评审专家，确保评审专家公正履行评审职责。

财政部门主要对评审专家是否存在下列违法行为进行监督检查：未按照采购文件规定的评审程序、方法和标准进行独立评审或者泄露评审文件、评审情况；与供应商存在利害关系未回避；收受采购人、采购代理机构、供应商贿赂或者获取其他不正当利益的。对于存在上述违法行为之一的，应依法追究评审专家的法律责任。需要注意的是，虽然政府采购评审专家由财政部门负责监督管理，但评审专家由采购人、采购代理机构实际使用，评审专家是否能够在政府采购活动中依法履行评审职责，应当由采购人或者采购代理机构对其履行职责情况进行记录，并及时向财政部门报告。记录的情况主要包括：是否遵守评审纪律、是否按照采购文件规定的评审方法和评审标准进行评审，是否存在明显的倾向性，是否收受采购人、采购代理机构或者供应商贿赂或者获取其他不正当利益，是否明知与供应商存在利害关系而未自行回避，是否泄露评审文件、评审情况或者评审中知悉的商业秘密等。采购人或者采购代理机构发现上述情形应及时要求评审专家改正，同时对上述情况进行记录，及时报告财政部门。

（2）对不良行为进行记录，并纳入统一的信用信息平台。

对政府采购供应商、采购代理机构和评审专家的不良行为进行记录，并纳入统一的信用信息平台，这是落实"诚实信用"原则的具体措施。

① 对不良行为进行记录。关于不良行为记录名单，《政府采购法》第七十七条规定，供应商有提供虚假材料谋取中标、成交的；采取不正当手段诋毁、排挤其他供应商的；与采购人、其他供应商或者采购代理机构恶意串通的；向采购人、采购代理机构行贿或者提供其他不正当利益的；在招标采购过程中与采购人进行协商谈判的；拒绝有关部门监督检查或者提供虚假情况等情形之一的，列入不良行为记录名单，在一至三年内禁止参加政府采购活动。因此，确立了供应商不良行为记录名单制度。

《政府采购法实施条例》不仅补充规定了供应商列入不良行为记录的情形，也增加了采购代理机构和评审专家不良行为的记录制度。采购代理机构存在《政府采购法》规定的违法情形，评审专家存在《政府采购法实施条例》规定的违法情形，财政部门应当对其不良行为进行记录，并纳入统一的信用信息平台。纳入信用信息平台的不良行为记录，除上述违法行为记录之外，还应该包括诚信记录。在实践中，供应商在政府采购活动的不诚信行为时有发生，如供应商随意中途退出采购活动导致采购活动无法继续进行、中标后以各种理由与采购人“讨价还价”、履行合同义务不符合合同规定构成违约等行为。这些行为虽然不构成违法，但违背了诚实信用原则，对这些不诚信行为也应当记录在案，纳入信用信息平台。同样，采购代理机构和评审专家的不诚信行为也应纳入统一的信用信息平台。

② 建立统一的信用信息平台。建立统一的信用信息平台是有效执行政府采购法律制度、规范政府采购市场秩序的基础。目前，我国政府采购活动中虚假招标、串通投标、非法转包和违法分包等失信违法行为比较猖獗，一个重要的原因就是政府采购信用体系建设相对滞后，失信惩戒机制不够健全。由于全国尚未建立统一的政府采购信用信息平台，政府采购市场主体的相关信用信息难以及时有效地收集汇总，加之缺乏全国统一的信用公示和查询平台，“一地受罚，处处受制”的失信惩戒机制尚未形成。因此，迫切需要建设全国统一的政府采购信用信息平台。

2014 年 6 月，国务院《关于印发社会信用体系建设规划纲要（2014—2020 年）的通知》对政府采购和招投标领域信用建设提出了明确的要求：在政府采购领域信用建设中，要加强政府采购信用管理，强化联动惩戒，保护政府采购当事人的合法权益。制定供应商、评审专家、政府采购代理机构以及相关从业人员的信用记录标准。依法建立政府采购供应商不良行为记录名单，对列入不良行为记录名单的供应商，在一定期限内禁止其参加政府采购活动。完善政府采购市场的准入和退出机制，充分利用工商、税务、金融、检察等其他部门提供的信用信息，加强对政府采购当事人和相关人员的信用管理。加快建设全国统一的政府采购管理交易系统，提高政府采购活动透明度，实现信用信息的统一发布和共享。2013 年财政部印发了《全国政府采购管理交易系统建设总体规划》，目标是建成全国基础数据统一集中共享的大型网络化信息管理系统，涵盖信息服务功能、监督管理功能、电子交易功能、决策支持功能、协作共享功能五大功能，明确将诚信体系建设纳入信息管理系统。2014 年底，财政部在中国政府采购网上开设了“政府采购严重违法失信行为记录名单”专栏，集中向社会公开发布全国政府采购严重违法失信行为。

行使政府采购监督管理权的前提和基础是了解政府采购项目的采购活动情况，否则政府采购监督制度就形同虚设。政府采购监督管理部门应当正确、充分地使用法定的检查权，对参加政府采购活动的所有当事人依法进行检查。但是，由于受多种因素的影响，政府采购当事人可能不会很自觉地接受检查，甚至拒绝检查。因此，《政府采购法》第六十五条明确赋予财政部门了解采购活动情况获得相应信息和证据的检查权，并规定了接受检查人员的协助义务。具体包括以下内容：

一是财政部门应对政府采购项目的采购活动进行检查。对政府采购活动进行监督检查是各级人民财政部门承担的法定职责，要使其监督职责得以切实、有效的履行，就必须对每个政府采购项目的具体采购活动进行检查。否则，其监督职能根本无法实现。根据《政府采购法》及其实施条例的规定，财政部门有权对任何政府采购项目的采购活动进行检查。在实施检查过程中，财政部门可以向参与该项目采购活动的采购人、采购代理机构、供应商等当事人和有关政府部门等相关单位和人员了解情况，听取意见，核查问题，可以要求相关单位和人员提供有关材料、资料，并有权查阅和复制有关文件、资料。有关文件、资料包括但不限于采购文件，还包括社保记录、纳税记录等有关资料，其载体包括纸质材料、音像资料和电子文件等。财政部门检查政府采购项目的采购活动，也应当依法进行，检查人员不得少于两人。

二是当事人应配合和协助财政部门的检查。政府采购监督管理部门对政府采购项目的采购活动进行检查时，政府采购当事人应当如实反映情况，提供有关材料。财政部门对政府采购活动进行检查的主要对象，是政府采购当事人开展或者参加采购项目活动的情况，这些情况通常通过采购活动记录、采购预算、招标文件、投标文件、评标标准、评估报告、定标文件、合同文本、验收证明、质疑答复以及其他有关文件、资料反映出来。政府采购当事人所提供的情况和资料是否真实、准确，直接影响到检查的结果。因此，相关单位和人员应当予以配合，包括接受调查询问、如实陈述相关情况、完整提供所有相关资料，不得拒绝调查，隐瞒事实，隐匿或损毁相关文件、资料等。只有这样，才能保证检查的有效进行，任何拒绝财政部门的检查、在接受检查中隐瞒真实情况及材料的行为，都是违法的，都要受到相应的法律制裁。

（二）其他行政部门的监督

在《政府采购法》规定的行政监督管理体系中，除财政部门负有监督管理职责以外，各级人民政府其他有关部门承担“有关”的职责。财政部门和其他行政部门应当相互配合，共同履行好法律赋予的监督职责，充分发挥监督作用。其他行政部门对政府采购的监督分为三种情形：一是国务院有关负责招投标活动行政监督部门的监督，二是审计机关的监督，三是监察机关的监督。

1. 行业主管部门的监督

依照法律、行政法规的规定，对政府采购负有行政监督职责的政府有关部门，应认真履行职责，加强对政府采购活动的监督。这既是行业主管部门的权力，同时也是行业主管部门的义务，各有关部门应当严格依照职责分工，各司其职，密切配合，共同做好对政府采购活动的监督工作。

（1）采购代理机构与行政机关的关系界定。

采购代理机构属于中介性质的机构，根据采购人的委托代为办理政府采购事项，为采购人提供服务。采购代理机构同时又是政府采购事项的具体承办者，代表采购人与供应商直接进行联系。因此，采购代理机构应当在采购人与供应商之间发挥桥梁与纽带作用，客观公开地履行职责。但是，在现实生活中，由于历史原因，一些采购代理机构隶属于有关行政机关，或者与行政机关存在其他利益上的联系，从而客观上存在利用与行政机关的特殊关系谋取不正当利益的可能性，有违政府采购公开、公平、公正原则。因此，《政府采购法》第六十条规定，采购代理机构与行政机关不得存在隶属关系或者其他利益关系。这就为保证采购代理机构独立履行职责，有关行政机关依法行使监督职能，维护良好的政府采购市场秩序，有效制止腐败，提供了可靠的法律保障。

（2）政府采购工程招投标的监督。

政府有关部门对政府采购活动的监督，主要是指对纳入政府采购范围并实行招标方式采购的工程项目采购活动的监督。为了与《招标投标法》相衔接，《政府采购法》规定，政府采购工程进行招投标的，适用招标投标法。对于政府采购工程项目招标投标的监督，应当依照法律、行政法规的规定按照各自的职责分工进行。

我国《招标投标法》规定："有关行政监督部门依法对招投标活动实施监督，依法查处招投标活动中的违法行为，对招投标活动的行政监督及有关部门的具体职权划分，由国务院规定。"对此，《招标投标法实施条例》第四条第一款规定："国务院发展改革部门指导和协调全国招标投标工作，对国家重大建设项目的工程招标投标活动实施监督检查。国务院工业和信息化、住房城乡建设、交通运输、铁道、水利、商务等部门，按照规定的职责分工对有关招标投标活动实施监督。"第三款规定："财政部门依法对实行招标投标的政府采购工程建设项目的预算执行情况和政府采购政策执行情况实施监督。"对于政府采购工程招标投标活动的监督，应当按照上述规定，由政府有关部门分别实施监督。值得注意的是，上述有关部门对政府采购工程招标投标活动的监督是专业性的，与财政部门对政府采购货物、服务和采用非招标方式采购的政府采购工程的综合性监督有所区别。

《政府采购法实施条例》第六十五条补充规定，其他有关部门依法对政府采购活动实施监督，发现采购当事人有违法行为的，应当及时通报财政部门。即对政府采购工程负有行政监督职责的有关部门，监督过程中发现政府采购工程在预算执行和政府采购政策执行方面存在违法行为的，也应当及时向财政部门通报，由财政部门在法定职责范围内依法处理。

2. 审计机关的监督

审计机关是各级人民政府依法设立的、对本级政府各部门和下级政府预算的执行情况和决算以及其他财政性资金的管理和使用情况进行审计监督的专门机构。《审计法》规定："国务院各部门和地方各级人民政府及其各部门的财政收支，国有的金融机构和企业事业组织的财务收支，以及其他依照本法规定应当接受审计的财政收支、财务收支，依照本法规定接受审计监督。"因此，无论是从采购主体还是从资金性质来看，政府采购都应当接受审计监督。尽管审计机关对政府采购的监督属于固有职能，但是为了使职责界限明确，《政府采购法》第六十八条也对审计机关的监督进行了规定，主要包括以下要求：

（1）审计机关应对政府采购进行审计监督。

审计机关主要负责对政府采购监督管理部门、政府采购各当事人有关政府采购活动进行审计监督。审计监督属于事后监督，监督重点是采购资金使用的合法性及有关财经纪律问题。加强对政府采购的审计监督，是法律赋予审计机关的职责，也是审计机关应当履行的义务。审计机关既可以对采购人政府采购预算执行情况进行审计监督，也可以对政府采购项目实行专项审计。审计机关对政府采购进行审计监督应当是全方位的监督，除对采购人、集中采购机构、政府采购监督管理部门实施审计监督外，还可以对集中采购机构以外的采购代理机构、供应商实施审计监督。

（2）有关部门和当事人接受审计监督的义务。

依据《审计法》的规定，审计机关在履行审计职责的过程中，有权检查被审计单位的会计凭证、会计账簿、会计报表以及其他与财政收支或者财务收支有关的资料和资产，被审计单位不得拒绝；有权就审计事项的有关问题向有关单位和个人进行调查，并取得有关证明材料。对于审计机关依法进行的审计，有关单位和个人应当予以支持、协助，如实向审计机关反映情况，提供有关证明材料。

审计机关对政府采购活动进行审计监督，主要是检查政府采购预算与计划编制和执行情况、政府采购方式与程序的执行情况、政府采购合同的履行与验收、采购资金的支付等。审计机关在审计过程中有权查阅、复制政府采购有关文件、资料，政府采购监督管理部门，采购人、采购代理机构以及供应商等政府采购各当事人都必须依法接受审计监督，不得拒绝和阻碍，否则将会被依法追究相应的法律责任。

（3）审计机关应向财政部门通报违法行为。

《政府采购法实施条例》第六十五条补充规定："审计机关监察机关以及其他有关部门依法对政府采购活动实施监督，发现采购当事人有违法行为的，应当及时通报财政部门。"采购人、采购代理机构和供应商等当事人在采购活动中存在违法行为应由财政部门责令改正，或者依法追究相关法律责任。所以，审计机关应及时向财政部门通报。通报是指以书面形式向财政部门反映情况，要求财政部门依法处理。财政部门收到审计机关的通报后，应当依法及时处理。

3. 监察机关的监督

监察机关也是专门从事监督活动的行政部门，是县级以上各级人民政府依法设立的专门行使监察职能的机关，依法履行对国家行政机关、国家公务员和国家行政机关任命的其他人员实施监察的职责。依据《行政监察法》的规定，监察部负责对国务院各部门及其国家公务员、国务院及国务院各部门任命的其他人员以及省、自治区、直辖市人民政府及其领导人员实施监察。县级以上地方各级人民政府监察机关对本级人民政府各部门及其国家公务员、本级人民政府及本级人民政府各部门任命的其他人员以及下一级人民政府及其领导人员实施监察。县级人民政府监察机关还对本辖区所属的乡级人民政府的国家公务员以及乡级人民政府任命的其他人员实施监察。根据上述规定，监察机关可以依法对参与政府采购活动的国家机关、国家公务员和国家行政机关任命的其他人员实施监察。监察机关的监督也属于事后监督，监督重点是政府采购中公职人员的行为。

依法对参与政府采购活动的有关公职人员实施监察，对于防止和惩治政府采购活动中的腐败行为，促进廉政建设具有非常重要而特殊的意义。在政府采购领域，权力相对集中，采购金额巨大，权与利的诱惑性很强，少数公职人员经不起考验，出现了行贿受贿、弄权渎职、以权谋私等现象，严重损害了政府的形象。为加强对有关公职人员的行政监察，保障政府采购活动的廉洁和高效，促进政府采购工作健康发展，《政府采购法》第六十九条对监察机关的监督问题做出了规定，即“监察机关应当加强对参与政府采购活动的国家机关、国家公务员和国家行政机关任命的其他人员实施监察”。这一规定是监察机关行使对政府采购监察职责的根据之一，同时也明确了监察机关在政府采购事项上的监督对象和监督范围。监督对象是国家机关、国家公务员和国家行政机关任命的其他人员，不包括参加政府采购活动的其他人员。监督范围是上述人员参与的政府采购活动。监察机关在监察过程中发现被监察人员存在违法行为的，可以直接进行行政处分，但对违法行为进行行政处罚的，应由政府采购监督管理部门依法实施。所以，监察机关发现采购当事人有违法行为，应当及时通报财政部门。

二、招标投标法

《招标投标法》做了原则性授权规定：“对招投标活动的行政监督及有关部门的

具体职权划分，由国务院规定。”根据法律授权，国务院办公厅印发的《通知》具体规定了国务院各部门的职责分工。《招标投标法实施条例》在维持现行招投标行政监督职责分工的基础上，增加了财政部门和监察机关的监督职责。

（一）指导协调部门的监督

由于招投标行政监督部门很多，为了加强部门之间的协调配合，保障政令统一，提高行政监督合力，《招标投标法实施条例》第四条规定，发改委承担指导和协调全国招投标工作的职责，包括会同有关行政主管部门拟定《招标投标法》配套法规、综合性政策和必须进行招标的项目的具体范围、规模标准以及不适宜进行招标的项目并报国务院批准，指定发布招标公告的报刊、信息网络或者其他媒介。

作为项目审批部门，发改委负责依法核准应报发改委审批和由其核报国务院审批项目的招标方案，包括招标范围、招标组织形式、招标方式等内容；组织国家重大建设项目稽查特派员，对国家重大建设项目建设过程中的工程招投标进行监督检查。该部分职能将在行业主管部门的监督职责中介绍。

（二）其他行政部门的监督

1. 行业主管部门

《招标投标法实施条例》规定，国务院工业和信息化、住房城乡建设、交通运输、铁道、水利、商务等部门，按照规定的职责分工对有关招投标活动实施监督。通常而言，行业主管部门主要通过以下几个方面对招投标活动进行监督：

（1）核准招标方案。

按照《通知》有关规定，必须招标的项目在开展招标活动之前，招标人应当将招标方案报项目审批部门核准。项目审批部门对必须招标项目核准的内容包括：建设项目具体招标范围（全部招标或者部分招标）、招标组织形式（委托招标或自行招标）、招标方式（公开招标或邀请招标）。招标人应当按照项目审批部门的核准意见开展招标活动。

按照《国务院关于投资体制改革的决定》的规定，我国对建设项目的审批实行分级分类管理。发改委和各省级发展改革部门都对其审批权限内的项目招标方案核准工作做出了规定。目前，发改委审批权限内的应当进行招标方案核准的项目有三类：一是发改委审批或者初审后报国务院审批的中央政府投资项目；二是向发改委申请500万元人民币以上中央政府投资补助、转贷或者贷款贴息的地方政府投资项目或者企业投资项目；三是发改委核准或者初核后报国务院核准的国家重点项目。

各省发展改革部门审批权限内的项目实行招标方案核准的范围都是结合本地实际确定的，具体项目范围不完全一致。因此，招标人应当根据具体招标项目审批部门的规定，向有关部门申报招标方案核准。

（2）自行招标备案。

按照《招标投标法》规定，依法必须招标的项目，具有编制招标文件和组织评标能力的，可以自行办理招标事宜，但是应当向有关行政监督部门备案。行政监督部门要对招标人是否具有自行招标的条件进行监督，一是防止那些对招标程序不熟悉、不具备招标能力的项目单位自行组织招标，影响招标质量和项目的顺利实施；二是防止个别项目单位借自行招标之机，进行虚假招标甚至规避招标。

（3）现场监督。

按照《招标投标法》及有关配套规定，对招投标过程的监督主要由县级以上人民政府有关行政主管部门负责。现场监督，是指政府有关部门工作人员在开标、评标的现场行使监督权，及时发现并制止有关违法行为。现场监督也可以通过网上监督来实现，即政府有关部门利用网络技术对招投标活动实施监督管理。如商务部就是通过“中国国际招标网”对机电产品国际招投标活动实施过程监督的，机电产品国际招标的各项程序都需要在“中国国际招标网”上进行。

（4）招投标情况书面报告。

根据《招标投标法》规定：“依法必须进行招标的项目，招标人应当自确定中标人之日起十五日内，向有关行政监督部门提交招投标情况的书面报告。”发改委、财政、商务、建设等部门都对招投标情况书面报告的内容及形式做出了具体规定。各部门的规定虽然因项目类型不同而有所差异，但报告的主要内容基本都包括招标范围，招标方式和发布招标公告的媒介，招标文件中投标人须知、技术条款、评标标准和方合同主要条款，评标委员会的组成和评标报告，中标结果等。行政监督部门通过这些内容对招投标活动的合法性进行监督。

（5）受理投诉举报。

《招标投标法》规定：“投标人和其他利害关系人认为招投标活动不符合法律规定的，有权依法向有关行政监督部门投诉。”《工程建设项目招标投标活动投诉处理办法》规定，各级发展改革、建设、水利、交通、铁道、民航、信息产业（通信、电子）等招标投标活动行政监督部门，依照《通知》和地方各级人民政府规定的职责分工，受理投诉并依法做出处理决定。对国家重大建设项目（含工业项目）招标投标活动的投诉，由发改委受理并依法做出处理决定。对国家重大建设项目招标投标活动的投诉，有关行业行政监督部门已经受理的，应当通报发改委，发改委不再受理。另外，其他任何单位和个人认为招投标活动违反有关法律规定的，也可以向有关行政监督部门举报。有关行政监督部门应当依法受理和调查处理。

（6）招标代理机构资格管理。

按照《招标投标法》及有关配套规定，从事各类招标代理业务的中介机构都应当取得相应的招标代理资格。发改委、建设部、商务部、科技部、食品药品监督管理局和卫生部等有关部门分别负责各行业招标代理机构的资格认定，并对其招标代理行为进行监督管理。如发改委负责从事中央投资项目招标代理业务机构资格的认定工作；建设部负责从事各类工程建设项目招标代理机构资格的认定工作；商务部负责从事利用国外贷款和国内资金进行国际采购机电产品的国际招标机构资格的认定工作；药品招标代理机构资格认定方式是由省、自治区、直辖市药品监督管理部门受理并报国家药品监督管理局和卫生部备案；科技部负责科技项目招标代理机构的资格管理。

随着国务院简政放权深化行政审批制度改革，行业主管部门逐步取消了对招标代理机构资格的认定。如自 2010 年 8 月 27 日起，各省、自治区、直辖市食品药品监督管理部门不再受理药品招标代理机构资格认定工作；2013 年 11 月，商务部取消机电产品国际招标机构资格审批事项；2018 年 2 月，发改委取消“中央投资项目招标代理机构资格认定”的行政许可事项，3 月，住房城乡建设部发布《住房城乡建设部关于废止〈工程建设项目招标代理机构资格认定办法〉的决定》等。取消招标代理机构资格认定后，招标代理机构不再需要取得资质证书即可承办招标代理业务，监管部门无法通过发放资质证书对不符合条件的代理机构进行限制。为此，行政部门应创新监管模式，加强对招标代理机构的信用评价体系建设。同时，通过畅通投标人投诉举报渠道，使行政监督部门可以迅速得到招标代理机构的违法信息，及时予以查处。

（7）监督检查。

监督检查是行政机关行使行政监督权最常见的方式。按照《招标投标法》及有关配套规定，各级政府行政机关对招投标活动实施行政监督时，可以采用专项检查、重点抽查、调查等方式，有权调取和查阅有关文件、调查和核实招投标活动是否存在违法行为。

（8）项目稽查。

在我国的建设项目管理中，对于规模较大、关系国计民生或对经济和社会发展有重要影响的建设项目，作为重大建设项目进行重点管理和监督，国家还专门建立了重大建设项目稽查特派员制度。根据《国家重大建设项目稽查办法》的规定，发展改革部门可以组织国家重大建设项目稽查特派员，采取经常性稽查和专项性稽查方式对重大建设项目建设过程中的招投标活动进行监督检查。

（9）实施行政处罚。

《招标投标法》及其实施条例对招投标活动中的违法行为及行政处罚做出了具体规定，有关行政监督部门通过各种监督方式发现并经调查核实有关招投标违法行为后，应当依法对违法行为人实施行政处罚。《招标投标法实施条例》第七十九条规定，国家建立招标投标信用制度。有关行政监督部门应当依法公告对招标人、招标代理机构、投标人、评标委员会成员等当事人违法行为的行政处理决定。

2. 财政部门

《招标投标法实施条例》规定，财政部门依法对实行招标投标的政府采购工程建设项目的预算执行情况和政府采购政策执行情况实施监督。

（1）预算执行工作内容。

根据《预算法》第四十三条规定，各级预算由本级政府组织执行，具体工作由本级政府财政部门负责。《预算法实施条例》第三十三条对预算执行工作的内容做了进一步细化：一是研究落实财政税收政策的措施，支持经济和社会的健康发展；二是制定组织预算收入和管理预算支出的制度和办法；三是督促各预算收入征收部门、各预算缴款单位完成预算收入任务；四是根据年度支出预算和季度用款计划，合理调度、拨付预算资金，监督检查各部门、各单位管好用好预算资金，节减开支，提高效率；五是指导和监督各部门、各单位建立健全财务制度和会计核算体系，按照规定使用预算资金；六是编报、汇总分期的预算收支执行数字，分析预算收支执行情况，定期向本级政府和上一级政府财政部门报告预算执行情况，并提出增收节支的建议；七是协调预算收入征收部门、国库和其他有关部门的业务工作。财政部门应当根据上述规定，履行预算执行监督职责。

（2）政府采购政策的内容。

《政府采购法》第九条规定："政府采购应当有助于实现国家的经济和社会发展政策目标，包括保护环境，扶持不发达地区和少数民族地区，促进中小企业发展等。"第十条规定："政府采购应当采购本国货物、工程和服务。"政府采购应当有助于实现国家的经济和社会发展政策目标，包括扶持本国产业，保护环境，扶持不发达地区和少数民族地区，促进中小企业发展等。根据这一规定，国务院及其有关部门在其制定的文件中，广泛运用政府采购政策这一工具来支持本国产业、中小企业、节能环保、民族地区发展等。

3. 监察机构

《招标投标法》颁布实施以来，各级监察机关依据《行政监察法》等有关法律法规，在推动招投标制度建设，加强招投标行政监督，规范招投标市场等方面开展了大量工作，发挥了重要作用。但由于《招标投标法》和《通知》对监察机关的职责、监察范围等都没有规定，实际工作中也引发了一些问题。例如，一些地方的监察机关参与招投标活动监督执法，处理招投标投诉和举报，履行了一些应当由招投标行政监督部门履行的职责。为了明确监察机关的职责，更好地发挥行政监察的监督制约作用，《招标投标法实施条例》明确规定："监察机关依法对与招标投标活动有关的监察对象实施监察。"依法监察，就是指监察机关履行招投标领域的行政监察职责，应当遵守《行政监察法》和《行政监察法实施条例》等有关法律法规关于监察对象、监察权限、监察程序等方面的规定。这一规定，有利于厘清行政监督与行政监察的关系，做到分工负责、相互配合，避免交叉或责任不清。

在维持现行监管体制的同时，《招标投标法实施条例》为解决分散监管所带来的政出多门、推诿扯皮、同体监督等问题，做了相应的制度安排：

一是授权地方政府探索新的管理模式。县级以上地方人民政府发展改革部门指导和协调本行政区域的招投标工作。县级以上地方人民政府有关部门招投标行政监督职责分工，原则上是参照国务院有关部门职责分工规定，以确保上下协调一致，形成系统合力。但考虑到地方人民政府的机构设置与国务院机构设置并不完全对应，一些地方结合本地特点已经制定了与国务院部门职责分工不同的规定，还有一些地方探索成立了综合性招投标行政监督部门，实施统一监管。为了给地方人民政府行政监督管理体制改革留出空间，《招标投标法实施条例》规定县级以上地方人民政府对招标投标活动行政监督职责分工另有规定的，从其规定。

二是通过明确分工减少职责交叉。除对各部门职责分工做了概括性规定外，《招标投标法实施条例》的有关条款分别明确了依法必须进行招标的工程建设项目的具体范围和规模标准的制定部门，核准招标范围、招标方式、招标组织形式等招标内容的部门，指定发布招标公告媒介的部门，编制标准文本的部门，统一评标专家专业分类标准和管理办法的制定部门，并在法律责任一章中明确吊销营业执照由工商行政管理机关负责。

三是加强部门协作以防止推诿扯皮。《招标投标法实施条例》规定，项目审批、核准部门应当及时将审核确定的招标范围、招标方式、招标组织形式通报有关行政监督部门；投诉人就同一事项向两个以上有权受理的行政监督部门投诉的，由最先收到投诉的行政监督部门负责处理；法律、行政法规对串通投标报价行为的处罚另有规定的，从其规定；政府采购的法律、行政法规对政府采购货物、服务的招标投标另有规定的，从其规定。此外，为防止同体监督，行政监督部门的工作人员不得担任本部门负责监督项目的评标委员会成员。

第三节　社会监督

控告和检举属于公众监督政府采购活动的方式和法定权利，它的重要依据是《宪法》第四十一条规定的“中华人民共和国公民对任何国家机关和国家工作人员，有提出批评和建议的权利；对于任何国家机关和国家工作人员的违法失职行为，有向有关国家机关提出申诉、控告或者检举的权利，但是不得捏造或者歪曲事实进行诬告陷害。”《行政监察法》和其他有关法律也规定了公民的控告、检举权。保证公共采购依照公开、公平、公正原则规范运行，关键在于建立一个全方位、多层次、科学有效的监督制约机制。在这个监督机制中，应当包括公共采购当事人的监督，行政部门的监督，还应当包括任何单位和个人的社会监督。由于社会监督的主体和对象都具有很强的广泛性，而且不受时间、地点和方式等因素的限制，因此，应当充分发挥社会监督的力量，以保证《政府采购法》的有效实施，维护国家利益和社会公共利益。基于上述原因，《政府采购法》在设置了各种行政监督检查制度的同时，还规定了公众控告检举的社会监督制度。第七十条对政府采购活动的社会监督问题做出了规定，即“任何单位和个人对政府采购活动中的违法行为，有权控告和检举，有关部门、机关应当依照各自职责及时处理”。

根据《政府采购法》，我们应正确理解和把握社会监督的以下内容。

一、社会监督的性质

社会监督的性质是维护法律秩序和国家公共利益的公众监督，既不同于政府采购当事人的监督，也不同于国家机关的行政监督。

救济机制既是为保护供应商的合法权益而提供的救济手段，也属于政府采购当事人的监督。与救济机制不同，公众控告检举的对象是政府采购活动中的违法行为，主要目的是保证法律实施，保护国家和公共利益，控告检举人个人权益是否受到损害不是提起控告检举的条件，所以它是一种公共性质的社会监督。而国家行政机关依法对政府采购活动进行监督管理，属于行政监督。行使监督职权的国家机关能够做出影响政府采购法律效力、具有约束力的监督决定。公众的控告和检举，是向有关国家行政机关提出行使监督职权的一种要求。是否做出有约束力的监督决定，国家监督机关还要根据监督程序进行调查认证和适用法律。公众控告检举监督的性质，影响着这一监督制度的各个方面。

二、社会监督的主体和对象

社会监督的主体在法律上不受限制，任何单位和个人都可以提出。各级国家机关、各企业事业单位、社会团体、其他各种组织和公民个人都可以依法行使这一权利。只要是针对政府采购活动中的违法行为，并且有一定的事实根据和法律依据，就是合法的控告和检举，应当受到保护。而且单位和个人提出控告检举的时间和地点，在理论上都不应当受到限制。

控告和检举的对象，包括政府采购当事人、政府采购监督管理部门和政府其他有关部门在政府采购活动中的任何违法行为。

三、有关部门和机关的处理

公众要正当行使检举和控告的权利，有关部门和机关也应正确处理。

（一）公众检举和控告的注意事项

单位和个人在检举和控告时要注意以下问题。

1. 选择适当的举报受理机关

公众应搞清举报的性质，选择适当的举报受理机关。根据举报机构的管辖范围，可对政府采购活动中的违法行为进行针对性的举报：贪污贿赂等职务犯罪行为，向检察机关进行举报；履行职务中有以权谋私等不当行为的向监察部门举报；侵犯商业秘密、诋毁商誉等行为构成刑事犯罪的，向公安机关举报；违反党的纪律的，向纪检部门进行举报；对采购人非法经营等行为，可以向工商行政管理机关举报；当然也可以直接向政府采购监督管理部门反映和检举、控告。

2. 考虑地域和级别管辖

公众在检举和控告时，要注意地域管辖和级别管辖的问题，以利于问题的迅速解决。当然有些时候为了避开地方保护主义的影响，方便案件的查处，也可以直接向上级机关进行举报。

3. 正当行使检举控告权

公众应正当行使检举控告权，要注意其与错告、动机不良的打击报复、诬告陷害的区别。错告可能是因为弄错了被举报人的主体身份、张冠李戴，或者错误选择受理机关，有关行政机关对错告的要予以纠正。而对恶意的不实举报，如明知自己所检举控告的事实不符实际，或者编造材料、无中生有，以达到自己的恶意目的，从而极有可能对其他人合法权益造成损害的行为，有关行政机关应依法对其追究责任。

（二）有关部门和机关依照各自的职责及时处理

有关部门和机关接到控告检举后，有义务依照各自的职责及时处理：一是应当在法律规定的职责权限以内按照有关程序进行调查、核实并做出处理决定。对于不属于本部门和本机关管辖的事项，应当转送有关部门和机关。二是应当在调查处理的时间上比较迅速，不要延迟、拖拉或者推诿。作为一项法律义务，任何人都不得对提出控告和检举的公民进行压制和打击报复。

社会监督是及时发现和纠正招投标违法违规行为的重要途径，但《招标投标法》及其实施条例没有对社会监督进行明确的规定。为了更好地发挥社会监督的作用，《招标投标法实施条例》从三个方面做了进一步规定：一是提高了招投标活动的透明度。例如，依法必须进行招标的项目，招标人应当自收到评标报告之日起三日内公示中标候选人，公示期不得少于三日。二是鼓励当事人协商解决纠纷。就招标文件、开标和评标结果投诉的，应当先向招标人提出异议。三是加强行业自律。《招标投标法实施条例》规定，招标投标协会按照依法制定的章程开展活动，加强行业自律和服务。

本章小结

1. 保证公共采购依照公开、公平、公正原则规范运行，关键在于建立一个全方位、多层次、科学有效的监督制约机制。根据公共采购法律规范，公共采购监督机制按照监督主体可分为当事人监督、行政监督、司法监督和社会监督。

2. 采购人、供应商和采购代理机构等公共采购当事人的监督是公共采购监督体系的组成部分。其中，供应商就公共采购事项的质疑和投诉也是当事人监督的一种重要方式。就采购人而言，应公开政府采购项目的采购标准和采购结果，选择采购方式和采购程序应符合法定要求；就集中采购机构而言，应建立健全内部监督管理制度，提高采购人员的职业素质和专业技能。

3. 公共采购活动具有较强的公共性和强制性，行政监督是公共采购的主要监督方式。《政府采购法》明确了对政府采购的行政监督，包括财政部门对政府采购活动及集中采购机构的监督检查，行业主管部门对政府采购工程招投标活动的监督，以及审计机关和监察机关对政府采购的监督。我国《招标投标法》对招投标活动的行政监督做了原则性授权规定，相关配套法规主要对行业主管部门的监督事项进行了规范，包括发改委负责指导和协调全国招投标工作，行政主管部门主要负责各行业招投标活动的监督，如核准招标方案、自行招标备案、现场监督、招投标情况书面报告、受理投诉举报、招标代理机构资格管理、监督检查、项目稽查以及实施行政处罚等。

4.《政府采购法》规定了公众控告检举的社会监督制度。社会监督的主体在法律上不受限制，任何单位和个人都可以提出；控告和检举的对象，包括政府采购当事人、政府采购监督管理部门和政府其他有关部门在政府采购活动中的任何违法行为；有关部和机关接到控告检举后，有义务依照各自的职责及时处理。

思考题

1. 公共采购的监督管理机构有哪些，管理权限是如何划分的？

2. 简述政府采购监督管理部门监督检查的主要内容。

3. 根据《政府采购法实施条例》，政府采购监督管理部门对集中采购机构考核哪些事项？

4. 简述其他行政部门对政府采购活动的监督。

5. 简述行业主管部门对招投标活动的监督事项。

6. 根据《政府采购法》，采购人的监督包括哪些内容？

7. 根据《政府采购法》，集中采购机构的内部监督包括哪些内容？

第八章　公共采购法律责任

作用

本章是对公共采购法律责任的介绍，目的是使读者了解公共采购活动中各类行为主体因违反法律或合同约定义务而应承担的法律后果，理解和掌握公共采购法律责任中的行政责任、民事责任和刑事责任的相关规定，增强公共采购行为人的法律意识，严格遵守公共采购法律的规定。

重点

采购人、采购代理机构的法律责任；供应商的法律责任；行政监督部门和其他人的法律责任

公共采购法律责任是指公共采购法律关系中行为人因违反法律规定或合同约定义务而应当强制性承担的某种不利法律后果。我国公共采购法律责任有两个显著的特点：一是公共采购法律责任主体比较全面。任何在公共采购法上承担义务的行为人，都应承担因违法行为而导致的法律后果，强化了对公共采购行为人的法律约束，体现了法律平等原则，也有力地保障了公共采购法律的贯彻落实。二是公共采购法律责任内容比较全面。根据承担责任的不同法律性质，法律责任可分为民事责任、行政责任和刑事责任。公共采购法律责任是一种综合性法律责任，以行政责任为主，也包括民事责任和刑事责任。我国公共采购法对法律责任非常重视，利用专门章节对公共采购活动中各类行为主体因违法而应承担的法律责任进行了全面而具体的规范。

两法及其实施条例规定的法律责任主体包括采购人、采购代理机构及其工作人员，供应商，监督管理部门及其工作人员以及其他单位和个人，承担的法律责任包括民事责任、行政责任和刑事责任三个方面。民事责任是平等主体之间因违反民事法律法规依法所必须承担的法律后果，如公共采购当事人有违法行为影响采购结果并给采购人、供应商造成损失的，由责任人承担赔偿责任；行政责任是指行政法律关系的主体违反法律法规而依法承担的行政法律后果。行政法律责任包括行政处罚

和行政处分。行政处罚，是指有行政处罚权的国家行政机关或者法律、法规授权的组织，对违反行政法律法规，但尚不构成犯罪的公民、法人或其他组织实施的一种制裁。行政处罚的种类主要有：警告，罚款，没收违法所得、没收非法财物，责令停产停业，暂扣或者吊销许可证、执照，行政拘留，法律法规规定其他行政处罚。行政处分，是指国家机关、企事业单位对所属的国家工作人员以及国家机关委派到企业、事业单位任职的人员的违法失职行为尚不构成犯罪，依据法律、行政法规规定的权限而给予的一种惩戒。处分的对象是单位直接负责的主管人员和其他直接责任人员，即在单位中负有直接领导责任的人员，以及直接实施单位违法行为的人员。行政处分有警告、记过、记大过、降级、撤职、开除六种形式。刑事责任是指由《刑法》规定的对触犯《刑法》构成犯罪的人适用的并由国家强制力保障实施的刑事制裁措施。

第一节　采购人、采购代理机构的法律责任

采购人、采购代理机构及其工作人员是公共采购活动的直接参加者，在公共采购活动中处在关键位置，对公共采购活动的依法进行起着重大作用，应当严格执行法律规定。公共采购法对采购人及采购代理机构违法行为应当承担的法律责任做出了系统的规定，为履行法律义务提供了重要保障。

一、政府采购法

由于现实生活中多种不良因素的影响，采购人、采购代理机构在从事政府采购活动中违反法律规定的现象不同程度地存在，有的还相当严重。因此，我国《政府采购法》对采购人、采购代理机构及其工作人员的违法行为，规定了严格的惩处措施，以保证政府采购的规范运行，维护国家利益和社会公共利益，保护供应商的合法权益。

（一）采购人、采购代理机构的法律责任

根据我国《政府采购法》，采购人、采购代理机构及其工作人员有以下违法行为时，应承担相应的法律责任。

1. 一般违法行为

《政府采购法》及其实施条例明确了采购人、采购代理机构及其工作人员的一般违法行为所应承担的法律责任。

(1) 违法行为界定。

《政府采购法》第七十一条①规定了采购人、采购代理机构的一般违法行为,《政府采购法实施条例》第六十八条进行了补充规定,采购人、采购代理机构有规定情形的,依照《政府采购法》第七十一条的规定追究法律责任。具体而言,采购人、采购代理机构的一般违法行为包括以下情形:

① 法律的基本规定。一是采购人应当采用公开招标方式而擅自采用其他方式采购。政府采购原则上以公开招标采购为主,特殊情况可以经批准采取邀请招标、竞争性谈判、单一来源采购、询价以及国务院政府采购监督管理部门认定的其他采购方式。所以,公开招标是政府采购的主要采购方式,采购人应当采用公开招标但因特殊情况而需要采用其他采购方式采购货物或者服务的,应当在采购活动开始前获得设区的市、自治州以上人民政府的批准。采购项目未经批准擅自采用其他方式采购,属于违法行为。采购代理机构在代理采购中不采用规定方式或者擅自改变采购方式的,同样是违法。

二是擅自提高采购标准的。采购标准一经确定和公开,即成为采购人和供应商的共同依据,采购人、采购代理机构不得擅自变更,否则属于违法行为。

三是以不合理的条件对供应商实行差别待遇或者歧视待遇。公平对待所有供应商是采购人、采购代理机构的法定义务,采取任何方式偏袒某些供应商,而对其他供应商实行差别待遇或者歧视待遇,属于法律禁止的行为。

四是在公开招标采购过程中与投标人进行协商谈判。这一行为直接影响到采购活动和采购结果的客观、公正,应当予以禁止。

五是中标、成交通知书发出后,不与中标、成交供应商签订采购合同。政府采购合同是采购人与供应商之间约定相互权利和义务的法律凭证,是保证中标、成交结果得以有效执行的基础。按照《政府采购法》的规定,采购人与中标、成交供应商应当在中标、成交通知书发出之日起三十日内,按照采购文件确定的事项签订政府采购合同。如果采购人在中标、成交通知书发出后的规定日期内,不与中标、成交供应商签订采购合同,对中标、成交供应商的合法权益是一个极大的损害,应当被法律所禁止。

六是拒绝有关部门依法实施监督检查。按照《政府采购法》的规定,政府采购监督管理部门、对政府采购负有行政监督职责的政府有关部门、审计机关、监察机关有权对采购人、采购代理机构及其工作人员依法实施监督检查,采购人、采购代

① 2014 年修改后的《政府采购法》删除了第七十一条第三项有关代理资格的规定。

理机构必须依法接受监督检查。采购人、采购代理机构如果拒绝有关部门依法实施监督检查，则属于违法行为，应当追究法律责任。

② 条例的补充规定。《政府采购法实施条例》补充规定了采购人、采购代理机构的一般违法行为，采购人或者采购代理机构可能单独实施，也可能共同实施这些违法行为。

一是未依照《政府采购法》及其实施条例规定的方式实施采购。目前法定的采购方式包括公开招标、邀请招标、竞争性谈判、竞争性磋商、单一来源采购、询价六种。政府采购工程依法不进行招标的，应当按照规定采用竞争性谈判、竞争性磋商或者单一来源采购方式开展采购。实践中在适用采购方式方面存在的问题有：应当公开招标的未经财政部门审批采取非公开招标方式；公开招标数额标准以下的采购项目未依据政府采购法律制度规定的适用情形选择采购方式；采用《政府采购法》规定的五种采购方式以外且未经财政部门认定的采购方式开展采购，如采用所谓的“跟标”采购等方式；政府采购工程项目采用非招标采购的，大量采用了直接发包。

二是未依法在指定的媒体上发布政府采购项目信息。政府采购信息应在政府采购监督管理部门指定的媒体上及时发布。《政府采购法实施条例》规定，政府采购项目信息应在省级财政部门指定的媒体上发布。采购项目预算金额达到财政部规定标准的，应当在财政部指定的媒体上发布。实践中存在的问题有：采购人或采购代理机构不在财政部门指定的媒体上公告政府采购项目信息；采购人或采购代理机构不在省级以上财政部门指定的媒体公告政府采购项目信息。这种情况在地市级以下表现得尤为明显，使得信息的公告范围受到限制，影响了项目信息公告的广度和项目的竞争性。

三是未按照规定执行政府采购政策。政府采购应有助于实现国家的经济和社会发展政策目标，应采购本国货物、工程和服务。实践中存在的问题有：在采购文件中未明确规定落实政府采购政策的相关内容，未规定优先采购节能和环境标志产品的措施；采购强制采购节能产品目录之外的产品；未经财政部门审核采购进口产品；未将预留项目授予中小微企业，对小微企业未给予价格扣除优惠等。《招标投标法》没有政府采购政策的相关规定，导致进行招投标的政府采购工程一直没有执行政府采购政策。在政府采购活动中落实政府采购政策，是采购人、采购代理机构的法定义务，如果没有严格执行政府采购政策，应追究其法律责任。

四是违反规定导致无法组织对供应商履约情况进行验收或者国家财产遭受损失。该项情形违反了“采购文件编制”的规定。实践中存在的主要问题有：采购人的采购需求不完整、不明确，或者不符合国家法律、行政法规以及政府采购政策规定的技术、服务、安全等要求，导致无法组织对供应商履约情况进行验收，致使国家财产遭受损失。基于上述违法行为，采购人或者采购代理机构应当依法承担法律责任。

五是未依法从政府采购评审专家库中抽取评审专家。除财政部门规定的情形外，采购人或采购代理机构应当从政府采购评审专家库中抽取评审专家。目前，省级以上财政部门基本上都已组建了政府采购评审专家库，制定了相应的管理办法，采取随机抽取专家的办法，避免对抽取专家的人为干预。实践中存在的问题主要集中在评标委员会或评审小组中评审专家人数不足、“专家不专”、采购人或采购代理机构自行推荐专家、有限的评审专家多次反复参加评审等方面。上述问题有待于财政部门进一步完善专家库的建设，以满足采购人、采购代理机构的评审需要。对采购人或采购代理机构不依法在政府采购评审专家库内抽取评审专家或违法指定评审专家的，应当追究其法律责任。

六是非法干预采购评审活动。为保证评审的客观性和公正性，评标委员会、竞争性谈判小组、竞争性磋商小组或者询价小组成员应当按照客观、公正、审慎的原则，根据采购文件规定的评审程序、评审方法和评审标准进行独立评审，任何人不得非法干预评审专家的评审工作。实践中，采购人、采购代理机构非法干预评审活动的情况时有发生，最常见的干预形式是向评标委员会、竞争性谈判小组、竞争性磋商小组或者询价小组中的评审专家做倾向性、误导性的解释或者说明，还有采购人或采购代理机构明确指定产品或服务供应商。不论是提供倾向性、误导性解释或说明，还是指定供应商，都违背了公平、公正的原则，采购人、采购代理机构都应当承担相应的法律责任。

七是采用综合评分法时评审标准中的分值设置未与评审因素的量化指标相对应。政府采购评标方法分为最低评标价法和综合评分法。综合评分法的关键是如何确定评审因素和与评审因素的量化指标相对应的分值。实践中存在的主要问题是：将与投标报价无关的资格条件、业绩要求或商务条件等指标设定为评审因素，设定的评审因素缺乏量化指标，有量化指标的评审因素没有对应的分值设置等。上述问题导致了评审的随意性，严重影响评审的质量和公正。所以，采购人或采购代理机构应严格执行评审的有关规定，否则将承担相应的法律责任。

八是对供应商的询问、质疑逾期未作处理。供应商的询问、质疑是进行权利救济的主要方式，由供应商向采购人或其委托的采购代理机构提出，采购人或采购代理机构应当在三个工作日内对询问做出答复，在收到书面质疑后七个工作日内做出答复。实践中存在的问题有：采购人或采购代理机构拒不接受供应商的询问、质疑，或者相互推诿，致使供应商错过了质疑有效期；未针对询问、质疑事项做有效答复，引发供应商的投诉；对询问、质疑未在规定的时间内答复，致使供应商丧失商业机会和救济利益。采购人、采购代理机构必须严格按照时限对供应商进行答复。

九是通过对样品进行检测、对供应商进行考察等方式改变评审结果。评审结果是评标委员会、谈判小组、磋商小组和询价小组依法评审的结果，采购人、采购代理机构不得以任何理由组织重新评审，也不得通过对样品进行检测、对供应商进行考察等方式改变评审结果。实践中，采购人对评审结果不满意，往往采取重新评审的做法改变评审结果。甚至在中标、成交结果公告或通知后，要求对中标、成交供应商的样品进行检测，或自行组织评审专家或由采购人单独对供应商进行考察，并根据检测、考察的结果改变评审结果。采购人、采购代理机构如擅自改变评审结果将损害政府采购评审制度的严肃性，损害供应商的合法权益。

十是未按照规定组织对供应商履约情况进行验收。对供应商履约情况进行验收既是采购人或采购代理机构的权利，也是义务，能否按照规定组织对供应商履约情况进行验收直接影响采购的质量，如果采购人或采购代理机构怠于或者疏于按照规定进行履约验收，将损害采购人利益，进而损害国家利益和公共利益。实践中，采购人或采购代理机构往往重采购程序而轻合同履行，不组织对履约进行验收，或未按照规定组织验收。验收是合同履行的主要环节，通过验收能够及时发现供应商是否按照合同规定履行合同义务，能够及时采取补救措施或者追究供应商的违约责任。

（2）承担的法律责任。

对于采购人、采购代理机构及其工作人员的上述违法行为，要依法追究下列形式的行政责任。

① 责令限期改正。责令限期改正是财政部门依法要求行为人在一定期限内停止违法行为，并予以纠正。这是对行为人违法行为采取的一种补救性行政措施。严格地说，责令限期改正不是一种制裁，而是对违法行为及违法后果的纠正，以强制行为人履行法定义务。因此，责令限期改正适用于能够改正的情况。

具体而言，责令限期改正是指财政部门责令采购人、采购代理机构按照《政府采购法》及其实施条例规定的方式实施采购，依法在指定的媒体上发布政府采购项目信息，按照规定执行政府采购政策，根据政府采购政策、采购预算、采购需求编制采购文件，采购需求应当符合国家法律法规以及政府采购政策规定的技术、服务、安全等要求，依法在政府采购评审专家库中抽取专家，不得非法干预采购评审活动，采用综合评分法时评审标准中的分值设置与评审因素的量化指标相对应，对供应商的询问、质疑在规定时间内处理，不得通过对样品进行检测、对供应商进行考察等方式改变评审结果，按照规定组织对供应商履约情况进行验收等。

②给予警告。警告是行政机关对违反行政管理秩序的行为给予申诫性质的行政处罚。从性质上分，警告属于申诫罚的一种。申诫罚是影响违法者声誉的处罚，是行政机关对行政违法人提出的谴责、警告，使其引起警惕，防止其继续违法的措施，处罚的力度相对较轻，主要适用于情节比较轻微，尚未造成严重社会危害的违法行为。

这里的警告属于行政处罚，应该按照法定程序来进行，要填写预定格式的行政处罚决定书。需要注意的是，这种警告的性质与行政处分中的警告虽然名称相同，但是性质完全不同。

③ 并处罚款。罚款是行政机关对违反行政管理秩序的行为给予的财产性质的行政处罚。财政部门根据采购人、采购代理机构违法情节轻重、影响大小、纠正情况，可处以 10 万元以下的罚款。本条的罚款可以与警告合并适用，也可以单独适用。

④ 给予处分，并予通报。行政处分的对象是违法单位直接负责的主管人员和其他直接责任人员，即在单位中负有直接领导责任的人员，包括违法行为的决策人、事后对单位违法行为予以认可和支持的领导人员、由于疏忽管理或者放任对单位行为负有不可推卸责任的领导人员，以及直接实施单位违法行为的人员。根据《行政监察法》第二十四条的规定，行政处分有警告、记过、记大过、降级、撤职、开除六种形式。《政府采购法实施条例》对给予什么处分并未明确，实践中需要视违法情节等因素决定。情节较轻、未造成后果的，可以从轻给予处分，如警告；情节比较严重，特别是有主观故意的，或者经财政部门责令改正而拒不改正的，可以给予撤职或者开除等处分。对采购人中直接负责的主管人员和其他直接责任人员的行政处分，财政部门应当建议该采购人的上级行政主管部门或者有关监察机关对责任人员依法给予处分，财政部门不能自行给予处分。对采购人直接负责的主管人员和其他直接人员给予行政处分的，还应当依照有关规定予以通报。

需要注意的是，《政府采购法实施条例》规定的违法采购行为，应依照上述规定和第七十八条的规定追究法律责任。《政府采购法》第七十八条规定的法律责任主体是采购代理机构，法律责任的种类包括：一是罚款。采购代理机构出现本条规定的违法情形，可处以数额为十万元以下的罚款。二是在一至三年内禁止其代理政府采购业务。在禁止其代理政府采购业务期间，采购代理机构不得接受采购人的委托代理政府采购业务，具体禁止代理政府采购业务的期间为一至三年，财政部门应根据采购代理机构违法行为的影响程度确定具体的禁止代理政府采购业务的期间。在禁止代理政府采购业务期间届满后，采购代理机构可以恢复政府采购代理业务。

三是依法追究刑事责任。采购代理机构的违法行为构成犯罪的，应由司法机关追究刑事法律责任。单位构成犯罪的，对单位判处罚金，对直接负责的主管人员和其他直接责任人员处以相应的刑罚。

2. 严重违法行为

《政府采购法》第七十二条明确了采购人、采购代理机构及其工作人员的严重违法行为所应当承担的法律责任。

（1）违法行为界定。

根据《政府采购法》，采购人、采购代理机构及其工作人员的严重违法行为包括以下情形：

一是与供应商或采购代理机构恶意串通。采购人、采购代理机构及其工作人员与供应商恶意串通，或者采购人及其工作人员与采购代理机构恶意串通。

二是在采购过程中接受贿赂或者获取其他不正当利益。

三是在有关部门依法实施的监督检查中提供虚假情况。

四是开标前泄露标底。

（2）承担的法律责任。

对于采购人、采购代理机构及其工作人员的上述违法行为，可涉及两种法律责任：

① 行政责任。对于采购人、采购代理机构及其工作人员的上述违法行为，尚未构成犯罪的，要依法追究下列形式的行政责任：

一是处以罚款。《政府采购法实施条例》第六十六条规定："政府采购法第七十二条规定的罚款，数额为五万元以上二十五万元以下。"

二是没收违法所得。这是行政机关对违反行政管理秩序的行为给予财产性质的行政处罚。没收违法行为人的违法所得，使其在经济上得不到任何好处，增强了制止违法行为的针对性和有效性。如果采购人、采购代理机构及其工作人员实施了上述违法行为，除了依法处以罚款以外，对有违法所得的，应当同时没收其违法所得。

三是由其行政主管部门或者监察机关对属于国家机关工作人员的采购人、采购代理机构的工作人员，依法给予行政处分。

② 刑事责任。对于采购人、采购代理机构及其工作人员的上述违法行为，构成犯罪的，应当依法追究刑事责任。采购人在政府采购中与供应商或者采购代理机构恶意串通，构成串通投标罪；采购人在政府采购中接受贿赂、接受供应商金钱及其他物质利益构成犯罪的，按受贿罪论处；采购人在开标前泄露标底的，情节严重的构成侵犯商业秘密罪。政府采购监督管理部门或者政府其他有关部门在实施监督检

查中，如发现采购人、采购代理机构及其工作人员的违法行为触犯刑律的，应当按照法定的程序，将案件以及相关材料，全部移送有管辖权的司法机关，由其依法追究刑事责任，不能以罚代刑。

采购人、采购代理机构在政府采购活动中发生的一般或严重违法行为，有可能直接或者间接影响中标、成交结果，需要根据采购过程的不同阶段，采取不同的处理办法。《政府采购法》第七十三条及《政府采购法实施条例》第七十一条规定了四种处理办法：

第一种，未确定中标、成交供应商的，终止本次政府采购活动，重新开展政府采购活动。如果有足够的证据证明违法行为影响或可能影响中标、成交结果的，应当由财政部门责令终止采购活动。终止采购活动即采购活动不得继续进行，已经实施的采购活动因采购过程存在的违法行为而自始无效，由财政部门责令采购人、采购代理机构重新开展采购活动。

第二种，已确定中标、成交供应商但尚未签订政府采购合同的，中标、成交结果无效，从合格的中标、成交候选人中另行确定中标、成交供应商；没有合格的中标、成交候选人的，重新开展政府采购活动。已确定中标、成交供应商，是指采购人根据评审结果确定中标、成交供应商，并公告结果或发出通知书，中标、成交结果业已产生法律效力。在双方未签订政府采购合同期间，如发现采购人、采购代理机构在采购活动中存在违法行为的，应由财政部门认定中标、成交结果无效。如果有合格的中标、成交候选人，是指中标、成交候选人的产生符合法律法规规定，未受采购人、采购代理机构违法行为的影响，由采购人在合格的中标、成交候选人中依顺序确定中标、成交供应商，并依此类推。如果没有合格的中标、成交候选人的，财政部门责令采购人、采购代理机构重新开展采购活动。

第三种，政府采购合同已签订但尚未履行的，撤销合同，从合格的中标、成交候选人中另行确定中标或成交供应商；没有合格的中标、成交候选人的，重新开展政府采购活动。

第四种，政府采购合同已经履行的，给采购人、供应商造成损失的，由责任人承担赔偿责任。合同履行，是指合同当事人依照合同约定执行合同义务的行为，如交付货物、完成工作、提供劳务、支付价款等，从而使合同目的得以实现。在履行过程中能够予以返还并恢复原状的，如货物、价款的返还，不能以合同已经履行为由而继续履行合同；如合同主要义务已经实际履行难以恢复原状，或者恢复原状给当事人造成重大损失的，可认定合同已经履行。这里的相关责任人，是指实施违法行为的采购人或采购代理机构。损害赔偿，是指当事人一方因侵权行为或不履行债务而对他方造成损害时应承担赔偿对方损失的民事责任，包括侵权和违约两种损害赔偿。侵权的损害赔偿可以包括对精神损害的赔偿，而违约的损害赔偿一般只包括财产损害赔偿，不包括对精神损害的赔偿；侵权责任一般实行过错责任，受害人需证明侵权人在实施侵权行为之间具有过错，否则行为人不承担法律责任；而违约责任实行无过错责任，只要行为人的违约行为造成了对方当事人的损失，行为人就应负民事责任。采购人、采购代理机构的违法行为属于侵权行为还是违约行为，需要视情况具体分析。如采购人或采购代理机构以不合理的条件对供应商实行差别待遇或歧视待遇的，将对供应商的合法权益构成损害，应属侵权责任；如采购代理机构接受采购人委托后将应当采用公开招标方式而擅自采用其他方式采购、擅自提高采购标准将对采购人构成侵权，也违反了委托协议的约定，构成违约，产生侵权责任与违约责任的竞合。

政府采购当事人有其他违反《政府采购法》及其实施条例的行为，经改正后仍然影响或者可能影响中标、成交结果或者依法被认定为中标、成交无效的，按照前款规定处理。这里的政府采购当事人包括采购人、采购代理机构和供应商，“其他违反《政府采购法》及其实施条例的行为”是弹性规定，法律责任中所列明的当事人违法行为不能涵盖政府采购当事人所有的违法行为。这里“依法被认定为中标、成交无效的”，是指财政部门在投诉处理、监督检查过程中，发现当事人有违法行为足以影响中标、成交结果的，应当依法认定中标、成交结果无效。

3. 伪造、变造、隐匿或者销毁采购文件

按照《政府采购法》的规定，采购人、采购代理机构对政府采购项目每项采购活动的采购文件应当妥善保存，不得伪造、变造、隐匿或者销毁。采购文件的保存期限为从采购结束之日起至少保存十五年。因此，《政府采购法》第七十六条对此进行了规范，采购人、采购代理机构违反上述规定，隐匿、销毁应当保存的采购文件或者伪造、变造采购文件的，应当依法追究以下法律责任。

（1）承担的行政责任。

一是由政府采购监督管理部门处以两万元以上十万元以下的罚款。其他部门、机关在监督检查中如果发现采购人、采购代理机构有上述违法行为，可以依法予以制止，但是不能对其处以罚款。

二是由该采购人、采购代理机构的行政主管部门或者有关机关对其直接负责的主管人员和其他直接责任人员依法给予处分。

（2）承担的刑事责任。

采购人、采购代理机构违法行为构成犯罪的，应承担以下刑事责任：采购人、采购代理机构伪造、变造采购文件，构成伪造国家机关公文罪；采购人、采购代理机构隐匿、销毁应当保存的采购文件，构成毁灭国家机关公文罪。

4. 采购人员不依法回避

《政府采购法》规定："在政府采购活动中，采购人员及相关人员与供应商有利害关系的，必须回避。供应商认为采购人员及相关人员与其他供应商有利害关系的，可以申请其回避。"该规定确立了政府采购的强制回避制度，采购人员是指采购人、采购代理机构中从事采购活动的工作人员；相关人员包括招标采购中评标委员会的组成人员、竞争性谈判中谈判小组的组成人员、竞争性磋商中磋商小组的组成人员、询价采购中询价小组的组成人员等。

《政府采购法实施条例》第七十条补充规定了采购人员不依法回避的法律责任。采购人员与供应商有利害关系而不依法回避的，属于违法行为，应追究以下行政责任：一是警告。由财政部门给予警告。二是罚款。罚款的数额为两千元以上两万元以下，财政部门根据违法人员的违法情节，造成的后果等情况具体确定罚款的数额，罚款应当与警告合并适用。

（二）采购人的法律责任

采购人是政府采购的主要当事人，其活动贯穿政府采购活动的始终，从采购项目预算和计划的编制到采购合同的履行、验收和款项支付。《政府采购法》及其实施条例针对采购人特定的违法行为，主要规定了相应的行政法律责任。

1. 法律的一般规定

《政府采购法》第七十四条、第七十五条针对采购人不依法委托集中采购机构代理采购、公布政府采购项目的采购标准和结果的违法行为规定了应承担的行政责任。

（1）违法行为界定。

① 不依法委托集中采购机构代理采购。《政府采购法》规定采购人采购纳入集中采购目录的政府采购项目，必须委托集中采购机构代理采购。纳入集中采购目录属于通用的政府采购项目的，应当委托集中采购机构代理采购；属于本部门、本系统有特殊要求的项目，应当实行部门集中采购；属于本单位有特殊要求的项目，经省级以上人民政府批准，可以自行采购。采购人依法委托集中采购机构进行采购，是一个强制性法定委托制度。违反这一制度规定的，应当承担相应的法律责任，受到法律制裁。

② 不依法公布政府采购项目的采购标准和采购结果。《政府采购法》规定政府采购项目的采购标准应当公开。采用法定的采购方式的，采购人在采购活动完成后，

应当将采购结果予以公布。采购人公布政府采购项目的采购标准和采购结果，是强制性法律义务。违反这一义务的应当承当法律责任。

（2）承担的行政责任。

采购人有上述违法行为的，应承担以下行政法律责任：

① 责令改正。对于采购人不委托集中采购机构代理采购的行为，政府采购监督管理部门应当责令其改正。

政府采购监督管理部门、政府其他有关部门发现采购人未依法公布政府采购项目的采购标准和采购结果的，应当责令采购人立即改正，按照有关部门的要求公布采购标准和采购结果。

② 给予处分。采购人不委托集中采购机构实行集中采购的，经政府采购监督管理部门责令改正而拒不改正的，停止按预算向其支付资金。这是对采购人较为严厉的一种制裁措施，也是督促采购人纠正违法行为的有效办法。同时，政府采购监督管理部门应当向其上级行政主管部门或者有关机关提出书面建议，依法给予其直接负责的主管人员和其他直接责任人员处分。

采购人未依法公布政府采购项目的采购标准和采购结果的，由该采购人的上级行政主管部门或者有关监察机关对其直接负责的主管人员依法给予处分。

2. 条例的补充规定

针对实践中存在的问题，《政府采购法实施条例》第六十七条对采购人违法实施采购的法律责任进行了补充规定。

（1）违法行为界定。

① 未按规定编制政府采购实施计划或未将其报财政部门备案。采购人应当根据集中采购目录、采购限额标准和已批复的部门预算编制政府采购实施计划，报本级人民政府财政部门备案。实践中，采购人未按规定编制政府采购实施计划的主要表现有：部门预算批复后未按照预算执行要求编制采购实施计划，致使采购项目未在预算年度内实施；未按照采购标准编制采购实施计划，导致采购项目超过采购预算；将集中采购项目委托其他采购代理机构采购或自行采购等。采购人编制的政府采购实施计划应当报本级人民政府财政部门备案。采购实施计划不仅是采购人实施采购活动的依据，也是财政部门实施监督检查的依据。财政部门对采购人是否严格按照采购实施计划开展采购活动及时进行监督检查，发现采购人未按照采购实施计划实施采购活动的要责令其及时改正，发现其违法行为的要依法进行处罚。

② 将应公开招标的项目化整为零或以其他方式规避公开招标。公开招标应当作为政府采购的主要采购方式，采购人不得将应当以公开招标方式采购的货物或服务

化整为零或者以其他任何方式规避公开招标采购。"其他任何方式"是弹性规定，除化整为零规避公开招标外，采购人还可能以其他方式规避公开招标，如非保密项目以保密项目实施采购以规避公开招标等。

③ 未按规定在推荐的中标、成交候选人中确定中标、成交供应商。采购人应当自收到评审报告之日起五个工作日内在评审报告推荐的中标、成交候选人中按顺序确定中标、成交供应商。实践中存在的问题有：采购人在规定的时间内拒不确认，或者要求重新评审以推荐采购人满意的供应商，或者未在推荐的中标、成交候选人中按顺序确定中标、成交供应商。上述行为都属于违法行为，采购人应当承担相应的法律责任。

④ 未按采购文件确定的事项签订政府采购合同。采购人与中标、成交供应商应当在中标、成交通知书发出之日起三十日内，按照采购文件确定的事项签订政府采购合同。这里的采购文件是指招标文件、投标文件、竞争性谈判文件、竞争性磋商文件、询价通知书、响应性文件等。采购文件确定的事项主要包括采购标的、数量、质量、价款或者报酬、履行期限、地点和方式、合同文本或合同草案等。采购合同不得改变采购文件所确定的实质性要件，招标、谈判、磋商、询价其目的在于缔结采购合同，如不依据采购文件确定事项或者擅自变更采购文件确定的事项签订合同，那么采购将流于形式，背离了公平竞争的原则。

⑤ 补充合同金额超过法定标准。政府采购合同履行中，追加与合同标的相同的货物、工程或者服务的采购金额超过原合同采购金额 10%。在履行采购合同过程中，采购人如果追加合同标的必须符合以下条件：所追加合同标的与原合同标的相同，不得追加不相同的标的物；不得改变其他合同条款；追加的合同金额不得超过原合同采购金额的 10%。在实践中，采购人违反上述规定的做法时有发生，违背了政府采购合同制度，也违背了预算执行制度。

⑥ 擅自变更、中止或终止政府采购合同。政府采购合同根据采购文件确定的事项签订，采购人和供应商应当严格按照合同的规定履行合同义务，双方当事人任何一方都不得擅自变更、中止或者终止合同，也不得通过协商变更、中止或者终止合同。政府采购是预算的执行环节，擅自中止或终止履行合同将损害预算执行的严肃性，甚至可能损害国家利益或者社会公共利益。采购人或者供应商违反《政府采购法》关于合同的规定应当承担相应的法律责任。

⑦ 未按照规定公告政府采购合同。为了便于有关部门加强对政府采购的监督管理，特别是发挥社会公众对政府采购的监督，采购人应在政府采购合同签订之日起两个工作日内，将政府采购合同在省级以上人民政府财政部门指定的媒体上公告，

但政府采购合同涉及国家秘密、商业秘密内容的除外。采购人未按规定公告政府采购合同的，应承担相应的法律责任。

⑧ 政府采购合同副本未按规定向财政部门和有关部门备案。在政府采购合同签订之日起七个工作日内，采购人应当将合同副本报同级政府采购监督管理部门和有关部门备案。这里的有关部门是指与监督合同履行有关的部门，如政府采购工程项目的采购合同应当报建设行政主管部门备案。采购人未按照上述规定时间和要求执行备案的，将依法承担法律责任。

（2）承担的行政责任。

财政部门发现采购人有上述违法行为的，应当承担以下的行政法律责任：

① 责令限期改正。财政部门对于存在上述违法行为的采购人要求其按照规定编制政府采购实施计划；对应当采用公开招标方式的项目进行公开招标；按照规定在评标委员会、竞争性谈判小组或者询价小组推荐的中标、成交候选人中确定中标、成交供应商；按照采购文件确定的事项签订政府采购合同；政府采购合同履行中，追加与合同标的相同的货物、工程或者服务的采购金额不得超过原合同采购金额10%；不得擅自变更、中止或终止政府采购合同；按照规定公告政府采购合同；在规定时间内将政府采购合同副本报同级财政部门和有关部门备案等。

② 给予警告。这里所说的给予警告，属于行政处罚。

③ 给予行政处分。对采购人中直接负责的主管人员和其他直接责任人员给予行政处分。财政部门应当建议该采购人的上级行政主管部门或者有关监察机关对责任人员依法给予处分。实践中需要视违法情节等因素决定给予什么处分，情节较轻、未造成后果的，可以从轻给予处分，如警告；情节比较严重，特别是有主观故意的，或者经财政部门责令改正而拒不改正的，可以给予撤职或者开除等处分。对采购人直接负责的主管人员和其他直接人员给予行政处分的，还应当依照有关规定予以通报。

（三）采购代理机构的法律责任

我国《政府采购法》及其实施条例针对采购代理机构，特别是集中采购机构的违法行为规定了相应的法律责任。

1. 采购代理机构违法行为

采购代理机构可以根据采购人的委托，在委托的范围内办理政府采购事宜。根据《政府采购法》第七十八条，采购代理机构在代理政府采购业务中有违法行为的，应承担以下法律责任：

（1）承担的行政责任。

对于采购代理机构在代理政府采购业务中的违法行为，由政府采购监督管理部门或者政府其他有关部门按照有关法律规定处以罚款，并可以依法取消其进行相关业务的资格。

需要注意的是，2014 年修改后的《政府采购法》将“依法取消其进行相关业务的资格”修改为“在一至三年内禁止其代理政府采购业务”。

（2）承担的刑事责任。

采购代理机构及其工作人员在政府采购过程中有违法行为，情节严重，构成犯罪的，依法追究其刑事责任。

采购代理机构在政府采购过程中因违法行为应承担的刑事责任有：串通投标罪，受贿罪，侵犯商业秘密罪，伪造、毁灭国家机关公文罪，滥用职权罪，签订、履行合同失职被骗罪等。

2. 集中采购机构违法行为

集中采购机构在政府采购中发挥着重要的作用，应当依法采购，根据采购人的委托正确履行采购职责。《政府采购法》及其实施条例对集中采购违法行为应承担的法律责任进行了规定。

（1）业绩考核违法。

根据《政府采购法》第八十二条，对于在政府采购监督管理部门考核中，虚报业绩，隐瞒真实情况的集中采购机构，应当依法追究以下行政法律责任：

① 罚款，并予以通报。由政府采购监督管理部门对该集中采购机构处以两万元以上二十万元以下的罚款，并将集中采购机构在接受考核中的违法行为及处理结果予以通报。

② 取消代理采购资格。集中采购机构违反规定，在考核中虚报业绩，隐瞒真实情况，情节严重的，有关人民政府可以取消其代理采购的资格。需要注意的是，集中采购机构是由有关人民政府批准设立的，政府采购监督管理部门不得擅自取消集中采购机构代理采购的资格。

（2）其他违法行为。

《政府采购法实施条例》第六十九条对集中采购其他违法行为应承担的法律责任进行了补充规定。

① 违法行为界定。一是内部监督管理制度不健全，对依法应当分设、分离的岗位和人员未分设、分离。建立健全内部监督管理制度包括诸多方面的内容，最核心的问题就是在集中采购机构内部形成一种相互制衡的约束机制，采购活动的决策和执行程序应当明确并相互监督和制约，经办采购的人员与负责采购合同审核、验收人员的职责权限应当明确并相互分离。集中采购机构未依法建立内部监

督管理制度，对依法应当分设、分离的岗位和人员未分设、分离的，应承担相应的法律责任。

二是将集中采购项目委托其他采购代理机构采购。集中采购机构是代理集中采购项目的执行机构，应当根据采购人委托制定集中采购项目的实施方案，明确采购规程，组织采购活动，不得将集中采购项目转委托。实践中，集中采购机构将集中采购项目转委托的现象时有发生。集中采购机构应当严格按照规定执行，不得将采购人委托的集中采购项目转委托，否则将承担相应的法律责任。

三是从事营利活动。《政府采购法》明确规定集中采购机构是非营利事业法人，但未对“非营利”做出具体界定。实践中，集中采购机构存在财政全额拨款，自收自支，部分财政拨款、部分收费三种预算体制。上述三种体制中，除全额财政拨款外，为了确保集中采购机构做到非营利，不能实行收入与支出挂钩的模式，对收取的各项费用应当严格执行“收支两条线”的规定。实行收费的，必须报请省级价格主管部门按照成本统一核定交易服务收费标准，并向社会公布。如果集中采购机构违反规定以营利为目的，应承担相应的法律责任。

② 承担的行政责任。集中采购机构有上述情形之一的，应承担以下行政责任：

一是由财政部门责令限期改正，给予警告。财政部门对于存在上述违法行为的集中采购机构要求其依法分设、分离岗位和人员；自己办理集中采购项目；不从事营利活动等。拒不改正的，应给予警告处罚。

二是有违法所得的，并处没收违法所得。没收违法所得，是指行政主体实施的将违法行为人的部分或全部违法收入、物品或其他非法占有的财物收归国家所有的处罚方式。集中采购机构将集中采购项目委托其他采购代理机构采购或从事营利活动而获得违法所得的，财政部门应并处没收违法所得。并处是指行政主体对某一违法行为依法同时使用两种或两种以上的行政处罚方式，财政部门对集中采购机构处以其他行政处罚的同时，将其违法所得没收并上缴国库。

三是对直接负责的主管人员和其他直接责任人员依法给予处分，并予以通报。

除了上述规定，《政府采购法》及其实施条例对政府采购当事人违法行为应当承担的民事责任也进行了规定。民事责任是指民事主体在民事活动中，因实施了民事违法行为，根据法律规定所承担的对其不利的民事法律后果或者基于法律特别规定而应承担的民事法律责任。民事责任主要是一种民事赔偿责任，目的在于使受害人被侵犯的权益得以恢复。采购人、采购代理机构、供应商等政府采购当事人因违法行为，给他人造成损失的，应依照有关民事法律规定承担民事责任。在政府采购活动中，采购人不是以履行行政管理职能的身份而是作为平等的民事主体出现的，与采购代理机构、供应商一样，都是平等的民事主体。因此，无论是采购人、采购代理机构还是供应商，在政府采购活动中有违法行为造成他人损失的，都同样需要依照民事法律规定承担民事责任。该项规定也意味着采购人、采购代理机构在承担行政责任和刑事责任的同时，还应当依法承担相应的民事责任。有关当事人承担了行政责任和刑事责任并不能够当然免除其他民事责任。他人主要是政府采购当事人，如采购人、采购代理机构违法行为给供应商造成损害的，或供应商违法行为给采购人、采购代理机构或其他供应商造成损害的，或采购代理机构违法行为给采购人造成损害的，都要承担民事责任。根据《民法通则》，承担民事责任的方式主要有：停止侵害，排除妨碍，消除危险，返还财产，恢复原状，修理、重作、更换，赔偿损失，支付违约金，消除影响、恢复名誉，赔礼道歉等。以上承担民事责任的方式，可以单独适用，也可以合并适用。

二、招标投标法

我国《招标投标法》及其实施条例对招标人、招标代理机构实施违法行为应承担的法律后果进行了规范。

（一）招标人的法律责任

我国《招标投标法》及其实施条例规定，招标人有以下违法行为时，应承担相应的法律责任：

1. 必须招标项目规避招标

《招标投标法》第四十九条规定了招标人违反法律规避招标的行为应当承担的法律责任。

（1）违法行为界定。

① 必须进行招标的项目而不招标。必须进行招标的项目，是指依照《招标投标法》规定必须进行招标的工程建设项目以及与工程建设有关的重要设备、材料等的采购项目，以及其他法律和国务院规定必须进行招标的项目。

② 必须招标项目化整为零或以其他方式规避招标。所谓“化整为零”规避招标，是指有关单位和个人将依法必须招标的一个整体项目人为地划分为若干个项目，使各个项目在规模上低于依法必须招标项目的规模标准，从而达到规避招标目的的行为。“以其他方式”规避招标，是指除化整为零规避招标以外的其他规避招标的方式。

③ 未按照规定发布资格预审公告或招标公告。不按照规定发布资格预审公告或

者招标公告，构成规避招标。依法必须进行招标项目的招标人未按照规定发布资格预审公告或者招标公告，实际上造成潜在投标人不能获取有关资格预审信息或招标信息，导致潜在投标人无法参加资格预审或投标，构成规避招标。

（2）承担的法律责任。

必须进行招标项目的招标人凡有上述违法行为的，应依法追究其行政责任：

① 责令限期改正。有关行政执法机关以行政决定的方式，要求有关单位和个人限期纠正对必须进行招标项目不招标的行为，纠正其化整为零或以其他方式规避招标的行为，纠正不按照规定发布资格预审公告或者招标公告的行为。

② 罚款。行政执法机关根据责任单位违法行为的情节轻重、所涉及项目的大小等情况可以决定是否处以罚款。一般来说，对使用财政拨款、政策性贷款建设的项目，可不采取罚款处罚的办法。罚款是行政处罚中的一种经济处罚，是对犯有一般违法行为的单位或者个人的一种经济上的制裁方法，具体表现为依法责令违法单位或者个人向国家缴纳一定数额的金钱。可以处以罚款，是指可以罚款，也可以不罚款，是否处以罚款由行政执法部门根据具体情况决定。如予以罚款，其罚款幅度为履行该项目的合同金额的 5 ‰以上 10 ‰以下。

③ 可暂停项目执行或资金拨付。该项目全部或者部分使用国有资金的，有关行政执法机关可以暂停项目执行或者暂停资金拨付，待该单位改正其行为后再恢复执行或再予拨款。

④ 给予处分。行政处分，是指国家工作人员以及由国家机关委派到企业、事业单位任职人员的违法行为尚不构成犯罪，依据法律、行政法规而给予的一种制裁。处罚的对象是违法单位直接负责的主管人员和其他直接责任人员，即在单位中负有直接领导责任的人员，包括违法行为的决策人、事后对单位违法行为予以认可和支持的领导人员、由于疏忽管理或者放任而对单位违法行为负有不可推卸责任的领导人员，以及直接实施单位违法行为的人员。情节较轻、未造成后果的，可以从轻处分，如警告；情节比较严重，特别是有主观故意的，可以给予撤职或者开除等处分。

2. 限制或排斥潜在投标人

《招标投标法》第五十一条和《招标投标法实施条例》第六十三条规定了招标人以不合理的条件限制或者排斥潜在投标人等行为应当承担的行政责任。

（1）违法行为界定。

① 以不合理的条件限制、排斥潜在投标人，或实行歧视待遇。招标人不得以不合理的条件限制或者排斥潜在投标人，不得对潜在投标人实行歧视待遇。以“不合理的条件限制或者排斥潜在投标人”，在实践中有多种情况，如要求招标人必须是

在本地区注册的企业，或者招标人故意提出不合理的条件，使投标人难以满足其要求而不愿意投标或者即使投标也没有中标的可能性，从而使招标成为走过场、搞形式等。对潜在投标人实行歧视待遇，是指招标人不以公正的态度对待潜在投标人，实行区别对待，故意规定或者设置促使其偏向的潜在投标人中标的有利条件。

② 强制要求投标人组成联合体共同投标或限制投标之间的竞争。招标人不得强制投标人组成联合体共同投标，不得限制投标人之间的竞争。投标人之间的联合投标应当是出于自愿，只有这样在共同投标过程中和以后执行合同方面才能很好地协作、配合。招标人有时为了使自己所属的单位获得项目，便强制投标人共同联合投标，这是不允许的。招标人限制投标人之间的竞争是违反招投标活动基本原则的行为，对其他投标人是不公平的，对招标人的此类行为应当予以禁止。

③ 违法发布公告。第一种表现，依法应当公开招标的项目不按照规定在指定媒介发布资格预审公告或者招标公告。如应发布资格预审公告或者招标公告而没有发布；没有在指定媒介发布；公告的内容不符合规定；公告内容符合规定，但获取资格预审文件或者招标文件的规定不合理或者不合法，如获取文件的时间不满足法律规定。招标人的上述违法行为造成潜在投标人不能获取有关招标信息，或者获取了信息也缺乏必要的内容，或者内容明显不合理，从而造成潜在投标人无法投标或者不能充分准备投标，实质上限制甚至剥夺了潜在投标人的投标资格。

第二种表现，在不同媒介发布的同一招标项目的资格预审公告或者招标公告的内容不一致，影响潜在投标人申请资格预审或者投标。不同媒介发布的公告内容应当相同，以保证潜在投标人获取相同的信息。实践中，影响潜在投标人是否申请资格预审或者参加投标的公告内容主要有：资金来源、招标内容、计划工期、投标人的资格要求、投标截止时间等。公告的内容不一致造成不同的潜在投标人获取不同的信息，影响潜在投标人申请资格预审或者投标的，实质上构成了偏袒或者排斥潜在投标人，影响公平竞争。

（2）承担的法律责任。

招标人有上述违法行为的，应依法承担以下行政责任：

① 责令改正。责令改正，是指由行政执法机关责令招标人改变其提出的不合理条件，重新修正其招标文件，公正地对待所有的潜在投标人；分开强制组成的投标联合体，符合条件的各成员单位各以一个投标人的身份进行投标；改正其限制投标人竞争的行为，取消限制竞争的条件，严格依法对项目进行招标；依法发布公告。

② 罚款。行政监督机关可以对招标人处以一万元以上五万元以下的罚款。是否处以罚款由行政监督机关根据招标人违法情节的轻重、影响大小等因素决定，但处

罚结果应当与违法行为相适应。

3. 泄露招投标情况

《招标投标法》第五十二条规定了依法必须招标项目的招标人泄露招投标情况应承担的法律责任。

（1）违法行为界定。

① 向他人透露可能影响公平竞争的情况。依法必须进行招标项目的招标人向他人透露可能影响公平竞争的有关招投标情况。主要指招标人向他人透露已获取招标文件的潜在投标人的名称、数量或者可能影响公平竞争的有关招投标的其他情况。

② 泄露标底。依法必须进行招标项目的招标人泄露标底。主要指招标项目设有标底，招标人泄露标底的行为。

（2）承担的法律责任。

招标人有上述违法行为的，应依法承担以下法律责任：

① 行政责任。一是警告。对于招标人透露上述情况和泄露标底的行为，行政执法机关给予警告，申诫招标人改正这类行为，尽量弥补其所产生的后果。

二是罚款。行政执法机关在给予招标人警告的同时，可以并处招标人一万元以上十万元以下的罚款。

三是给予处分。对单位直接负责的主管人员和其他直接责任人员依法给予处分。

② 民事责任。招标人向他人透露已获取招标文件的潜在投标人的名称、数量或者可能影响公平竞争的有关招投标其他情况，或者泄露标底的行为影响中标结果的，中标无效。因中标无效给其他投标人造成损失的，应当承担赔偿责任。

③ 刑事责任。构成犯罪的，依法追究刑事责任。如果招标人透露投标人的商业秘密符合《反不正当竞争法》和《刑法》的相关规定，应追究其相应的刑事责任。

4. 违规谈判

《招标投标法》第五十五条规定了必须招标项目的招标人违反规定与投标人就实质性内容进行谈判的法律责任。

（1）违法行为界定。

根据《招标投标法》规定，在确定中标人前，招标人不得与投标人就投标价格、投标方案等实质性内容进行谈判。招标人在中标人确定前，与投标人就投标价格、投标方案等实质性内容进行谈判，是对公平、公正、公开等原则的违背，很可能产生招标人与投标人串通投标、排斥其他投标人的结果，也有可能利用一个投标人的投标对另一个投标人施加压力，迫使其降低报价或提供在其他方面更有利的投标。因此，依法必须进行招标项目的招标人在确定中标人前与投标人就投标价格、投标方案等实质性内容进行谈判的行为是违法行为。

（2）承担的法律责任。

招标人有上述违法行为的，应依法承担以下法律责任：

① 行政责任。一是给予警告。行政监督部门，发现招标人有规定的违法行为时，对其提出告诫，使其认识自己违法所在和如何改正的一种行政处罚，属于申诫罚。

二是给予处分。对单位直接负责的主管人员和其他直接责任人员依法给予处分。

② 民事责任。招标人的违法行为影响中标结果的，中标无效。

5. 招标违法

资格预审或者招标是招投标的第一个环节，其程序规范与否，直接关系到潜在投标人能否公平参与竞争，也直接关系到以后各环节能否顺利进行，对于整个招投标活动有着非常重要的意义。针对实践中存在的问题，《招标投标法实施条例》第六十四条补充规定了招标人违法招标的法律责任。

（1）违法行为界定。

① 依法应当公开招标而采用邀请招标。依法必须进行招标的项目中应当公开招标的有：国家重点建设项目，省、自治区、直辖市的重点项目，国有资金占控股或者主导地位的项目，法律行政法规规定应当公开招标的其他项目。依法应当公开招标而采用邀请招标的，实际上剥夺了其他潜在投标人参加投标的机会，降低了招投标的公开性和竞争性。

② 不符合法定时限要求。不符合法定时限要求的行为主要有：资格预审文件或者招标文件的发售期限少于五日；发出可能影响资格预审申请文件或者投标文件编制的澄清或者修改，距提交资格预审申请文件截止不足三日，或者距投标截止时间不足十五日；编制依法必须进行招标项目的资格预审申请文件少于五日；编制依法必须进行招标项目的投标文件的时间少于二十日。上述违法行为主要涉及招标文件、资格预审文件的发售、澄清、修改的时限，或者确定的提交资格预审申请文件、投标文件的时限不符合法定要求，可能会造成潜在投标人买不到资格预审文件、招标文件，或无法按时提交资格预审申请文件、投标文件，影响招投标的竞争性。

③ 接受未通过资格预审的单位或个人参加投标。未通过资格预审的申请人不具备投标资格，如果招标人接受其参加投标，资格预审制度将形同虚设，失去了资格审查的意义，对通过资格预审的申请人也不公平。

④ 接受应当拒收的投标文件。应当拒收的投标文件有未通过资格预审的申请人提交的投标文件，以及逾期送达或者不按照招标文件要求密封的投标文件。其中，

接受未通过资格预审的申请人提交的投标文件是“接受未通过资格预审的人参加投标”规定的表现形式之一。接受应当拒收的投标文件会造成对其他投标人的不公平竞争。

（2）承担的法律责任。

招标人有上述违法行为的，应依法承担以下行政责任：

① 责令改正。行政监督机关要求招标人停止违法行为，并采取改正措施。

② 罚款。行政监督机关根据招标人违法情节的轻重、影响大小、所涉及项目的大小等因素，可以处十万元以下的罚款。

③ 给予处分。如果招标人有依法应当公开招标而采用邀请招标、接受未通过资格预审的单位或个人参加投标、接受应当拒收的投标文件等行为的，对单位直接负责的主管人员和其他直接责任人员依法给予处分。

6. 违规收取和退还保证金

投标保证金和履约保证金不仅是一种民事担保，涉及双方当事人的权利义务关系，而且还可能因此限制排斥潜在投标人，破坏竞争秩序。《招标投标法实施条例》第六十六条规定了招标人违规收取和退还保证金的法律责任。

（1）违法行为界定。

① 超过规定的比例收取投标保证金或履约保证金。招标人在招标文件中要求投标人提交的投标保证金不得超过招标项目估算价的2%，超过该比例，构成限制或排斥潜在投标人的行为，会导致竞争的不充分。招标人在招标文件要求中标人提交的履约保证金不得超过中标合同金额的10%，招标人要求超过该比例的，不仅可能形成事实上的垫资行为，也可能损害中标人的合法权益。

② 未按规定退还投标保证金及银行同期存款利息。招标人最迟应当在书面合同签订后五日内向中标人和未中标的投标人退还投标保证金及银行同期存款利息。实践中部分招标人超出规定的投标保证金退还时间，恶意拖延返还，谋取不正当利益，加重了投标人的负担，损害了投标人的合法权益。

（2）承担的法律责任

招标人有上述违法行为的，应依法承担以下法律责任：

① 行政责任。一是责令改正。行政监督机关要求招标人停止违法行为，并采取改正措施。

二是罚款。行政监督机关可以根据招标人违法情节的轻重、影响大小、所涉及资金的多少等因素决定是否处以罚款。如处以罚款，罚款额度应当在五万元以下。

② 民事责任。招标人的违法行为，给他人造成损失的，应依法承担赔偿责任。

这里的“他人”，主要是指投标人、中标人或者其他担保义务人。

7. 违法组织评标委员会

依法组建评标委员会是保证评标活动公平、公正的前提，《招标投标法实施条例》第七十条规定了招标人违法组织评标委员会的法律责任。

（1）违法行为界定。

① 招标人不按法定要求组建评标委员会。实践中，招标人不按照规定组建评标委员会的情形主要有：不组建评标委员会；组建的评标委员会人数不符合法定要求，如不足五人或者是偶数；评标委员会成员构成不符合法定要求，评标专家不足三分之二；评标委员会成员资格不符合法定要求，专家成员从事相关领域工作不满八年，不具备高级职称或者同等专业水平。招标人不依法组建评标委员会，会影响评标的针对性、科学性和客观性，评标质量也得不到保证。

② 评标委员会成员确定和更换违反规定。实践中，招标人不依法确定或以各种借口更换评标委员会成员的行为主要有：应当以随机抽取的方式确定评标专家而直接确定；干预操纵评标委员会成员的确定，特别是评标专家的抽取活动；不从规定的评标专家库中抽取评标专家；不从评标专家库内相关专业的专家名单中抽取专家；应当更换而不更换评标委员会成员；不应当更换而随意更换评标委员会成员。

（2）承担的法律责任。

招标人有上述违法行为的，应依法承担以下行政责任：

① 责令改正。招标人有上述违法行为时，应当及时予以纠正，以保证评标有序进行。

② 罚款。行政监督部门还可以根据招标人违法情节的轻重、影响大小等因素决定是否处以罚款。如处以罚款，罚款额度应在十万元以下，但处罚结果应当与违法行为相适应。

③ 给予处分。对单位直接负责的主管人员和其他直接责任人员给予处分。

④ 重新评审。该被更换的评标委员会成员已做出的评审结论无效，招标人应根据规定重新确定满足要求的评标委员会成员，由更换后的评标委员会成员重新进行评审。

8. 不依法确定中标人

招标人应当依法发出中标通知书并与中标人签订合同，但《招标投标法》第五十七条仅规定了招标人在评标委员会依法推荐的中标候选人以外确定中标人，以及依法必须招标项目在所有投标被评标委员会否决后自行确定中标人两种违法行为的责任。针对实践中出现的问题，《招标投标法实施条例》第七十三条对此进行了细化和补充规定。

（1）违法行为界定。

① 无正当理由不发出中标通知书。中标人确定后应当向中标人发出中标通知书。实践中招标人不发出中标通知书的原因，可能是对评标委员会推荐的中标候选人不满意，或者招标人意向中的中标人没有入围。无论何种情形，都违反了法律规定，损害了中标候选人的权益。

② 不按照规定确定中标人。招标人应在依法组建的评标委员会所依法推荐的中标候选人中确定中标人，而不能通过别的方式确定中标人，否则评标委员会依法进行的评标就失去了意义。如果评标委员会根据法律规定否决了所有投标，依法必须招标项目的招标人应按照法律规定重新招标。如果招标人违反上述规定，即构成违法行为，中标结果无效。

实践中招标人不按规定确定中标候选人的情形主要有：招标人收到评标报告后未公示中标候选人即确定中标人；不对公示期内提出的异议做出答复或者异议成立而不采取措施即确定中标人；对国有资金占控股或者主导地位的依法必须进行招标的项目，不根据评标报告确定中标人；在评标委员会推荐的中标候选人之外确定中标人。

③ 中标通知书发出后无正当理由改变中标结果。中标通知书对招标人和中标人具有法律效力。中标通知书发出后，招标人改变中标结果的，应当依法承担法律责任。

④ 无正当理由不与中标人订立合同。招标人和中标人应当自中标通知书发出之日起三十日内订立书面合同。招标人无正当理由不与中标人订立合同，既构成了违约，又破坏了招投标制度的严肃性。

⑤ 在订立合同时向中标人提出附加条件。招标人在订立合同时向中标人提出附加条件，容易造成中标人受胁迫而签订合同，损害中标人的利益，也容易导致合同因违法而被撤销或变更。

（2）承担的法律责任。

招标人有上述违法行为的，应依法承担以下法律责任：

① 行政责任。一是责令改正。行政监督机关要求招标人停止违法行为，并采取改正措施，依照法律确定中标人或者签订合同。

二是罚款。行政监督部门可以根据招标人违法情节的轻重、影响大小等因素决定是否处以罚款。如处以罚款，罚款额度为中标项目金额5‰以上10‰以下。

三是给予处分。处分的对象为单位直接负责的主管人员和其他直接责任人员。

② 民事责任。招标人因违法行为给他人造成损失的，依法承担赔偿责任。这里

的“他人”主要是指中标候选人。

9. 违法签订合同

《招标投标法》第五十九条和《招标投标法实施条例》第七十五条规定了招标人和中标人不按规定签订合同的法律责任。

（1）违法行为界定。

① 不按照招标文件和中标人的投标文件订立合同。招标人与中标人不按照招标文件和投标文件订立合同，将使招投标活动失去意义。

② 合同主要条款与招标文件、中标人的投标文件内容不一致。虽然招标人与中标人按照招标文件和中标人的投标文件签订合同，但合同的标的、价款、质量、履行期限、双方的权利义务等主要条款与招标文件、中标人投标文件内容不一致的，将使整个招标活动流于形式。

③ 招标人、中标人订立背离合同实质性内容的协议。尽管招标人与中标人严格按照招标文件和中标人的投标文件签订了合同，但在合同之外再签订背离合同实质性内容的其他协议，即签订“阴阳合同”，其结果也会使招投标活动徒具形式。

（2）承担的法律责任。

招标人有上述违法行为的，应依法承担以下行政责任：

① 责令改正。行政监督部门责令招标人在一定期限内予以改正，即严格按照招标文件和中标人的投标文件订立合同；招标人与中标人订立背离合同实质性内容的协议的，其订立的协议无效，并应按照招标文件和中标人的投标文件重新订立合同。

② 处以罚款。行政机关根据招标人违法行为的轻重可以对其处以中标项目金额5‰以上10‰以下的罚款。行为人主动纠正违法行为并消除因此造成的不良后果，或违法情节轻微的，可不处罚款。

10. 不依法答复异议

《招标投标法实施条例》第七十七条规定了招标人不依法对异议做出答复的法律责任。

（1）违法行为界定。

从招标、投标、开标、评标、定标到签订合同，每个环节规范与否，都直接影响到下一个环节的顺利进行。为了维护招投标活动的顺利进行，《招标投标法实施条例》对异议的答复进行了规范。招标人不按照规定对异议答复而继续进行招投标活动属于违法行为。

实践中招标人不按照规定处理异议的违法行为主要有：招标人自收到关于资格预审文件或者招标文件异议之日起三日内没有做出答复，也不暂停招投标活动；投标人对在开标现场提出异议，招标人不在开标现场做出答复；招标人自收到关于评标结果异议之日起三日内没有做出答复，也不暂停招投标活动。

（2）承担的法律责任。

招标人有上述违法行为的，应依法承担以下法律责任：有关行政监督部门有权责令改正，拒不改正或者不能改正并影响中标结果的，依照规定重新招标或者评标。

（二）招标代理机构的法律责任

招标代理机构是依法设立、从事招标代理业务的社会中介机构，其应当在招标人的委托范围内办理招标事宜。因此，招标代理机构应当遵守法律、法规及部门规章中关于招标人的相关规定。但招标代理机构在招投标活动中又具有独立的法律地位，《招标投标法》第五十条专门针对招标代理机构规定了违法责任，《招标投标法实施条例》第六十五条补充规定了利益冲突的违法责任。

1. 违法行为界定

（1）泄露应保密的与招投标活动有关的情况和资料。

招标代理机构可接受招标人的委托参与招投标活动，但不得泄露应当保密的与招投标活动有关的情况和资料。与招投标活动有关的情况和资料，包括编制和发售招标文件阶段的潜在投标人的名称、数量以及可能影响公正竞争的有关招投标的其他情况，招标项目的标底，评标阶段的评标保密措施，对投标文件的评审和比较，中标候选人的推荐情况以及与评标有关的其他情况等。

（2）与招标人、投标人串通损害国家、社会公共利益或他人合法权益。

招标代理机构与招标人、投标人串通包括以下几种情况：一是招标代理机构与招标人串通违反《招标投标法》的规定进行招投标；二是招标代理机构与投标人串通以使该投标人中标从中谋取不正当利益等；三是招标人、招标代理机构、投标人共同串通谋取非法利益等。

不管招标代理机构与招标人、投标人的串通属于哪种情况，都是损害国家利益、社会公共利益或者他人合法权益的行为。所谓“他人”，主要是指招标人和利益受到损害的投标人。对招标代理机构上述违反法律规定的行为，应当依照规定追究其法律责任。

（3）利益冲突行为。

招标代理机构、受委托编制标底的中介机构在同一招标项目中利用其中介地位串通投标，或者为串通投标提供便利属于利益冲突行为。这种行为会造成不正当的竞争优势，影响招标公正性，是法律所禁止的违法行为。

① 招标代理机构的违法行为。招标代理机构从事的违法行为主要有：在所代理

的招标项目中投标或者代理投标；向该项目投标人提供咨询，如根据知悉的其他潜在投标人的情况，为该投标人提供投标策略。招标代理机构从事上述行为，可能导致串通投标或者为串通投标提供便利，既损害国家利益和社会公共利益，也损害招标人和其他投标人的合法权益。

② 编制标底的中介机构的违法行为。受委托编制标底的中介机构从事的违法行为主要有：参加受托编制标底项目的投标；为该项目的投标人编制投标文件或者提供咨询。受托编制标底的中介机构从事上述行为，可以利用其知道的标底进行串通投标或者为串通投标提供便利，造成不正当竞争，既损害了国家利益和社会公共利益，也损害了招标人和其他投标人的合法权益。

2. 承担的法律责任

招标代理机构有上述违法行为的，应当承担以下法律责任：

（1）行政责任。

① 罚款。对招标代理机构的上述行为实行“双罚”原则，既对招标代理机构予以罚款，也对单位的相关人员处以罚款。对招标代理机构的罚款幅度是五万元以上二十五万元以下。对直接负责的主管人员和其他直接责任人员处单位罚款数额百分之五以上百分之十以下的罚款。如单位被罚款十万元，则对相关人员可处五千以上一万元以下的罚款。根据违法行为的程度及所造成的后果，可在该幅度内处以不同罚款额。

② 并处没收违法所得。招标代理机构或者其他中介机构因实施前述违法行为而有违法所得的，有关行政监督部门应并处没收违法所得。并处是指行政监督部门对有非法所得的行为人处以罚款的同时，将其违法所得收归国家所有。

③ 禁止代理行为并予以公告。招标代理机构或者编制标底的中介机构有上述违法行为，情节严重的，应当暂停直至取消招标代理资格。情节严重，指行为人的行为造成的危害后果严重、违法行为的性质恶劣等情况。

需要注意的是，2017 年修改后的《招标投标法》将“情节严重的，暂停直至取消招标代理资格”修改为“情节严重的，禁止其一年至二年内代理依法必须进行招标的项目并予以公告，直至由工商行政管理机关吊销营业执照”。

（2）民事责任。

如果招标代理机构的前述违法行为影响了中标结果的，中标无效。招标人尚未与中标人签订书面合同的，招标人发出的中标通知书失去法律约束力。

当事人之间已经签订书面合同的，所签合同无效并产生以下后果：一是恢复原状。无效的合同自始没有法律约束力，因该合同取得的财产应当予以返还，不能返还或者没有必要返还的应当折价补偿。二是赔偿损失。因招标代理机构的违法行为而使中标无效的，招标代理机构应当赔偿招标人、投标人因此所受的损失。如果招标人、投标人也有过错的，各自承担相应的责任。根据《民法通则》规定，招标人知道招标代理机构从事违法行为而不做反对表示的，应当与招标代理机构一起对第三人负连带责任。三是依法重新招标或者评标。依法必须进行招标项目的招投标活动违反规定，对中标结果造成实质性影响，且不能采取补救措施予以纠正的，招标、投标、中标无效，应当依法重新招标或者评标。

（3）刑事责任。

招标代理机构的违法行为构成犯罪的，依法追究刑事责任。按照《刑法》规定的侵犯商业秘密罪，依法追究招标代理机构或者受委托编制标底的中介机构的刑事责任。单位构成犯罪的，对单位判处罚金，对直接负责的主管人员和其他直接责任人员处以相应的刑罚。

第二节 供应商的法律责任

供应商是公共采购活动的主要当事人，其目的是希望中标、成交，获得经济利益。为了达到这一目的，供应商在参与政府采购活动中采取各种不正当的手段和方式，违法行为时有发生。供应商应当诚实守信，依法正当参与竞争，必须对其在政府采购活动中的违法行为承担应有的法律责任。

一、政府采购法

我国《政府采购法》及其实施条例对供应商的行为进行了法律约束，明确规定了供应商违法行为所应承担的法律责任。

（一）供应商违法行为界定

《政府采购法》第七十七条规定了供应商违法行为的基本情形，《政府采购法实施条例》第七十二条补充规定了供应商的其他违法行为。

1. 法律的基本规定

（1）提供虚假材料谋取中标、成交。

提供虚假材料是供应商谋取中标、成交最常用也是最简便的一种手段，在实践中经常发生。供应商提供虚假材料的范围广泛、方式多样，比如以他人名义参加采购，伪造有关资质证明文件，隐瞒在经营活动中重大违法记录，虚报产品质量等。

（2）采取不正当手段诋毁、排挤其他供应商。

在实力、条件不足以与他人进行公平竞争情况下，有的供应商可能采取不正当手段诋毁、排挤其他供应商，为了自己谋得更大的中标、成交机会。这种现象在实践中为数不少。

（3）与采购人、其他供应商或者采购代理机构恶意串通。

供应商之间，以及采购人、采购代理机构与供应商之间恶意串通是政府采购实践中突出而又较为普遍的问题之一，严重损害了政府采购制度和政府采购当事人的合法权益。串通行为具有隐蔽性强、认定难、查处难等特征，导致恶意串通行为屡禁不止的主要原因是立法上缺乏对恶意串通行为的具体认定标准和法定情形。《政府采购法实施条例》第七十四条在总结实践经验的基础上，列举了恶意串通的几种常见表现形式，为认定查处串通行为提供了法律依据。

① 从采购人或采购代理机构处获得情况，并修改其投标文件或响应文件。供应商直接或间接从采购人或采购代理机构处获得其他供应商的相关情况，并修改其投标文件或者响应文件。该情形属于供应商与采购人、采购代理机构之间的串通行为。其他供应商的相关情况，是指已获取招标文件的潜在投标供应商的名称、数量等开标前属于应当保密的信息，或者是采购人、采购代理机构提前开启投标文件、响应性文件将报价、方案等有关信息泄露给供应商。上述信息可能是供应商直接从采购人、采购代理机构获取，也可能是间接获取。间接获得，包括采购人、采购代理机构将有关信息泄露给第三人、经由第三人泄露给供应商，供应商主动求证，采购人、采购代理机构默认等方式泄露有关的信息，或者故意将有关信息放置在供应商能够获取的地方。供应商在获得其他供应商的相关情况后，根据相关情况修改其投标文件或者响应文件，从而赢得更多的中标、成交机会。这种串通行为严重损害了其他供应商的合法权益，破坏了政府采购公平竞争机制，属于恶意串通行为。

② 按照采购人或采购代理机构的授意撤换、修改投标文件或响应文件。供应商按照采购人或采购代理机构的授意撤换、修改投标文件或者响应文件。该情形属于供应商与采购人、采购代理机构之间的串通行为。供应商可按规定自主决定撤换、修改已经提交的投标文件和响应性文件。如果采购人、采购代理机构授意供应商撤换、修改投标文件或者响应性文件，可能是在提交投标文件或响应性文件截止时间前，也可能是在提交投标文件或响应性文件截止后、评审之前，但都会不可避免地利用其所掌握的信息，使特定的供应商通过撤换、修改投标文件或者响应性文件获得更高的中标、成交机会，损害了公平竞争机制和其他供应商的合法权益。

③ 供应商之间协商投标文件或响应性文件的实质性内容。该情形属于供应商之

间的串通。供应商之间协商投标报价，是指供应商之间协商一致抬高或者压低报价，或者以高、中、低价格等报价策略分别投标；供应商之间协商技术方案，是指对一些主要技术方案、技术指标等实质性内容的协商，包括按照招标文件规定的评标标准和方法制定不同的投标方案，故意非实质性响应招标文件等。供应商之间协商投标报价、技术方案等投标文件或者响应性文件的实质性内容，其目的在于实施围标，按照其协商的利益分配机制轮流中标、成交，属于违法行为。

④ 供应商按组织要求协同参加政府采购活动。属于同一集团、协会、商会等组织成员的供应商按照该组织要求协同参加政府采购活动。同一集团供应商与集团企业之间存在投资与管理关系，形成利益共同体。行业协会是为其成员提供服务、咨询、沟通、监督、自律、协调的一种民间性组织。商会是指商人依法组建的、以维护会员合法权益、促进工商业繁荣为宗旨的社会团体法人，是保护和增进全体成员既定利益的非营利性组织。集团、协会、商会应依法促进成员参与市场活动，维护其合法权益。但集团、协会、商会等组织要求其成员协同参加政府采购活动则构成不正当竞争，损害其他供应商的合法权益。所谓协同行动，是指按照同一集团、协会、商会等组织预先确定的策略参与采购活动，确保该组织的成员或者特定成员中标、成交。

构成上述串通行为应具备两个要件：一是同一采购项目的不同供应商属于同一组织成员；二是参加采购活动的不同供应商按照该组织要求在同一采购项目中采取协同行动。需要加以区分的是，如果同一组织的供应商参加同一采购项目但没有采取协同行动的，并不属于恶意串通行为。

⑤ 供应商之间事先约定由某一特定供应商中标、成交。该项规定的串通行为，是供应商之间采取合谋行为，事先约定特定供应商中标、成交，需要其他供应商采取作为或者不作为的方式加以配合，其表现形式多样，且较为隐蔽，往往难以查证。实践中较常见的是采用陪标的方式，如一些供应商故意抬高报价以保证特定供应商的报价具有竞争优势，以使特定供应商中标、成交。

⑥ 商定部分供应商放弃参加政府采购活动或放弃中标、成交。该项规定的串通行为，是供应商之间事先约定部分供应商放弃参加政府采购活动或者放弃中标、成交，以使特定供应商具有竞争优势，获取中标、成交。实践中较常见的方式有：购买招标文件的潜在供应商根据约定不按照招标文件要求准备和提交投标文件；提交投标文件的供应商根据约定撤回或者撤销投标；参加谈判的供应商在谈判过程退出谈判；第一中标、成交候选人或者中标、成交供应商按照约定放弃中标、成交等。

⑦ 其他串通行为。供应商与采购人或者采购代理机构之间、供应商相互之间，

为谋求特定供应商中标、成交或者排斥其他供应商的其他串通行为，该项为兜底性规定。实践中，供应商之间，采购人、采购代理机构与供应商之间的串通行为形式多样，且不断翻新，具体情形无法一一列明。实践中存在的串通行为还有：采购人、采购代理机构直接或者间接向供应商泄露评标委员会、谈判小组、磋商小组、询价小组成员等信息，明示或者暗示供应商压低或者抬高报价，为特定供应商中标、成交提供方便等。

《政府采购法实施条例》未规定串通行为的认定主体。根据《招标投标法》《反不正当竞争法》和《刑法》等相关法律、行政法规，认定的主体应包括：一是评标委员会或评审小组。评标委员会或者评审小组在评审时，如果发现上述所列串通情形的，应当认定串通行为，否决相关投标文件或者响应性文件，但评标委员会或者评审小组无权做出惩罚，应将有关涉嫌串通行为的情况向财政部门报告，由财政部门依法认定后给予相关当事人行政处罚或者移送有关机关处理。二是财政部门。财政部门是政府采购法定的监督管理部门，对政府采购活动负有监督检查、投诉和举报处理等法定职责。因此，财政部门在日常监督检查和投诉举报处理工作中发现上述情况的，也应当依法做出处理。三是司法机关。政府采购监督管理部门在处理过程中发现串通行为情节严重，可能构成犯罪的，应移交司法机关处理，由司法机关根据《刑法》相关规定追究相关当事人的刑事责任。

（4）向采购人、采购代理机构行贿或者提供其他不正当利益。

供应商是市场主体，以营利为目的，应当严格按照《政府采购法》规定的正当渠道获得商业机会。对供应商不择手段，如行贿或提供其他不正当利益等直接影响政府采购合同授予的有关机构和人员的违法行为要坚决予以制止。

（5）在招标采购过程中与采购人进行协商谈判。

供应商在招标采购过程中与采购人进行协商谈判，这一行为直接影响到采购活动和采购结果的客观、公正，应当予以禁止。

（6）拒绝有关部门监督检查或者提供虚假情况。

政府采购监督管理部门、对政府采购负有行政监督职责的政府有关部门、审计机关、监察机关有权对政府采购活动依法实施监督检查，供应商必须依法接受监督检查。供应商如果拒绝有关部门依法实施监督检查，或提供虚假情况则属于违法行为，应当追究法律责任。

2. 条例的补充规定

《政府采购法实施条例》对供应商的违法行为进行了补充规定，按照《政府采购法》第七十七条的规定追究法律责任。

（1）向评标委员会成员行贿或提供其他不正当利益。

实践中，供应商行贿或者提供其他不正当利益的对象不仅包括采购人、采购代理机构，还包括评标委员会、竞争性谈判小组或者询价小组成员。近年来，供应商向政府采购评审专家行贿的案件频发，必须通过法律、行政法规的规定明确供应商的法律责任。供应商向评标委员会、竞争性谈判小组或者询价小组成员行贿或提供其他不正当利益的，应当承担相应的法律责任。

（2）中标、成交后无正当理由拒不与采购人签订政府采购合同。

中标、成交通知书对采购人和中标、成交供应商均具有法律效力，采购人改变中标、成交结果的，或者中标、成交供应商放弃中标、成交项目的，应当依法承担法律责任。供应商无正当理由拒不与采购人签订采购合同属于违法行为。实践中，供应商往往以中标、成交价格太低导致其亏本，或者对其授权的制造厂商拒绝供货等为由拒绝签订合同，这些情形均不应认定为正当理由。

（3）未按照采购文件确定的事项签订政府采购合同。

按照采购文件确定的事项签订政府采购合同是采购人、供应商双方当事人必须履行的法律义务。如不依据采购文件确定事项或者擅自变更采购文件确定的事项签订合同，将会损害国家利益、社会公共利益和其他当事人的合法权益，违背政府采购公平竞争制度。实践中，供应商常常以产品更新换代为由擅自变更中标、成交产品的规格型号，或者与采购人协商变更标的数量、履约时间等采购文件实质性要件。这些都属于违法行为，应当承担相应的法律责任。

（4）将政府采购合同转包。

政府采购合同签订后，供应商应当按照合同的规定履行合同义务，不得将合同转包。合同转包，是指供应商将中标、成交的项目整体转让给其他供应商，或者将中标、成交项目拆分后分别转让给其他供应商。采购人与供应商之间签订的政府采购合同，是通过招标、竞争性谈判、竞争性磋商或者询价等采购方式择优确定的，如果供应商将中标、成交项目转包，将使竞争程序失去意义，严重破坏政府采购制度的严肃性，也严重影响采购项目的质量，损害国家利益、公共利益和采购人的合法权益。供应商的转包行为是严重的违法行为，应当依法追究其法律责任。

（5）提供假冒伪劣产品。

政府采购合同签订后，供应商应当遵循诚实信用原则，依照合同规定的标的、质量、数量、履行期限和地点等内容完成自己应尽的义务。按照约定履行，既要全面履行合同义务，又要正确适当履行合同义务。供应商提供的产品应当符合《产品质量法》的要求，不得提供假冒伪劣产品。假冒产品，是指伪造或者冒用认证标志等质量标志，伪造产品的产地，伪造或者冒用他人的商标、商号等；伪劣产品，是指在生产、销售的产品中掺杂、掺假，以假充真，以次充好，以不合格产品冒充合格产品。在实践中，供应商提供假冒或者伪劣产品的现象时有发生，假冒伪劣产品损害国家利益、公共利益和采购人的合法权益，属于严重违法或者犯罪行为。所以，采购人应当加强履约验收，发现供应商提供假冒伪劣产品的，应当及时向财政部门报告，并向工商行政管理部门举报。

（6）擅自变更、中止或终止政府采购合同。

不得擅自变更、中止或终止政府采购合同是采购人、供应商双方当事人共同的法律义务。政府采购合同是根据采购文件确定的事项签订，采购人和供应商应当严格按照合同的规定履行合同义务，双方任何一方都不得变更、中止或者终止合同，也不得通过协商变更、中止或者终止合同。供应商如果违反相关规定，应当承担相应的法律责任。

供应商违法行为还包括：评审阶段资格条件发生变化的，供应商未按照规定通知采购人和采购代理机构。如果资格预审合格的供应商在评审阶段资格条件发生变化，可能导致资格条件不符合采购文件的要求，如果供应商不通知采购人和采购代理机构，就有可能导致不符合采购文件规定资格条件的供应商中标、成交。因此，供应商未按规定通知采购人和采购代理机构的，应承担法律责任。

（二）承担的法律责任

对于有上述违法行为的供应商，应当依法追究以下法律责任：

1. 行政责任

（1）处以罚款。

供应商有上述违法行为之一的，对其处以采购金额千分之五以上千分之十以下的罚款。采购金额是指采购人在采购文件中确定的采购项目预算金额。财政部门根据供应商违法行为的情节和影响后果决定具体的罚款金额。如资格预审合格的供应商在评审阶段资格发生变化，未按照规定通知采购人和采购代理机构的，处以采购金额千分之五的罚款。

（2）禁止参加政府采购活动。

由政府采购监督管理部门将供应商列入不良行为记录名单，在一至三年内禁止参加政府采购活动。如资格预审合格的供应商在评审阶段资格发生变化，供应商未按规定通知采购人和采购代理机构的，应列入不良行为记录名单。

禁止供应商参加政府采购活动是《政府采购法》的规定，处罚的依据是供应商存在上述违法行为。在禁止期间内，供应商不得参加政府采购活动，期间届满后可以继续参加政府采购活动。财政部门根据供应商违法行为的情节和后果确定具体禁止参加的期限，应公布列入不良行为记录的供应商名单，并对其在规定年限内参加政府采购活动的情况实施监督。

（3）没收违法所得。

供应商基于其违法行为有违法所得的，应没收违法所得，上缴国库。如供应商提供虚假材料谋取中标、成交的，或者将合同转包的都可能产生利益，形成违法所得，应当予以没收。

（4）吊销营业执照。

供应商违法行为情节严重的，由工商行政管理部门吊销营业执照。与禁止参加政府采购活动相比，吊销营业执照的处罚更为严厉。所以，只有违法情节严重的行为，才处以吊销营业执照。被吊销营业执照的供应商不得从事任何经营业务。

构成情节严重的违法行为包括提供虚假材料谋取中标、成交，采取不正当手段诋毁、排挤其他供应商，与采购人、其他供应商或者采购代理机构恶意串通，向采购人、采购代理机构、评标委员会、竞争性谈判小组或者询价小组成员行贿或者提供其他不正当利益，提供假冒伪劣产品等。

2. 民事责任

供应商在政府采购活动中如果出现以下违法情形之一的，中标、成交结果无效：提供虚假材料谋取中标、成交；采取不正当手段诋毁、排挤其他供应商；与采购人、其他供应商或者采购代理机构恶意串通；向采购人、采购代理机构行贿或者提供其他不正当利益；在招标采购过程中与采购人进行协商谈判；向评标委员会、竞争性谈判小组或者询价小组成员行贿或提供其他不正当利益；在评审阶段资格条件发生变化，供应商未按照规定通知采购人和采购代理机构等。

供应商因实施《政府采购法》及其实施条例规定的违法行为，给他人造成损失的，也应依照有关民事法律规定承担民事责任。

3. 刑事责任

供应商违法行为构成犯罪的，应当由司法机关依法追究其刑事责任。供应商恶意串通投标、行贿、提供假冒伪劣产品等违法行为都可能构成犯罪。依照《刑法》，串通投标行为情节严重构成犯罪的，构成串通投标罪；行贿谋取中标的行为情节严重构成犯罪的，按照行贿罪论处；提供假冒伪劣产品行为情节严重构成犯罪的，按照生产、销售伪劣商品罪，依法追究违法行为人的刑事责任。

《政府采购法实施条例》第七十三条对供应商以非法手段取证投诉补充规定了法律责任。非法手段取证投诉，是指供应商捏造事实、提供虚假材料或者以非法手段取得证明材料进行投诉。捏造事实，是指无中生有编造，或者歪曲事实，其目的是诋毁、排挤中标、成交供应商，意图使其投诉成立而使相关供应商受到处罚，进而谋取其中标、成交。提供虚假材料，是指伪造、变造有关材料。非法手段取得证明材料，是指采取欺骗、强迫、威胁、利诱等手段取得相关投诉所需的证明材料。实践中最常见的是投诉事项尚属于法律、行政法规规定处于保密阶段的事项，供应商以非法手段获取相关证明材料进行投诉。供应商捏造事实、提供虚假材料或者以非法手段取得证明材料进行投诉，破坏了政府采购供应商救济制度，损害了政府采购当事人的合法权益，扰乱了正常的政府采购秩序，故应追究其法律责任。供应商有上述违法行为的，禁止供应商参加政府采购活动。财政部门应当将其列入不良行为记录名单，在一至三年内禁止参加政府采购活动。具体禁止参加政府采购活动的期限，根据违法的情节和影响后果确定。

二、招标投标法

我国《招标投标法》及其实施条例对投标人的违法行为所应承担的法律责任进行了规范，主要包括以下内容：

（一）串通投标和行贿谋取中标

《招标投标法》第五十三条规定了投标人串通投标和行贿谋取中标的法律责任。考虑到实践中违法行为的严重性，《招标投标法实施条例》第六十七条主要对情节严重的判断标准进行了补充规定，为适用法律责任提供了依据。

1. 违法行为界定

（1）投标人串通投标。

① 投标人相互串通投标。《招标投标法》及其实施条例禁止投标人相互串通投标。串通投标会破坏竞争，使招标徒具形式，违反了招投标活动应当遵守的公平原则，损害了招标人和其他投标人的合法权益，甚至损害国家和社会公共利益。

② 投标人与招标人串通投标。由于依法必须进行招标项目的资金来源大多属于国有资金，实践中除投标人相互串通外，还存在投标人与招标人串通以谋取私利的可能，不仅损害了国家利益、社会公共利益，还会损害其他投标人的合法权利。

（2）投标人行贿以谋取中标。

投标人以谋取中标为目的，给予招标人或者评标委员会成员财物或者其他好处，直接破坏了招投标公平竞争原则，损害了其他投标人的利益，也可能损害国家利益和社会公共利益。

2. 承担的法律责任

对于有上述违法行为的投标人，应当依法追究以下法律责任。

（1）行政责任。

① 罚款。投标人串通投标或行贿谋取中标的，有关行政监督部门应当对投标人处以中标项目金额千分之五以上千分之十以下的罚款。对单位直接负责的主管人员和其他直接责任人员处单位罚款数额百分之五以上百分之十以下的罚款。

② 并处没收违法所得。所谓“违法所得”，是指投标人相互串通、与招标人串通，以及投标人向招标人或者评标委员会成员行贿，取得中标后获得的不正当利益。对投标人的违法所得必须予以没收。

③ 取消投标人的投标资格。投标人有前述违法行为、情节严重的，有关行政监督部门应当取消其一至二年内参加依法必须进行招标项目的投标资格并予以公告。行为人的违法行为是否属于情节严重，应当从违法行为造成的危害后果、违法行为的性质、实施违法行为所使用的手段等方面进行判断。情节严重的行为包括以行贿谋取中标；三年内两次以上串通投标；串通投标行为损害招标人、其他投标人或者国家、集体、公民的合法利益，造成直接经济损失三十万元以上；其他串通投标情节严重的行为。被取消投标资格的投标人在规定的期限内不能参与依法必须进行招标项目的投标。

④ 吊销营业执照。情节特别严重的情况下，工商行政管理机关应当吊销串通投标行为人的营业执照。所谓“情节特别严重”，是指投标人自规定的处罚执行期限届满之日起三年内又有该款所列违法行为之一；串通投标情节特别严重；以行贿谋取中标情节特别严重。与取消投标人一定期限的投标资格相比，吊销营业执照的处罚更为严厉。

（2）民事责任。

有上述违法行为的，中标无效。在判断中标无效时，不以串通行为是否影响中标结果为前提，只要行为人实施了串通行为，不管该行为是否影响了中标结果，中标一律无效。

如果违法行为给他人造成损失的，还应依法承担赔偿责任。损害赔偿的对象为因串通投标而遭受损害的招标人、串通投标以外的其他投标人。

（3）刑事责任。

串通投标行为情节严重构成犯罪的，按《刑法》规定的串通投标罪处罚；行贿谋取中标的行为情节严重构成犯罪的，按行贿罪依法追究违法行为人的刑事责任；

单位构成犯罪的，对单位判处罚金，对直接负责的主管人员和其他直接责任人员处以相应刑罚。

（二）弄虚作假骗取中标

《招标投标法》第五十四条规定了投标人弄虚作假骗取中标应承担的法律责任。考虑到实践中违法行为的严重性，《招标投标法实施条例》第六十八条明确规定了情节特别严重的判断标准，为适用法律责任提供了依据。

1. 违法行为界定

（1）投标人以他人名义投标骗取中标。

实践中投标人以他人名义投标，可能出于以下几种原因：投标人没有承担招标项目的能力；投标人不具备国家要求的或者招标文件要求的从事该招标项目的资质；投标人曾因违法行为而被工商机关吊销营业执照，或者因违法行为而被有关行政监督部门在一定期限内取消其从事相关业务的资格等。投标人以他人名义投标违反了诚实信用的原则，严重扰乱了招投标的正常秩序。

（2）以其他方式弄虚作假骗取中标。

除以他人名义投标以骗取中标外，投标人还可能以其他方式弄虚作假，骗取中标。实践中以其他方式弄虚作假骗取中标的行为有：一是提交虚假的资质证书等许可证件；二是提供虚假的财务状况或者业绩；三是提供虚假的信用状况；四是提供虚假的项目主要人员及证明材料等。任何形式的弄虚作假行为都将严重破坏招投标活动的正常秩序。

2. 承担的法律责任

对于有上述违法行为的投标人，应当依法追究以下法律责任：

（1）行政责任。

① 罚款。对依法必须进行招标项目弄虚作假的投标人，包括中标人和未中标的投标人，有关行政监督部门应当处中标项目金额千分之五以上千分之十以下的罚款，对单位直接负责的主管人员和其他直接责任人员处单位罚款数额百分之五以上百分之十以下的罚款。

② 并处没收违法所得。除罚款外，有关行政监督部门还应并处没收违法所得。违法所得，是指依法必须进行招标项目的投标人以他人名义投标或者以其他方式弄虚作假骗取中标所获得的金钱收入和其他财物。

③ 取消投标人的投标资格依法必须进行招标项目的投标人弄虚作假骗取中标的行为情节严重的，由有关行政监督部门取消其一年至三年内参加依法必须招标的项目的投标资格并予以公告。情节严重，是指骗取中标的行为所导致的

后果严重、投标人多次实施了骗取中标的行为、骗取中标的手段较为恶劣等。具体包括：伪造，变造资格、资质证书或者其他许可证件骗取中标；三年内两次以上使用他人名义投标；弄虚作假骗取中标给招标人造成直接经济损失三十万元以上。被取消投标资格的投标人在指定期限内不得参与依法必须进行招标项目的投标。

④ 吊销营业执照。投标人弄虚作假骗取中标的行为情节严重，取消其一定期限内参与依法必须进行招标项目的投标资格尚不足以达到制裁目的的，工商行政管理机关应当吊销其营业执照。情节特别严重，主要是指投标人自规定的处罚执行期限届满之日起三年内又有该款所列违法行为之一，或者弄虚作假骗取中标情节特别严重，由工商行政管理机关吊销营业执照。

（2）民事责任。

投标人以弄虚作假的方式骗取中标的，不管骗取中标的行为是否影响中标结果，其中标一概无效。依照规定重新招标或者评标。

投标人因为骗取中标的行为造成中标无效，给招标人造成损失的，投标人应当依法承担民事赔偿责任。

（3）刑事责任。

投标人因骗取中标违法行为构成犯罪的，依法追究其刑事责任。在招标活动中，投标人以非法占有招标人的财物为目的，冒用他人名义参加投标或以其他弄虚作假的手段骗取中标取得合同后，骗取招标人支付的预付款或首期工程款等财物数额较大，而并不履行合同义务的，其行为已构成《刑法》规定的合同诈骗罪，应承担刑事责任。

为保证招标竞争的真实性和充分性，不仅要对投标人借用，伪造，变造资质、资格证书的行为给予处罚，对于取得资格、资质证书的单位和个人出让、出租相关证书的行为也要予以处罚。《招标投标法实施条例》第六十九条规定了出让资质证书的法律责任。我国招投标领域涉及的资质非常多，主要分为三类：一是服务类资质，主要有工程勘察资质、建筑工程设计资质、工程监理资质；二是建筑业企业资质，分为施工总承包、专业承包和劳务分包三个序列；三是货物企业资质，主要有重要工业产品生产许可证制度、强制性认证制度、医疗器械产品注册证书、医疗器械经营企业许可证、药品生产许可证等。出让资质证书，是指将行政许可证件给他人使用的行为。出租资质证书，是指通过非法手段以许可证的使用权换取租金的行为。出让或者出租许可证，背离了实施行政许可的初衷，不仅可能留下安全隐患，甚至对公共安全、公民的人身安全和财产安全构成威胁。由于涉及资质证书管理的法律、行政法规较多，①因此《招标投标法实施条例》没有再规定具体的法律责任，而是依照法律、行政法规的规定给予行政处罚。出让或者出租资格、资质证书的行为构成《刑法》规定的非法经营罪的，依法承担刑事责任。

（三）中标人不按规定签订合同

为体现对等原则，《招标投标法实施条例》第七十四条也对中标人不按规定与招标人签订合同的违法行为设置了相应的法律责任。

1. 违法行为界定

中标人不按规定签订合同的违法行为包括：一是中标人无正当理由不与招标人订立合同；二是中标人在签订合同时向招标人提出附加条件；三是中标人不按照招标文件要求提交履约保证金。履约保证金是保证履行合同各项义务的担保。招标文件要求中标人提交履约担保的，中标人应当提交，否则招标人的权利将得不到有效保障。

2. 承担的法律责任

对于有上述违法行为的中标人，应当依法追究以下法律责任：

（1）民事责任。

一是取消中标资格。中标人有上述违法行为时，招标人可以取消其中标资格，依法按照评标委员会推荐的中标候选人名单确定其他中标候选人为中标人，也可以重新招标。

二是投标保证金不予退还。投标人有上述违法行为时，不管中标人的行为是否给招标人造成损失，均不予退还中标人提交的投标保证金。需要说明的是，该规定与投标人撤销投标文件的规定有所不同，招标人可以不退还也可以退还投标保证金。

（2）行政责任。

中标人有上述违法行为的，应承担以下的行政责任。

① 责令改正。对依法必须进行招标项目的中标人，由有关行政监督部门责令其在一定期限内改正上述违法行为。

① 《建筑法》第六十六条规定：建筑施工企业转让、出借资质证书或者以其他方式允许他人以本企业的名义承揽工程的，责令改正，没收违法所得，并处罚款，可以责令停业整顿，降低资质等级；情节严重的，吊销资质证书。对因该项承揽工程不符合规定的质量标准造成的损失，建筑施工企业与使用本企业名义的单位或者个人承担连带赔偿责任。《安全生产许可证条例》第二十一条规定：违反本条例规定，转让安全生产许可证的，没收违法所得，处10万元以上50万元以下的罚款，并吊销其安全生产许可证；构成犯罪的，依法追究刑事责任；接受转让的，依照本条例第十九条规定处罚。《特种设备安全监察条例》第八十二条规定，已经取得许可、核准的特种设备生产单位、检验检测机构有伪造、变造、出租、出借、转让许可证书或者监督检验报告的，由特种设备安全监督管理部门责令改正，处2万元以上10万元以下罚款；情节严重的，撤销其相应资格。

② 罚款。对依法必须进行招标项目的中标人，行政监督机关可以根据违法情节的轻重、影响大小等因素决定处以中标项目金额10‰以下罚款。行为人主动纠正违法行为并消除因此造成的不良后果的，或违法情节轻微的，可不处罚款。

（四）中标人转包和违法分包

《招标投标法》第五十八条和《招标投标法实施条例》第七十四条规定了中标人转包和违法分包的法律责任。

1. 违法行为界定

（1）中标人将中标项目转让给他人。

招标人和中标人之间签订的合同，是通过招标程序竞争择优确定的。如果中标人将中标项目转让给他人，招投标程序将失去意义，破坏了招投标制度的严肃性。

（2）将中标项目肢解后分别转让给他人。

中标人将项目肢解后分别转让给他人，会造成与将中标项目整体转让给他人相同的法律后果，应承担相应法律责任。

（3）将中标项目的部分主体、关键性工作分包给他人。

在某种程度上，项目的质量通常取决于主体、关键性工作的完成情况。招标人选定中标人，就是因为中标人完成招标项目的能力得到评标委员会的认可，将主体、关键性工作分包给他人，将实质性地改变招标结果。

（4）分包人再次分包。

实践中，为提高招标项目的可实施性，对一些非主体、非关键性工作在得到招标人的同意下，可以将该部分工作分包给第三人，有利于发挥各方的优势。但分包项目再次分包，会造成项目资金的层层截留，影响项目质量。

2. 承担的法律责任

对于有上述违法行为的中标人，应当依法追究以下法律责任：

（1）民事责任。

中标人转让中标项目合同、中标人违法分包合同、分包人再次分包的合同无效。该无效为自始无效，行为人因此取得的财产应当返还给对方当事人，有过错的一方当事人还应赔偿对方因此所受的损失，即中标人和分包人应赔偿招标人因此所受的损失。

（2）行政责任。

中标人、分包人有上述违法行为的，应承担以下的行政责任：

① 罚款。处罚对象是实施违法行为的中标人或分包人，罚款的范围是转让或分包项目金额的5‰以上10‰以下，具体数额由做出处罚决定的行政机关根据违法行为的情节轻重决定。

② 没收违法所得。中标人转包或违法分包，以及分包人再次分包有违法所得的收入，由行政机关依法将违法所得没收。

③ 责令停业整顿。“可以责令停业整顿”是一种供选择的行政处罚方式，行政机关应根据违法行为的具体情节做出决定。通过罚款和没收违法所得能够实现制裁目的，就无须责令停业整顿。责令停业整顿后，行为人在规定期间内纠正了违法行为或者完善相关措施的，可以恢复经营。

④ 吊销营业执照。被吊销营业执照的人不得再从事相关的经营活动。只有中标人非法转让、分包和分包人再次分包的情节严重的，工商行政管理机关才能采取这种处罚方式。情节严重通常是指行为人的违法行为造成了严重后果、屡次实施违法行为、拒不改正，适用其他法律责任不足以实现制裁目的等情况。

（五）中标人不履行合同义务

《招标投标法》第六十条规定了中标人不履行合同义务的法律责任。

1. 违法行为界定

中标人应当按照合同约定履行义务，完成中标项目。《合同法》第八条规定：“依法成立的合同，对当事人具有法律约束力。当事人应当按照约定履行自己的义务，不得擅自变更或者解除合同。依法成立的合同，受法律保护。”根据以上规定，中标人不履行与招标人签订的合同构成了违约，应承担相应的法律责任。

因不可抗力不履行合同的当事人，不承担违约责任。《合同法》第一百一十七条规定：“因不可抗力不能履行合同的，根据不可抗力的影响，部分或者全部免除责任，但法律另有规定的除外。当事人迟延履行后发生不可抗力的，不能免除责任。”因此，如果中标人的违约是由于不可抗力造成的，则不构成违法行为，中标人不承担法律责任。

2. 承担的法律责任

对于有上述违法行为的中标人，应当依法追究以下法律责任：

（1）民事责任。

① 履约保证金不予退还。招标文件要求中标人提交履约保证金的，中标人应当提交。实践中，经常有的投标人拼命压低投标价格以获取中标，在履约过程中，尤其可能在项目后期以“面临破产”或其他理由来要挟招标人，提出加价要求，给招标人带来极大损失。因此，法律规定招标人可以要求中标人提交保证金，以保证其能按合同约定履行义务。当出现中标人违约的情况时，履约保证金归招标人所有，中标人无权要求返还。

② 赔偿损失。中标人不履行与招标人订立的合同构成违约，给招标人造成损失的，应当按照《合同法》的规定，承担赔偿责任。中标人提交履约保证金的，首先履约保证金归招标人所有，招标人的损失超过履约保证金数额的，中标人还应当对超过部分予以赔偿。

（2）行政责任。

中标人不按照与招标人订立的合同履行义务，情节严重的，取消其二年至五年内参加依法必须进行招标项目的投标资格并予以公告，直至由工商行政管理机关吊销营业执照。按照上述规定，中标人不履行与招标人签订的合同，情节严重的，将丧失参加这些项目投标的资格并被予以公告；如果情节特别严重，工商行政管理机关可以吊销其营业执照，即对有违法行为的中标人取消原来发给的营业执照，以剥夺其从事经营活动的权利。

（六）违法投诉

《招标投标法实施条例》第七十七条规定了投标人违法投诉的法律责任。

1. 违法行为界定

《招标投标法》及其实施条例赋予投标人或者其他利害关系人向有关行政监督部门投诉的权利。同时，为了保护有关招投标当事人的合法权益，维持行政监督部门的正常活动，对投诉行为也进行了规范。投标人或者其他利害关系人违法投诉的行为包括：

（1）捏造事实。

投诉人捏造他人违反有关招投标法律法规的情形，即以根本不存在的、可能引起有关行政监督部门做出不利于被投诉人处理决定的行为。

（2）伪造材料。

通过虚构、编造事实上不存在的文件的行为。

（3）以非法手段取得证明材料进行投诉的行为。

《最高人民法院关于民事诉讼证据的若干规定》第六十八条规定，以侵害他人合法权益或者违反法律禁止性规定的方法取得的证据，不能作为认定案件事实的依据。

2. 承担的法律责任

投诉人有上述违法行为，给他人造成损失的，依法承担赔偿责任。这里的“他人”包括招标人和其他投标人，损失是指招标项目工期延误所造成的损失，以及招标人和投标人为配合行政监督部门处理投诉而支出的相关费用。

招投标活动环环相扣，及时准确地认定招投、投标、评标、中标等行为的效力，是妥善处理和有效纠正违法违规行为，保证招投标活动顺利进行的基础和前提。《招标投标法》只规定了中标无效和转包分包无效，对于影响招标、投标和评标行为效力的情形及其效力认定并没有做出明确规定。为满足实践需要，《招标投标法实施条例》第八十二条对此做出了补充规定，为认定招投标活动的效力提供了法律依据。认定招标、投标、中标无效应当满足三个条件：第一，存在违法行为。依法必须招标项目的招投标活动违反了《招标投标法》及其实施条例的规定。第二，对中标结果造成实质性影响。由于该违法行为的发生，未能实现最优采购目的，包括应当参加投标竞争的人未能参加、最优投标人未能中标等。第三，不能采取措施予以纠正。违法行为已经发生，相关影响已经造成或必然造成。

实践中，可能导致招标无效的违法行为主要有：违法发布公告，应当公开招标而邀请招标，资格预审文件、招标文件发售时间不符合法定要求，不按照载明的标准和方法进行资格预审或资格审查委员会的组建不符合法定要求，招标人或招标代理机构限制排斥潜在投标人，招标人或招标代理机构向他人透露可能影响公平竞争的有关招投标情况或者泄露标底，招标人或招标代理机构与投标人串通，招标代理机构在所代理的招标项目中投标或者代理投标。上述违法行为，如果在投标截止前发现的，责令改正并顺延投标截止时间。如果在投标截止后被发现和查实，且对中标结果造成执行影响的，招标无效。可能导致投标无效的违法行为主要有：串通投标，以他人名义投标的弄虚作假行为，向招标人或者评标委员会成员行贿，发生重大变化而不按照规定告知招标人，受到财产被查封、冻结或者被责令停产停业、吊销营业执照、取消投标资格等处罚的其他违法行为；可能导致中标无效的违法行为主要有：招标人或招标代理机构接受未通过资格预审的单位或个人参加投标，招标人或招标代理机构接受应当拒收的投标文件，评标委员会的组建违反规定，评标委员会成员有规定的违法行为。如果在中标通知书发出前发现并被查实以上行为，责令改正，重新评标；如果在中标通知书发出后发现并查实的招标、投标或中标无效的行为，且对中标结果造成实质性影响的，中标无效。

招标被确认无效的，依法必须招标项目的招标人应当重新招标；投标被确认无效的，在评标过程中应当否决相关投标，在中标候选人公示阶段应当取消其中标资格，已发出中标通知书的，中标无效；中标被确认无效的，由招标人从符合条件的其他中标候选人中确定中标人或者重新招标。招标、投标和中标被确认无效后，还应当根据这一规定返还财产或者赔偿损失。

第三节　行政监督部门和其他人的法律责任

公共采购法律除对公共采购当事人的行为进行法律约束外，还对行政监督部门、评标委员会成员以及其他人的行为也进行了规范，明确了其因违法行为所应承担的法律责任。

一、政府采购法

《政府采购法》及其实施条例规定了行政监督部门、评审专家以及其他人因违法行为而应承担的法律责任。

（一）行政监督部门的法律责任

依法对政府采购活动实施监督管理，是政府采购监督管理部门的法定义务，财政部门及其工作人员应当认真履行监督管理义务，并为其违法行为承担相应的法律责任。

1. 工作人员在实施监督检查中违法

在政府采购活动中财政部门负有法定的监督职责，应当按照法律、行政法规的规定正确实施监督检查，履行法定职责，而不得滥用职权、玩忽职守、徇私舞弊。滥用职权，指的是国家机关工作人员违反法律规定的职责权限和程序滥用职权或者超越职权的行为；玩忽职守，指的是国家机关工作人员不履行、不正确履行或者放弃履行职责的行为；徇私舞弊，指的是国家机关工作人员徇个人私利或者亲友私情而从事玩忽职守、滥用职权的行为。

根据《政府采购法》及其实施条例的规定，财政部门在履行政府采购监督管理职责中滥用职权、玩忽职守、徇私舞弊的，对直接负责的主管人员和其他直接责任人员依法给予处分；直接负责的主管人员和其他直接责任人员构成犯罪的，依法追究刑事责任。

2. 对供应商投诉逾期未做处理

建立投诉制度，是保护供应商合法权益，确保采购活动顺利进行的重要措施。提出投诉是供应商的法定权利，接受投诉并依法处理是政府采购监督管理部门的法定义务。政府采购监督管理部门应当在收到投诉后三十个工作日内，对投诉事项做出处理决定。按照《政府采购法》第八十一条规定，政府采购监督管理部门对供应商的投诉逾期未作处理的，由该政府采购监督管理部门或者有关监察机关给予直接负责的主管人员和其他直接责任人员行政处分。

3. 对集中采购机构进行业绩考核违法

政府采购监督管理部门应当对集中采购机构的采购价格、节约资金效果、服务质量、信誉状况、有无违法行为等事项进行考核，并定期如实公布考核结果。根据《政府采购法》第八十二条规定，政府采购监督管理部门对集中采购机构业绩的考核，有虚假陈述，隐瞒真实情况的，或者不作定期考核和公布考核结果的，应当及时纠正，由其上级机关或者监察机关对其负责人进行通报，并对直接负责的人员依法给予行政处分。

（二）评审专家的法律责任

政府采购评审专家在政府采购活动中起重要的作用，评标委员会、竞争性谈判小组、竞争性磋商小组和询价小组都必须由三分之二以上的评审专家组成。政府采购实践表明，评审专家参与政府采购项目的评审有利于维护公平和公正，保证采购质量。但是，评审专家在参与政府采购活动中发生违法行为屡见不鲜，严重损害了政府采购当事人的利益和公平、公正、公开的政府采购制度。《政府采购法》对评审专家的法律责任未作明确规定，致使实践中无法可依。《政府采购法实施条例》第七十五条补充规定了评审专家的违法行为和法律责任。

1. 违法行为界定

在政府采购活动中，评审专家主要涉及以下违法行为：

（1）未按规定独立评审或泄露评审情况。

① 未按规定独立评审。评审专家应当按照客观、公正、审慎的原则独立评审，不受任何人和或者任何单位的非法干预。评审专家应当根据采购文件规定的评审程序、方法和标准进行评审，不得改变采购文件的评审方法和标准，对自己的评审意见承担法律责任。评审专家未按照采购文件规定的评审程序、评审方法和评审标准进行独立评审，将会影响评审的公正性，属于违法行为。

实践中，评审专家改变采购文件中规定的评审方法和标准的表现形式有：一是擅自增加或减少采购文件规定的评审因素；二是擅自调整评审因素的分值权重；三是未按照采购文件规定的方法推荐中标、成交候选人。上述行为违背了公正原则，影响了评审的公正性。此外，评审专家在评审过程中发现采购文件内容违反国家有关强制性规定的，应当停止评审并向采购人或者采购代理机构说明情况，如果继续评审将必然导致采购活动违法，也会损害国家利益和社会公共利益。实践中要严格把握，如采购文件内容违反的不是国家强制性规定，则评审专家不得擅自停止评审，否则将损害采购人的合法权益。

② 泄露评审文件、评审情况。评审专家参加政府采购评审活动，编写评审报告，知悉整个评审情况，了解其他评审专家的评审意见，评审专家不得向任何人透露评审文件和评审情况。结果公告后，法律、行政法规和规章未要求公告的评审文件和评审情况的其他内容，特别是评审专家的个别评审意见也不得泄露。

在实践中，有些评审专家在评审结束而采购人尚未确定中标、成交供应商，就将评审结果告知供应商，甚至有评审专家将其他评审专家的不同意见也告知供应商，违背了评审纪律与职业道德。此外，供应商的投标文件和响应性文件可能会涉及商业秘密，评审专家应对评审过程中知悉的供应商的商业秘密予以保密，泄露商业秘密将依法承担法律责任。

（2）与供应商存在利害关系未回避。

为了保证评审工作的客观、公正，评审专家与供应商存在利害关系的应当自行回避，不得进入评标委员会、竞争性谈判小组、磋商小组或者询价小组。评审专家发现供应商与其存在利害关系的，应当自行回避；采购人、采购代理机构发现评审专家与供应商存在利害关系的，应当要求其回避，评审专家应当回避；供应商发现评审专家与其他供应商存在利害关系的，可以申请其回避。评审专家应当回避而未回避的，应当追究其法律责任。

（3）收受贿赂或获取其他不正当利益。

评审专家收受采购人、采购代理机构或者供应商贿赂或者获取其他不正当利益，会直接影响评审的公正性。实践中，收受贿赂或者获取其他不正当利益的表现形式多样，主要有：一是收受现金或者银行卡等；二是收受各种各样的劳务费等；三是收受股票、债券等有价证券，或者是各种商业消费卡等；四是收受奢侈品、工艺品、收藏品等实物；五是接受旅游、宴请等。评审专家收受采购人、采购代理机构或者供应商贿赂，或者获取其他不正当利益后，就难以保证客观、公正地参与评审，也难以保证公平对待所有供应商，势必为行贿供应商谋取中标、成交机会，损害公平竞争机制。

2. 承担的法律责任

评审专家如有上述违法行为，应当依法追究以下法律责任：

（1）行政责任。

① 警告。政府采购评审专家未按照采购文件规定的评审程序、评审方法和评审标准进行独立评审或者泄露评审文件、评审情况的，由财政部门给予警告。

② 罚款。对评审专家违法行为罚款的金额根据违法情形而定，未按照采购文件规定的评审程序、评审方法和评审标准进行独立评审或者泄露评审文件、评审情况的，处两千元以上两万元以下的罚款；未按照采购文件规定的评审程序、评审方法

和评审标准进行独立评审影响中标、成交结果的，与供应商存在利害关系未回避的，以及收受采购人、采购代理机构、供应商贿赂或者获取其他不正当利益，尚不构成犯罪的，处两万元以上五万元以下的罚款。具体罚款金额根据违法行为的情节和影响后果确定，罚款与警告合并适用。

③ 禁止参加政府采购评审活动。评审专家的违法行为不仅影响了评审结果，损害了政府采购的公正性，而且也严重违背了政府采购评审专家的职业操守，应禁止其继续参加政府采购评审活动，取消其评审专家资格，从政府采购评审专家库中除名。

④ 没收违法所得。评审专家有违法所得的，财政部门应并处没收其违法所得。

（2）民事责任。

政府采购评审专家有上述违法行为的，其评审意见无效，不得获取评审费；给他人造成损失的，依法承担民事责任。

（3）刑事责任。

政府采购评审专家违法行为情节严重的，由司法机关依法追究其刑事责任。评审专家收受采购人、采购代理机构、供应商贿赂或者获取其他不正当利益，构成《刑法》规定的非国家工作人员受贿罪；评审专家泄露商业秘密，构成《刑法》规定的侵犯商业秘密罪。

（三）其他单位和个人的法律责任

为建立一种公平竞争的法制环境，保障供应商在一个统一、开放、竞争、有序的市场中自由参加政府采购活动，保证政府采购项目质量、防止腐败，《政府采购法》规定："任何单位和个人不得采用任何形式，阻挠和限制供应商自由进入本地区和本行业的政府采购市场。"

《政府采购法》第八十三条对阻挠和限制供应商进入本地区或者本行业政府采购市场所应承担的法律责任做出了规定，即任何单位或者个人阻挠和限制供应商进入本地区或者本行业政府采购市场的，责令限期改正；拒不改正的，由该单位、个人的上级行政主管部门或者有关机关给予单位责任人或者个人处分。

二、招标投标法

《招标投标法》及其实施条例规定了行政部门、评标委员会成员以及其他人因违法行为而应承担的法律责任。

（一）行政部门的法律责任

《招标投标法》第六十三条只规定了负有行政监督职责的国家机关工作人员因

违法所承担的法律责任。《招标投标法实施条例》第八十条对行政部门不依法履职的法律责任做出了补充规定。

1. 违法行为界定

（1）项目审批、核准部门不依法审核招标内容。

项目审批、核准部门应依法审批、核准项目招标范围、招标方式、招标组织形式等内容，但相关部门有时不按规定履行审批和核准职责。实践中该违法行为的主要表现形式有：一是应当审核招标内容而不审核；二是不应当审核招标内容而审核；三是不按照规定审核招标内容。经审核的招标内容是招标人开展招投标活动的依据，也是有关行政监督部门依法监督的依据，项目审批、核准部门不依法审核，会造成招标人和有关行政监督部门无所适从，影响招投标活动的正常进行。

（2）有关行政监督部门不依法履行职责。

有关行政监督部门应依法对招投标活动实施监督，依法查处招投标活动中的违法行为。实践中行政监督部门的违法行为主要有：一是对违反《招标投标法》及其实施条例规定的行为不依法查处。这种违法行为既损害了遵纪守法人的合法权益，又纵容了违法行为。二是不按照规定处理投诉。包括不在规定的时间内处理，应该采取措施而不采取措施，放任违法行为的发生。三是不依法公告对招投标当事人违法行为的行政处理决定。对招投标活动依法负有行政监督职责的国家机关及其工作人员应当切实负起监督的责任，严格查处招投标活动的违法行为。如果有徇私舞弊、滥用职权或者玩忽职守的，应当承担相应的法律责任。

2. 承担的法律责任

行政部门及其国家机关工作人员不依法履职，应承担以下法律责任：

（1）行政责任。

项目审批、核准部门和有关行政监督部门有上述违法行为，对直接负责的主管人员和其他直接责任人员依法给予行政处分。

（2）刑事责任。

项目审批、核准部门和有关行政监督部门的工作人员徇私舞弊、滥用职权、玩忽职守构成犯罪的，应根据《刑法》规定的滥用职权罪、玩忽职守罪、徇私舞弊罪依法承担刑事责任。

（二）评标委员会成员的法律责任

在招投标活动中，评标委员会是依法独立行使评标职能的组织。评标委员会成员应当客观、公正地履行职务，严格遵守法律、法规所规定的义务及职业道德，否则应承担相应的法律责任。《招标投标法》及其实施条例对评标委员会成员违法行为应承担的法律责任进行了规范。

1. 评委违规

《招标投标法实施条例》第七十一条规定了评标委员会成员一般违法行为所应承担的法律责任。

（1）违法行为界定。

① 应当回避而不回避。为了保证评标工作的独立、客观、公正进行，评标委员会成员应处于超脱地位，与投标人有利害关系的人应当主动回避，不得进入相关项目的评标委员会。

② 擅离职守。评标委员会成员一旦确定，不得擅离职守，否则将影响评标活动的正常进行。

③ 不按照招标文件规定的评标标准和方法评标。在招标文件中规定评标标准和方法并据此评标，是保证评标公正的前提。评标委员会成员无权增加或减少评审因素，也不得擅自调整评审权重，否则将影响评标结果的公正性。

④ 私下接触投标人。评标委员会成员不得私下接触投标人，以保证评标委员会成员独立、客观地履行评标职责。需要特别注意的是，为了避免私下接触投标人，需要对投标文件进行澄清说明的，应当以书面形式进行。

⑤ 征询确定中标人的意向或接受倾向或排斥特定投标人的要求。向招标人征询确定中标人的意向，或者接受任何单位或者个人明示或暗示提出的倾向或排斥特定投标人的要求。上述行为违背了评标委员会成员独立、公正评标的要求。

⑥ 对依法应当否决的投标不提出否决意见。《招标投标法实施条例》规定了七种应当否决投标的情形，如果评标委员会对依法应当否决的投标不提出否决意见，不仅对其他投标人是不公平的，也会造成评标无效。

⑦ 对投标人的澄清、说明做出不当行为。主要指暗示或者诱导投标人做出澄清、说明，或者接受投标人主动提出的澄清、说明。第一种违法行为是评标委员会成员暗示或者诱导投标人，既可能导致投标人做出错误的理解，不能按照自己真实的意图去澄清和说明，也容易造成对其他投标人的不公平竞争。第二种违法行为是接受投标人主动提出的澄清、说明。投标截止后，投标文件对投标人具有约束力，投标人不得随意修改已提交的投标文件。允许评标委员会接受投标人主动提出的澄清、说明，会带来串通投标、以行贿方式谋取中标等隐患。

⑧ 其他不客观、不公正履行职务的行为。例如，对不同投标人提供的类似施工方案及其保证措施，评标委员会成员得出的评审结论应当一致，不能厚此薄彼、宽严不一、畸高畸低。

（2）承担的法律责任。

评标委员会成员有上述违法行为的，应承担以下法律责任：

一是责令改正。评标委员会成员有上述违法行为时，应及时予以纠正，以保证评标的客观公正性。

二是暂停、取消评标资格。对有上述违法行为的评标委员会成员，由有关行政监督部门根据情节轻重，暂停或取消其评标资格。情节严重的，禁止其在一定期限内参加依法必须进行招标项目的评标；情节特别严重的，取消其担任评标委员会成员的资格。情节是否严重需要从是否存在主观故意，违法评标所导致的后果等方面进行判断。被取消担任评标委员会成员的资格的专家，应从其所在的专家库中除名。

2. 评委受贿

评标委员会成员收受投标人的财物或者其他好处，通常与不客观公正履行职责，偏袒或排斥特定投标人，向他人透露评标过程中的有关信息等违法行为密切相关，甚至是这些违法行为的原因和目的。为从源头防范这些违法行为，《招标投标法》第五十六条和《招标投标法实施条例》第七十二条规定了评标委员会成员违反廉洁自律要求的法律责任。

（1）违法行为界定。

① 收受投标人的财物或者其他好处。主要指评标委员会成员私下接触投标人，收受投标人的财物或者其他好处的违法行为。其他好处是指除财物以外，能给评标委员会成员或其家属亲友带来的物质或精神上的其他便利。实践中，某些投标人为了获取中标，总是千方百计地接近、拉拢、买通评标委员会成员，具体表现形式包括：收受现金，收受各种各样的劳务费等，收受债券、股票等有价证券，收受奢侈消费品、工艺品、收藏品等实物，接受旅游、考察等款待，以及就学、荣誉、特殊待遇等好处。上述行为会严重影响评标委员会成员的独立公正性，进而影响评标质量。

② 向他人透露评标的有关情况。主要指评标委员会成员或者参加评标的有关工作人员向他人透露对投标文件的评审和比较、中标候选人的推荐以及与评标有关的其他情况。所谓“参加评标的有关工作人员”，是指本身不是评标委员会成员，但为评标提供服务，如会计、文秘等，在一定程度上了解评标情况的工作人员，这里的“他人”主要是指投标人以及其他与招标活动有利害关系的人员。

（2）承担的法律责任。

评标委员会成员有上述违法行为的，应承担以下法律责任：

① 行政责任。一是给予警告。对招投标活动行使监督权的行政监督部门，发现评标委员会成员和参与评标的工作人员有上述违法行为时，对其给予警告。

二是没收收受的财物。评标委员会成员收受的财物属于非法收入，应当予以没收，收归国家所有。

三是可并处罚款。评标委员会成员有上述违法行为的，有关行政监督部门可以根据具体情况对其并处罚款。罚款数额在三千元以上五万元以下，具体罚款数额视违法行为的轻重而定。

四是取消评标资格，不得再参加依法必须招标项目的评标。对有前述违法行为的评标委员会成员，有关行政监督部门应当取消其担任评标委员会成员的资格。被取消担任评标委员会成员资格的人，应当从专家库中除名，不得再从事任何评标工作，招标人也不得再聘请其担任评标委员会成员。需要说明的是：只要有上述违法行为，不论情节是否严重，一律取消担任评标委员会成员的资格。

② 刑事责任。评标委员会成员收受投标人的财物或者其他好处构成《刑法》规定的非国家工作人员受贿罪的，依法承担刑事责任；评标委员会成员或参加评标的有关工作人员向他人透露的评标情况有属于国家秘密或商业秘密的，则其行为就构成了《刑法》规定的泄露国家秘密罪或侵犯商业秘密罪，应依法追究其刑事责任。

（三）其他单位和个人的法律责任

《招标投标法》第六十二条规定了任何单位干涉招投标活动的法律责任。《招标投标法实施条例》第八十一条规定了国家工作人员插手干预招投标的责任，对非法干涉招标活动的法律责任进行了细化和补充。

1. 违法行为界定

（1）任何单位干涉招投标活动。

任何单位违反《招标投标法》规定，有以下行为之一的，属于干涉招投标活动的违法行为：一是限制或者排斥本地区、本系统以外的法人或者其他组织参加投标；二是为招标人指定招标代理机构；三是强制招标人委托招标代理机构办理招标事宜；四是以其他方式干涉招标投标活动。

（2）国家工作人员干预招投标活动。

国家工作人员利用职务便利，以直接或者间接、明示或者暗示等任何方式非法干涉招投标活动，有下列情形之一的，构成违法行为：

① 对依法必须招标项目不招标。主要指要求对依法必须进行招标项目不招标，或者要求对依法应当公开招标的项目不公开招标。为保障强制招标制度和公开招标制度的执行，对国家机关工作人员利用职务之便干涉招投标活动应予以禁止。

② 违法干涉评标委员会成员的选取。国家工作人员干预评标委员会成员的选取，严重妨碍了评标委员会成员独立、客观、公正评标。实践中该违法行为的主要

表现形式有：应当随机抽取而要求招标人直接确定；应当直接确定而要求招标人随机抽取；违法干涉招标人根据招标项目的特点和实际需要设置抽取评标专家的条件；直接指定或者变相指定评标委员会专家成员。

③ 以指定投标人作为中标人。国家工作人员要求评标委员会成员或者招标人以其指定的投标人作为中标候选人或者中标人，或者以其他方式非法干涉评标活动，影响中标结果。实践中的情形主要有：向评标委员会施加压力，干预评标结果；直接指定中标人；擅自否决、改变中标结果。上述行为损害了评标委员会成员独立评标的权利，严重侵犯了招标人和投标人的合法权益。

④ 以其他方式非法干涉招投标活动。这里所指的其他方式是出于立法技术的考虑而做的弹性规定，以避免遗漏现实生活中可能存在的干涉招投标的其他行为。

2. 承担的法律责任

如果任何单位，国家工作人员有规定的上述违法行为，应承担相应的法律责任：

（1）行政责任。

① 责令改正。对招投标活动负有行政监督职责的行政机关发现任何单位有上述违法行为时，应责令其立即停止，并采取改正措施，包括：违法限制或者排斥本地区本系统以外的法人或者其他组织参加投标的，应当取消这些限制，允许所有符合条件的法人或者其他组织参加投标；为招标人指定招标代理机构的，应撤销指定，由招标人自行选择招标代理机构；强制招标人委托招标代理机构的，应停止其违法行为，允许符合法律规定的可以自行招标的招标人自行办理招标事宜；有其他非法干涉招标投标活动的，也应立即停止。

② 给予处分。任何单位有上述违法行为的，对单位直接负责的主管人员和其他直接责任人员依法给予警告、记过、记大过的处分。情节较重的，依法给予降级、撤职、开除的处分。

国家工作人员有上述违法行为之一的，应依法给予记过或者记大过处分；情节较重的，依法给予降级或者撤职处分；情节严重的，依法给予开除处分。

（2）刑事责任。

如果国家工作人员有上述违法行为，情节严重构成犯罪的，应当由司法机关依法追究刑事责任。

本章小结

1. 公共采购法律责任是指公共采购法律关系中行为人因违反法律规定或合同约

定义务而应当强制性承担的某种不利法律后果。我国公共采购法律责任有两个显著的特点：第一，公共采购法律责任主体比较全面。任何在公共采购法上承担义务的行为人，都应承担因违法行为而导致的法律后果。第二，公共采购法律责任内容比较全面。公共采购法律责任是一种综合性法律责任，以行政责任为主，也包括民事责任和刑事责任。

2. 《政府采购法》及其实施条例规定的法律责任主体包括采购人、采购代理机构及其工作人员，供应商，行政监督管理部门及其工作人员，以及其他单位和个人。《招标投标法》及其实施条例规定的法律责任主体包括招标人、招标代理机构及其工作人员，投标人，行政部门及其工作人员，以及其他单位和个人。

3. 公共采购违法行为承担的法律责任包括民事责任、行政责任和刑事责任三个方面。民事责任是平等主体之间违反民事法律法规依法所必须承担的法律后果；行政责任是指行政法律关系的主体违反法律法规而依法承担的行政法律后果，包括对行政违法的行政处罚和对违纪行为的行政处分；刑事责任是当事人因实施刑法规定的犯罪行为所应承担的刑事法律后果，是国家制裁犯罪的刑罚措施。

思考题

1. 根据《政府采购法》及其实施条例，采购人、采购代理机构的一般违法行为包括哪些，应承担什么法律责任？

2. 根据《政府采购法》及其实施条例，采购人、采购代理机构的严重违法行为包括哪些，应承担什么法律责任？

3. 根据《政府采购法》及其实施条例，简述政府采购人的违法行为及其法律责任。

4. 简述集中采购代理机构的违法行为及其法律责任。

5. 根据《招标投标法》及其实施条例，论述招标人的违法行为及其法律责任。

6. 根据《招标投标法》及其实施条例，简述招标代理机构的违法行为及其法律责任。

7. 根据《政府采购法》及其实施条例，供应商的违法行为包括哪些，应承担什么法律责任？

8. 根据《招标投标法》及其实施条例，简述投标人的违法行为及其法律责任。

9. 根据《政府采购法实施条例》，简述评审专家的违法行为及其法律责任。

附　录

一、中华人民共和国政府采购法

（2002 年 6 月 29 日第九届全国人民代表大会常务委员会第二十八次会议通过）

目录

第一章　总　则

第一条　为了规范政府采购行为，提高政府采购资金的使用效益，维护国家利益和社会公共利益，保护政府采购当事人的合法权益，促进廉政建设，制定本法。

第二条　在中华人民共和国境内进行的政府采购适用本法。

本法所称政府采购，是指各级国家机关、事业单位和团体组织，使用财政性资金采购依法制定的集中采购目录以内的或者采购限额标准以上的货物、工程和服务的行为。

政府集中采购目录和采购限额标准依照本法规定的权限制定。

本法所称采购，是指以合同方式有偿取得货物、工程和服务的行为，包括购买、租赁、委托、雇用等。

本法所称货物，是指各种形态和种类的物品，包括原材料、燃料、设备、产品等。

本法所称工程，是指建设工程，包括建筑物和构筑物的新建、改建、扩建、装修、拆除、修缮等。

本法所称服务，是指除货物和工程以外的其他政府采购对象。

第三条　政府采购应当遵循公开透明原则、公平竞争原则、公正原则和诚实信用原则。

第四条　政府采购工程进行招标投标的，适用招标投标法。

第五条　任何单位和个人不得采用任何方式，阻挠和限制供应商自由进入本地区和本行业的政府采购市场。

第六条　政府采购应当严格按照批准的预算执行。

第七条　政府采购实行集中采购和分散采购相结合。集中采购的范围由省级以上人民政府公布的集中采购目录确定。

属于中央预算的政府采购项目，其集中采购目录由国务院确定并公布；属于地方预算的政府采购项目，其集中采购目录由省、自治区、直辖市人民政府或者其授权的机构确定并公 布。

纳入集中采购目录的政府采购项目，应当实行集中采购。

第八条　政府采购限额标准，属于中央预算的政府采购项目，由国务院确定并公布；属于地方预算的政府采购项目，由省、自治区、直辖市人民政府或者其授权的机构确定并公布。

第九条　政府采购应当有助于实现国家的经济和社会发展政策目标，包括保护环境，扶持不发达地区和少数民族地区，促进中小企业发展等。

第十条　政府采购应当采购本国货物、工程和服务。但有下列情形之一的除外：

（一）需要采购的货物、工程或者服务在中国境内无法获取或者无法以合理的商业条件获取的；

（二）为在中国境外使用而进行采购的；

（三）其他法律、行政法规另有规定的。

前款所称本国货物、工程和服务的界定，依照国务院有关规定执行。

第十一条　政府采购的信息应当在政府采购监督管理部门指定的媒体上及时向社会公开发布，但涉及商业秘密的除外。

第十二条　在政府采购活动中，采购人员及相关人员与供应商有利害关系的，必须回避。供应商认为采购人员及相关人员与其他供应商有利害关系的，可以申请其回避。

前款所称相关人员，包括招标采购中评标委员会的组成人员，竞争性谈判采购中谈判小组的组成人员，询价采购中询价小组的组成人员等。

第十三条　各级人民政府财政部门是负责政府采购监督管理的部门，依法履行对政府采购活动的监督管理职责。

各级人民政府其他有关部门依法履行与政府采购活动有关的监督管理职责。

第二章　政府采购当事人

第十四条　政府采购当事人是指在政府采购活动中享有权利和承担义务的各类主体，包括采购人、供应商和采购代理机构等。

第十五条　采购人是指依法进行政府采购的国家机关、事业单位、团体组织。

第十六条　集中采购机构为采购代理机构。设区的市、自治州以上人民政府根据本级政府采购项目组织集中采购的需要设立集中采购机构。

集中采购机构是非营利事业法人，根据采购人的委托办理采购事宜。

第十七条　集中采购机构进行政府采购活动，应当符合采购价格低于市场平均价格、采购效率更高、采购质量优良和服务良好的要求。

第十八条　采购人采购纳入集中采购目录的政府采购项目，必须委托集中采购机构代理采购；采购未纳入集中采购目录的政府采购项目，可以自行采购，也可以委托集中采购机构在委托的范围内代理采购。

纳入集中采购目录属于通用的政府采购项目的，应当委托集中采购机构代理采购；属于本部门、本系统有特殊要求的项目，应当实行部门集中采购；属于本单位有特殊要求的项目，经省级以上人民政府批准，可以自行采购。

第十九条　采购人可以委托经国务院有关部门或者省级人民政府有关部门认定资格的采购代理机构，在委托的范围内办理政府采购事宜。

采购人有权自行选择采购代理机构，任何单位和个人不得以任何方式为采购人指定采购代理机构。

第二十条　采购人依法委托采购代理机构办理采购事宜的，应当由采购人与采购代理机构签订委托代理协议，依法确定委托代理的事项，约定双方的权利义务。

第二十一条　供应商是指向采购人提供货物、工程或者服务的法人、其他组织或者自然人。

第二十二条　供应商参加政府采购活动应当具备下列条件：

（一）具有独立承担民事责任的能力；

（二）具有良好的商业信誉和健全的财务会计制度；

（三）具有履行合同所必需的设备和专业技术能力；

（四）有依法缴纳税收和社会保障资金的良好记录；

（五）参加政府采购活动前三年内，在经营活动中没有重大违法记录；

（六）法律、行政法规规定的其他条件。

采购人可以根据采购项目的特殊要求，规定供应商的特定条件，但不得以不合理的条件对供应商实行差别待遇或者歧视待遇。

第二十三条　采购人可以要求参加政府采购的供应商提供有关资质证明文件和业绩情况，并根据本法规定的供应商条件和采购项目对供应商的特定要求，对供应商的资格进行审查。

第二十四条　两个以上的自然人、法人或者其他组织可以组成一个联合体，以一个供应商的身份共同参加政府采购。

以联合体形式进行政府采购的，参加联合体的供应商均应当具备本法第二十二条规定的条件，并应当向采购人提交联合协议，载明联合体各方承担的工作和义务。联合体各方应当共同与采购人签订采购合同，就采购合同约定的事项对采购人承担连带责任。

第二十五条　政府采购当事人不得相互串通损害国家利益、社会公共利益和其他当事人的合法权益；不得以任何手段排斥其他供应商参与竞争。

供应商不得以向采购人、采购代理机构、评标委员会的组成人员、竞争性谈判小组的组成人员、询价小组的组成人员行贿或者采取其他不正当手段谋取中标或者成交。

采购代理机构不得以向采购人行贿或者采取其他不正当手段谋取非法利益。

第三章　政府采购方式

第二十六条　政府采购采用以下方式：

（一）公开招标；

（二）邀请招标；

（三）竞争性谈判；

（四）单一来源采购；

（五）询价；

（六）国务院政府采购监督管理部门认定的其他采购方式。

公开招标应作为政府采购的主要采购方式。

第二十七条　采购人采购货物或者服务应当采用公开招标方式的，其具体数额标准，属于中央预算的政府采购项目，由国务院规定；属于地方预算的政府采购项目，由省、自治区、直辖市人民政府规定；因特殊情况需要采用公开招标以外的采购方式的，应当在采购活动开始前获得设区的市、自治州以上人民政府采购监督管理部门的批准。

第二十八条　采购人不得将应当以公开招标方式采购的货物或者服务化整为零或者以其他任何方式规避公开招标采购。

第二十九条　符合下列情形之一的货物或者服务，可以依照本法采用邀请招标方式采购：

（一）具有特殊性，只能从有限范围的供应商处采购的；

（二）采用公开招标方式的费用占政府采购项目总价值的比例过大的。

第三十条　符合下列情形之一的货物或者服务，可以依照本法采用竞争性谈判方式采购：

（一）招标后没有供应商投标或者没有合格标的或者重新招标未能成立的；

（二）技术复杂或者性质特殊，不能确定详细规格或者具体要求的；

（三）采用招标所需时间不能满足用户紧急需要的；

（四）不能事先计算出价格总额的。

第三十一条　符合下列情形之一的货物或者服务，可以依照本法采用单一来源方式采购：

（一）只能从唯一供应商处采购的；

（二）发生了不可预见的紧急情况不能从其他供应商处采购的；

（三）必须保证原有采购项目一致性或者服务配套的要求，需要继续从原供应商处添购，且添购资金总额不超过原合同采购金额百分之十的。

第三十二条　采购的货物规格、标准统一、现货货源充足且价格变化幅度小的政府采购项目，可以依照本法采用询价方式采购。

第四章　政府采购程序

第三十三条　负有编制部门预算职责的部门在编制下一财政年度部门预算时，应当将该财政年度政府采购的项目及资金预算列出，报本级财政部门汇总。部门预算的审批，按预算管理权限和程序进行。

第三十四条　货物或者服务项目采取邀请招标方式采购的，采购人应当从符合相应资格条件的供应商中，通过随机方式选择三家以上的供应商，并向其发出投标邀请书。

第三十五条　货物和服务项目实行招标方式采购的，自招标文件开始发出之日起至投标人提交投标文件截止之日止，不得少于二十日。

第三十六条　在招标采购中，出现下列情形之一的，应予废标：

（一）符合专业条件的供应商或者对招标文件作实质响应的供应商不足三家的；

（二）出现影响采购公正的违法、违规行为的；

（三）投标人的报价均超过了采购预算，采购人不能支付的；

（四）因重大变故，采购任务取消的。

废标后，采购人应当将废标理由通知所有投标人。

第三十七条　废标后，除采购任务取消情形外，应当重新组织招标；需要采取其他方式采购的，应当在采购活动开始前获得设区的市、自治州以上人民政府采购监督管理部门或者政府有关部门批准。

第三十八条　采用竞争性谈判方式采购的，应当遵循下列程序：

（一）成立谈判小组。谈判小组由采购人的代表和有关专家共三人以上的单数组成，其中专家的人数不得少于成员总数的三分之二。

（二）制定谈判文件。谈判文件应当明确谈判程序、谈判内容、合同草案的条款以及评定成交的标准等事项。

（三）确定邀请参加谈判的供应商名单。谈判小组从符合相应资格条件的供应商名单中确定不少于三家的供应商参加谈判，并向其提供谈判文件。

（四）谈判。谈判小组所有成员集中与单一供应商分别进行谈判。在谈判中，谈判的任何一方不得透露与谈判有关的其他供应商的技术资料、价格和其他信息。谈判文件有实质性变动的，谈判小组应当以书面形式通知所有参加谈判的供应商。

（五）确定成交供应商。谈判结束后，谈判小组应当要求所有参加谈判的供应商在规定时间内进行最后报价，采购人从谈判小组提出的成交候选人中根据符合采购需求、质量和服务相等且报价最低的原则确定成交供应商，并将结果通知所有参加谈判的未成交的供应商。

第三十九条　采取单一来源方式采购的，采购人与供应商应当遵循本法规定的原则，在保证采购项目质量和双方商定合理价格的基础上进行采购。

第四十条　采取询价方式采购的，应当遵循下列程序：

（一）成立询价小组。询价小组由采购人的代表和有关专家共三人以上的单数组成，其中专家的人数不得少于成员总数的三分之二。询价小组应当对采购项目的价格构成和评定成交的标准等事项做出规定。

（二）确定被询价的供应商名单。询价小组根据采购需求，从符合相应资格条件的供应商名单中确定不少于三家的供应商，并向其发出询价通知书让其报价。

（三）询价。询价小组要求被询价的供应商一次报出不得更改的价格。

（四）确定成交供应商。采购人根据符合采购需求、质量和服务相等且报价最低的原则确定成交供应商，并将结果通知所有被询价的未成交的供应商。

第四十一条　采购人或者其委托的采购代理机构应当组织对供应商履约的验收。大型或者复杂的政府采购项目，应当邀请国家认可的质量检测机构参加验收工作。验收方成员应当在验收书上签字，并承担相应的法律责任。

第四十二条　采购人、采购代理机构对政府采购项目每项采购活动的采购文件应当妥善保存，不得伪造、变造、隐匿或者销毁。采购文件的保存期限为从采购结束之日起至少保存十五年。

采购文件包括采购活动记录、采购预算、招标文件、投标文件、评标标准、评估报告、定标文件、合同文本、验收证明、质疑答复、投诉处理决定及其他有关文件、资料。

采购活动记录至少应当包括下列内容：

（一）采购项目类别、名称；

（二）采购项目预算、资金构成和合同价格；

（三）采购方式，采用公开招标以外的采购方式的，应当载明原因；

（四）邀请和选择供应商的条件及原因；

（五）评标标准及确定中标人的原因；

（六）废标的原因；

（七）采用招标以外采购方式的相应记载。

第五章　政府采购合同

第四十三条　政府采购合同适用合同法。采购人和供应商之间的权利和义务，应当按照平等、自愿的原则以合同方式约定。

采购人可以委托采购代理机构代表其与供应商签订政府采购合同。由采购代理机构以采购人名义签订合同的，应当提交采购人的授权委托书，作为合同附件。

第四十四条　政府采购合同应当采用书面形式。

第四十五条　国务院政府采购监督管理部门应当会同国务院有关部门，规定政府采购合同必须具备的条款。

第四十六条　采购人与中标、成交供应商应当在中标、成交通知书发出之日起三十日内，按照采购文件确定的事项签订政府采购合同。

中标、成交通知书对采购人和中标、成交供应商均具有法律效力。中标、成交通知书发出后，采购人改变中标、成交结果的，或者中标、成交供应商放弃中标、成交项目的，应当依法承担法律责任。

第四十七条　政府采购项目的采购合同自签订之日起七个工作日内，采购人应当将合同副本报同级政府采购监督管理部门和有关部门备案。

第四十八条　经采购人同意，中标、成交供应商可以依法采取分包方式履行合同。

政府采购合同分包履行的，中标、成交供应商就采购项目和分包项目向采购人负责，分包供应商就分包项目承担责任。

第四十九条　政府采购合同履行中，采购人需追加与合同标的相同的货物、工程或者服务的，在不改变合同其他条款的前提下，可以与供应商协商签订补充合同，但所有补充合同的采购金额不得超过原合同采购金额的百分之十。

第五十条　政府采购合同的双方当事人不得擅自变更、中止或者终止合同。

政府采购合同继续履行将损害国家利益和社会公共利益的，双方当事人应当变更、中止或者终止合同。有过错的一方应当承担赔偿责任，双方都有过错的，各自承担相应的责任。

第六章　质疑与投诉

第五十一条　供应商对政府采购活动事项有疑问的，可以向采购人提出询问，采购人应当及时做出答复，但答复的内容不得涉及商业秘密。

第五十二条　供应商认为采购文件、采购过程和中标、成交结果使自己的权益受到损害的，可以在知道或者应知其权益受到损害之日起七个工作日内，以书面形式向采购人提出质疑。

第五十三条　采购人应当在收到供应商的书面质疑后七个工作日内做出答复，并以书面形式通知质疑供应商和其他有关供应商，但答复的内容不得涉及商业秘密。

第五十四条　采购人委托采购代理机构采购的，供应商可以向采购代理机构提出询问或者质疑，采购代理机构应当依照本法第五十一条、第五十三条的规定就采购人委托授权范围内的事项做出答复。

第五十五条　质疑供应商对采购人、采购代理机构的答复不满意或者采购人、采购代理机构未在规定的时间内做出答复的，可以在答复期满后十五个工作日内向同级政府采购监督管理部门投诉。

第五十六条　政府采购监督管理部门应当在收到投诉后三十个工作日内，对投诉事项做出处理决定，并以书面形式通知投诉人和与投诉事项有关的当事人。

第五十七条　政府采购监督管理部门在处理投诉事项期间，可以视具体情况书面通知采购人暂停采购活动，但暂停时间最长不得超过三十日。

第五十八条　投诉人对政府采购监督管理部门的投诉处理决定不服或者政府采购监督管理部门逾期未作处理的，可以依法申请行政复议或者向人民法院提起行政诉讼。

第七章　监督检查

第五十九条　政府采购监督管理部门应当加强对政府采购活动及集中采购机构的监督检查。

监督检查的主要内容是：

（一）有关政府采购的法律、行政法规和规章的执行情况；

（二）采购范围、采购方式和采购程序的执行情况；

（三）政府采购人员的职业素质和专业技能。

第六十条　政府采购监督管理部门不得设置集中采购机构，不得参与政府采购项目的采购活动。

采购代理机构与行政机关不得存在隶属关系或者其他利益关系。

第六十一条　集中采购机构应当建立健全内部监督管理制度。采购活动的决策和执行程序应当明确，并相互监督、相互制约。经办采购的人员与负责采购合同审核、验收人员的职责权限应当明确，并相互分离。

第六十二条　集中采购机构的采购人员应当具有相关职业素质和专业技能，符合政府采购监督管理部门规定的专业岗位任职要求。

集中采购机构对其工作人员应当加强教育和培训；对采购人员的专业水平、工作实绩和职业道德状况定期进行考核。采购人员经考核不合格的，不得继续任职。

第六十三条　政府采购项目的采购标准应当公开。

采用本法规定的采购方式的，采购人在采购活动完成后，应当将采购结果予以公布。

第六十四条　采购人必须按照本法规定的采购方式和采购程序进行采购。

任何单位和个人不得违反本法规定，要求采购人或者采购工作人员向其指定的供应商进行采购。

第六十五条　政府采购监督管理部门应当对政府采购项目的采购活动进行检查，政府采购当事人应当如实反映情况，提供有关材料。

第六十六条　政府采购监督管理部门应当对集中采购机构的采购价格、节约资金效果、服务质量、信誉状况、有无违法行为等事项进行考核，并定期如实公布考核结果。

第六十七条　依照法律、行政法规的规定对政府采购负有行政监督职责的政府有关部门，应当按照其职责分工，加强对政府采购活动的监督。

第六十八条　审计机关应当对政府采购进行审计监督。政府采购监督管理部门、政府采购各当事人有关政府采购活动，应当接受审计机关的审计监督。

第六十九条　监察机关应当加强对参与政府采购活动的国家机关、国家公务员和国家行政机关任命的其他人员实施监察。

第七十条　任何单位和个人对政府采购活动中的违法行为，有权控告和检举，有关 部门、机关应当依照各自职责及时处理。

第八章　法律责任

第七十一条　采购人、采购代理机构有下列情形之一的，责令限期改正，给予警告，可以并处罚款，对直接负责的主管人员和其他直接责任人员，由其行政主管部门或者有关机关给予处分，并予通报：

（一）应当采用公开招标方式而擅自采用其他方式采购的；

（二）擅自提高采购标准的；

（三）委托不具备政府采购业务代理资格的机构办理采购事务的；

（四）以不合理的条件对供应商实行差别待遇或者歧视待遇的；

（五）在招标采购过程中与投标人进行协商谈判的；

（六）中标、成交通知书发出后不与中标、成交供应商签订采购合同的；

（七）拒绝有关部门依法实施监督检查的。

第七十二条　采购人、采购代理机构及其工作人员有下列情形之一，构成犯罪的，依法追究刑事责任；尚不构成犯罪的，处以罚款，有违法所得的，并处没收违法所得，属于国家机关工作人员的，依法给予行政处分：

（一）与供应商或者采购代理机构恶意串通的；

（二）在采购过程中接受贿赂或者获取其他不正当利益的；

（三）在有关部门依法实施的监督检查中提供虚假情况的；

（四）开标前泄露标底的。

第七十三条　有前两条违法行为之一影响中标、成交结果或者可能影响中标、成交结果的，按下列情况分别处理：

（一）未确定中标、成交供应商的，终止采购活动；

（二）中标、成交供应商已经确定但采购合同尚未履行的，撤销合同，从合格的中标、成交候选人中另行确定中标、成交供应商；

（三）采购合同已经履行的，给采购人、供应商造成损失的，由责任人承担赔偿责任。

第七十四条 采购人对应当实行集中采购的政府采购项目，不委托集中采购机构实行集中采购的，由政府采购监督管理部门责令改正；拒不改正的，停止按预算向其支付资金，由其上级行政主管部门或者有关机关依法给予其直接负责的主管人员和其他直接责任人员处分。

第七十五条 采购人未依法公布政府采购项目的采购标准和采购结果的，责令改正，对直接负责的主管人员依法给予处分。

第七十六条 采购人、采购代理机构违反本法规定隐匿、销毁应当保存的采购文件或者伪造、变造采购文件的，由政府采购监督管理部门处以二万元以上十万元以下的罚款，对其直接负责的主管人员和其他直接责任人员依法给予处分；构成犯罪的，依法追究刑事责任。

第七十七条 供应商有下列情形之一的，处以采购金额千分之五以上千分之十以下的罚款，列入不良行为记录名单，在一至三年内禁止参加政府采购活动，有违法所得的，并处没收违法所得，情节严重的，由工商行政管理机关吊销营业执照；构成犯罪的，依法追究刑事责任：

（一）提供虚假材料谋取中标、成交的；

（二）采取不正当手段诋毁、排挤其他供应商的；

（三）与采购人、其他供应商或者采购代理机构恶意串通的；

（四）向采购人、采购代理机构行贿或者提供其他不正当利益的；

（五）在招标采购过程中与采购人进行协商谈判的；

（六）拒绝有关部门监督检查或者提供虚假情况的。

供应商有前款第（一）至（五）项情形之一的，中标、成交无效。

第七十八条 采购代理机构在代理政府采购业务中有违法行为的，按照有关法律规定处以罚款，可以依法取消其进行相关业务的资格，构成犯罪的，依法追究刑事责任。

第七十九条 政府采购当事人有本法第七十一条、第七十二条、第七十七条违法行为之一，给他人造成损失的，并应依照有关民事法律规定承担民事责任。

第八十条 政府采购监督管理部门的工作人员在实施监督检查中违反本法规定滥用职权，玩忽职守，徇私舞弊的，依法给予行政处分；构成犯罪的，依法追究刑事责任。

第八十一条 政府采购监督管理部门对供应商的投诉逾期未作处理的，给予直接负责的主管人员和其他直接责任人员行政处分。

第八十二条 政府采购监督管理部门对集中采购机构业绩的考核，有虚假陈述，隐瞒真实情况的，或者不作定期考核和公布考核结果的，应当及时纠正，由其上级机关或者监察机关对其负责人进行通报，并对直接负责的人员依法给予行政处分。

集中采购机构在政府采购监督管理部门考核中，虚报业绩，隐瞒真实情况的，处以二万元以上二十万元以下的罚款，并予以通报；情节严重的，取消其代理采购的资格。

第八十三条　任何单位或者个人阻挠和限制供应商进入本地区或者本行业政府采购市场的，责令限期改正；拒不改正的，由该单位、个人的上级行政主管部门或者有关机关给予单位责任人或者个人处分。

第九章　附　则

第八十四条　使用国际组织和外国政府贷款进行的政府采购，贷款方、资金提供方与中方达成的协议对采购的具体条件另有规定的，可以适用其规定，但不得损害国家利益和社会公共利益。

第八十五条　对因严重自然灾害和其他不可抗力事件所实施的紧急采购和涉及国家安全和秘密的采购，不适用本法。

第八十六条　军事采购法规由中央军事委员会另行制定。

第八十七条　本法实施的具体步骤和办法由国务院规定。

第八十八条　本法自2003年1月1日起施行。

全国人民代表大会常务委员会

关于修改《中华人民共和国政府采购法》等五部法律的决定

（2014年8月31日第十二届全国人民代表大会常务委员会第十次会议通过）

对《中华人民共和国政府采购法》作出修改：

一、将第十九条第一款中的“经国务院有关部门或者省级人民政府有关部门认定资格的”修改为“集中采购机构以外的”。

二、删去第七十一条第三项。

三、将第七十八条中的“依法取消其进行相关业务的资格”修改为“在一至三年内禁止其代理政府采购业务”。

本决定自公布之日起施行。

《中华人民共和国政府采购法》根据本决定作相应修改，重新公布。

二、中华人民共和国政府采购法实施条例

中华人民共和国国务院令

第 658 号

《中华人民共和国政府采购法实施条例》已经2014年12月31日国务院第75次常务会议通过，现予公布，自2015年3月1日起施行。

总 理 李克强

2015年1月30日

第一章 总 则

第一条 根据《中华人民共和国政府采购法》（以下简称政府采购法），制定本条例。

第二条 政府采购法第二条所称财政性资金是指纳入预算管理的资金。

以财政性资金作为还款来源的借贷资金，视同财政性资金。

国家机关、事业单位和团体组织的采购项目既使用财政性资金又使用非财政性资金的，使用财政性资金采购的部分，适用政府采购法及本条例；财政性资金与非财政性资金无法分割采购的，统一适用政府采购法及本条例。

政府采购法第二条所称服务，包括政府自身需要的服务和政府向社会公众提供的公共服务。

第三条 集中采购目录包括集中采购机构采购项目和部门集中采购项目。

技术、服务等标准统一，采购人普遍使用的项目，列为集中采购机构采购项目；采购人本部门、本系统基于业务需要有特殊要求，可以统一采购的项目，列为部门集中采购项目。

第四条 政府采购法所称集中采购，是指采购人将列入集中采购目录的项目委托集中采购机构代理采购或者进行部门集中采购的行为；所称分散采购，是指采购人将采购限额标准以上的未列入集中采购目录的项目自行采购或者委托采购代理机构代理采购的行为。

第五条 省、自治区、直辖市人民政府或者其授权的机构根据实际情况，可以确定分别适用于本行政区域省级、设区的市级、县级的集中采购目录和采购限额标准。

第六条 国务院财政部门应当根据国家的经济和社会发展政策，会同国务院有关部门制定政府采购政策，通过制定采购需求标准、预留采购份额、价格评审优惠、优先采购等措施，实现节约能源、保护环境、扶持不发达地区和少数民族地区、促进中小企业发展等目标。

第七条 政府采购工程以及与工程建设有关的货物、服务，采用招标方式采购的，适用《中华人民共和国招标投标法》及其实施条例；采用其他方式采购的，适用政府采购法及本条例。

前款所称工程，是指建设工程，包括建筑物和构筑物的新建、改建、扩建及其相关的装修、拆除、修缮等；所称与工程建设有关的货物，是指构成工程不可分割的组成部分，且为实现工程基本功能所必需的设备、材料等；所称与工程建设有关的服务，是指为完成工程所需的勘察、设计、监理等服务。

政府采购工程以及与工程建设有关的货物、服务，应当执行政府采购政策。

第八条 政府采购项目信息应当在省级以上人民政府财政部门指定的媒体上发布。采购项目预算金额达到国务院财政部门规定标准的，政府采购项目信息应当在国务院财政部门指定的媒体上发布。

第九条 在政府采购活动中，采购人员及相关人员与供应商有下列利害关系之一的，应当回避：

（一）参加采购活动前 3 年内与供应商存在劳动关系；

（二）参加采购活动前 3 年内担任供应商的董事、监事；

（三）参加采购活动前 3 年内是供应商的控股股东或者实际控制人；

（四）与供应商的法定代表人或者负责人有夫妻、直系血亲、三代以内旁系血亲或者近姻亲关系；

（五）与供应商有其他可能影响政府采购活动公平、公正进行的关系。

供应商认为采购人员及相关人员与其他供应商有利害关系的，可以向采购人或者采购代理机构书面提出回避申请，并说明理由。采购人或者采购代理机构应当及时询问被申请回避人员，有利害关系的被申请回避人员应当回避。

第十条 国家实行统一的政府采购电子交易平台建设标准，推动利用信息网络进行电子化政府采购活动。

第二章 政府采购当事人

第十一条 采购人在政府采购活动中应当维护国家利益和社会公共利益，公正廉洁，诚实守信，执行政府采购政策，建立政府采购内部管理制度，厉行节约，科学合理确定采购需求。

采购人不得向供应商索要或者接受其给予的赠品、回扣或者与采购无关的其他商品、服务。

第十二条　政府采购法所称采购代理机构，是指集中采购机构和集中采购机构以外的采购代理机构。

集中采购机构是设区的市级以上人民政府依法设立的非营利事业法人，是代理集中采购项目的执行机构。集中采购机构应当根据采购人委托制定集中采购项目的实施方案，明确采购规程，组织政府采购活动，不得将集中采购项日转委托。集中采购机构以外的采购代理机构，是从事采购代理业务的社会中介机构。

第十三条　采购代理机构应当建立完善的政府采购内部监督管理制度，具备开展政府采购业务所需的评审条件和设施。

采购代理机构应当提高确定采购需求，编制招标文件、谈判文件、询价通知书，拟订合同文本和优化采购程序的专业化服务水平，根据采购人委托在规定的时间内及时组织采购人与中标或者成交供应商签订政府采购合同，及时协助采购人对采购项目进行验收。

第十四条　采购代理机构不得以不正当手段获取政府采购代理业务，不得与采购人、供应商恶意串通操纵政府采购活动。

采购代理机构工作人员不得接受采购人或者供应商组织的宴请、旅游、娱乐，不得收受礼品、现金、有价证券等，不得向采购人或者供应商报销应当由个人承担的费用。

第十五条　采购人、采购代理机构应当根据政府采购政策、采购预算、采购需求编制采购文件。

采购需求应当符合法律法规以及政府采购政策规定的技术、服务、安全等要求。政府向社会公众提供的公共服务项目，应当就确定采购需求征求社会公众的意见。除因技术复杂或者性质特殊，不能确定详细规格或者具体要求外，采购需求应当完整、明确。必要时，应当就确定采购需求征求相关供应商、专家的意见。

第十六条　政府采购法第二十条规定的委托代理协议，应当明确代理采购的范围、权限和期限等具体事项。

采购人和采购代理机构应当按照委托代理协议履行各自义务，采购代理机构不得超越代理权限。

第十七条　参加政府采购活动的供应商应当具备政府采购法第二十二条第一款规定的条件，提供下列材料：

（一）法人或者其他组织的营业执照等证明文件，自然人的身份证明；

（二）财务状况报告，依法缴纳税收和社会保障资金的相关材料；

（三）具备履行合同所必需的设备和专业技术能力的证明材料；

（四）参加政府采购活动前3年内在经营活动中没有重大违法记录的书面声明；

（五）具备法律、行政法规规定的其他条件的证明材料。

采购项目有特殊要求的，供应商还应当提供其符合特殊要求的证明材料或者情况说明。

第十八条　单位负责人为同一人或者存在直接控股、管理关系的不同供应商，不得参加同一合同项下的政府采购活动。

除单一来源采购项目外，为采购项目提供整体设计、规范编制或者项目管理、监理、检测等服务的供应商，不得再参加该采购项目的其他采购活动。

第十九条　政府采购法第二十二条第一款第五项所称重大违法记录，是指供应商因违法经营受到刑事处罚或者责令停产停业、吊销许可证或者执照、较大数额罚款等行政处罚。

供应商在参加政府采购活动前3年内因违法经营被禁止在一定期限内参加政府采购活动，期限届满的，可以参加政府采购活动。

第二十条　采购人或者采购代理机构有下列情形之一的，属于以不合理的条件对供应商实行差别待遇或者歧视待遇：

（一）就同一采购项目向供应商提供有差别的项目信息；

（二）设定的资格、技术、商务条件与采购项目的具体特点和实际需要不相适应或者与合同履行无关；

（三）采购需求中的技术、服务等要求指向特定供应商、特定产品；

（四）以特定行政区域或者特定行业的业绩、奖项作为加分条件或者中标、成交条件；

（五）对供应商采取不同的资格审查或者评审标准；

（六）限定或者指定特定的专利、商标、品牌或者供应商；

（七）非法限定供应商的所有制形式、组织形式或者所在地；

（八）以其他不合理条件限制或者排斥潜在供应商。

第二十一条　采购人或者采购代理机构对供应商进行资格预审的，资格预审公告应当在省级以上人民政府财政部门指定的媒体上发布。已进行资格预审的，评审阶段可以不再对供应商资格进行审查。资格预审合格的供应商在评审阶段资格发生变化的，应当通知采购人和采购代理机构。

资格预审公告应当包括采购人和采购项目名称、采购需求、对供应商的资格要求以及供应商提交资格预审申请文件的时间和地点。提交资格预审申请文件的时间自公告发布之日起不得少于5个工作日。

第二十二条　联合体中有同类资质的供应商按照联合体分工承担相同工作的，应当按照资质等级较低的供应商确定资质等级。

以联合体形式参加政府采购活动的，联合体各方不得再单独参加或者与其他供应商另外组成联合体参加同一合同项下的政府采购活动。

第三章　政府采购方式

第二十三条　采购人采购公开招标数额标准以上的货物或者服务，符合政府采购法第二十九条、第三十条、第三十一条、第三十二条规定情形或者有需要执行政府采购政策等特殊情况的，经设区的市级以上人民政府财政部门批准，可以依法采用公开招标以外的采购方式。

第二十四条　列入集中采购目录的项目，适合实行批量集中采购的，应当实行批量集中采购，但紧急的小额零星货物项目和有特殊要求的服务、工程项目除外。

第二十五条　政府采购工程依法不进行招标的，应当依照政府采购法和本条例规定的竞争性谈判或者单一来源采购方式采购。

第二十六条　政府采购法第三十条第三项规定的情形，应当是采购人不可预见的或者非因采购人拖延导致的；第四项规定的情形，是指因采购艺术品或者因专利、专有技术或者因服务的时间、数量事先不能确定等导致不能事先计算出价格总额。

第二十七条　政府采购法第三十一条第一项规定的情形，是指因货物或者服务使用不可替代的专利、专有技术，或者公共服务项目具有特殊要求，导致只能从某一特定供应商处采购。

第二十八条　在一个财政年度内，采购人将一个预算项目下的同一品目或者类别的货物、服务采用公开招标以外的方式多次采购，累计资金数额超过公开招标数额标准的，属于以化整为零方式规避公开招标，但项目预算调整或者经批准采用公开招标以外方式采购除外。

第四章　政府采购程序

第二十九条　采购人应当根据集中采购目录、采购限额标准和已批复的部门预算编制政府采购实施计划，报本级人民政府财政部门备案。

第三十条　采购人或者采购代理机构应当在招标文件、谈判文件、询价通知书中公开采购项目预算金额。

第三十一条　招标文件的提供期限自招标文件开始发出之日起不得少于5个工作日。

采购人或者采购代理机构可以对已发出的招标文件进行必要的澄清或者修改。澄清或者修改的内容可能影响投标文件编制的，采购人或者采购代理机构应当在投标截止时间至少15日前，以书面形式通知所有获取招标文件的潜在投标人；不足15日的，采购人或者采购代理机构应当顺延提交投标文件的截止时间。

第三十二条　采购人或者采购代理机构应当按照国务院财政部门制定的招标文件标准文本编制招标文件。

招标文件应当包括采购项目的商务条件、采购需求、投标人的资格条件、投标报价要求、评标方法、评标标准以及拟签订的合同文本等。

第三十三条　招标文件要求投标人提交投标保证金的，投标保证金不得超过采购项目预算金额的2%。投标保证金应当以支票、汇票、本票或者金融机构、担保机构出具的保函等非现金形式提交。投标人未按照招标文件要求提交投标保证金的，投标无效。

采购人或者采购代理机构应当自中标通知书发出之日起5个工作日内退还未中标供应商的投标保证金，自政府采购合同签订之日起5个工作日内退还中标供应商的投标保证金。

竞争性谈判或者询价采购中要求参加谈判或者询价的供应商提交保证金的，参照前两款的规定执行。

第三十四条　政府采购招标评标方法分为最低评标价法和综合评分法。

最低评标价法，是指投标文件满足招标文件全部实质性要求且投标报价最低的供应商为中标候选人的评标方法。综合评分法，是指投标文件满足招标文件全部实质性要求且按照评审因素的量化指标评审得分最高的供应商为中标候选人的评标方法。

技术、服务等标准统一的货物和服务项目，应当采用最低评标价法。

采用综合评分法的，评审标准中的分值设置应当与评审因素的量化指标相对应。

招标文件中没有规定的评标标准不得作为评审的依据。

第三十五条　谈判文件不能完整、明确列明采购需求，需要由供应商提供最终设计方案或者解决方案的，在谈判结束后，谈判小组应当按照少数服从多数的原则投票推荐三家以上供应商的设计方案或者解决方案，并要求其在规定时间内提交最后报价。

第三十六条　询价通知书应当根据采购需求确定政府采购合同条款。在询价过程中，询价小组不得改变询价通知书所确定的政府采购合同条款。

第三十七条　政府采购法第三十八条第五项、第四十条第四项所称质量和服务相等，是指供应商提供的产品质量和服务均能满足采购文件规定的实质性要求。

第三十八条 达到公开招标数额标准，符合政府采购法第三十一条第一项规定情形，只能从唯一供应商处采购的，采购人应当将采购项目信息和唯一供应商名称在省级以上人民政府财政部门指定的媒体上公示，公示期不得少于5个工作日。

第三十九条 除国务院财政部门规定的情形外，采购人或者采购代理机构应当从政府采购评审专家库中随机抽取评审专家。

第四十条 政府采购评审专家应当遵守评审工作纪律，不得泄露评审文件、评审情况和评审中获悉的商业秘密。

评标委员会、竞争性谈判小组或者询价小组在评审过程中发现供应商有行贿、提供虚假材料或者串通等违法行为的，应当及时向财政部门报告。

政府采购评审专家在评审过程中受到非法干预的，应当及时向财政、监察等部门举报。

第四十一条 评标委员会、竞争性谈判小组或者询价小组成员应当按照客观、公正、审慎的原则，根据采购文件规定的评审程序、评审方法和评审标准进行独立评审。采购文件内容违反国家有关强制性规定的，评标委员会、竞争性谈判小组或者询价小组应当停止评审并向采购人或者采购代理机构说明情况。

评标委员会、竞争性谈判小组或者询价小组成员应当在评审报告上签字，对自己的评审意见承担法律责任。对评审报告有异议的，应当在评审报告上签署不同意见，并说明理由，否则视为同意评审报告。

第四十二条 采购人、采购代理机构不得向评标委员会、竞争性谈判小组或者询价小组的评审专家作倾向性、误导性的解释或者说明。

第四十三条 采购代理机构应当自评审结束之日起2个工作日内将评审报告送交采购人。采购人应当自收到评审报告之日起5个工作日内在评审报告推荐的中标或者成交候选人中按顺序确定中标或者成交供应商。

采购人或者采购代理机构应当自中标、成交供应商确定之日起2个工作日内，发出中标、成交通知书，并在省级以上人民政府财政部门指定的媒体上公告中标、成交结果，招标文件、竞争性谈判文件、询价通知书随中标、成交结果同时公告。

中标、成交结果公告内容应当包括采购人和采购代理机构的名称、地址、联系方式，项目名称和项目编号，中标或者成交供应商名称、地址和中标或者成交金额，主要中标或者成交标的的名称、规格型号、数量、单价、服务要求以及评审专家名单。

第四十四条 除国务院财政部门规定的情形外，采购人、采购代理机构不得以任何理由组织重新评审。采购人、采购代理机构按照国务院财政部门的规定组织重新评审的，应当书面报告本级人民政府财政部门。

采购人或者采购代理机构不得通过对样品进行检测、对供应商进行考察等方式改变评审结果。

第四十五条　采购人或者采购代理机构应当按照政府采购合同规定的技术、服务、安全标准组织对供应商履约情况进行验收，并出具验收书。验收书应当包括每一项技术、服务、安全标准的履约情况。

政府向社会公众提供的公共服务项目，验收时应当邀请服务对象参与并出具意见，验收结果应当向社会公告。

第四十六条　政府采购法第四十二条规定的采购文件，可以用电子档案方式保存。

第五章　政府采购合同

第四十七条　国务院财政部门应当会同国务院有关部门制定政府采购合同标准文本。

第四十八条　采购文件要求中标或者成交供应商提交履约保证金的，供应商应当以支票、汇票、本票或者金融机构、担保机构出具的保函等非现金形式提交。履约保证金的数额不得超过政府采购合同金额的10%。

第四十九条　中标或者成交供应商拒绝与采购人签订合同的，采购人可以按照评审报告推荐的中标或者成交候选人名单排序，确定下一候选人为中标或者成交供应商，也可以重新开展政府采购活动。

第五十条　采购人应当自政府采购合同签订之日起2个工作日内，将政府采购合同在省级以上人民政府财政部门指定的媒体上公告，但政府采购合同中涉及国家秘密、商业秘密的内容除外。

第五十一条　采购人应当按照政府采购合同规定，及时向中标或者成交供应商支付采购资金。

政府采购项目资金支付程序，按照国家有关财政资金支付管理的规定执行。

第六章　质疑与投诉

第五十二条　采购人或者采购代理机构应当在3个工作日内对供应商依法提出的询问做出答复。

供应商提出的询问或者质疑超出采购人对采购代理机构委托授权范围的，采购代理机构应当告知供应商向采购人提出。

政府采购评审专家应当配合采购人或者采购代理机构答复供应商的询问和质疑。

第五十三条　政府采购法第五十二条规定的供应商应知其权益受到损害之日，是指：

（一）对可以质疑的采购文件提出质疑的，为收到采购文件之日或者采购文件公告期限届满之日；

（二）对采购过程提出质疑的，为各采购程序环节结束之日；

（三）对中标或者成交结果提出质疑的，为中标或者成交结果公告期限届满之日。

第五十四条　询问或者质疑事项可能影响中标、成交结果的，采购人应当暂停签订合同，已经签订合同的，应当中止履行合同。

第五十五条　供应商质疑、投诉应当有明确的请求和必要的证明材料。供应商投诉的事项不得超出已质疑事项的范围。

第五十六条　财政部门处理投诉事项采用书面审查的方式，必要时可以进行调查取证或者组织质证。

对财政部门依法进行的调查取证，投诉人和与投诉事项有关的当事人应当如实反映情况，并提供相关材料。

第五十七条　投诉人捏造事实、提供虚假材料或者以非法手段取得证明材料进行投诉的，财政部门应当予以驳回。

财政部门受理投诉后，投诉人书面申请撤回投诉的，财政部门应当终止投诉处理程序。

第五十八条　财政部门处理投诉事项，需要检验、检测、鉴定、专家评审以及需要投诉人补正材料的，所需时间不计算在投诉处理期限内。

财政部门对投诉事项做出的处理决定，应当在省级以上人民政府财政部门指定的媒体上公告。

第七章　监督检查

第五十九条　政府采购法第六十三条所称政府采购项目的采购标准，是指项目采购所依据的经费预算标准、资产配置标准和技术、服务标准等。

第六十条　除政府采购法第六十六条规定的考核事项外，财政部门对集中采购机构的考核事项还包括：

（一）政府采购政策的执行情况；

（二）采购文件编制水平；

（三）采购方式和采购程序的执行情况；

（四）询问、质疑答复情况；

（五）内部监督管理制度建设及执行情况；

（六）省级以上人民政府财政部门规定的其他事项。

财政部门应当制定考核计划，定期对集中采购机构进行考核，考核结果有重要情况的，应当向本级人民政府报告。

第六十一条　采购人发现采购代理机构有违法行为的，应当要求其改正。采购代理机构拒不改正的，采购人应当向本级人民政府财政部门报告，财政部门应当依法处理。

采购代理机构发现采购人的采购需求存在以不合理条件对供应商实行差别待遇、歧视待遇或者其他不符合法律、法规和政府采购政策规定内容，或者发现采购人有其他违法行为的，应当建议其改正。采购人拒不改正的，采购代理机构应当向采购人的本级人民政府财政部门报告，财政部门应当依法处理。

第六十二条　省级以上人民政府财政部门应当对政府采购评审专家库实行动态管理，具体管理办法由国务院财政部门制定。

采购人或者采购代理机构应当对评审专家在政府采购活动中的职责履行情况予以记录，并及时向财政部门报告。

第六十三条　各级人民政府财政部门和其他有关部门应当加强对参加政府采购活动的供应商、采购代理机构、评审专家的监督管理，对其不良行为予以记录，并纳入统一的信用信息平台。

第六十四条　各级人民政府财政部门对政府采购活动进行监督检查，有权查阅、复制有关文件、资料，相关单位和人员应当予以配合。

第六十五条　审计机关、监察机关以及其他有关部门依法对政府采购活动实施监督，发现采购当事人有违法行为的，应当及时通报财政部门。

第八章　法律责任

第六十六条　政府采购法第七十一条规定的罚款，数额为10万元以下。

政府采购法第七十二条规定的罚款，数额为5万元以上25万元以下。

第六十七条　采购人有下列情形之一的，由财政部门责令限期改正，给予警告，对直接负责的主管人员和其他直接责任人员依法给予处分，并予以通报：

（一）未按照规定编制政府采购实施计划或者未按照规定将政府采购实施计划报本级人民政府财政部门备案；

（二）将应当进行公开招标的项目化整为零或者以其他任何方式规避公开招标；

（三）未按照规定在评标委员会、竞争性谈判小组或者询价小组推荐的中标或者成交候选人中确定中标或者成交供应商；

（四）未按照采购文件确定的事项签订政府采购合同；

（五）政府采购合同履行中追加与合同标的相同的货物、工程或者服务的采购金额超过原合同采购金额10%；

（六）擅自变更、中止或者终止政府采购合同；

（七）未按照规定公告政府采购合同；

（八）未按照规定时间将政府采购合同副本报本级人民政府财政部门和有关部门备案。

第六十八条 采购人、采购代理机构有下列情形之一的，依照政府采购法第七十一条、第七十八条的规定追究法律责任：

（一）未依照政府采购法和本条例规定的方式实施采购；

（二）未依法在指定的媒体上发布政府采购项目信息；

（三）未按照规定执行政府采购政策；

（四）违反本条例第十五条的规定导致无法组织对供应商履约情况进行验收或者国家财产遭受损失；

（五）未依法从政府采购评审专家库中抽取评审专家；

（六）非法干预采购评审活动；

（七）采用综合评分法时评审标准中的分值设置未与评审因素的量化指标相对应；

（八）对供应商的询问、质疑逾期未作处理；

（九）通过对样品进行检测、对供应商进行考察等方式改变评审结果；

（十）未按照规定组织对供应商履约情况进行验收。

第六十九条 集中采购机构有下列情形之一的，由财政部门责令限期改正，给予警告，有违法所得的，并处没收违法所得，对直接负责的主管人员和其他直接责任人员依法给予处分，并予以通报：

（一）内部监督管理制度不健全，对依法应当分设、分离的岗位、人员未分设、分离；

（二）将集中采购项目委托其他采购代理机构采购；

（三）从事营利活动。

第七十条 采购人员与供应商有利害关系而不依法回避的，由财政部门给予警告，并处2000元以上2万元以下的罚款。

第七十一条 有政府采购法第七十一条、第七十二条规定的违法行为之一，影响或者可能影响中标、成交结果的，依照下列规定处理：

（一）未确定中标或者成交供应商的，终止本次政府采购活动，重新开展政府采购活动。

（二）已确定中标或者成交供应商但尚未签订政府采购合同的，中标或者成交结果无效，从合格的中标或者成交候选人中另行确定中标或者成交供应商；没有合格的中标或者成交候选人的，重新开展政府采购活动。

（三）政府采购合同已签订但尚未履行的，撤销合同，从合格的中标或者成交候选人中另行确定中标或者成交供应商；没有合格的中标或者成交候选人的，重新开展政府采购活动。

（四）政府采购合同已经履行，给采购人、供应商造成损失的，由责任人承担赔偿责任。

政府采购当事人有其他违反政府采购法或者本条例规定的行为，经改正后仍然影响或者可能影响中标、成交结果或者依法被认定为中标、成交无效的，依照前款规定处理。

第七十二条　供应商有下列情形之一的，依照政府采购法第七十七条第一款的规定追究法律责任：

（一）向评标委员会、竞争性谈判小组或者询价小组成员行贿或者提供其他不正当利益；

（二）中标或者成交后无正当理由拒不与采购人签订政府采购合同；

（三）未按照采购文件确定的事项签订政府采购合同；

（四）将政府采购合同转包；

（五）提供假冒伪劣产品；

（六）擅自变更、中止或者终止政府采购合同。

供应商有前款第一项规定情形的，中标、成交无效。评审阶段资格发生变化，供应商未依照本条例第二十一条的规定通知采购人和采购代理机构的，处以采购金额5‰的罚款，列入不良行为记录名单，中标、成交无效。

第七十三条　供应商捏造事实、提供虚假材料或者以非法手段取得证明材料进行投诉的，由财政部门列入不良行为记录名单，禁止其1至3年内参加政府采购活动。

第七十四条　有下列情形之一的，属于恶意串通，对供应商依照政府采购法第七十七条第一款的规定追究法律责任，对采购人、采购代理机构及其工作人员依照政府采购法第七十二条的规定追究法律责任：

（一）供应商直接或者间接从采购人或者采购代理机构处获得其他供应商的相

关情况并修改其投标文件或者响应文件；

（二）供应商按照采购人或者采购代理机构的授意撤换、修改投标文件或者响应文件；

（三）供应商之间协商报价、技术方案等投标文件或者响应文件的实质性内容；

（四）属于同一集团、协会、商会等组织成员的供应商按照该组织要求协同参加政府采购活动；

（五）供应商之间事先约定由某一特定供应商中标、成交；

（六）供应商之间商定部分供应商放弃参加政府采购活动或者放弃中标、成交；

（七）供应商与采购人或者采购代理机构之间、供应商相互之间，为谋求特定供应商中标、成交或者排斥其他供应商的其他串通行为。

第七十五条　政府采购评审专家未按照采购文件规定的评审程序、评审方法和评审标准进行独立评审或者泄露评审文件、评审情况的，由财政部门给予警告，并处 2000 元以上 2 万元以下的罚款；影响中标、成交结果的，处 2 万元以上 5 万元以下的罚款，禁止其参加政府采购评审活动。

政府采购评审专家与供应商存在利害关系未回避的，处 2 万元以上 5 万元以下的罚款，禁止其参加政府采购评审活动。

政府采购评审专家收受采购人、采购代理机构、供应商贿赂或者获取其他不正当利益，构成犯罪的，依法追究刑事责任；尚不构成犯罪的，处 2 万元以上 5 万元以下的罚款，禁止其参加政府采购评审活动。

政府采购评审专家有上述违法行为的，其评审意见无效，不得获取评审费；有违法所得的，没收违法所得；给他人造成损失的，依法承担民事责任。

第七十六条　政府采购当事人违反政府采购法和本条例规定，给他人造成损失的，依法承担民事责任。

第七十七条　财政部门在履行政府采购监督管理职责中违反政府采购法和本条例规定，滥用职权、玩忽职守、徇私舞弊的，对直接负责的主管人员和其他直接责任人员依法给予处分；直接负责的主管人员和其他直接责任人员构成犯罪的，依法追究刑事责任。

第九章　附　则

第七十八条　财政管理实行省直接管理的县级人民政府可以根据需要并报经省级人民政府批准，行使政府采购法和本条例规定的设区的市级人民政府批准变更采购方式的职权。

第七十九条　本条例自 2015 年 3 月 1 日起施行。

三、中华人民共和国招标投标法

（1999 年 8 月 30 日第九届全国人民代表大会常务委员会第十一次会议通过）

目录

第一章　总　则

第一条　为了规范招标投标活动，保护国家利益、社会公共利益和招标投标活动当事人的合法权益，提高经济效益，保证项目质量，制定本法。

第二条　在中华人民共和国境内进行招标投标活动，适用本法。

第三条　在中华人民共和国境内进行下列工程建设项目包括项目的勘察、设计、施工、监理以及与工程建设有关的重要设备、材料等的采购，必须进行招标：

（一）大型基础设施、公用事业等关系社会公共利益、公众安全的项目；

（二）全部或者部分使用国有资金投资或者国家融资的项目；

（三）使用国际组织或者外国政府贷款、援助资金的项目。

前款所列项目的具体范围和规模标准，由国务院发展计划部门会同国务院有关部门制订，报国务院批准。

法律或者国务院对必须进行招标的其他项目的范围有规定的，依照其规定。

第四条　任何单位和个人不得将依法必须进行招标的项目化整为零或者以其他任何方式规避招标。

第五条　招标投标活动应当遵循公开、公平、公正和诚实信用的原则。

第六条　依法必须进行招标的项目，其招标投标活动不受地区或者部门的限制。任何单位和个人不得违法限制或者排斥本地区、本系统以外的法人或者其他组织参加投标，不得以任何方式非法干涉招标投标活动。

第七条　招标投标活动及其当事人应当接受依法实施的监督。

有关行政监督部门依法对招标投标活动实施监督，依法查处招标投标活动中的违法行为。

对招标投标活动的行政监督及有关部门的具体职权划分，由国务院规定。

第二章　招　标

第八条　招标人是依照本法规定提出招标项目、进行招标的法人或者其他组织。

第九条　招标项目按照国家有关规定需要履行项目审批手续的，应当先履行审批手续，取得批准。

招标人应当有进行招标项目的相应资金或者资金来源已经落实，并应当在招标文件中如实载明。

第十条　招标分为公开招标和邀请招标。

公开招标，是指招标人以招标公告的方式邀请不特定的法人或者其他组织投标。

邀请招标，是指招标人以投标邀请书的方式邀请特定的法人或者其他组织投标。

第十一条　国务院发展计划部门确定的国家重点项目和省、自治区、直辖市人民政府确定的地方重点项目不适宜公开招标的，经国务院发展计划部门或者省、自治区、直辖市人民政府批准，可以进行邀请招标。

第十二条　招标人有权自行选择招标代理机构，委托其办理招标事宜。任何单位和个人不得以任何方式为招标人指定招标代理机构。

招标人具有编制招标文件和组织评标能力的，可以自行办理招标事宜。任何单位和个人不得强制其委托招标代理机构办理招标事宜。

依法必须进行招标的项目，招标人自行办理招标事宜的，应当向有关行政监督部门备案。

第十三条　招标代理机构是依法设立、从事招标代理业务并提供相关服务的社会中介组织。

招标代理机构应当具备下列条件：

（一）有从事招标代理业务的营业场所和相应资金；

（二）有能够编制招标文件和组织评标的相应专业力量；

（三）有符合本法第三十七条第三款规定条件、可以作为评标委员会成员人选的技术、经济等方面的专家库。

第十四条　从事工程建设项目招标代理业务的招标代理机构，其资格由国务院或者省、自治区、直辖市人民政府的建设行政主管部门认定。具体办法由国务院建设行政主管部门会同国务院有关部门制定。从事其他招标代理业务的招标代理机构，其资格认定的主管部门由国务院规定。

招标代理机构与行政机关和其他国家机关不得存在隶属关系或者其他利益关系。

第十五条　招标代理机构应当在招标人委托的范围内办理招标事宜，并遵守本法关于招标人的规定。

第十六条　招标人采用公开招标方式的，应当发布招标公告。依法必须进行招标的项目的招标公告，应当通过国家指定的报刊、信息网络或者其他媒介发布。

招标公告应当载明招标人的名称和地址、招标项目的性质、数量、实施地点和时间以及获取招标文件的办法等事项。

第十七条　招标人采用邀请招标方式的，应当向三个以上具备承担招标项目的能力、资信良好的特定的法人或者其他组织发出投标邀请书。

投标邀请书应当载明本法第十六条第二款规定的事项。

第十八条　招标人可以根据招标项目本身的要求，在招标公告或者投标邀请书中，要求潜在投标人提供有关资质证明文件和业绩情况，并对潜在投标人进行资格审查；国家对投标人的资格条件有规定的，依照其规定。

招标人不得以不合理的条件限制或者排斥潜在投标人，不得对潜在投标人实行歧视待遇。

第十九条　招标人应当根据招标项目的特点和需要编制招标文件。招标文件应当包括招标项目的技术要求、对投标人资格审查的标准、投标报价要求和评标标准等所有实质性要求和条件以及拟签订合同的主要条款。

国家对招标项目的技术、标准有规定的，招标人应当按照其规定在招标文件中提出相应要求。

招标项目需要划分标段、确定工期的，招标人应当合理划分标段、确定工期，并在招标文件中载明。

第二十条　招标文件不得要求或者标明特定的生产供应者以及含有倾向或者排斥潜在投标人的其他内容。

第二十一条　招标人根据招标项目的具体情况，可以组织潜在投标人踏勘项目现场。

第二十二条　招标人不得向他人透露已获取招标文件的潜在投标人的名称、数量以及可能影响公平竞争的有关招标投标的其他情况。

招标人设有标底的，标底必须保密。

第二十三条　招标人对已发出的招标文件进行必要的澄清或者修改的，应当在招标文件要求提交投标文件截止时间至少十五日前，以书面形式通知所有招标文件收受人。该澄清或者修改的内容为招标文件的组成部分。

第二十四条　招标人应当确定投标人编制投标文件所需要的合理时间；但是，依法必须进行招标的项目，自招标文件开始发出之日起至投标人提交投标文件截止之日止，最短不得少于二十日。

第三章　投　标

第二十五条　投标人是响应招标、参加投标竞争的法人或者其他组织。

依法招标的科研项目允许个人参加投标的，投标的个人适用本法有关投标人的规定。

第二十六条　投标人应当具备承担招标项目的能力；国家有关规定对投标人资格条件或者招标文件对投标人资格条件有规定的，投标人应当具备规定的资格条件。

第二十七条　投标人应当按照招标文件的要求编制投标文件。投标文件应当对招标文件提出的实质性要求和条件做出响应。

招标项目属于建设施工的，投标文件的内容应当包括拟派出的项目负责人与主要技术人员的简历、业绩和拟用于完成招标项目的机械设备等。

第二十八条　投标人应当在招标文件要求提交投标文件的截止时间前，将投标文件送达投标地点。招标人收到投标文件后，应当签收保存，不得开启。投标人少于三个的，招标人应当依照本法重新招标。

在招标文件要求提交投标文件的截止时间后送达的投标文件，招标人应当拒收。

第二十九条　投标人在招标文件要求提交投标文件的截止时间前，可以补充、修改或者撤回已提交的投标文件，并书面通知招标人。补充、修改的内容为投标文件的组成部分。

第三十条　投标人根据招标文件载明的项目实际情况，拟在中标后将中标项目的部分非主体、非关键性工作进行分包的，应当在投标文件中载明。

第三十一条　两个以上法人或者其他组织可以组成一个联合体，以一个投标人的身份共同投标。

联合体各方均应当具备承担招标项目的相应能力；国家有关规定或者招标文件对投标人资格条件有规定的，联合体各方均应当具备规定的相应资格条件。由同一专业的单位组成的联合体，按照资质等级较低的单位确定资质等级。

联合体各方应当签订共同投标协议，明确约定各方拟承担的工作和责任，并将共同投标协议连同投标文件一并提交招标人。联合体中标的，联合体各方应当共同与招标人签订合同，就中标项目向招标人承担连带责任。

招标人不得强制投标人组成联合体共同投标，不得限制投标人之间的竞争。

第三十二条　投标人不得相互串通投标报价，不得排挤其他投标人的公平竞争，损害招标人或者其他投标人的合法权益。

投标人不得与招标人串通投标，损害国家利益、社会公共利益或者他人的合法权益。

禁止投标人以向招标人或者评标委员会成员行贿的手段谋取中标。

第三十三条　投标人不得以低于成本的报价竞标，也不得以他人名义投标或者以其他方式弄虚作假，骗取中标。

第四章　开标、评标和中标

第三十四条　开标应当在招标文件确定的提交投标文件截止时间的同一时间公开进行；开标地点应当为招标文件中预先确定的地点。

第三十五条　开标由招标人主持，邀请所有投标人参加。

第三十六条　开标时，由投标人或者其推选的代表检查投标文件的密封情况，也可以由招标人委托的公证机构检查并公证；经确认无误后，由工作人员当众拆封，宣读投标人名称、投标价格和投标文件的其他主要内容。

招标人在招标文件要求提交投标文件的截止时间前收到的所有投标文件，开标时都应当当众予以拆封、宣读。

开标过程应当记录，并存档备查。

第三十七条　评标由招标人依法组建的评标委员会负责。

依法必须进行招标的项目，其评标委员会由招标人的代表和有关技术、经济等方面的专家组成，成员人数为五人以上单数，其中技术、经济等方面的专家不得少于成员总数的三分之二。

前款专家应当从事相关领域工作满八年并具有高级职称或者具有同等专业水平，由招标人从国务院有关部门或者省、自治区、直辖市人民政府有关部门提供的专家名册或者招标代理机构的专家库内的相关专业的专家名单中确定；一般招标项目可以采取随机抽取方式，特殊招标项目可以由招标人直接确定。

与投标人有利害关系的人不得进入相关项目的评标委员会；已经进入的应当更换。

评标委员会成员的名单在中标结果确定前应当保密。

第三十八条　招标人应当采取必要的措施，保证评标在严格保密的情况下进行。任何单位和个人不得非法干预、影响评标的过程和结果。

第三十九条　评标委员会可以要求投标人对投标文件中含义不明确的内容作必

要的澄清或者说明，但是澄清或者说明不得超出投标文件的范围或者改变投标文件的实质性内容。

第四十条　评标委员会应当按照招标文件确定的评标标准和方法，对投标文件进行评审和比较；设有标底的，应当参考标底。评标委员会完成评标后，应当向招标人提出书面评标报告，并推荐合格的中标候选人。

招标人根据评标委员会提出的书面评标报告和推荐的中标候选人确定中标人。招标人也可以授权评标委员会直接确定中标人。

国务院对特定招标项目的评标有特别规定的，从其规定。

第四十一条　中标人的投标应当符合下列条件之一：

（一）能够最大限度地满足招标文件中规定的各项综合评价标准；

（二）能够满足招标文件的实质性要求，并且经评审的投标价格最低；但是投标价格低于成本的除外。

第四十二条　评标委员会经评审，认为所有投标都不符合招标文件要求的，可以否决所有投标。

依法必须进行招标的项目的所有投标被否决的，招标人应当依照本法重新招标。

第四十三条　在确定中标人前，招标人不得与投标人就投标价格、投标方案等实质性内容进行谈判。

第四十四条　评标委员会成员应当客观、公正地履行职务，遵守职业道德，对所提出的评审意见承担个人责任。

评标委员会成员不得私下接触投标人，不得收受投标人的财物或者其他好处。

评标委员会成员和参与评标的有关工作人员不得透露对投标文件的评审和比较、中标候选人的推荐情况以及与评标有关的其他情况。

第四十五条　中标人确定后，招标人应当向中标人发出中标通知书，并同时将中标结果通知所有未中标的投标人。

中标通知书对招标人和中标人具有法律效力。中标通知书发出后，招标人改变中标结果的，或者中标人放弃中标项目的，应当依法承担法律责任。

第四十六条　招标人和中标人应当自中标通知书发出之日起三十日内，按照招标文件和中标人的投标文件订立书面合同。招标人和中标人不得再行订立背离合同实质性内容的其他协议。

招标文件要求中标人提交履约保证金的，中标人应当提交。

第四十七条　依法必须进行招标的项目，招标人应当自确定中标人之日起十五日内，向有关行政监督部门提交招标投标情况的书面报告。

第四十八条　中标人应当按照合同约定履行义务，完成中标项目。中标人不得向他人转让中标项目，也不得将中标项目肢解后分别向他人转让。

中标人按照合同约定或者经招标人同意，可以将中标项目的部分非主体、非关键性工作分包给他人完成。接受分包的人应当具备相应的资格条件，并不得再次分包。

中标人应当就分包项目向招标人负责，接受分包的人就分包项目承担连带责任。

第五章　法律责任

第四十九条　违反本法规定，必须进行招标的项目而不招标的，将必须进行招标的项目化整为零或者以其他任何方式规避招标的，责令限期改正，可以处项目合同金额千分之五以上千分之十以下的罚款；对全部或者部分使用国有资金的项目，可以暂停项目执行或者暂停资金拨付；对单位直接负责的主管人员和其他直接责任人员依法给予处分。

第五十条　招标代理机构违反本法规定，泄露应当保密的与招标投标活动有关的情况和资料的，或者与招标人、投标人串通损害国家利益、社会公共利益或者他人合法权益的，处五万元以上二十五万元以下的罚款，对单位直接负责的主管人员和其他直接责任人员处单位罚款数额百分之五以上百分之十以下的罚款；有违法所得的，并处没收违法所得；情节严重的，暂停直至取消招标代理资格；构成犯罪的，依法追究刑事责任。给他人造成损失的，依法承担赔偿责任。

前款所列行为影响中标结果的，中标无效。

第五十一条　招标人以不合理的条件限制或者排斥潜在投标人的，对潜在投标人实行歧视待遇的，强制要求投标人组成联合体共同投标的，或者限制投标人之间竞争的，责令改正，可以处一万元以上五万元以下的罚款。

第五十二条　依法必须进行招标的项目的招标人向他人透露已获取招标文件的潜在投标人的名称、数量或者可能影响公平竞争的有关招标投标的其他情况的，或者泄露标底的，给予警告，可以并处一万元以上十万元以下的罚款；对单位直接负责的主管人员和其他直接责任人员依法给予处分；构成犯罪的，依法追究刑事责任。

前款所列行为影响中标结果的，中标无效。

第五十三条　投标人相互串通投标或者与招标人串通投标的，投标人以向招标人或者评标委员会成员行贿的手段谋取中标的，中标无效，处中标项目金额千分之五以上千分之十以下的罚款，对单位直接负责的主管人员和其他直接责任人员处单位罚款数额百分之五以上百分之十以下的罚款；有违法所得的，并处没收违法所得；情节严重的，取消其一年至二年内参加依法必须进行招标的项目的投标资格并予以公告，直至由工商行政管理机关吊销营业执照；构成犯罪的，依法追究刑事责任。给他人造成损失的，依法承担赔偿责任。

第五十四条　投标人以他人名义投标或者以其他方式弄虚作假，骗取中标的，中标无效，给招标人造成损失的，依法承担赔偿责任；构成犯罪的，依法追究刑事责任。

依法必须进行招标的项目的投标人有前款所列行为尚未构成犯罪的，处中标项目金额千分之五以上千分之十以下的罚款，对单位直接负责的主管人员和其他直接责任人员处单位罚款数额百分之五以上百分之十以下的罚款；有违法所得的，并处没收违法所得；情节严重的，取消其一年至三年内参加依法必须进行招标的项目的投标资格并予以公告，直至由工商行政管理机关吊销营业执照。

第五十五条　依法必须进行招标的项目，招标人违反本法规定，与投标人就投标价格、投标方案等实质性内容进行谈判的，给予警告，对单位直接负责的主管人员和其他直接责任人员依法给予处分。

前款所列行为影响中标结果的，中标无效。

第五十六条　评标委员会成员收受投标人的财物或者其他好处的，评标委员会成员或者参加评标的有关工作人员向他人透露对投标文件的评审和比较、中标候选人的推荐以及与评标有关的其他情况的，给予警告，没收收受的财物，可以并处三千元以上五万元以下的罚款，对有所列违法行为的评标委员会成员取消担任评标委员会成员的资格，不得再参加任何依法必须进行招标的项目的评标；构成犯罪的，依法追究刑事责任。

第五十七条　招标人在评标委员会依法推荐的中标候选人以外确定中标人的，依法必须进行招标的项目在所有投标被评标委员会否决后自行确定中标人的，中标无效。责令改正，可以处中标项目金额千分之五以上千分之十以下的罚款；对单位直接负责的主管人员和其他直接责任人员依法给予处分。

第五十八条　中标人将中标项目转让给他人的，将中标项目肢解后分别转让给他人的，违反本法规定将中标项目的部分主体、关键性工作分包给他人的，或者分包人再次分包的，转让、分包无效，处转让、分包项目金额千分之五以上千分之十以下的罚款；有违法所得的，并处没收违法所得；可以责令停业整顿；情节严重的，由工商行政管理机关吊销营业执照。

第五十九条　招标人与中标人不按照招标文件和中标人的投标文件订立合同的，或者招标人、中标人订立背离合同实质性内容的协议的，责令改正；可以处中标项目金额千分之五以上千分之十以下的罚款。

第六十条　中标人不履行与招标人订立的合同的，履约保证金不予退还，给招标人造成的损失超过履约保证金数额的，还应当对超过部分予以赔偿；没有提交履约保证金的，应当对招标人的损失承担赔偿责任。

中标人不按照与招标人订立的合同履行义务，情节严重的，取消其二年至五年内参加依法必须进行招标的项目的投标资格并予以公告，直至由工商行政管理机关吊销营业执照。

因不可抗力不能履行合同的，不适用前两款规定。

第六十一条　本章规定的行政处罚，由国务院规定的有关行政监督部门决定。本法已对实施行政处罚的机关做出规定的除外。

第六十二条　任何单位违反本法规定，限制或者排斥本地区、本系统以外的法人或者其他组织参加投标的，为招标人指定招标代理机构的，强制招标人委托招标代理机构办理招标事宜的，或者以其他方式干涉招标投标活动的，责令改正；对单位直接负责的主管人员和其他直接责任人员依法给予警告、记过、记大过的处分，情节较重的，依法给予降级、撤职、开除的处分。

个人利用职权进行前款违法行为的，依照前款规定追究责任。

第六十三条　对招标投标活动依法负有行政监督职责的国家机关工作人员徇私舞弊、滥用职权或者玩忽职守，构成犯罪的，依法追究刑事责任；不构成犯罪的，依法给予行政处分。

第六十四条　依法必须进行招标的项目违反本法规定，中标无效的，应当依照本法规定的中标条件从其余投标人中重新确定中标人或者依照本法重新进行招标。

第六章　附　则

第六十五条　投标人和其他利害关系人认为招标投标活动不符合本法有关规定的，有权向招标人提出异议或者依法向有关行政监督部门投诉。

第六十六条　涉及国家安全、国家秘密、抢险救灾或者属于利用扶贫资金实行以工代赈、需要使用农民工等特殊情况，不适宜进行招标的项目，按照国家有关规定可以不进行招标。

第六十七条　使用国际组织或者外国政府贷款、援助资金的项目进行招标，贷款方、资金提供方对招标投标的具体条件和程序有不同规定的，可以适用其规定，但违背中华人民共和国的社会公共利益的除外。

第六十八条　本法自2000年1月1日起施行。

全国人民代表大会常务委员会
关于修改《中华人民共和国招标投标法》、《中华人民共和国计量法》的决定
（2017年12月27日第十二届全国人民代表大会常务委员会第三十一次会议通过）

对《中华人民共和国招标投标法》作出修改

一、删去第十三条第二款第三项。

二、删去第十四条第一款。

三、将第五十条第一款中的“情节严重的，暂停直至取消招标代理资格”修改为“情节严重的，禁止其一年至二年内代理依法必须进行招标的项目并予以公告，直至由工商行政管理机关吊销营业执照”。

本决定自2017年12月28日起施行。

《中华人民共和国招标投标法》根据本决定作相应修改，重新公布。

四、中华人民共和国招标投标法实施条例

中华人民共和国国务院令

第613号

《中华人民共和国招标投标法实施条例》已经2011年11月30日国务院第183次常务会议通过，现予公布，自2012年2月1日起施行。

总　理　温家宝

二〇一一年十二月二十日

第一章　总　则

第一条　为了规范招标投标活动，根据《中华人民共和国招标投标法》（以下简称招标投标法），制定本条例。

第二条　招标投标法第三条所称工程建设项目，是指工程以及与工程建设有关的货物、服务。

前款所称工程，是指建设工程，包括建筑物和构筑物的新建、改建、扩建及其相关的装修、拆除、修缮等；所称与工程建设有关的货物，是指构成工程不可分割的组成部分，且为实现工程基本功能所必需的设备、材料等；所称与工程建设有关的服务，是指为完成工程所需的勘察、设计、监理等服务。

第三条　依法必须进行招标的工程建设项目的具体范围和规模标准，由国务院

发展改革部门会同国务院有关部门制订，报国务院批准后公布施行。

第四条　国务院发展改革部门指导和协调全国招标投标工作，对国家重大建设项目的工程招标投标活动实施监督检查。国务院工业和信息化、住房城乡建设、交通运输、铁道、水利、商务等部门，按照规定的职责分工对有关招标投标活动实施监督。

县级以上地方人民政府发展改革部门指导和协调本行政区域的招标投标工作。县级以上地方人民政府有关部门按照规定的职责分工，对招标投标活动实施监督，依法查处招标投标活动中的违法行为。县级以上地方人民政府对其所属部门有关招标投标活动的监督职责分工另有规定的，从其规定。

财政部门依法对实行招标投标的政府采购工程建设项目的预算执行情况和政府采购政策执行情况实施监督。

监察机关依法对与招标投标活动有关的监察对象实施监察。

第五条　设区的市级以上地方人民政府可以根据实际需要，建立统一规范的招标投标交易场所，为招标投标活动提供服务。招标投标交易场所不得与行政监督部门存在隶属关系，不得以营利为目的。

国家鼓励利用信息网络进行电子招标投标。

第六条　禁止国家工作人员以任何方式非法干涉招标投标活动。

第二章　招　标

第七条　按照国家有关规定需要履行项目审批、核准手续的依法必须进行招标的项目，其招标范围、招标方式、招标组织形式应当报项目审批、核准部门审批、核准。项目审批、核准部门应当及时将审批、核准确定的招标范围、招标方式、招标组织形式通报有关行政监督部门。

第八条　国有资金占控股或者主导地位的依法必须进行招标的项目，应当公开招标；但有下列情形之一的，可以邀请招标：

（一）技术复杂、有特殊要求或者受自然环境限制，只有少量潜在投标人可供选择；

（二）采用公开招标方式的费用占项目合同金额的比例过大。

有前款第二项所列情形，属于本条例第七条规定的项目，由项目审批、核准部门在审批、核准项目时做出认定；其他项目由招标人申请有关行政监督部门做出认定。

第九条　除招标投标法第六十六条规定的可以不进行招标的特殊情况外，有下列情形之一的，可以不进行招标：

（一）需要采用不可替代的专利或者专有技术；

（二）采购人依法能够自行建设、生产或者提供；

（三）已通过招标方式选定的特许经营项目投资人依法能够自行建设、生产或者提供；

（四）需要向原中标人采购工程、货物或者服务，否则将影响施工或者功能配套要求；

（五）国家规定的其他特殊情形。

招标人为适用前款规定弄虚作假的，属于招标投标法第四条规定的规避招标。

第十条　招标投标法第十二条第二款规定的招标人具有编制招标文件和组织评标能力，是指招标人具有与招标项目规模和复杂程度相适应的技术、经济等方面的专业人员。

第十一条　招标代理机构的资格依照法律和国务院的规定由有关部门认定。

国务院住房城乡建设、商务、发展改革、工业和信息化等部门，按照规定的职责分工对招标代理机构依法实施监督管理。

第十二条　招标代理机构应当拥有一定数量的取得招标职业资格的专业人员。取得招标职业资格的具体办法由国务院人力资源社会保障部门会同国务院发展改革部门制定。

第十三条　招标代理机构在其资格许可和招标人委托的范围内开展招标代理业务，任何单位和个人不得非法干涉。

招标代理机构代理招标业务，应当遵守招标投标法和本条例关于招标人的规定。招标代理机构不得在所代理的招标项目中投标或者代理投标，也不得为所代理的招标项目的投标人提供咨询。

招标代理机构不得涂改、出租、出借、转让资格证书。

第十四条　招标人应当与被委托的招标代理机构签订书面委托合同，合同约定的收费标准应当符合国家有关规定。

第十五条　公开招标的项目，应当依照招标投标法和本条例的规定发布招标公告、编制招标文件。

招标人采用资格预审办法对潜在投标人进行资格审查的，应当发布资格预审公告、编制资格预审文件。

依法必须进行招标的项目的资格预审公告和招标公告，应当在国务院发展改革部门依法指定的媒介发布。在不同媒介发布的同一招标项目的资格预审公告或者招标公告的内容应当一致。指定媒介发布依法必须进行招标的项目的境内资格预审公告、招标公告，不得收取费用。

编制依法必须进行招标的项目的资格预审文件和招标文件，应当使用国务院发展改革部门会同有关行政监督部门制定的标准文本。

第十六条　招标人应当按照资格预审公告、招标公告或者投标邀请书规定的时间、地点发售资格预审文件或者招标文件。资格预审文件或者招标文件的发售期不得少于5日。

招标人发售资格预审文件、招标文件收取的费用应当限于补偿印刷、邮寄的成本支出，不得以营利为目的。

第十七条　招标人应当合理确定提交资格预审申请文件的时间。依法必须进行招标的项目提交资格预审申请文件的时间，自资格预审文件停止发售之日起不得少于5日。

第十八条　资格预审应当按照资格预审文件载明的标准和方法进行。

国有资金占控股或者主导地位的依法必须进行招标的项目，招标人应当组建资格审查委员会审查资格预审申请文件。资格审查委员会及其成员应当遵守招标投标法和本条例有关评标委员会及其成员的规定。

第十九条　资格预审结束后，招标人应当及时向资格预审申请人发出资格预审结果通知书。未通过资格预审的申请人不具有投标资格。

通过资格预审的申请人少于3个的，应当重新招标。

第二十条　招标人采用资格后审办法对投标人进行资格审查的，应当在开标后由评标委员会按照招标文件规定的标准和方法对投标人的资格进行审查。

第二十一条　招标人可以对已发出的资格预审文件或者招标文件进行必要的澄清或者修改。澄清或者修改的内容可能影响资格预审申请文件或者投标文件编制的，招标人应当在提交资格预审申请文件截止时间至少3日前，或者投标截止时间至少15日前，以书面形式通知所有获取资格预审文件或者招标文件的潜在投标人；不足3日或者15日的，招标人应当顺延提交资格预审申请文件或者投标文件的截止时间。

第二十二条　潜在投标人或者其他利害关系人对资格预审文件有异议的，应当在提交资格预审申请文件截止时间2日前提出；对招标文件有异议的，应当在投标截止时间10日前提出。招标人应当自收到异议之日起3日内做出答复；做出答复前，应当暂停招标投标活动。

第二十三条　招标人编制的资格预审文件、招标文件的内容违反法律、行政法规的强制性规定，违反公开、公平、公正和诚实信用原则，影响资格预审结果或者潜在投标人投标的，依法必须进行招标的项目的招标人应当在修改资格预审文件或者招标文件后重新招标。

第二十四条 招标人对招标项目划分标段的，应当遵守招标投标法的有关规定，不得利用划分标段限制或者排斥潜在投标人。依法必须进行招标的项目的招标人不得利用划分标段规避招标。

第二十五条 招标人应当在招标文件中载明投标有效期。投标有效期从提交投标文件的截止之日起算。

第二十六条 招标人在招标文件中要求投标人提交投标保证金的，投标保证金不得超过招标项目估算价的2%。投标保证金有效期应当与投标有效期一致。

依法必须进行招标的项目的境内投标单位，以现金或者支票形式提交的投标保证金应当从其基本账户转出。

招标人不得挪用投标保证金。

第二十七条 招标人可以自行决定是否编制标底。一个招标项目只能有一个标底。标底必须保密。

接受委托编制标底的中介机构不得参加受托编制标底项目的投标，也不得为该项目的投标人编制投标文件或者提供咨询。

招标人设有最高投标限价的，应当在招标文件中明确最高投标限价或者最高投标限价的计算方法。招标人不得规定最低投标限价。

第二十八条 招标人不得组织单个或者部分潜在投标人踏勘项目现场。

第二十九条 招标人可以依法对工程以及与工程建设有关的货物、服务全部或者部分实行总承包招标。以暂估价形式包括在总承包范围内的工程、货物、服务属于依法必须进行招标的项目范围且达到国家规定规模标准的，应当依法进行招标。

前款所称暂估价，是指总承包招标时不能确定价格而由招标人在招标文件中暂时估定的工程、货物、服务的金额。

第三十条 对技术复杂或者无法精确拟定技术规格的项目，招标人可以分两阶段进行招标。

第一阶段，投标人按照招标公告或者投标邀请书的要求提交不带报价的技术建议，招标人根据投标人提交的技术建议确定技术标准和要求，编制招标文件。

第二阶段，招标人向在第一阶段提交技术建议的投标人提供招标文件，投标人按照招标文件的要求提交包括最终技术方案和投标报价的投标文件。

招标人要求投标人提交投标保证金的，应当在第二阶段提出。

第三十一条 招标人终止招标的，应当及时发布公告，或者以书面形式通知被邀请的或者已经获取资格预审文件、招标文件的潜在投标人。已经发售资格预审文件、招标文件或者已经收取投标保证金的，招标人应当及时退还所收取的资格预审文件、招标文件的费用，以及所收取的投标保证金及银行同期存款利息。

第三十二条　招标人不得以不合理的条件限制、排斥潜在投标人或者投标人。

招标人有下列行为之一的，属于以不合理条件限制、排斥潜在投标人或者投标人：

（一）就同一招标项目向潜在投标人或者投标人提供有差别的项目信息；

（二）设定的资格、技术、商务条件与招标项目的具体特点和实际需要不相适应或者与合同履行无关；

（三）依法必须进行招标的项目以特定行政区域或者特定行业的业绩、奖项作为加分条件或者中标条件；

（四）对潜在投标人或者投标人采取不同的资格审查或者评标标准；

（五）限定或者指定特定的专利、商标、品牌、原产地或者供应商；

（六）依法必须进行招标的项目非法限定潜在投标人或者投标人的所有制形式或者组织形式；

（七）以其他不合理条件限制、排斥潜在投标人或者投标人。

第三章　投　标

第三十三条　投标人参加依法必须进行招标的项目的投标，不受地区或者部门的限制，任何单位和个人不得非法干涉。

第三十四条　与招标人存在利害关系可能影响招标公正性的法人、其他组织或者个人，不得参加投标。

单位负责人为同一人或者存在控股、管理关系的不同单位，不得参加同一标段投标或者未划分标段的同一招标项目投标。

违反前两款规定的，相关投标均无效。

第三十五条　投标人撤回已提交的投标文件，应当在投标截止时间前书面通知招标人。招标人已收取投标保证金的，应当自收到投标人书面撤回通知之日起5日内退还。

投标截止后投标人撤销投标文件的，招标人可以不退还投标保证金。

第三十六条　未通过资格预审的申请人提交的投标文件，以及逾期送达或者不按照招标文件要求密封的投标文件，招标人应当拒收。

招标人应当如实记载投标文件的送达时间和密封情况，并存档备查。

第三十七条　招标人应当在资格预审公告、招标公告或者投标邀请书中载明是否接受联合体投标。

招标人接受联合体投标并进行资格预审的，联合体应当在提交资格预审申请文件前组成。资格预审后联合体增减、更换成员的，其投标无效。

联合体各方在同一招标项目中以自己名义单独投标或者参加其他联合体投标的，相关投标均无效。

第三十八条　投标人发生合并、分立、破产等重大变化的，应当及时书面告知招标人。投标人不再具备资格预审文件、招标文件规定的资格条件或者其投标影响招标公正性的，其投标无效。

第三十九条　禁止投标人相互串通投标。

有下列情形之一的，属于投标人相互串通投标：

（一）投标人之间协商投标报价等投标文件的实质性内容；

（二）投标人之间约定中标人；

（三）投标人之间约定部分投标人放弃投标或者中标；

（四）属于同一集团、协会、商会等组织成员的投标人按照该组织要求协同投标；

（五）投标人之间为谋取中标或者排斥特定投标人而采取的其他联合行动。

第四十条　有下列情形之一的，视为投标人相互串通投标：

（一）不同投标人的投标文件由同一单位或者个人编制；

（二）不同投标人委托同一单位或者个人办理投标事宜；

（三）不同投标人的投标文件载明的项目管理成员为同一人；

（四）不同投标人的投标文件异常一致或者投标报价呈规律性差异；

（五）不同投标人的投标文件相互混装；

（六）不同投标人的投标保证金从同一单位或者个人的账户转出。

第四十一条　禁止招标人与投标人串通投标。

有下列情形之一的，属于招标人与投标人串通投标：

（一）招标人在开标前开启投标文件并将有关信息泄露给其他投标人；

（二）招标人直接或者间接向投标人泄露标底、评标委员会成员等信息；

（三）招标人明示或者暗示投标人压低或者抬高投标报价；

（四）招标人授意投标人撤换、修改投标文件；

（五）招标人明示或者暗示投标人为特定投标人中标提供方便；

（六）招标人与投标人为谋求特定投标人中标而采取的其他串通行为。

第四十二条　使用通过受让或者租借等方式获取的资格、资质证书投标的，属于招标投标法第三十三条规定的以他人名义投标。

投标人有下列情形之一的，属于招标投标法第三十三条规定的以其他方式弄虚作假的行为：

（一）使用伪造、变造的许可证件；

（二）提供虚假的财务状况或者业绩；

（三）提供虚假的项目负责人或者主要技术人员简历、劳动关系证明；

（四）提供虚假的信用状况；

（五）其他弄虚作假的行为。

第四十三条　提交资格预审申请文件的申请人应当遵守招标投标法和本条例有关投标人的规定。

第四章　开标、评标和中标

第四十四条　招标人应当按照招标文件规定的时间、地点开标。

投标人少于3个的，不得开标；招标人应当重新招标。

投标人对开标有异议的，应当在开标现场提出，招标人应当当场做出答复，并制作记录。

第四十五条　国家实行统一的评标专家专业分类标准和管理办法。具体标准和办法由国务院发展改革部门会同国务院有关部门制定。

省级人民政府和国务院有关部门应当组建综合评标专家库。

第四十六条　除招标投标法第三十七条第三款规定的特殊招标项目外，依法必须进行招标的项目，其评标委员会的专家成员应当从评标专家库内相关专业的专家名单中以随机抽取方式确定。任何单位和个人不得以明示、暗示等任何方式指定或者变相指定参加评标委员会的专家成员。

依法必须进行招标的项目的招标人非因招标投标法和本条例规定的事由，不得更换依法确定的评标委员会成员。更换评标委员会的专家成员应当依照前款规定进行。

评标委员会成员与投标人有利害关系的，应当主动回避。

有关行政监督部门应当按照规定的职责分工，对评标委员会成员的确定方式、评标专家的抽取和评标活动进行监督。行政监督部门的工作人员不得担任本部门负责监督项目的评标委员会成员。

第四十七条　招标投标法第三十七条第三款所称特殊招标项目，是指技术复杂、专业性强或者国家有特殊要求，采取随机抽取方式确定的专家难以保证胜任评标工作的项目。

第四十八条　招标人应当向评标委员会提供评标所必需的信息，但不得明示或者暗示其倾向或者排斥特定投标人。

招标人应当根据项目规模和技术复杂程度等因素合理确定评标时间。超过三分之一的评标委员会成员认为评标时间不够的，招标人应当适当延长。

评标过程中，评标委员会成员有回避事由、擅离职守或者因健康等原因不能继续评标的，应当及时更换。被更换的评标委员会成员做出的评审结论无效，由更换后的评标委员会成员重新进行评审。

第四十九条　评标委员会成员应当依照招标投标法和本条例的规定，按照招标文件规定的评标标准和方法，客观、公正地对投标文件提出评审意见。招标文件没有规定的评标标准和方法不得作为评标的依据。

评标委员会成员不得私下接触投标人，不得收受投标人给予的财物或者其他好处，不得向招标人征询确定中标人的意向，不得接受任何单位或者个人明示或者暗示提出的倾向或者排斥特定投标人的要求，不得有其他不客观、不公正履行职务的行为。

第五十条　招标项目设有标底的，招标人应当在开标时公布。标底只能作为评标的参考，不得以投标报价是否接近标底作为中标条件，也不得以投标报价超过标底上下浮动范围作为否决投标的条件。

第五十一条　有下列情形之一的，评标委员会应当否决其投标：

（一）投标文件未经投标单位盖章和单位负责人签字；

（二）投标联合体没有提交共同投标协议；

（三）投标人不符合国家或者招标文件规定的资格条件；

（四）同一投标人提交两个以上不同的投标文件或者投标报价，但招标文件要求提交备选投标的除外；

（五）投标报价低于成本或者高于招标文件设定的最高投标限价；

（六）投标文件没有对招标文件的实质性要求和条件做出响应；

（七）投标人有串通投标、弄虚作假、行贿等违法行为。

第五十二条　投标文件中有含义不明确的内容、明显文字或者计算错误，评标委员会认为需要投标人做出必要澄清、说明的，应当书面通知该投标人。投标人的澄清、说明应当采用书面形式，并不得超出投标文件的范围或者改变投标文件的实质性内容。

评标委员会不得暗示或者诱导投标人做出澄清、说明，不得接受投标人主动提出的澄清、说明。

第五十三条　评标完成后，评标委员会应当向招标人提交书面评标报告和中标候选人名单。中标候选人应当不超过3个，并标明排序。

评标报告应当由评标委员会全体成员签字。对评标结果有不同意见的评标委员会成员应当以书面形式说明其不同意见和理由，评标报告应当注明该不同意见。评标委员会成员拒绝在评标报告上签字又不书面说明其不同意见和理由的，视为同意评标结果。

第五十四条　依法必须进行招标的项目，招标人应当自收到评标报告之日起3日内公示中标候选人，公示期不得少于3日。

投标人或者其他利害关系人对依法必须进行招标的项目的评标结果有异议的，应当在中标候选人公示期间提出。招标人应当自收到异议之日起3日内做出答复；做出答复前，应当暂停招标投标活动。

第五十五条　国有资金占控股或者主导地位的依法必须进行招标的项目，招标人应当确定排名第一的中标候选人为中标人。排名第一的中标候选人放弃中标、因不可抗力不能履行合同、不按照招标文件要求提交履约保证金，或者被查实存在影响中标结果的违法行为等情形，不符合中标条件的，招标人可以按照评标委员会提出的中标候选人名单排序依次确定其他中标候选人为中标人，也可以重新招标。

第五十六条　中标候选人的经营、财务状况发生较大变化或者存在违法行为，招标人认为可能影响其履约能力的，应当在发出中标通知书前由原评标委员会按照招标文件规定的标准和方法审查确认。

第五十七条　招标人和中标人应当依照招标投标法和本条例的规定签订书面合同，合同的标的、价款、质量、履行期限等主要条款应当与招标文件和中标人的投标文件的内容一致。招标人和中标人不得再行订立背离合同实质性内容的其他协议。

招标人最迟应当在书面合同签订后5日内向中标人和未中标的投标人退还投标保证金及银行同期存款利息。

第五十八条　招标文件要求中标人提交履约保证金的，中标人应当按照招标文件的要求提交。履约保证金不得超过中标合同金额的10%。

第五十九条　中标人应当按照合同约定履行义务，完成中标项目。中标人不得向他人转让中标项目，也不得将中标项目肢解后分别向他人转让。

中标人按照合同约定或者经招标人同意，可以将中标项目的部分非主体、非关键性工作分包给他人完成。接受分包的人应当具备相应的资格条件，并不得再次分包。

中标人应当就分包项目向招标人负责，接受分包的人就分包项目承担连带责任。

第五章 投诉与处理

第六十条 投标人或者其他利害关系人认为招标投标活动不符合法律、行政法规规定的，可以自知道或者应当知道之日起10日内向有关行政监督部门投诉。投诉应当有明确的请求和必要的证明材料。

就本条例第二十二条、第四十四条、第五十四条规定事项投诉的，应当先向招标人提出异议，异议答复期间不计算在前款规定的期限内。

第六十一条 投诉人就同一事项向两个以上有权受理的行政监督部门投诉的，由最先收到投诉的行政监督部门负责处理。

行政监督部门应当自收到投诉之日起3个工作日内决定是否受理投诉，并自受理投诉之日起30个工作日内做出书面处理决定；需要检验、检测、鉴定、专家评审的，所需时间不计算在内。

投诉人捏造事实、伪造材料或者以非法手段取得证明材料进行投诉的，行政监督部门应当予以驳回。

第六十二条 行政监督部门处理投诉，有权查阅、复制有关文件、资料，调查有关情况，相关单位和人员应当予以配合。必要时，行政监督部门可以责令暂停招标投标活动。

行政监督部门的工作人员对监督检查过程中知悉的国家秘密、商业秘密，应当依法予以保密。

第六章 法律责任

第六十三条 招标人有下列限制或者排斥潜在投标人行为之一的，由有关行政监督部门依照招标投标法第五十一条的规定处罚：

（一）依法应当公开招标的项目不按照规定在指定媒介发布资格预审公告或者招标公告；

（二）在不同媒介发布的同一招标项目的资格预审公告或者招标公告的内容不一致，影响潜在投标人申请资格预审或者投标。

依法必须进行招标的项目的招标人不按照规定发布资格预审公告或者招标公告，构成规避招标的，依照招标投标法第四十九条的规定处罚。

第六十四条 招标人有下列情形之一的，由有关行政监督部门责令改正，可以处10万元以下的罚款：

（一）依法应当公开招标而采用邀请招标；

（二）招标文件、资格预审文件的发售、澄清、修改的时限，或者确定的提交资格预审申请文件、投标文件的时限不符合招标投标法和本条例规定；

（三）接受未通过资格预审的单位或者个人参加投标；

（四）接受应当拒收的投标文件。

招标人有前款第一项、第三项、第四项所列行为之一的，对单位直接负责的主管人员和其他直接责任人员依法给予处分。

第六十五条　招标代理机构在所代理的招标项目中投标、代理投标或者向该项目投标人提供咨询的，接受委托编制标底的中介机构参加受托编制标底项目的投标或者为该项目的投标人编制投标文件、提供咨询的，依照招标投标法第五十条的规定追究法律责任。

第六十六条　招标人超过本条例规定的比例收取投标保证金、履约保证金或者不按照规定退还投标保证金及银行同期存款利息的，由有关行政监督部门责令改正，可以处5万元以下的罚款；给他人造成损失的，依法承担赔偿责任。

第六十七条　投标人相互串通投标或者与招标人串通投标的，投标人向招标人或者评标委员会成员行贿谋取中标的，中标无效；构成犯罪的，依法追究刑事责任；尚不构成犯罪的，依照招标投标法第五十三条的规定处罚。投标人未中标的，对单位的罚款金额按照招标项目合同金额依照招标投标法规定的比例计算。

投标人有下列行为之一的，属于招标投标法第五十三条规定的情节严重行为，由有关行政监督部门取消其1年至2年内参加依法必须进行招标的项目的投标资格：

（一）以行贿谋取中标；

（二）3年内2次以上串通投标；

（三）串通投标行为损害招标人、其他投标人或者国家、集体、公民的合法利益，造成直接经济损失30万元以上；

（四）其他串通投标情节严重的行为。

投标人自本条第二款规定的处罚执行期限届满之日起3年内又有该款所列违法行为之一的，或者串通投标、以行贿谋取中标情节特别严重的，由工商行政管理机关吊销营业执照。

法律、行政法规对串通投标报价行为的处罚另有规定的，从其规定。

第六十八条　投标人以他人名义投标或者以其他方式弄虚作假骗取中标的，中标无效；构成犯罪的，依法追究刑事责任；尚不构成犯罪的，依照招标投标法第五十四条的规定处罚。依法必须进行招标的项目的投标人未中标的，对单位的罚款金额按照招标项目合同金额依照招标投标法规定的比例计算。

投标人有下列行为之一的，属于招标投标法第五十四条规定的情节严重行为，由有关行政监督部门取消其1年至3年内参加依法必须进行招标的项目的投标资格：

（一）伪造、变造资格、资质证书或者其他许可证件骗取中标；

（二）3 年内 2 次以上使用他人名义投标；

（三）弄虚作假骗取中标给招标人造成直接经济损失 30 万元以上；

（四）其他弄虚作假骗取中标情节严重的行为。

投标人自本条第二款规定的处罚执行期限届满之日起 3 年内又有该款所列违法行为之一的，或者弄虚作假骗取中标情节特别严重的，由工商行政管理机关吊销营业执照。

第六十九条　出让或者出租资格、资质证书供他人投标的，依照法律、行政法规的规定给予行政处罚；构成犯罪的，依法追究刑事责任。

第七十条　依法必须进行招标的项目的招标人不按照规定组建评标委员会，或者确定、更换评标委员会成员违反招标投标法和本条例规定的，由有关行政监督部门责令改正，可以处 10 万元以下的罚款，对单位直接负责的主管人员和其他直接责任人员依法给予处分；违法确定或者更换的评标委员会成员做出的评审结论无效，依法重新进行评审。

国家工作人员以任何方式非法干涉选取评标委员会成员的，依照本条例第八十一条的规定追究法律责任。

第七十一条　评标委员会成员有下列行为之一的，由有关行政监督部门责令改正；情节严重的，禁止其在一定期限内参加依法必须进行招标的项目的评标；情节特别严重的，取消其担任评标委员会成员的资格：

（一）应当回避而不回避；

（二）擅离职守；

（三）不按照招标文件规定的评标标准和方法评标；

（四）私下接触投标人；

（五）向招标人征询确定中标人的意向或者接受任何单位或者个人明示或者暗示提出的倾向或者排斥特定投标人的要求；

（六）对依法应当否决的投标不提出否决意见；

（七）暗示或者诱导投标人做出澄清、说明或者接受投标人主动提出的澄清、说明；

（八）其他不客观、不公正履行职务的行为。

第七十二条　评标委员会成员收受投标人的财物或者其他好处的，没收收受的财物，处 3000 元以上 5 万元以下的罚款，取消担任评标委员会成员的资格，不得再参加依法必须进行招标的项目的评标；构成犯罪的，依法追究刑事责任。

第七十三条　依法必须进行招标的项目的招标人有下列情形之一的，由有关行政监督部门责令改正，可以处中标项目金额10‰以下的罚款；给他人造成损失的，依法承担赔偿责任；对单位直接负责的主管人员和其他直接责任人员依法给予处分：

（一）无正当理由不发出中标通知书；

（二）不按照规定确定中标人；

（三）中标通知书发出后无正当理由改变中标结果；

（四）无正当理由不与中标人订立合同；

（五）在订立合同时向中标人提出附加条件。

第七十四条　中标人无正当理由不与招标人订立合同，在签订合同时向招标人提出附加条件，或者不按照招标文件要求提交履约保证金的，取消其中标资格，投标保证金不予退还。对依法必须进行招标的项目的中标人，由有关行政监督部门责令改正，可以处中标项目金额10‰以下的罚款。

第七十五条　招标人和中标人不按照招标文件和中标人的投标文件订立合同，合同的主要条款与招标文件、中标人的投标文件的内容不一致，或者招标人、中标人订立背离合同实质性内容的协议的，由有关行政监督部门责令改正，可以处中标项目金额5‰以上10‰以下的罚款。

第七十六条　中标人将中标项目转让给他人的，将中标项目肢解后分别转让给他人的，违反招标投标法和本条例规定将中标项目的部分主体、关键性工作分包给他人的，或者分包人再次分包的，转让、分包无效，处转让、分包项目金额5‰以上10‰以下的罚款；有违法所得的，并处没收违法所得；可以责令停业整顿；情节严重的，由工商行政管理机关吊销营业执照。

第七十七条　投标人或者其他利害关系人捏造事实、伪造材料或者以非法手段取得证明材料进行投诉，给他人造成损失的，依法承担赔偿责任。

招标人不按照规定对异议做出答复，继续进行招标投标活动的，由有关行政监督部门责令改正，拒不改正或者不能改正并影响中标结果的，依照本条例第八十二条的规定处理。

第七十八条　取得招标职业资格的专业人员违反国家有关规定办理招标业务的，责令改正，给予警告；情节严重的，暂停一定期限内从事招标业务；情节特别严重的，取消招标职业资格。

第七十九条　国家建立招标投标信用制度。有关行政监督部门应当依法公告对招标人、招标代理机构、投标人、评标委员会成员等当事人违法行为的行政处理决定。

第八十条 项目审批、核准部门不依法审批、核准项目招标范围、招标方式、招标组织形式的，对单位直接负责的主管人员和其他直接责任人员依法给予处分。

有关行政监督部门不依法履行职责，对违反招标投标法和本条例规定的行为不依法查处，或者不按照规定处理投诉、不依法公告对招标投标当事人违法行为的行政处理决定的，对直接负责的主管人员和其他直接责任人员依法给予处分。

项目审批、核准部门和有关行政监督部门的工作人员徇私舞弊、滥用职权、玩忽职守，构成犯罪的，依法追究刑事责任。

第八十一条 国家工作人员利用职务便利，以直接或者间接、明示或者暗示等任何方式非法干涉招标投标活动，有下列情形之一的，依法给予记过或者记大过处分；情节严重的，依法给予降级或者撤职处分；情节特别严重的，依法给予开除处分；构成犯罪的，依法追究刑事责任：

（一）要求对依法必须进行招标的项目不招标，或者要求对依法应当公开招标的项目不公开招标；

（二）要求评标委员会成员或者招标人以其指定的投标人作为中标候选人或者中标人，或者以其他方式非法干涉评标活动，影响中标结果；

（三）以其他方式非法干涉招标投标活动。

第八十二条 依法必须进行招标的项目的招标投标活动违反招标投标法和本条例的规定，对中标结果造成实质性影响，且不能采取补救措施予以纠正的，招标、投标、中标无效，应当依法重新招标或者评标。

第七章 附 则

第八十三条 招标投标协会按照依法制定的章程开展活动，加强行业自律和服务。

第八十四条 政府采购的法律、行政法规对政府采购货物、服务的招标投标另有规定的，从其规定。

第八十五条 本条例自2012年2月1日起施行。

中华人民共和国国务院令

第698号

现公布《国务院关于修改和废止部分行政法规的决定》，自公布之日起施行。

总理 李克强

2018年3月19日

国务院关于修改和废止部分行政法规的决定

为了依法推进简政放权、放管结合、优化服务改革，国务院对取消行政许可项目制约新产业、新业态、新模式发展涉及的行政法规进行了清理。经过清理，国务院决定：

删去《中华人民共和国招标投标法实施条例》第十一条第一款。

删去第十三条第一款中的“其资格许可和”，删去第三款。

此外，对相关行政法规中的条文序号作相应调整。

本决定自公布之日起施行。

参考文献

［1］扈纪华. 中华人民共和国政府采购法释义［M］. 北京：中国法制出版社，2002.

［2］国家计委政策法规司国务院法制办财政金融法制司. 中华人民共和国招标投标法释义［M］. 北京：中国计划出版社，2000.

［3］张通. 中华人民共和国政府采购法讲座［M］. 北京：经济科学出版社，2003.

［4］全国招标师职业水平考试辅导教材指导委员会. 招标采购法律法规与政策［M］. 北京：中国计划出版社，2009.

［5］于安. 于安说法——政府采购法系列讲座［N］. 中国财经报，2002－07～2003－01.

［6］何红峰. 政府采购法详解［M］. 北京：知识产权出版社，2002.

［7］欧阳光，肖琦. 招标投标法律实务［M］. 北京：法律出版社，2007.

［8］刘慧. 政府采购制度与招标制的比较［J］. 信息系统工程，1999.

［9］肖北庚. 政府采购之国际规则［M］. 北京：法律出版社，2005.

［10］焦富民. 政府采购救济制度研究［M］. 上海：复旦大学出版社，2010.

［11］李进. 政府采购实务［M］. 南京：江苏科学技术出版社，2006.

［12］马海涛，姜爱华. 我国政府采购制度研究［M］. 北京：北京大学出版社，2007.

［13］湛中乐，杨君佐. 政府采购基本法律问题研究［J］. 法制与社会发展，2001（3）.

［14］曾令良. 从欧共体看21世纪区域一体化对多边贸易体制的影响［J］. 武汉大学学报，2000（3）.

［15］国际计划发展委员会政策法规司. 招标·政府采购理论与实务［M］. 北京：中国检察出版社，1999.

［16］杨灿明，李景友. 政府采购问题研究［M］. 北京：经济科学出版社，2004.

［17］国家发展和改革委员会法规司. 中华人民共和国招标投标法实施条例释义［M］. 北京：中国计划出版社，2012.

［18］财政部国库司，财政部政府采购管理办公室，财政部条法司，等. 中华人民共和国政府采购法实施条例释义［M］. 北京：中国财政经济出版社，2015.